JN437055

지식재산권과 창업

Intellectual Property Right and Start-up

강기찬 저

도서출판 두남

"이 저서는 2013년도 정부(교육부)의 재원으로 한국연구재단의 지원을 받아 저술되었음
(NRF 과제번호 2013S1A5B5A07046765. 창업동기에서 지식재산권이 미치는 영향연구)"
"This work was supported by the National Research Foundation of Korea Grant funded by the Korean Government(NRF NO.2013S1A5B5A07046765. A Study on the effects of in tellectull property right on the Motive Start-up)"

머리말 PREFACE

"구하라 그리하면 너희에게 주실 것이요. 찾으라 그리하면 찾아낼 것이요. 문을 두드리라 그리하면 너희에게 열릴 것이니 구하는 이 마다 받을 것이요. 찾는 이는 찾아낼 것이요. 두드리는 이에게는 열릴 것이니라." (마 7:7~8)

"Ask, and it will be given to you; Seek, and you will find; Knock, and it will be opened to you. For everyone who asks receives, and the one who seeks finds, and to the one who knocks it will be opened." (Matthew 7:7~8)

지식재산권(Intellectual property Right)은 발명·고안·디자인·상표·저작물·첨단산업재산권·정보재산권 등 지식재산을 대상으로 하는 무체재산권을 말한다.

창업(創業, start-up)은 사업을 처음으로 시작하는 것을 말한다. 즉 창업자가 이익을 얻기 위하여 자본을 이용하여 사업아이디어에서 설정한 재화와 서비스를 생산하는 조직 또는 시스템을 구축하는 행위로서 고객이 요구하는 것에 대한 만족을 제공하고 그 보답으로 이윤을 창출해가는 종합적인 형태라고 정의된다.

본 서는 본인이 10여년 이상 창업기업을 지도하고, 대학교 연구원 등에서 기업가정신·창업·특허 관련으로 특강과 연구를 하면서, 기업가와 관련자들이 꼭 알아야 할 내용을 엄선하여 수록하였다. 특히 정부(교육부)의 재원으로 한국연구재단의 지원을 받아 "창업동기에서 지식재산권이 미치는 영향 연구(NRF NO.2013SIA5B5A07046765)"에 의하여 저술되었기에 관계기관에 감사드린다.

또한 촉박한 일정에도 책을 디자인하고 출판해 주신 두남의 사장님과 상무님을 비롯한 모든 분께 고마움을 표한다.

항상 많은 시간을 함께하며 많은 도움을 주는 아내와 세딸에게 사랑을 전하며, 본 서를 읽는 모든 분들에게 하나님이 주시는 은혜로 그 뜻이 이루어져 세상의 빛이 되고 소금이 되시기를 바랍니다. 감사하고 사랑합니다.

2015. 여름

서재에서 **강 기 찬**

차 례

제1편 지식재산권

제1장 지식재산권 총론 · 15

제2편 창 업

제4장 창업실무론 · 151

제5장 사업타당성 분석 ◦ 202

제6장 신개념 창업론 ◦ 235

제7장 마케팅 관리론 ◦ 263

제8장 기업가정신 ◦ 275

부 록

제1편 지식재산권

제1장 | 지식재산권 총론

제1절 지식재산권

I 지식재산권의 개념과 지식재산권법

1. 지식재산권의 개념

지식재산권(Intellectual Property Right)이란 정신적 창작물을 보호하는 권리이다. 그러므로 정신적 창작물인 지식재산을 대상으로 하는 무체재산권이다. 지식재산의 대표적인 예로서는 발명·고안·디자인·상표·저작물·영업비밀(trade secret)·컴퓨터 프로그램·반도체 칩의 배치설계·데이터베이스(data base) 등을 들 수 있으며, 각기 지식재산권법에 의하여 중복 보호될 수도 있다.

지식재산권(Intellectual Property Right)은 지적 재산권 또는 지적 소유권이라고도 한다. 인간의 지적 활동의 성과로 얻어진 정신적, 무형적 재화에 대한 소유권과 유사한 재산권이라고 말할 수 있다. 특허, 실용신안, 상표, 디자인과 같은 사업 재산권, 저작권, 반도체 프로그램 등과 같은 신 지적 재산권 등의 지적 창작물에 부여된 재산권에 준하는 권리이다. 부동산, 동산을 유체 재산이라 함에 비해 지식 재산권이라 함은 보이지 않는 무체 재산이라고도 한다. 이 밖에도 방송, 발명, 과학적 발견, 공업 디자인·등록 상표·상호 등에 대한 보호 권리와 공업·과학·문학 또는 예술 분야의 지적 활동에서 발생하는 기타 모든 권리를 포함하고 있다. 지식재산권은 종류를 살펴보면 다음과 같다.

■ **지식재산권 체계**

<table>
<tr><td rowspan="10">지식재산권</td><td rowspan="4">산업
재산권</td><td>특 허</td><td>기술적 창작인 원천, 핵심 기술</td></tr>
<tr><td>실용신안</td><td>제품의 수명이 짧고 실용적인 주변, 개량기술(소 발명)</td></tr>
<tr><td>디자인</td><td>심미감을 느낄 수 있는 물품의 형상, 모양</td></tr>
<tr><td>상 표</td><td>타 상품과 식별할 수 있는 기초, 문자. 도형</td></tr>
<tr><td rowspan="2">저작권</td><td>협의의 저작권</td><td>문학, 예술분야 창작물</td></tr>
<tr><td>저작 인접권</td><td>실연자, 음반 제작가, 방송 사업자 권리</td></tr>
<tr><td rowspan="3">신지식
재산권</td><td>첨단산업재산권</td><td>반도체 집적회로 배치 설계, 생명 공학,
식물 신품종</td></tr>
<tr><td>산업 저작권</td><td>컴퓨터 프로그램, 인공지능, 데이터베이스</td></tr>
<tr><td>정보 재산권</td><td>영업비밀, 멀티미디어, 뉴미디어 등</td></tr>
</table>

지식재산권은 학문·예술에 대한 창작물이나 창조적 발명 정신에 터잡은 신기술 등에 대한 권리도 하나의 소유로서 보호외어야 한다는 사회 경제적 욕구에 부응하여 근대적 의미에 있어서의 지식재산권의 개념이 이루어졌다.

2. 지식재산권의 변천사

지식재산권의 개념 자체는 14~15세기에 유럽을 중심으로 외래 기술도입 및 국내 산업진흥을 주목적으로 하던 산업재산권 제도와 이탈리아의 저작권제도의 수립으로 시작되었다고 한다. 지식재산권이 처음 국제화로 제기된 것은 1883년 체결된 산업재산권 보호에 관한 「파리협약」으로서 세계적으로 통일된 특허 제도를 실시하는 데 목표가 있었다. 저작권 보호에 관여하는 1886년에 체결된 문학 및 예술적 저작물 보호에 관한 「베른협약」이 시초로서 내국인 우대와 소급보호원칙 선언이 주요 내용이었다.

1974년에는 지식재산권 보호 및 법률의 통일화 등 업무를 추진하는 **WIPO**(세계지식재산권기구)가 발족하였다. 1986년 9월 우루과이에서 개최된 각료회의에서는 **GATT** 협상의 의제 중 하나로 상표권, 특허권, 저작권 등 **TRIPs**(무역관련 지식재산권)를 협상을 대상으로 채택하여 1993년 12월 15일 타결되었으며, 각국의 비준 절차를 거쳐 1995년 7월 1일 정식 발효되었다.

1995년 1월 1일에는 산업재산에 관한 「파리협약」과 저작권에 대한 「베른협약」을 준수할 것을 원칙으로 **WTO**(세계무역기구)가 출범하여 업무 활동을 하고 있다.

3. 지식재산권의 탄생

지식재산권 개념의 탄생은 근대국가 형성의 원동력이 된 산업혁명과 르네상스(Renaissance)를 배경으로 시작되었다. 1980년 이전 산업화 사회에서는 지식재산권이 산업재산과 저작권을 중심으로 논의되었으나, 이후 첨단기술의 확보가 필수적이고 기술력의 우열이 곧바로 세계 시장에서의 승패의 관건으로 부각됨에 따라, 정보관련 지식재산권인 신지식재산권 분야가 크게 부각되기 시작했다.

신지식재산권은 영업비밀보호, 컴퓨터 프로그램 보호권, 반도체 집적회로의 배치설계에 관한 보호권, 테이터베이스 등에 관한 지식재산권을 말한다.

Ⅱ 지식재산권법

1. 지식재산권법의 개념

지식재산권법은 정신적 창작물인 지식재산권을 대상으로 하는 법률관계의 법규 전체라고 할 수 있다. 지식재산권법은 각 나라마다 단행법을 제정하여 시행하고 있다. 이 법은 산업재산권법과 저작권법 그리고 신지식재산권법인 영업비밀보호법(부정경쟁방지 및 영업비밀보호에 관한 법률), 컴퓨터 프로그램보호법, 반도체 집적회로의 배치설계에 관한 법 등이 있으며, 이외에도 새로운 지적창작물을 보호할 필요가 있을 경우 단행법률로 제정할 수 있다.

2. 지식재산권법의 역사

지식재산권법의 탄생은 유럽의 중세 말부터 시작된 비교적 근대적인 것이다. 특허법은 1624년 영국에서 최초로 제정되었으며, 저작권법은 1709년 영국의 앤여왕법(Statute of Ann)이 그 효시이다. 15세기 중엽인 1450년의 인쇄술의 발명을 거쳐 1684년 독일 황제의 칙령에서 보듯이 출판자가 저작물의 출판독점권을 국왕의 권력에 의해 확보해 두려는 출판특허 제도의 시대를 거쳤다. 그 후, 1709년 세계 최초의 영국의 앤여왕법이 제정되어 저작권 보호가 입법화되었다.

그리고 계약의 자유, 소유권의 절대적 보장, 과실책임 등의 3원칙을 지도원리로 하는 근대 시민법이 등장함에 따라 선진 각국은 저작자의 권리보호를 기본으로 한 저작권법의 제정을 보기에 이르렀다.

■ **지식재산권법의 분류**

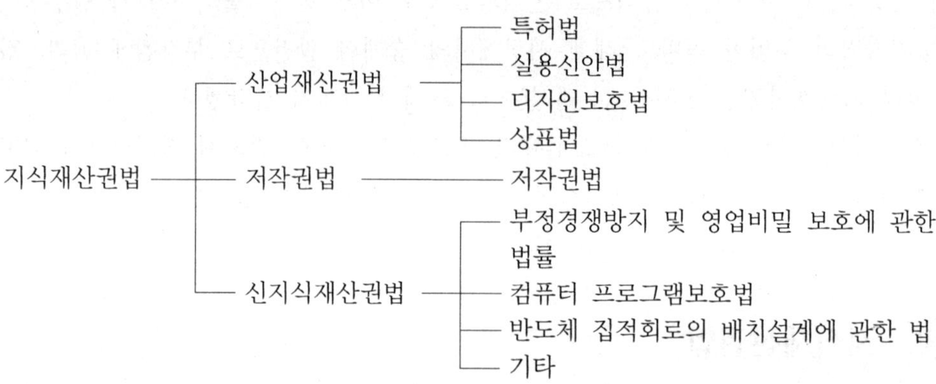

* 저자의 구상에 의한 분류

Ⅲ 지식재산권의 국제규범

1. 국제기구 설립협약

지식재산권 보호와 관련한 국제기구는 세계 지식재산권기구(World Intellectual Property Organization : WIPO)와 국제연합교육과학문화기구(United Nations Educational, Scientific and Cultural Organization :UNESCO)가 있고, WIPO는 산업재산권 관련 파리협약 및 저작권 관련 베른협약, 저작인접권 관련 로마협약, 음반제작 관련 제네바협약 등을 관장하고 있으며, UNESCO는 세계저작권협약(Universal Copyright Convention : UCC)을 관장하고 있다.

지식재산권 국제보호를 위한 모법으로서의 성격을 갖는 대표적인 2개의 다자간 조약인 산업재산권 보호를 위한 파리협약(1883년 체결)과 문학, 예술 저작물의 보호를 위한 베른협약(1886년 체결)이 서로 다른 두 개의 기구(산업재산권 기구와

저작권기구)를 두었으나, 1893년에 두 기구는 지식재산권 보호를 위한 국제사무국, 통상 BIRPI(프랑스어의 약어)로 불리는 하나의 기구로 통합되었다.

1967년 스톡홀름 외교회의에서 BIRPI에 의해 관장되던 다자간 조약들의 모든 운영사항을 수정하여 새로운 협약을 조인하였다. 이것이 세계 지식재산권기구(WIPO) 설립을 위한 협약이며 필요한 비준을 얻은 후 1970년에 발효되었다.

1974년 WIPO는 UN 전문기구가 되기 위한 UN과의 협정을 체결하여 16개의 UN 전문기구 중의 하나가 되었다. WIPO는 동협정에 의해 발명활동을 장려하고 체약국들 간의 협력을 통해 지식재산권의 보호를 증진시킬 의무를 갖게 되었다. 따라서 WIPO는 발명의 개발, 보호를 장려하고 기술 이전을 용이하게 할 뿐만 아니라 문학 및 예술 작품의 원활한 보급을 통해 산업적, 문화적 발전을 기할 수 있도록 하여 전세계적으로 지식재산권에 대한 관심을 유지하고 증가시키는데 그 목적을 두고 있었다.

2007년 12월 현재 WIPO 가입국은 184개국이며, 우리나라는 1979년 3월에 가입하였다.

2. 국제보호 조약

(1) 보증제도

1) 산업재산권 분야

① 산업재산권 보호를 위한 파리협약(Paris Convention for the Protection of Industrial Property)

② 상품 출처의 허위표시 방지를 위한 마드리드 협정(Madrid Agreement for the Repression of False or Deceptive Indications of Source on Goods)

③ 상표법 조약(Trademark Law Treaty : TLT)

④ 올림픽 심벌보호에 관한 나이로비 조약(Nairobi Treaty on the Protection of the Olympic Symbol)

⑤ 특허의 국제출원 신청에 관한 특허협력조약(Patent Cooperation Treaty : PCT)

⑥ 표장의 국제등록에 관한 마드리드 협정(Madrid Agreement Concerning the International Registration of Marks)

⑦ 원산지 명칭보호 및 국제등록을 위한 리스본 협정(Lisbon Agreement for the

Protection of Origin and their International Registration)

⑧ 특허절차 목적상 미생물 기탁의 국제적 승인에 관한 부다페스트조약

⑨ 디자인의 국제기탁에 관한 헤이그 협정, 상표의 국제등록에 관한 마드리드 협정 관련 의정서 등이 있다.

2) 저작권 분야

① 문학 예술적 저작물 보호를 위한 베른협약(Berne Convention for the Protection of Literary and Artistic Works)

② 실연자, 음반제작자. 방송조직 보호를 위한 로마협약(Rome Convention for the Protection of Performers, Producers of Phonograms and Broadcasting Organization)

③ 음반 불법복제 방지를 위한 제네바 협약

④ 통신위성송신 프로그램 신호배분에 관한 브뤼셀 협약

(2) 분류제도

① 국제특허분류에 관한 스트라스부르그 협정(Strasbourg Agreement Concerning the International Patent Classification : IPC)

② 표장등록을 위한 상품과 서비스의 국제분류에 관한 니스협정(Nice Agreement Concerning the International Classification of Goods and Service for the Registration of Marks)

③ 표장 도형요소의 국제 분류 확립에 관한 비엔나협정(Vienna Agreement Establishing an International Classification of Figurative Elements of Marks)

④ 디자인의 국제분류 확립에 관한 로커르노 협정(the Locarno Agreement Establishing on International Classification for Industrial Designs)

3. 우루과이라운드 무역관련 지식재산권 협정

본 협정의 서문격인 전문을 보면 본 협정을 "위조상품 교역을 포함한 무역관련 측면의 지식재산권에 관한 협정(Agreement on Trade Related Aspects of Intellectual Property Rights, Including Trade in Counterfeit Goods)"이라고 명명하고 있다.

협정의 명칭이 이렇게 된 것은 지식재산권의 보호기준, 국내 시행절차와 국경절

차를 포괄하는 내용을 채택하자는 선진국의 주장과 보호기준 등에 관해서는 전통적인 지식재산권 담당기구인 세계지식재산권 기구(WIPO)에 맡기고 본 협정에는 무역과 직접적인 관련이 있는 위조상품 교역에 관한 사항만 규정하자는 개도국의 주장이 맞서 이를 중재하기 위한 안으로 1986년 9월 Uruguay Puntadel Este 선언 때 나온 것이 그대로 협정 명칭이 된 것이다. 따라서, 이 협상에서 도출된 TRIPs 협정은 별도의 코드(code)로 나오지 않고 우루과이라운드(UR : Uruguay Round) 협상결과 전체를 총괄하는 세계무역기구(WTO : World Trade Organization) 협정 속에 포함되었다.

본 협정이(UR/Trips : Uruguay Round/Trade Related Intellectual Property Rights) 기존의 국제협정 등에 비해 크게 다른 것은 그 동안 지식재산권 제도의 성격과 그 범위가 변화, 확대되었다는 것이다. 즉 종전의 기술적 사항에 치중하던 국제협약을 무역상의 시각에서 새롭게 접근하면서 지식재산권의 범위에 대하여도 우리에게 생소한 개념인 영업비밀, 지리적 표시, 반도체 집적회로 배치설계 등이 지식재산권의 일종으로 공인을 받게 되었다.

이와 같이 지식재산권의 본 협정에 의해 그 성격이 교역측면으로까지 변화하고 그 보호범위도 위와 같은 새로운 추가적인 사항에까지 확대한 것은 기존의 파리협약, 특허협력조약(PCT), 베른협약, 세계저작권협약(UCC) 등 국제협약들이 각 가입국의 입장을 고려하여 대부분 지식재산권 보호를 각국의 국내법에 위임하고 있어 권리침해에 대한 국제적인 벌칙 규정과 제재수단이 결여되어 있을 뿐만 아니라 급속한 산업발전에 따라 컴퓨터 프로그램, 소프트웨어, 데이터베이스, 반도체 칩 회로설계, 생명공학 및 미생물공학기술 등 새로운 분야에서 신지식재산권이 속출되고 있어 이를 국제교역 차원에서 보호할 필요성이 대두되었기 때문이다.

그 동안 지식재산권이 체화된 상품의 공정한 교역이 이루어지지 못하고 있다는 문제점이 일부 국가로부터 제기되어 왔으나 대부분의 국가는 이러한 문제는 기존 협약의 미비점 보완으로 그 해결이 가능하다고 보아왔다. 그러나 미국 등 선진국의 강력한 보호의지에 따라 지식재산권 문제로 세계무역기구(WTO)에 흡수되어 구체적으로 무역관련 지식재산권협정(WTO/TRIPs)이라는 국제협정으로 표현되었다.

본 협정은 1993년 12월 15일 채택되고, 그 운영기구인 세계무역기구(WTO)는 1995년 1월 1일 정식 출범하였다. 동 협정은 동일자로 발효되어 우리나라는 그 협정 회원국으로서 협정 내용을 성실히 준수하지 않으면 안 되게 되었다.

이 협정에서는 원칙적으로 파리협약 및 베른협약 수준의 산업재산권 및 저작권 보호기준을 적용하도록 하고 있어서 파리협약이나 베른협약은 국제간의 산업재산권 및 저작권 보호 등 지식재산권 보호의 척도로서 그 중요성이 더해 가고 있다.

제2절 산업재산권

I 산업재산권 제도

1. 산업재산권의 개념

산업재산권은 일반적으로 특허권(patent), 실용신안권(utility model), 디자인권(design right), 상표권(trademark) 등 네 가지 분류로 총칭하며 산업 활동과 관련된 사람의 정신적 창작물 또는 연구 결과물이나 창작된 바에 대해 인정하는 독점적 권리인 무체 재산권으로서 새로운 발명, 고안에 대하여 그 창작자에게 일정 기간 동안 독점 권리를 부여하는 대신, 이를 일반에게 공개하여야 하며 일정 존속 기간이 지나면 누구나 이용함으로서 기술 진보와 산업 발전을 추구하고 있다.

II 특허제도

1. 특허제도의 학설

(1) 자연권설(Naturrechtstheorie)

① 자연법(Natural Law)설 : 자연법설이란 산업적 발명을 한 특허권은 그 창작자에게 귀속시키는 것이 이론상 당연하다는 입장으로 기본적 재산권설(Eigentumstheorie)이라고도 한다. 일반 대중은 특허권의 형태로 존재하는 발명자의 발명에 대한 재산권을 승인하고 보호할 의무가 있다는 것이다.

② 독점권에 의한 보상(reward-by-monopoly)설 : 독점에 의한 보상을 받을 자가 사회에 유용한 발명을 한 경우 그 유용성에 비례하여 보상을 요구하는 것은 사회정의에 부합한다는 입장으로, 소위 기본적 수익권설(Belohnungs Theorie)이라고 한다.

(2) 산업정책설

① 독점권과 수익에 의한 유인(monopoly-profit-incentive)설 : 발명과 발명의 산업상 이용은 산업 발전을 위하여 필요한 것이며, 발명 및 그 이용은 발명자와 자본자가 모든 기술지식을 경쟁에 이용할 때 기대한 만큼 이익이 있어야 한다는 설로서 발명장려설 또는 자극성설이라고도 한다.

② 비밀과 교환(exchange-for-Secrets)설 : 발명자가 자신이 가지고 있는 비밀의 지식을 산업상 사용하는 일시적인 배타적 권리의 보호와 교환함으로써 그의 점유를 포기한다는 입장으로, 이 설을 비밀공개설 또는 대가설이라고도 한다.

③ 과당경쟁방지설 : 특허제도를 통해 발명자에게만 독점권을 부여하는 것이 공정하고, 이러한 강력하고 합리적인 방법에 의해 기업간의 과당경쟁을 유효하게 방지하고 경업질서를 확보할 수 있기 때문이라는 입장으로 경업질서설이라고도 한다.

앞에서 설명한 학설 중 자연권설은, i) 특허권이 모든 신규 발명자에게 부여되는 것이 아니라 최선 발명자 또는 최선 출원인에게만 부여되는 점, ii) 발명을 한 자가 특허출원을 하지 않은 경우에는 특허가 부여되지 않는 점, iii) 1국에 부여된 특허는 그 나라에만 적용되는 소위 속지주의를 설명할 수 없다.

또한 산업정책설 중 비밀과의 교환설은 산업을 위해 발명을 공개한다고 하는 사상이기 때문에 산업발전이라는 특허제도의 목적에 밀접하게 결부되어 있다고 할 수 있다. 그러나 자유경쟁 원리상 상품판매시 발명기술의 공개의 불가피성에 따라 특허제도와 공개가 반드시 불가분적 관계에 놓여 있는 것이 아니라는 비판이 있다. 이러한 점에서 현재 발명장려설이 통설로 보이나, 역시 이 학설도 특허제도의 원리를 완벽하게 설명할 수 없는 한계가 있다. 따라서 산업정책설상의 여러 학설의 주장을 다면적으로 파악하는 것이 타당하다고 본다.

2. 특허권

(1) 특허권의 정의

어떤 발명이 특허를 받기 위해서는 자연 법칙을 이용한 기술적 사상의 창작으로 고도한 것(아직까지 없었던 물건 또는 방법으로 최초로 발명한 것)으로 반드시 신규성이 있어야 하며 진보성과 해당 분야의 전문가가 출원서에 쓰여 있는 대로 반복했을 때 별다른 결과 없이 동인한 결과를 얻도록 출원 명세서가 기재되어야 한다.

상품의 진열방법, 인사 관리 방법 등 인문 사회 과학을 이용하거나, 연구 기관 등 자연법칙에 위배되는 것은 특허를 받을 수 없으며 시제품을 생산하여 판매하기 전 또는 논문을 발표하기 전에 특허 출원을 먼저 해야 만이 신규성을 인정받을 수 있다.

1) 발명이 아닌 것

① 자연법칙 자체
② 발견
③ 자연법칙을 위반한 것
④ 자연법칙을 이용하지 않은 것
⑤ 기능
⑥ 단순한 정보의 제시
⑦ 미적 창조물
⑧ 미완성 발명
⑨ 컴퓨터 프로그램 자체(프로그램이 저장된 매체는 보호)
⑩ 반복하여 동일한 효과를 얻을 수 없는 것

2) 신규성

새로운 것이어야 하며 이미 알려지거나 알려질 수 있는 상태에 있었던 발명은 특허를 받을 수 없다.

3) 진보성

신규성이 있다 하더라도 이전의 기술과 비교해 볼 때 그 분야에 있던 사람들이 그 기술을 참작하여 용이하게 발명할 수 있는 경우에는 특허를 받을 수 없다.

(2) 특허권의 형태

특허권이란 새로운 기술적 발명에 대한 발명자가 일정한 기간 동안 발명의 독점을 가지는 배타적 권리 또는 지배권이다. 동일한 발명에 대해서는 단 하나의 특허권만의 허용된다. 특허권의 형태는 청구 범위로 나타낸다. 청구 범위는 토지나 건물의 등기부 등본에 해당하는 것으로 권리의 범위를 글로 표현한 것이라 할 수 있다.

대부분의 경우 발명품이 특허권을 부여받기 위해서는 이전에는 상상할 수 없었던 새로운 것으로 간주되어야 하며, 기술적인 면에서도 상당한 발전을 보여야만 한다. 이러한 요건은 손쉬운 방법으로 기존의 생산품을 변형하는 수많은 발명품을 가려내기 위한 것이다. 기존 발명품의 특허권자는 당해 발명품의 새로운 발전성과에 대한 '추가 특허권'(patent of addition)을 확보할 수 있다. 특허권은 일종의 재산권으로 인정되며 인적 재산권의 속성을 갖는다. 따라서 특허권은 타인에게 매도(양도)되거나 담보물이 될 수 있고, 특허권자(발명자)의 사후 상속인에게 승계될 수 있다. 특허권자는 자신의 발명품의 제조·사용·판매에 대한 독점권을 가지므로 타인에게 특허 실시를 허락할 수 있으며 특허 실시권자로부터 사용료(royalty)를 받거나 기타의 보상을 받을 수 있다. 특허권자는 특허 실시권 없이 특허권을 사용하는 자에 대하여 법원에 권리 침해를 이유로 제소할 수 있으며, 이후의 권리 침해를 예방하기 위한 법원의 금지 명령 및 상당액의 손해 배상을 요구할 수 있다.

(3) 특허요건

산업상 이용할 수 있는 발명으로서 다음의 어느 하나에 해당 하지 않아야 한다.

① 특허출원 전에 국내 또는 국외에서 공지 되었거나 공연히 실시 된 발명
② 특허출원 전에 국내 또는 국외에서 분포된 간행물에 게재되거나 전기통신회선을 통하여 공중이 이용가능하게 된 발명

산업상 이용할 수 없는 발명
- 인간을 수술, 치료, 진단하는 방법
- 이용할 수 없는 방법
- 실시할 수 없는 방법(예 태풍을 막는 울타리)

공공의 질서 또는 선량한 풍속을 문란하게 하거나 공중의 위생을 해할 염려가 있는 발명

(4) 특허를 받을 수 있는 자

① 발명을 한자 또는 그 승계인. 다만 특허청직원 및 특허심판원은 상속 또는 유증의 경우를 제외하고 재직 중 특허를 받을 수 없다.
② 2인 이상이 공동으로 발명한 때. 이때 특허를 받을 수 있는 권리는 공유로 한다.

(5) 특허 권리의 이전

① 원칙 : 특허를 받을 수 있는 권리는 이전할 수 있으나 질권의 목적으로 할 수 없다.
② 지분의 양도제한 : 특허를 받을 수 있는 권리가 공유인 경우에는 각 공유자는 다른 공유자의 동의를 얻지 아니하면 그 지분을 양도할 수 없다.
③ 권리의 승계 : 특허출원 전에 있어서 특허를 받을 수 있는 권리의 승계는 그 승계인이 특허출원을 하지 아니하면 제3자에게 대항할 수 없다.

(6) 특허권의 효력

존속기간은 출원일로부터 20년으로 한다.

3. 실용신안권

(1) 실용신안권의 정의

실용신안권이란 새로운 기술을 고안에 대하여 고안자가 일정 기간 동안 배타적·독립적으로 실시하는 권리이다. 새로운 기술적 발명이라는 점에서는 특허와 같을 수 있으나 고도성을 요구하지 않는 점에서 차이가 있다고 할 수 있다. 자연 법칙을 이용한 기술적 사상의 창작이라 말할 수 있으며 일반적으로는 물품의 형상, 구조 또는 조합에 관한 고안으로 소 발명에 해당되는 것을 말한다. 발명과 고안을 동일한 것으로 규정하는 국가도 있지만 한국에서는 이를 구별하여 발명은 특허법에서, 고안은 실용신안법에서 보장하고 있다.

한국의 실용신안제도는 1908년 8월 12일 칙령 제196호로 공포된 한국 특허청에서 시작되며 1961년 이후 실용신안법이 제정되고 몇 차례의 개정을 거쳐 오늘에 이르고 있다. 고도의 기술을 요하는 발명은 전문가가 아니면 창작하기 어렵지만 고안은 전문 지식을 필요로 하지 않아도 숙련공이나 기능공들이 해당 업무에 종사하면서 고안할 수 있고, 가정이나 일반직장에서도 고안할 수 있다. 따라서 발명을 위주로 하는 대기업보다는 고안위주로 하는 중소기업을 보호한다는 측면에서 특허와 실용신안은 구분되는 것이 바람직하다고 볼 수 있다. 기초적 요건 심사를 거쳐서 등록이 되며 이후 기술 평가를 참고하여 산업상의 이용 가능성, 신규성, 진보성을 심사하여 등록 유지 여부를 결정한다.

실용신안은 보호 범위나 가치 면에서 특허보다 낮을 뿐만 아니라 보호 기간에서도 차이가 있다. 1998년 개정법에 따라 실용신안권의 존속 기각은 출원일로부터 10년 동안의 존속 기간이 발생하며 보호 기간의 연장은 불가피하며, 구법 적용분에 대해서는 등록일로부터 15년 보호기간이 적용된다. 기초적 요건심사를 거쳐서 등록이 되었다 하더라도 권리를 행사하기 위해서는 반드시 기술 평가를 청구하여 등록 유지 결정을 받아야 하며 등록 유지 결정서의 제시로 권리의 행사가 가능하다.

실용신안은 보호의 대상이나 보호의 기간 그리고 권리의 부여 방법 등 몇 가지 점에서 특허와 차이가 있다. 특허법의 보호 대상인 발명은 자연법칙을 이용한 기술적 사상의 창작 중 고도한 것으로 대상을 제한하지 않지만 실용신안은 자연 법칙을 이용한 기술적 사상의 창작이라 정의한다. 즉, 발명은 고도한 창작일 것을 필요로 하지만 실용신안은 창작이기만 한다면 충분하기 때문이다.

(2) 선 등록제도

특허와 디자인, 상표는 출원, 심사, 등록의 절차를 거쳐서 권리가 확정되나 실용신안의 경우에는 기초적인 요건 심사를 거쳐 특허청이 직권으로 설정등록 및 등록공고를 하는 '선 등록제도'를 채택하고 있다(실용신안법 제21조~제28조). 이러한 이유로 실용신안은 그 권리를 실제로 행사하기는 어렵다. 실용신안의 선 등록제도는 '무 심사등록주의' 라는 말과 일맥상통한다.

실용신안에 대한 무 심사제도는 1999년 7월 1일 발효되었다.

(3) 기술 평가 제도

실용신안은 실체적 등록 요건에 대한 심사 없이 권리가 부여되기 때문에 부실권리의 행사로 선의의 피해자가 발생할 가능성이 높다. 이를 방지하기 위해 도입된 것이 기술 평가 제도이다. 실용신안권자가 실제로 제3자에 대하여 권리 행사를 하기 위해서는 실용신안 등록 후에 기술 평가를 청구해서 등록 유지 결정을 받아야 한다.

실용신안등록에 대해서는 누구든지 기술 평가를 청구할 수 있으며, 특허의 심사청구와는 달리 실용신안의 기술평가는 청구 항별로 할 수 있다. 한 번 청구한 기술 평가는 취하할 수 없으며, 기술평가 청구가 있는 경우에는 그 청구 취지를 등록 원부에 등록하고 실용신안 공보에는 그 사실이 게제 된다.

기술 평가를 거친 실용신안권에 대해서는 '등록 유지 결정' 또는 등록 취소 결정' 이 내려진다. 유지 결정에 대해서는 불복할 수 없는 반면, 취소 결정에 대해서는 심판 청구가 가능하다. 취소 결정을 하기 전에 심사관은 기술 평가 청구인 및 실용 신안권자에게 취소 이유 통지를 해야 하며, 실용신안권자는 지정된 기간 내에 의견서 및 명세서·도면의 정정을 청구할 수 있다.

(4) 이중 출원 제도

어떠한 발명이 특허 수준이냐를 판단하기 어려울 때가 있다. 실용신안으로 출원하면 '진보성' 에 문제가 없는 발명을 특허로 출원해서 부적격 판정을 받아 실용신안으로 출원 할 수 있는 기회마저 놓칠 수 있기 때문이다. 이러한 경우를 위해 마련된 제도가 '이중 출원 제도' 이다. 이중 출원 제도는 과거의 '변경 출원 제도' 를 폐지하고, 실용신안 선 등록제도의 활용을 극대화 하고자 도입된 제도로서, 이 제도를 이용하면 1999년 7월 1일 이후 출원한 특허와 실용신안에 대해 상호간 이동이 가능하다.

이중 출원이 가능한 기간은 특허 출원의 경우, 특허 결정 등본을 송달받기 전 또는 최초의 거절 결정 등본을 송달 받은 날로부터 30일 이내이며, 실용신안 등록 출원의 경우는 실용신안권의 설정등록일로부터 1년 이내이다.

이중 출원 제도를 이용할 경우 유의할 점은 최초 출원서에 첨부된 명세서의 청구 범위 내에서만 이중 출원이 가능하다는 점과, 심판의 신속한 진행을 위해서 정

정 청구 공고 및 정정 이의 신청 제도를 이용할 수 없다는 것이다. 특허와 실용신안의 이중 등록은 인정되지 않는다. 따라서 두 개의 권리를 모두 획득할 수 있는 경우에는 하나의 권리는 포기해야 한다.

4. 디자인권

(1) 디자인의 정의

디자인이라 함은 물품의 형상, 모양이나 색채 또는 이들을 결합한 것으로서 시각을 통하여 미감을 일으키게 하는 것을 말한다. 따라서 (디자인 보호법)상의 디자인은 독립거래의 대상이 되는 유체동산인 물품(또는 동 물품의 부분)의 외관에 대한 디자인이라고 할 수 있다.

(2) 디자인의 성립조건

① **물품성** : 그 도안이 적용된 물품(독립성이 있는 구체적인 유체동산)을 보호
② **형태성(형상·모양·색체)** : 형상·모양·색체 또는 이들의 결합에 의한 것
③ **시각성** : 인간의 육안으로 식별할 수 있는 것만을 대상으로 함
④ **심미성** : 미감을 일으키는 것

(3) 디자인의 등록 조건

① **신규성** : 그 디자인이 출원 전에 간행물이나 카탈로그 등에 게재 되거나 판매·전시 등을 통하여 일반대중에게 공개 되었거나 또는 누구든지 알 수 있는 상태에 놓여 있는 것이 아니어야 한다.
② **창작성** : 그 디자인이 속하는 분야에서 통상의 지식을 가진 자가 국내에서 널리 알려진 형상, 모양, 색채 또는 이들의 결합에 의하여 용이하게 창작할 수 없는 디자인 이어야 한다.
③ **공업상 이용 가능성** : 공업적 생산방법에 의해 동일한 디자인 물품이 양산 가능한 것을 말한다.
④ **선출원주의** : 동일 또는 유사한 물품에 관한 동일 또는 유사한 디자인이 2이상의 출원이 있는 경우 먼저 출원한 자만이 등록을 받을 수 있는 것을 말한다.
⑤ **디자인권의 존속기간** : 디자인의 설정 등록일 부터 15년. 유사디자인권의 존

속기간은 기본 디자인권과 함께 소멸한다.

⑥ **디자인권의 효력** : 디자인권자는 업으로서 등록디자인 또는 이와 유사한 디자인을 실시할 권리를 독점한다.

5. 상표권

(1) 상표권의 정의

상표권이란 상표를 보호함으로써 상표 사용자의 업무상의 신용 유지를 도모하여 산업 발전에 이바지함과 아울러 수요자의 이익을 보호함을 목적으로 한다.

다시 말하면 지정 상품에 독점적으로 사용할 수 있는 권리를 말한다. 여기에서의 상표에는 협의의 상표 및 서비스 표와 단체표장이 포함되는데, 협의의 상표는 상품을 표시하는 것으로서 생산·제조·가공·증명 또는 판매업자가 자기의 상품을 다른 업자의 상품과 식별시키기 위하여 사용하는 기호·문자·도형 또는 그 결합한 것과 위 각각에 색채를 결합한 것으로서 특별·현저한 것을 말하며, 서비스 표라 함은 서비스업을 하는 자가 자기의 서비스업을 타인의 서비스업과 식별시키기 위하여 사용하는 표장으로서 특별·현저한 것을 말하고, 단체표장이란 동종업자 및 이와 밀접한 관계가 있는 업자가 설립한 법인이 그 감독 아래에 있는 단체원의 영업에 관한 상품 또는 서비스업에 사용하게 하기 위한 표장을 말한다.

(2) 상표의 기능

① **상품의 식별기능** : 상표의 표시로 인하여 자기의 상품과 타인의 상품을 식별할 수 있는 기능

② **출처표시 기능** : 동일한 상표를 표시한 상품은 동일한 출처에서 나온다는 것을 나타내는 기능

③ **품질보증 기능** : 동일한 상표를 표시한 상품은 그 품질이 동일한 것으로 수요자에게 보증하는 기능

④ **광고 선전 기능** : 심리적인 연상 작용 등으로 판매촉진수단으로서의 기능

⑤ **재산적 기능** : 상표가 갖는 재산적, 경제적 가치로서의 기능

(3) 상표의 등록요건

① 인적요건 : 우리나라에서 상표권자가 될 수 있는 자격을 갖는 자(개인 또는 법인)로서 국내에서 상표를 사용하는 자 또는 사용하고자 하는 자

② 적극적 요건 : 상표의 가장 중요한 기능이 자타상품식별기능이기 때문에 누구의 상품인가를 알 수 있도록 인식시켜 주는 식별력이 있어야 한다.

③ 소극적 요건(부 등록 사유) : 상표가 식별력을 가지고 있다 하더라도 독점배타적 성질의 상표권이 공익상 또는 타인의 이익을 침해하는 경우 등록을 배제할 필요성이 있음을 말한다.

(4) 상표권의 존속기간

상표권은 설정등록에 의하여 발생하는 데 상표권의 존속기간은 설정 등록이 있는 날로부터 10년 이며 존속 기간 갱신등록출원에 의하여 10년씩 갱신할 수 있어 반영구적인 효력을 갖는다.

제3절 저작권

I 저작권제도의 유래와 의미

1. 유래

저작권 제도는 고대 그리스·로마에서 저작물에 대한 표절 행위를 반사회적 행위로 보는 분위기에서 시작된 것으로 생각된다. 아마도 15세기 출판 인쇄술의 발명으로 문서의 대향 복제가 가능하면서부터 시발했으리라고 여겨진다.

중세에 들어와서도 복제만은 카톨릭의 수사에 의하여 필사로 행하여지고 있었기 때문에 소유권으로까지 보호할 만한 가치를 느끼지 못하였다. 그 후 자유주의의 여파로 각종 출판물이 쏟아져 나오면서 무단복제가 사회적 문제로 대두되어 1684년 독일 황제의 칙령에 의해서 저작권 개념이 처음 인정되었다.

저작권의 기본 개념에 의한 저작물을 독점 배타적으로 보호하는 제도의 역사는 독일이 저작자에 대한 보호의식이 태동되면서 1684년 독일 황제의 칙령에 의해 처음 인정되었고, 그 후 영국에서는 도서출판업 조합의 투자보호 청원에 의해 1709년 앤여왕법(Queen Ann's Law, 1710년 4월 10일부터 발효)이 제정되어 현대적 의미에 있어서의 최초의 저작권법으로 평가되어 저작권법의 효시가 되었으며, 그 후 많은 나라가 이를 모델로 저작권법을 제정하기에 이르렀다.

19세기 말에 들어와서는 다자간 협정들이 체결되면서 모든 협정 조인국들에 대하여 일반적으로 적용할 수 있는 국제규범이 마련되어 1886년에 성립된 베른협약이라든가 미주간협약(1899 몬테비데오 협약, 1902년 멕시코시티협약, 1906년 리오데자네이로협약, 1910년 부에노스 아이레스협약, 1911년 카카스협약, 1928년 하바나 협약, 1946년 워싱턴협약), 1952년에 세계저작권협약(UCC) 등이 이루어졌다.

2. 저작권제도의 의미

저작권제도란 저작에 관한 법률의 운영제도를 의미한다. 저작권(Copyright Urheberrecht)은 인간의 사상 또는 감정을 표현한 창작물에 대하여 저작자가 가지는 권리이다. 따라서 저작자(author)의 저작물(writing)을 일정한 기간 동안 보호함으로써 문학과 예술적인 창작성(creativity)을 증진하기 위한 것이다. 그러므로 저작권은 인간의 사상 또는 감정을 표현한 저작물에 대한 독점배타적인 권리로서 지식재산권의 일종이다.

Ⅱ 저작권제도의 목적

저작권 제도의 목적은 저작자의 권리와 이에 인접하는 권리를 보호하고, 저작물의 공정한 이용을 도모함으로써, 문화의 향상발전에 이바지함을 목적으로 한다(저작권법 1).

1. 저작자의 권리보호

저작권 제도를 인정하는 배경은 저작자의 재능을 통하여 개인의 이익을 추구하

고 공중의 복지를 가져오는 최선의 방법이라는 것이다. 저작권은 저작자나 그 보호의 이익을 받는 사람들에게 상당한 금전적 보담을 주는 강력한 경제적 수단이다.

저작권은 권리의 침해자에 대해서만 주장할 수 있는 상대적인 권리인 채권이 아니라 이 세상 누구에 대해서도 주장할 수 있는 배타적인 독점권이다. 이 점에서 소유권과 유사한 준물권적 성질이 있다고 볼 수 있다. 그러나 소유권의 객체가 유체물(민법 211.98)임에 대하여, 저작권의 객체는 무체물이라는 점(저작권법 2 i)에서 양자는 서로 다르다.

2. 공정한 이용

저작권 제도는 저작자의 권리보호를 기본으로 하면서도 그 보호에는 일정한 한계가 있다. 저작물은 문화의 향수자인 국민의 공유재산으로서의 측면이 있어 저작권에 내재하는 제약으로 일반공중은 일정한도 내의 저작물 이용을 자유롭게 할 수 있는 것이다. 따라서 문화적 소산인 저작물의 공정한 이용을 도모하도록 저작권법에 각종 제한 규정을 두고 있다.

3. 문화발전에 기여

저작권은 학문과 예순의 영역에 있어서 인간의 지적·정신적 사상 또는 감정을 표현하여 창작된 저작물을 보호함으로써 국가의 정신문화의 발전을 목적으로 하는 문화의 기본이다. 저작권법은 시인·소설가·화가·조각가 등 저작물을 창작한 자인 저작자를 보호하는 법이기 때문이다.

이와 같이, 저작권은 저작물을 일반에 대한 법적보호를 부여하여 저작권제도를 정비하고 확립함으로써 뛰어난 저작물의 문화유산을 남기고, 문화의 향상발전에 이바지하도록 한다.

Ⅲ 저작권법

1. 저작권법의 정의

저작권법은 문학·학술 또는 예술의 범위에 속하는 인간의 사상 또는 감정을 표현한 창작물인 저작권을 대상으로 하는 법률 관계의 법규이다. 따라서 저작권법은 저작물 및 실연·음반·방송에 관해 저작자 등의 권리보호를 도모하고 문화발전에 기여하는 법이다. 그러므로 우리가 소설을 쓰거나 가요곡을 작곡하면 저작권법이라는 법률에 의해 법률(copyright)이라는 권리가 주어지게 된다. 이러한 저작권은 등록과 같은 형식이 필요 없이 저작물이 창조된 순간에 자동적으로 얻어진다. 이 경우 저작권의 보호대상이 되는 소설이나 가요곡 등을 저작물(copyrighted work)이라 하고, 이러한 저작물을 창작한 자를 저작자(author)라 한다.

2. 저작권법의 역사

(1) 우리나라

우리는 서기 1234년 대량출판을 위한 금속활자를 세계에서 최초로 만든 나라이지만, 이를 국가에서 관장하여 왔고, 그림에 관해서도 도화서라는 국가기관이 화원을 두어 관장하였으므로 개인의 사적 재산권으로서 저작권의 개념이 발달된 것은 아주 늦다. 또한 조선왕조(1392 ~ 1910) 시대에는 선비들이 학문적이고 예술적인 재능에 의한 업적에 중점을 두었다. 그 후 대한제국 당시인 1908년 8월 12일 한국저작권령(칙령 제200호)이 특허령과 상표령 등과 함께 처음으로 제정·공포되어 동년 8월 16일부터 시행됨으로써 지식재산권의 정책이 20세기 초반에 싹트기 시작하였다. 우리나라 최초의 저작권법인 동령은 총7개조인데, 본조는 2개조이고 부칙이 5개조이며, 동령 제 1조에서 한국의 저작권에 관하여는 저작권법(당시 일본 저작권법)에 의하되, 단 동법 중 제국이라함은 한국에 해당한다고 규정하여 당시 일본 저작권법을 의용하였다.

그러나 한국 저작권령이 폐지되고, 일본 저작권법이 식민통치의 36년간 시행되었다. 그 뒤 8·15 해방 후 미군정시에는 미군정법령 제21호의 제1조에 의하여 조선구정부가 발표한 한국저작권령이 효력을 존속하기로 되었다.

그리고 1948년 우리 정부의 수립으로 제헌헌법 제100조에서 "현행법령은 이 헌법에 저촉되지 않는 한 효력을 가진다"고 하였으므로 일본 저작권법이 계속 우리나라에서 유효하게 되었으며, 1957년 구저작권법을 법률 제432호로 제정하여 시행함으로써 우리 고유의 저작권법을 가지게 되었다.

1960년대와 1970년대의 과학기술은 엄청난 발달을 경험하였고 이에 따라 저작물의 이용수단도 커다한 변화를 겼었다. 이에 따라 2006년 개정 저작권법(법률 제18101호)을 비롯하여 그동안 수차 개정을 거쳐 현행법에 이르렀다.

3. 외국의 저작권법

저작권 분야에 있어서 세계 최초의 저작권법은 1709년 영국의 앤여왕법(Queen Ann's Statute)이며, 미국에서는 1709년에 최초의 연방저작권법이 제정되었고, 프랑스에서 최초의 저작권법은 1791년 저작물의 공연권에 관한 법률과 1793년 저작물에 복제권에 관한 법률이며, 독일은 1870년에 최초의 연방법이 제정되었다. 이들 최초의 저작권법들은 저작자에게 저작재산권만 부여하였을 뿐 저작인격권은 부여하지 않았다.

제4절 신지식재산권

1. 신지식재산권의 의미

1980년대 이 후 미국은 신기술에 대한 산업 정책을 주요 경제 정책으로 포함시키고 어려운 미국 경제에 있어서 새로운 대안으로 삼았다. 전통적 산업 보다 컴퓨터나 생명 공학과 같은 신기술 분야가 성장률이 크고 고용의 창출과 효율성의 향상 등 효과가 크므로 관련 기업의 창업과 투자를 장려하고 연구 개발과 금융지원을 강화하는 정책을 폈으며 특허를 전담하는 연방 항소법원을 설립하여 특허권자의 권리를 강화하면서 특허 보호의 대상에서 멀어졌던 미생물의 특허나 컴퓨터 소프트웨어 관련 발명을 특허로 인정하기 시작했다.

최근에 와서는 인터넷 관련 산업의 비약적 성장에 견인차 역할을 한 컴퓨터 소프트웨어 관련 기술은 오랜 동안 저작권으로 보호하여 왔으나 표현상 보호에 그치는 한계가 발생하였으며 1990년대 후반에는 인터넷과 함께 컴퓨터 프로그램 산업 및 전자 상거래의 폭발적인 성장은 관련 기술을 특허로 보호해야 할 필요성을 더욱 증대시키게 되어 이를 점차 특허권으로 보호하게 되었으며 현재도 기술 선진국과 대등한 수준으로 보호 중에 있다. 컴퓨터 소프트웨어의 특허 부분은 여러 문제점이 발생하여 지속적인 연구가 되어야 한다.

생명 공학 분야에서의 특허 논쟁은 최초에 물질 특허에서 출발하였으며 우리나라의 경우에는 물질 특허의 인정을 발판으로 하여 미생물 특허와 동식물 특허를 국제적 수준으로 인정하게 되었으며 최근에는 유전자 관련 특허에 대해서도 미국과 동등한 수준으로 보호해 주고 있다. 첨단 기술의 급속한 발달과 경제 활동의 증가로 종전의 지식 재산권에 관한 법규로는 보호되지 않는 새로운 분야의 신지식재산권(New Intellectual Property Right)의 특징을 살펴보면 다음과 같다.

과학의 발달과 함께 새롭게 그 보호의 필요성이 대두된 컴퓨터 프로그램, 반도체칩 회로설계, 생명공학, 영업비밀, 테이터베이스 뉴미디어 등을 말한다.

기존의 법에 따로 신(新)자를 붙이게 된 것은, 가령 컴퓨터 프로그램을 보호하려고 할 경우 특허법으로 보호하자니 이것이 꼭 자연법칙을 이용한 것도 아니고 어느 경우는 기술적 사상의 착장도 아니기 때문에 발명의 정의와 어긋나며, 그렇다고 이를 저작권법으로 보호하자니 저작권은 사후(死後) 50년간 보호하기로 되어 있는데 수도 없이 만들어지는 컴퓨터 프로그램을 그렇게 오랫동안 보호하다 보면 오히려 산업 발전에 도움이 안 되기 때문에 이를 신지식 재산권으로 분류해 보호하기로 한 것이다.

반도체칩 회로 설계는 기술의 혁신결과 고집적화가 급속하게 이루어져 현재는 모든 전자, 전기기기에 필수적인 구성요소가 되었다.

이러한 반도체 집적회로의 개발에는 막대한 비용의 투자가 이루어져야 하지만 현행법제 하에서 만족스러운 보호를 받을 수 없게 되자 선진국에서는 새로운 특별법을 만들어 보고 하고 있으며 우리나라에서도 1993.9.1일부터 반도체 집적회로의 배치설계에 관한 법률을 제정, 시행해오고 있다.

생명공학은 식물이나 동물의 경우에 특허법으로 보호하는 경우가 몇 가지 있다. 최근 관심거리로 부상한 동물 복제와 관련해서는 DNA 관련의 유전자 사업, 게놈

프로젝트(Genome profect)라는 것이 있다. 미국이나 유럽국가에서는 이 게놈 프로젝트에 대해 많은 투자를 하고 있는데 이렇게 큰 돈 들여 연구 개발한 내용을 특허로 인정해야 되는가에 대해서는 많은 논란의 소지가 있다.

인체에 관련된 것은 생명 공학에서 가장 핵심적인 분야로서 전 세계 각국이 이와 관련하여 종교, 윤리, 철학, 법적인 문제 등 여러 가지 관점에서 논의 중에 있다. 영업 비밀은 공공연히 알려져 있지 않고 독립된 경제적 가치를 가지는 것으로 상당한 노력에 의하여 비밀로 유지된 생산 방법, 판매 방법 기타 영업 활동에 유용한 기술상 또는 영업상의 정보를 말한다. 영업 비밀은 특허청이 관장하는 '부정경쟁 방지법'에서 다루고 있다. 데이터베이스는 현행법으로 '저작권법'상의 편집저작물로 분류될 수 있고, 뉴미디어는 앞으로 계속 개발이 되어 나갈 분야이다.

신지식 재산권은 이러한 새로운 유형의 지적 재산에 대한 권리를 보호하기 위한 개념으로, 그 범위가 점차 확대되어 가고 있는 추세를 보이고 있다. 이러한 신지식 재산권은 첨단 기술을 보유하고 있는 몇몇 선진국에 편중되어 있어서, 이들 선진국들에게는 세계시장에서 기득권을 유지하고, 막대한 이익을 창출할 수 있는 기회를 제공함과 동시에 후발국에는 통상 압력의 수단의 되는 중요한 역할을 한다고 볼 수 있다.

2. 신지식재산권의 유형

신지식 재산권은 크게 컴퓨터 프로그램, 인공지능, 데이터베이스와 같은 산업 저작권과 IC 배치 설계, 생명 공학, 변종 동·식물과 같은 첨단 산업 재산권 그리고 데이터베이스, 영업비밀, 멀티미디어와 같은 정보 재산권으로 분류되며 이외에도 애니메이션 영화 등의 주인공을 각종 상품에 이용하여 판매할 수 있는 캐릭터, 독특한 색채와 형태를 가진 콜라병, 트럭의 외관과 같은 독특한 물품의 이미지인 트레이드 드레스, 프랜차이져 등도 신지식 재산권의 일종으로 포함된다. 또한 최근에는 유전자원, 전통 지식, 민간 전승물에 대한 것을 지식 재산권으로 보호하기 위해 활발히 논의되고 있다.

우리나라에서는 아직은 일반적으로 지식 재산권에 포함시키지 않고 다만 지식 재산권 유사의 것으로 취급하고 있는 것들이 있으며 이들은 노하우, 서비스마크, 상호, 원산지 표시 등을 들 수 있다. 이 중에는 이미 제도적으로 보호되고 있는 것도 있고 또 현재 제도적 보호가 논의되고 있는 것도 있다. 다만 제도적 보호과정에서 기종의 지식 재상들과는 다른 특성을 보이고 있으므로 신지식 재산권이라는 범주로 분류되어 진다.

이들 신지식 재산권의 보호 현황을 법률적 측면과 행정적 측면으로 나누어 살펴보면 우선 법률적 보호 측면에서는 반도체 직적회로 배치 설계, 컴퓨터 프로그램, 데이터베이스 및 영업 비밀, 식물 신품종은 특별법적 근거에 의해서 보호가 이루어지고 있으며, 반도체 직접 회로의 배치 설계에 관한 법률, 컴퓨터 프로그램 보호법, 저작권법 및 부정 경쟁 방지법, 종자 산업법 등으로 각각 보호되고 있다. 인공지능, 생명 공학, 트레이드 드레스, 캐릭터, 프랜차이즈 등은 별도의 보호 규정이 없는 신지식 재산권이다.

식물 기술 중 무성번식 식물은 특허법으로 트레이드 드레스, 캐릭터, 지리적 표시등은 디자인법 및 상표법으로 포함 전통적 산업 재산권으로 나타나고 있다.

제2장 | 산업재산권 각론

제1절 특허의 이해

I 특허의 유래

1. 특허의 기원

Patent의 어원(語源)

14세기 영국에서 국왕이 특허권을 부여할 때, 다른 사람이 볼 수 있도록 개봉된 상태로 수여되었으므로 특허증서를 개봉된 문서, 즉 Letters Patent라 하였으며 그 후 "Open"이라는 뜻을 가진 Patent가 특허권이라는 뜻으로 사용되게 되었음.

최초의 특허법(1474년)

르네상스 이후, 북부 이탈리아 도시국가 베니스에서 모직물공업 발전을 위해 법을 제정하여 제도적으로 발명을 보호 → 갈릴레오의 양수, 관개용 기계에 대한 특허(1594년)

현대적 특허법의 모태

영국의 전매조례 (Statute of Monopolies : 1624~1852) : 선발명주의, 독점권(14년), 공익위배 대상 특허 불인정 → 산업혁명의 근원이 되는 방적기, 증기기관 등이 탄생

우리나라 특허제도의 연혁

- 1908년 : 한국 특허령 공포

- 1946년 : 특허원 창립 및 특허법 제정
- 1961년 : 특허법을 산업재산권 4법으로 분리
- 1977년 : 특허청 개청
- 1979년 : 세계지식재산권기구(WIPO) 가입
- 1980년 : 파리협약(Paris Convention) 가입
- 1984년 : 특허협력조약(Patent Cooperation Treaty) 가입

Ⅱ 특허법

1. 특허법의 목적

특허법은 "발명을 보호·장려하고 그 이용을 도모함으로써 기술의 발전을 촉진하여 산업발전에 이바지함을 목적으로 한다"(특허법 1). 즉 특허제도는 새로운 기술을 공개한 사람에 그 보상으로서 일정기간 일정조건 아래 특허권이라는 독점적이 권리를 부여하고, 한편으로 제3자에 대해서는 그 공개된 발명을 이용할 수 있는 기회를 부여하여 기술진보를 도모하고 산업발전에 이바지하는 것이다.

2. 특허법의 기본원칙

(1) 권리주의

특허권 존립의 근거에 관하여는 은혜주의와 권리주의가 있다. 전자는 특허권 부여를 국가의 임의적인 수권행위라고 파악하여 국가가 특허권 부여에 대한 준법 규정을 두고 있는 경우라도 출원인(발명자)에게 특허를 청구할 수 있는 권리를 인정하지 않는 입장이다. 반면에 후자는 국가의 특허권 부여에 앞서 법적보호의 가치가 있는 발명의 실체가 존재한다고 하여, 국가는 이것을 제도상 확인하고 보호하는 데 지나지 않는다고 하는 입장이다. 우리 특허법은 권리주의를 선언하고 있다.

(2) 등록주의

등록이라고 하는 행정처분을 특허권의 발생요건으로 하느냐에 따라 등록주의와 무등록주의가 있다. 특허권이 독점 배타권인 이상 권리의 존부와 그 범위를 명확

하게 공시하고 일정한 취급을 지향하는 것은 불가결하기 때문에 각국은 대체로 등록주의를 채용하고 있다. 우리나라도 마찬가지로 등록주의를 채용하고 있다(특허법 87).

(3) 심사주의

특허권 부여의 방법으로서는 무심사주의와 심사주의가 있다. 전자는 특허를 받는데 필요한 형식적·방식적 요건만을 심사하여 특허권을 부여하고 특허의 유효·무효 등의 실질심사는 특허 후 분쟁이 생긴 경우에만 법원에서 심리하는 입장이다. 후자는 실질심사를 거친 후에 특허 여부를 결정하는 입장이다. 우리나라는 심사주의를 채용하고 있다.

(4) 선출원주의

동일 발명에 대해서 2 이상의 출원이 있는 경우에 먼저 출원한 자에게 특허권을 부여하는 것이 선출원주의이고, 먼저 발명한 자에게 특허를 부여하는 것이 선발명주의 또는 선발명출원주의인데, 이는 1발명1특허의 원칙의 관철 또는 중복특허의 회피를 위한 것이다. 우리나라를 포함한 대부분의 국가에서는 선출원주의를 채용하고 있다(특허법 36).

(5) 직권주의

절차상 당사자주의와 직권주의가 있다. 우리 특허법은 절차의 개시·종료로 절차의 범위를 특정하는 점에서는 당사자주의가 채용되어 있지만, 심사·심판에 있어서 심리를 위한 자료수집을 심판관 등이 독자적으로 할 수 있는 직권탐지주의(특허법 157)와 당사자 등의 의사에 관계없이 절차를 지행할 수 있는 직권진행주의(특허법 158) 및 당사자가 신청하지 않은 이유에 대해서도 독자적으로 심리할 수 있는 직권 심리주의(특허법 159) 등 많은 면에서 직권주의를 채용하고 있다.

(6) 기 타

1) 서면·양식·국어주의

특허출원서를 비롯한 모든 제출서류는 구두로 할 수 없고 반드시 서면으로 작성하여 제출해야 한다는 원칙이 서면주의이다. 또한 특허청에 제출하여야 하는 서류는 법령이 정하는 일정한 양식에 따라야 한다는 원칙이 양식주의이며, 모든 서류는 국어로 기재해야 한다는 원칙이 국어주의이다(특허규칙 11①iv). 이에 위반하면 불수리 또는 보정명령의 대상이 된다. 또한 전자 문서출원도 서면주의에 속한다.

2) 도달주의

특허청에 서류를 제출하는 경우 언제 그 효력이 발생하는 것으로 보는가에 관해 도달주의와 발신주의가 있다. 우리 특허법은 도달주의를 원칙으로 하고(특허법 28①), 예외적으로 국내출원의 경우, 우편물의 발신일이 분명한 경우와 수령증으로 발신한 날이 증명될 경우 우편으로 서류를 제출하는 때에는 우체국에 제출한 때에 특허청에 도달한 것으로 보는 발신주의를 취하고 있다(특허법 28②). 그러나 국제항공우편은 예외가 적용되지 않고 언제나 도달주의가 적용된다.

3) 수수료 납부주의

출원시 수수료를 납부하지 않은 경우에는 보정명령의 대상이 되며, 이에 불응한 경우에는 절차무효의 대상이 된다(특허법 46, 16). 다만 특허료의 경우 수수료를 납부하지 않은 경우 6월의 수수료 납부유예 기간이 인정되며(수수료 납부유예주의), 이때에는 2배의 할증료를 납부하여야한다. 만약 이 유예기간에도 특허료를 납부하지 아니한 경우에는 특허출원의 포기 또는 특허권이 소멸된 것으로 본다(특허법 81).

4) 1건 1통주의

특허청 또는 특허심판원에 제출하는 모든 서면은 1건마다 1통씩 작성하여야 하는 바, 이것이 1건 1통주의이다(특허규칙 2). 상대방이 있는 절차에 대하여 서류를 제출할 경우에는 상대방의 수만큼의 부본을 첨부하여야 한다.

Ⅲ 특허제도의 중점내용

1. 특허제도의 목적

특허제도는 발명을 보호·장려함으로써 국가산업의 발전을 도모하기 위한 제도이며 (특허법 제1조) 이를 달성하기 위하여 「기술공개의 대가로 특허권을 부여」하는

것을 구체적인 수단으로 사용

- 기술공개 → 기술축적, 공개기술 활용 → 산업발전
- 독점권부여 → 사업화촉진, 발명의욕 고취 → 산업발전

2. 특허요건

- 특허권을 받기 위하여 출원발명이 갖추어야 할 요건
  - 출원발명은 산업에 이용할 수 있어야 하며(산업상 이용가능성)
  - 출원하기 전에 이미 알려진 기술(선행기술)이 아니어야 하고(신규성)
  - 선행기술과 다른 것이라 하더라도 그 선행기술로부터 쉽게 생각해 낼 수 없는 것이어야 함(진보성)

3. 특허권의 효력

특허권은 설정등록을 통해 효력 발생하며 존속기간은 출원일로부터 20년(실용신안권 10년) 권리를 획득한 국가 내에만 효력발생 (속지주의)

4. 선출원주의와 선발명주의

동일한 발명이 2 이상 출원되었을 때 어느 출원인에게 권리를 부여할 것인가를 결정하는 기준으로서 선출원주의와 선발명주의가 있으며 우리나라는 선출원주의를 채택하고 있다.

선출원주의

발명이 이루어진 시기에 관계없이 특허청에 먼저 출원한 발명에 권리를 부여, 기술의 공개에 대한 대가로 권리를 부여한다는 의미에서 합리적이며 신속한 발명의 공개를 유도할 수 있음, 발명의 조속한 공개로 산업발전을 도모하려는 특허제도의 취지에 부합

선발명주의

출원의 순서와 관계없이 먼저 발명한 출원인에게 권리를 부여, 발명가 보호에 장점이 있음. 특히 사업체를 가지고 있지 않은 개인발명가들이 선호하는 제도

발명가는 발명에 관련된 일지를 작성하고 증인을 확보해야 하며 특허청으로서는 발명의 시기를 확인하여야 하는 불편이 있음

※ 미국 1개국만이 이 제도를 운용 중으로 특허제도의 국제적 통일에 최대 장애 요인으로 되고 있음

◎ **발명과 고안**

- 특허권은 발명에 대하여 부여하고 실용신안권은 고안에 대하여 부여
- 특허법상 발명은 고안과 비교하여 고도한 것으로 정의되어 있음
- 발명의 정의 : 자연법칙을 이용한 기술사상의 창작으로서 高度한 것
- 고안의 정의 : 자연법칙을 이용한 기술사상의 창작

그러나 고도한 것이냐 아니냐 하는 것은 주관적인 판단이므로 심사실무적으로는 출원인에게 그 판단을 일임하고 있음

즉, 출원인이 실용신안으로 출원한 것은 고안으로 특허로 출원한 것은 발명으로 간주

5. 출원서류의 구성

• 출원서 : 출원인, 대리인 및 발명(고안)의 명칭 등

• 명세서 : 발명의 상세한 설명 - 지식경재부령이 정하는 기재방법에 따라 명확하고 상세하게 기재 청구범위 : 특허발명의 보호범위

• 도면 : 필요한 경우 기술구성을 도시하여 발명을 명확히 표현

• 요약서 : 발명을 요약정리 (기술정보로 활용)

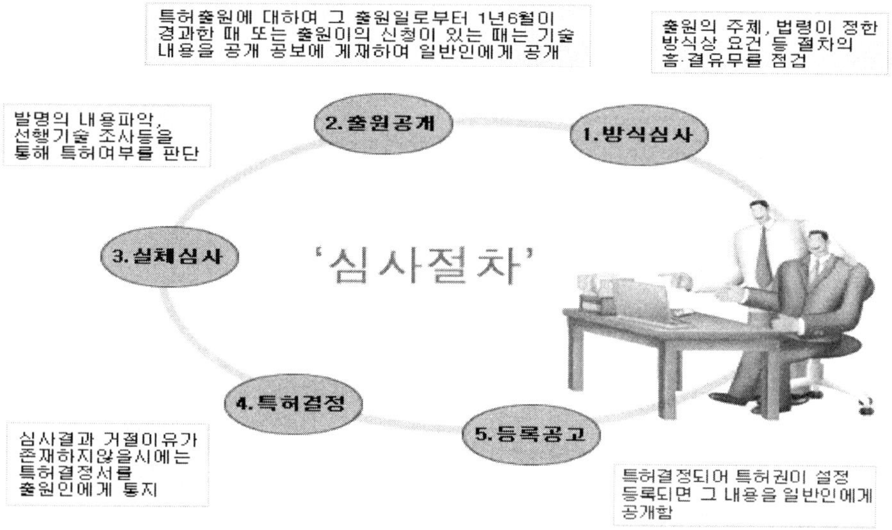

특허출원에 대하여 그 출원일로부터 1년6월이 경과한 때 또는 출원이의 신청이 있는 때는 기술내용을 공개 공보에 게재하여 일반인에게 공개

출원의 주체, 법령이 정한 방식상 요건 등 절차의 흠·결유무를 점검

발명의 내용파악, 선행기술 조사등을 통해 특허여부를 판단

2.출원공개

1.방식심사

3.실체심사

'심사절차'

4.특허결정

5.등록공고

심사결과 거절이유가 존재하지않을시에는 특허결정서를 출원인에게 통지

특허결정되어 특허권이 설정 등록되면 그 내용을 일반인에게 공개함

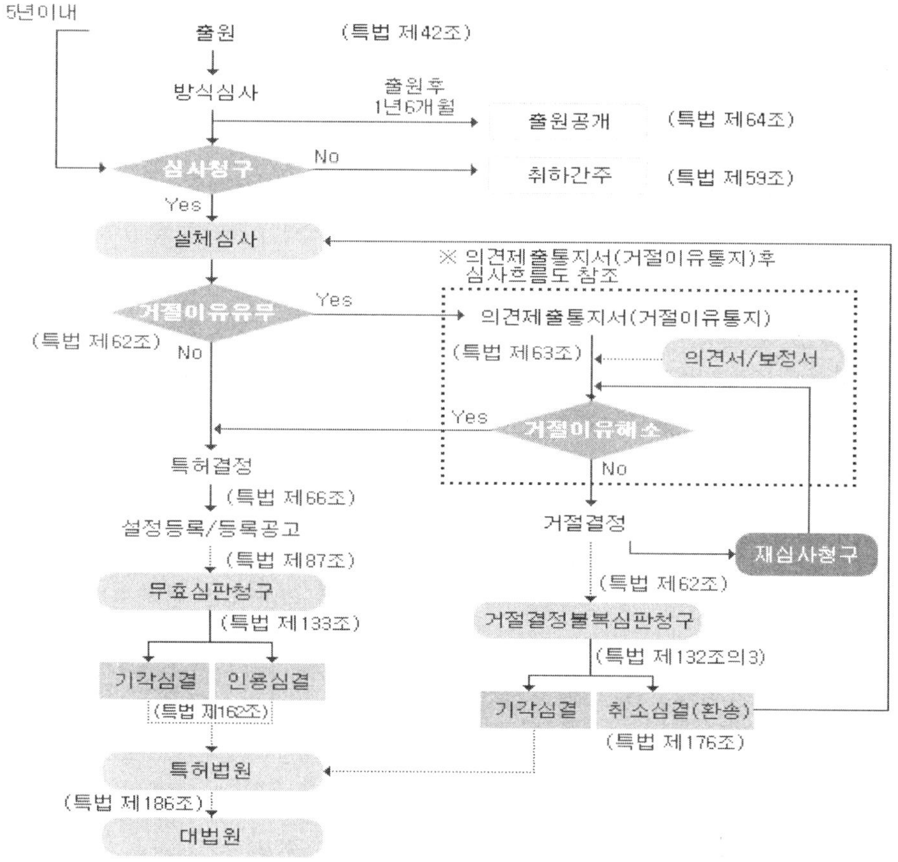

5년이내

출원 (특법 제42조)

방식심사

출원후 1년6개월

출원공개 (특법 제64조)

심사청구

No

취하간주 (특법 제59조)

Yes

실체심사

※ 의견제출통지서(거절이유통지)후 심사흐름도 참조

거절이유유무

Yes

의견제출통지서(거절이유통지)

(특법 제62조) No

(특법 제63조)

의견서/보정서

Yes

거절이유해소

No

특허결정

(특법 제66조)

설정등록/등록공고

(특법 제87조)

무효심판청구

(특법 제133조)

기각심결 인용심결

(특법 제162조)

특허법원

(특법 제186조)

대법원

거절결정

재심사청구

(특법 제62조)

거절결정불복심판청구

(특법 제132조의3)

기각심결 취소심결(환송)

(특법 제176조)

▌특허출원 및 심사절차 흐름도 ▌

6. 특허의 주요 절차

방식심사

서식의 필수사항 기재 여부, 기간의 준수여부, 증명서 첨부 여부, 수수료 납부 여부 등 절차상의 흠결을 점검하는 심사

심사청구

심사업무를 경감하기 위하여 모든 출원을 심사하는 대신 출원인이 심사를 청구한 출원에 대해서만 심사하는 제도 특허출원에 대하여 출원 후 5년간 심사청구를 하지 않으면 출원이 없었던 것으로 간주(실용신안등록출원의 심사청구기간은 3년)

※ 방어출원 : 특허권을 얻기보다는 타인의 권리 획득을 막기 위한 출원

출원공개

출원공개제도는 출원 후 1년 6개월이 경과하면 그 기술내용을 특허청이 공보의 형태로 일반인에게 공개하는 제도 심사가 지연될 경우 출원기술의 공개가 늦어지는 것을 방지하기 위하여 도입

※ 출원공개가 없다면, 출원기술은 설정등록 후 특허공보로서 공개됨 출원공개 후, 제3자가 공개된 기술내용을 실시하는 경우 출원인은 그 발명이 출원된 발명임을 서면으로 경고할 수 있으며, 경고일로부터 특허권 설정등록일까지의 실시에 대한 보상금을 권리획득 후 청구할 수 있음 (가보호권리)

※ 1년 6월의 근거 : 우선권주장을 수반하는 외국출원과 국내출원의 균형 유지 (우선기간 12월, 우선권증명서제출기간 4월, 공개준비 2월

실체심사

특허요건, 즉 산업상 이용가능성, 신규성 및 진보성을 판단하는 심사

이와 함께 공개의 대가로 특허를 부여하게 되므로 일반인이 쉽게 실시할 수 있도록 기재하고 있는가를 동시에 심사(기재요건)

※ 최초/최후 거절이유 통지와 보정각하

심사관은 심사에 착수하여 거절이유를 발견하면 최초거절이유를 통지하고 심사 착수후 보정서가 제출되어 다시 심사한 결과 보정에 의해 발생한 거절이유를 발견하면 최후거절이유를 통지

심사관은 최후거절이유를 통지한 후 보정에 보정각하 사유를 발견하면 결정

으로 보정을 각하하고 이전 명세서로 심사

특허결정

해당 출원이 특허요건을 충족하는 경우, 심사관이 특허를 부여하는 처분

설정등록과 등록공고

특허결정이 되면 출원인은 등록료를 납부하여 특허권을 설정등록. 이때부터 권리가 발생됨, 설정등록된 특허출원 내용을 등록공고로 발행하여 일반인에게 공표함

거절결정

출원인이 제출한 의견서 및 보정서에 의하여도 거절이유가 해소되지 않은 경우 특허를 부여하지 않는 처분

거절결정불복심판

거절결정을 받은 자가 특허심판원에 거절결정이 잘못되었음을 주장하면서 그 거절결정의 취소를 요구하는 심판절차

무효심판

심사관 또는 이해관계인(다만, 특허권의 설정등록이 있는 날부터 등록공고일 후 3월 이내에는 누구든지)이 특허에 대하여 무효사유(특허요건, 기재불비, 모인출원 등)가 있음을 이유로 그 특허권을 무효시켜 줄 것을 요구하는 심판절차

※ 무효심결이 확정되면 그 특허권은 처음부터 없었던 것으로 간주

7. 특허심사 주요제도

우선심사제도

특허출원은 심사청구 순서에 따라 심사하는 것이 원칙이나, 모든 출원에 대해서 예외없이 이러한 원칙을 적용하다 보면 공익이나 출원인의 권리를 적절하게 보호할 수 없는 면이 있어 일정한 요건을 만족하는 출원에 대해서는 심사청구 순위에 관계없이 다른 출원보다 먼저 심사하는 제도

특허청구범위제출 유예제도

출원일부터 1년 6개월이 되는 날까지(출원심사청구의 취지를 통지받은 경우에는

통지받은 날부터 3개월이 되는 날까지) 명세서의 특허청구범위 제출을 유예할 수 있는 제도

※ 제출기한 이내에 특허청구범위를 제출하지 않으면 취하 간주되며, 특허청구범위가 제출된 경우에 한하여 심사청구 가능

심사유예신청제도

늦은 심사를 바라는 고객의 요구를 충족시키기 위해 특허출원인 원하는 유예시점에 특허출원에 대한 심사를 받을 수 있는 제도

늦게 심사받는 대신 희망시점에 맞춰 심사서비스 제공(심사유예 희망시점으로부터 3월 이내 심사서비스 제공 예정

심사청구시 또는 심사청구일로부터 9개월 이내에 유예희망시점을 기재한 심사유예신청서를 제출하면 이용 가능(별도 신청료 없음)

분할출원

2이상의 발명을 하나의 특허출원으로 신청한 경우 그 일부를 하나 이상의 출원으로 분할하여 출원

변경출원

출원인은 출원후 설정등록 또는 거절결정 확정 전까지 특허에서 실용신안 또는 실용신안에서 특허로 변경하여 자신에게 유리한 출원을 선택할 수 있음

조약우선권주장

파리협약이나 WTO 회원국간 상호 인정되는 제도로 제1국출원후 1년내에 다른 가입국에 출원하는 경우 제1국출원에 기재된 발명에 대하여 신규성 진보성 등 특허요건 판단일을 소급하여 주는 제도

국내우선권주장

선출원후 1년 이내에 선출원 발명을 개량한 발명을 한 경우 하나의 출원에 선출원 발명을 포함하여 출원할 수 있도록 하는 제도

직권보정제도

출원에 대해 심사한 결과 특허결정이 가능하나 명백한 오탈자, 참조부호의 불일치 등과 같은 사소한 기재불비만 존재하는 경우, 의견제출통지를 하지 않고도 보

다 간편한 방법으로 명세서의 단순한 기재불비 사항을 수정할 수 있도록 함으로써 심사 지연을 방지하고 등록 명세서에 완벽을 기하고자 마련된 제도(2009.7.1이후 등록결정부터)

◎ **재심사청구(심사전치) 제도**

심사후 거절결정된 경우 거절결정불복심판을 청구한 후 명세서를 보정한 건에 대해 다시 심사를 하였으나(심사전치제도) 개정 특허법에 따라 거절결정후 심판청구를 하지 않더라도 보정과 동시에 재심사를 청구하면 심사관에게 다시 심사받을 수 있음(재심사청구제도)

◎ **특허처리기간**

- 심사처리기간이란 심사청구일로부터 심사착수 시점까지의 기간으로 심사처리기간의 장기화는 권리행사기간의 단축을 초래하고, 신기술의 사업화와 수익화를 저해함
- 이에 따라 특허청은 특허심사관 증원, 선행기술조사 외주용역 확대, 성과주의 경영을 통한 심사처리실적의 극대화, 자동검색시스템 구축, 6시그마 경영 도입 등을 통해 '06년 말 이후 세계에서 가장 빠른 심사서비스를 제공
- 섹션, 클래스, 서브클래스 및 메인그룹 또는 서브그룹의 계층구조로 이루어짐.

  * A 섹션 - 생활필수품
  * B 섹션 - 처리조작, 운수
  * C 섹션 - 화학, 야금
  * D 섹션 - 섬유, 종이
  * E 섹션 - 고정구조물
  * F 섹션 - 기계공학, 조명, 가열, 무기, 폭파
  * G 섹션 - 물리학
  * H 섹션 - 전기
- 기타 세부내용은 특허청 홈페이지 메인화면의 '코드/분류 조회' 또는 WIPO 홈페이지 (www.wipo.int/classifications/ipc/en/) 참조

Ⅳ 국제기구 및 국제조약

1. 세계지식재산권기구(WIPO, World Intellectual Property Organization)

- 산업재산권 문제를 위한 파리협약(1883), 저작권 문제를 위한 베른조약(1886), 특허협력조약 및 특허법조약 등을 관리 하고 지식재산권 분야의 국제협력을 위하여 1967년 스톡홀름에서 체결하고 1970년에 발효한 세계 지식재산기구설립조약에 따라 설립됨 → '74년 국제연합의 전문기구가 됨

- **회원국** : 184개국 (한국은 '79년 3월에 가입)

- **WIPO의 주요 임무**
  - 지적재산권의 효율적 보호를 촉진
  - 지식재산권 관련 조약의 체결, 운용 및 각국 법제의 조화 도모
  - 개발도상국에 대한 법제, 기술측면의 원조 실시

- **WIPO 구성**
  - 일반총회, 체약국회의, 조정위원회, 국제사무국 4개 기구

2. 파리협약(Paris Convention)

- **산업재산권의 국제적 보호를 위하여 1883년 파리에서 체결**

각국의 특허제도상의 차이를 인정하면서 중요한 사항에 대하여 국제적으로 통일된 규범을 규정

※ 우리나라는 '80년 5월에 가입, 가맹국은 172개국

- **주요내용**
  - 특허독립의 원칙(속지주의)
    * 동일한 발명에 대하여 복수의 동맹국에서 특허를 부여받았다 하더라도 그 특허는 각각 독립적으로 존속, 소멸(회원국의 Sovereignty 인정)
  - 내외국인 동등의 원칙
    * 동맹국의 국민을 자국민 수준으로 대우(각국은 자국산업의 보호를 위하여

외국인에 대해서는 특허를 부여하지 않으려는 경향이 있음)

우선권제도

회원국에 출원(선출원)한 자가 동일한 발명을 1년 이내에 타 회원국에 우선권을 주장하면서 출원(후출원)하는 경우후출원의 특허요건을 판단함에 있어서, 선출원의 출원일에 출원된 것으로 취급하는 제도 → 외국에 출원하는 경우, 거리, 언어, 절차상의 제약으로부터 발생할 수 있는 출원인의 불이익을 해소

3. 특허협력조약(PCT : Patent Cooperation Treaty)

- 파리조약 제19조에 따른 특별협정의 하나로서 국제적인 특허출원 절차요건의 통일화에 주안점을 두고 1970년 워싱턴에서 개최된 외교회의에서 채택되어 1978년 1월 24일 발효됨.
- PCT에 의한 국제출원은 출원인이 국제사무국 또는 자국 특허청(수리관청)에 특허를 받고자 하는 국가를 지정하여 PCT 국제출원서를 제출하면 각 지정국에서 정규의 국내출원으로 인정해주는 제도임.
- 자세한 사항은 특허마당 >PCT 참고

4. 특허법조약(PLT : Patent Law Treaty) 및 특허실체법조약(SPLT : Substantive Patent Law Treaty)

특허법 통일화의 논의

각국 특허제도의 절차적 및 실체적 사항을 통일함으로써 다른 나라에서의 특허취득을 원하는 출원인의 편의성을 제고하고 비용절감을 도모하기 위한 국제적인 논의

논의경과

'86년 이후 90년까지 8차에 걸친 회의 개최를 통하여 조약 기본안 (Draft Patent Harmonization Treaty)이 마련되었으나, 클린턴정부 출범 이후 미국이 선발명주의 고수입장으로 회귀함에 따라 조약 타결에 실패

◎ **주의 고수입장으로 회귀함에 따라 조약 타결에 실패**

'95년 이후 WIPO의 주도로 통일화에 장애가 되는 실체적 사항을 제외하고 논의를 진행한 결과, 2000. 6월 절차적 사항에 관한 조약인 특허법조약이 타결됨

※ 10개국이 가입하면 조약발효 (2005.7.28. 발효), 2012.5. 현재 32개국 가입

◎ **특허법조약의 주요내용**

- 출원일 설정 기준
- 출원서류의 서식 및 작성방법
- 제출서류의 서식, 언어 및 표기사항
- 기간의 연장 및 권리의 복원
- 우선권 주장의 정정 및 추가 등

◎ 2000년 11월 이후 WIPO는 특허요건 판단기준 등 실체적 사항을 통일하기 위하여 특허실체법조약안을 마련하고 특허법상설위원회 (Standing Committee on the Law of Patents : SCP)를 중심으로 조약안을 논의

• 특허실체법조약안의 주요내용
  - 명세서의 내용 및 순서
  - 선행기술
  - 특허요건(특허대상, 신규성, 진보성)
  - 보정 및 정정 등

◎ **특허실체법조약의 타결 전망**

WIPO는 그간의 SPLT 논의과정에서 각국이 제기한 의견을 종합하여 수정조약안을 작성하였으나, 전통지식 및 유전자원 문제가 새로운 변수로 부각되고 있어 단기간 내의 타결 전망은 불투명

5. PCT국제출원

(1) PCT 국제출원의 개요

특허협력조약(Patent Cooperation Treaty; PCT)에 의한 국제출원은 출원인이 자국 특허청(수리관청)에 특허를 받고자 하는 국가를 지정하여 PCT 국제출원서를 제출하면 각 지정국에서 정규의 국내출원으로 인정해 주는 제도로서, 2008.10.1 현재

139개국이 가입되어 있습니다.

(2) PCT 국제출원의 절차

- 국제출원이 접수되면 수리관청에서 서류작성의 적정여부 등에 대한 방식심사(접수 후 1월 이내, 우선일 부터 13월경)를 합니다.
- 국제조사기관에서 선행기술조사 및 특허성에 관한 검토를 하여 그 결과를 "국제조사보고서" 및 "견해서"로 작성(조사용사본의 수령통지일부터 3월 또는 우선일 부터 9월 중 늦은 때까지이며, 통상 우선일 부터 16월경)하여 출원인 및 국제사무국에 통보합니다.
- 국제사무국에서는 우 선일 부터 18월경과 후 국제출원 일체 및 국제조사보고서에 대하여 국제공개를 합니다.
- 별도의 선택적 절차인 국제예비심사를 청구하는 경우(통상 우선일 부터 22월) 국제예비심사기관은 특허성에 관한 예비적인 심사를 하여 그 결과를 "특허성에 관한 국제예비보고서(PCT 제2장)"으로 작성하여 출원인에게 통보합니다(통상 우선일 부터 28개월 시점)
- 출원인은 상기 보고서 등을 기초로 실제 특허를 얻고자 하는 국가에 국제출원의 번역문 및 국내수수료 등을 납부하는 국내단계에 진입(통상 우선일 부터 30개월 이내)하여 해당 지정국에서 특허 심사절차를 밟게 됩니다. 우리나라는 우선일로부터 31개월 이내에 국내 단계절차를 밟아야 합니다.
- 우리나라 특허청을 수리관청으로 하여 출원하는 출원인은 국제조사기관으로 한국, 오스트리아, 호주, 일본 특허청(일본어 출원에 한함)중 하나를 선택할 수 있으며, 국제예비심사기관으로는 한국, 오스트리아, 일본 특허청(일본에서 국제조사를 받은 경우에 한함) 중 하나를 선택할 수 있습니다.
- 국외 PCT국제출원 중 우리나라를 국제조사기관으로 지정한 나라는 필리핀, 베트남, 인도, 인도네시아, 몽고, 뉴질랜드, 미국, 싱가포르, 말레이시아가 있습니다.

(3) PCT 국제출원에 필요한 서류

- PCT 국제출원을 하기 위해서는 Request(국제출원서), 명세서, 청구범위, 요약서, 도면(있는 경우), 서열목록(해당하는 경우)으로 이루어진 국제출원 관련 서류를 별도로 제출해야 합니다. 국내출원시 제출한 서류를 그대로 제출하는 것

이 아님에 유의하여야 합니다.

- 명세서도 국내출원과 달리 PCT규칙에서 규정하는 기술순서에 따라 작성하여야 하며, 국내 출원과 달리 명세서와 청구범위를 구분하여 별도로 작성하여야 합니다. 국제출원서(Request)는 반드시 한국어, 영어 또는 일본어(일본어 출원의 경우)로 작성하여야 합니다.

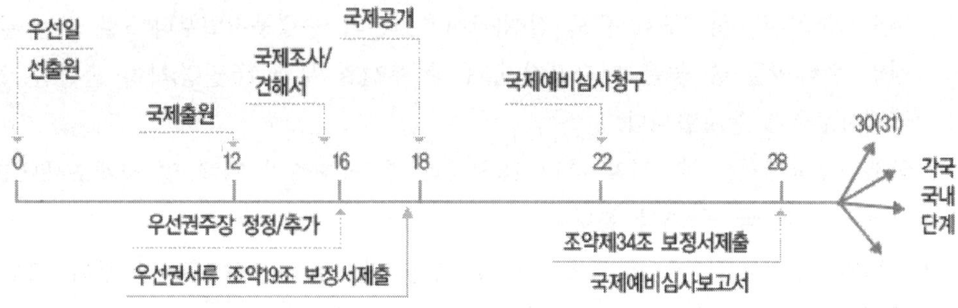

제2절 실용신안의 이해

1. 실용신안등록제도의 배경

- 특허출원에 대한 심사처리기간이 대폭 단축이 전망됨에 따라, 신속한 권리설정을 목적으로 도입된 심사전 등록제도인 실용신안 선등록제도의 장점이 감소되고, 심사없이 등록된 권리의 오·남용, 복잡한 심사절차로 인한 출원인의 부담증가 및 심사업무의 효율성 저하 등 심사전 등록제도의 문제점이 상대적으로 부각된 점을 감안하여 실용신안제도를 심사후 등록제도로 전환함
- 형식적인 요건만을 심사하여 등록하던 실용신안 선등록제도를 폐지하는 대신 실체심사를 거쳐 실용신안등록여부를 결정하도록 하는 심사후 등록제도를 도입함

  실용신안 심사전 등록제도 운영을 위해 도입되었던 기초적 요건 심사제도, 등록후 기술평가제도 및 정정청구제도 등을 폐지하고 특허제도와 마찬가지로 심사청구제도, 거절이유통지제도 및 보정제도 등의 심사절차를 도입함

2. 실용신안 심사 절차

실체심사 관련 규정을 특허법과 일치시켜 산업재산권제도의 조화를 도모

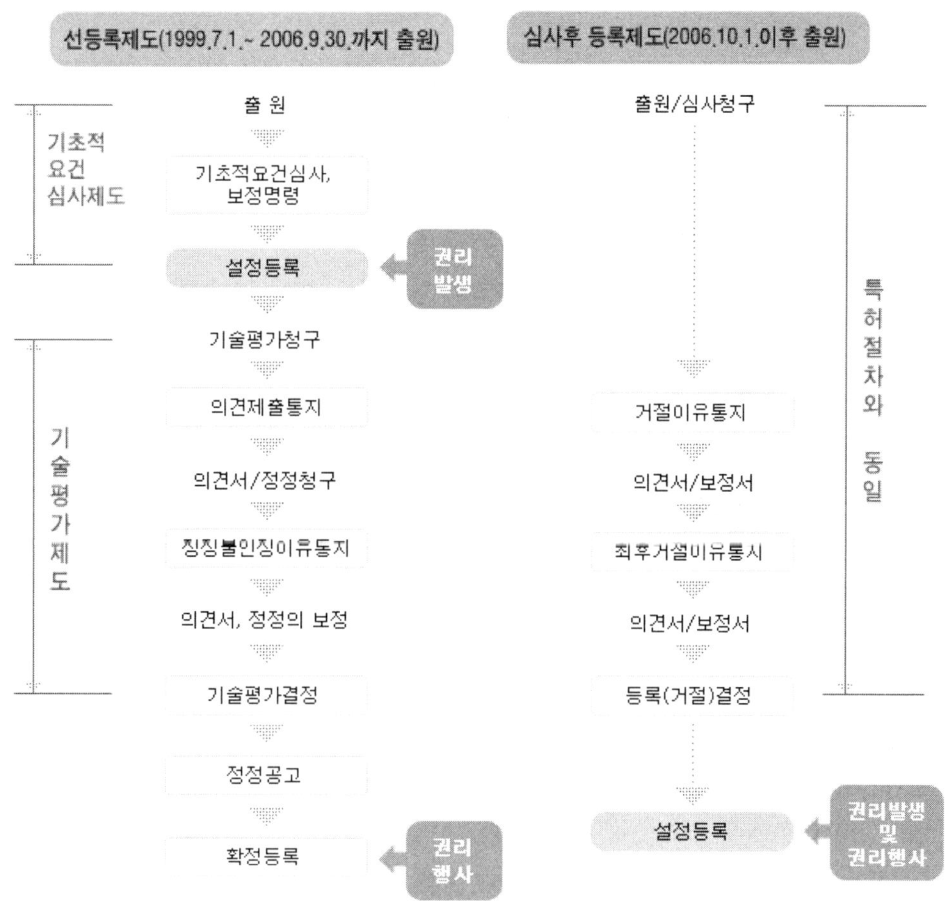

▌구 실용신안(선등록제도)과 현행 실용신안(심사후 등록제도)의 절차 비교도 ▌

- 실용신안제도가 특허제도와 마찬가지로 심사후 등록제도로 변경됨에 따라 합리적 제도 운영을 위해 특허제도와의 통일된 절차를 마련하여 민원인의 편익을 도모함

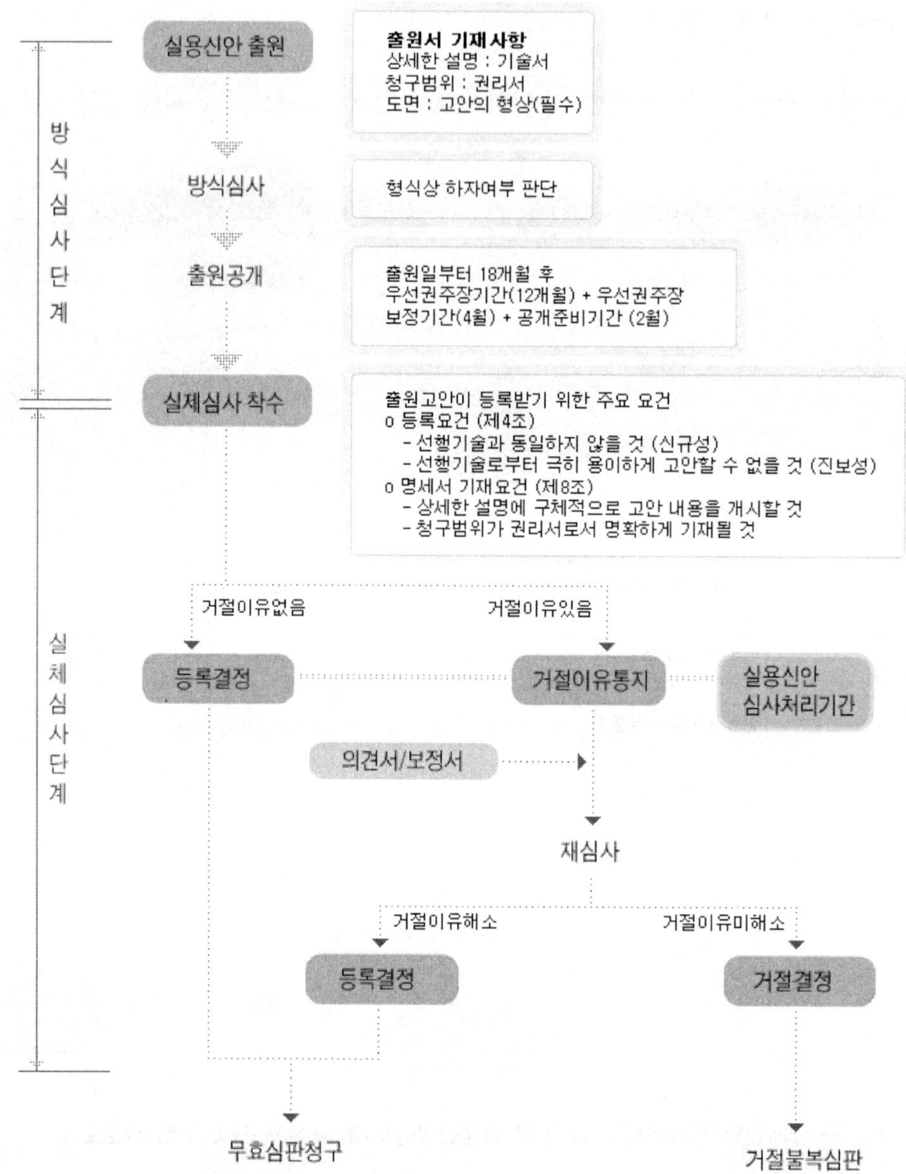
방식심사단계
실체심사단계
실용신안 출원
출원서 기재사항
상세한 설명 : 기술서
청구범위 : 권리서
도면 : 고안의 형상(필수)
방식심사
형식상 하자여부 판단
출원공개
출원일부터 18개월 후
우선권주장기간(12개월) + 우선권주장
보정기간(4월) + 공개준비기간 (2월)
실제심사 착수
출원고안이 등록받기 위한 주요 요건
o 등록요건 (제4조)
- 선행기술과 동일하지 않을 것 (신규성)
- 선행기술로부터 극히 용이하게 고안할 수 없을 것 (진보성)
o 명세서 기재요건 (제8조)
- 상세한 설명에 구체적으로 고안 내용을 개시할 것
- 청구범위가 권리서로서 명확하게 기재될 것
거절이유없음
거절이유있음
등록결정
거절이유통지
실용신안
심사처리기간
의견서/보정서
재심사
거절이유해소
거절이유미해소
등록결정
거절결정
무효심판청구
거절불복심판

▌실용신안 흐름도 ▌

3. 특허제도와 실용신안제도 주요내용 비교

구 분		실 용 (2006.3.3 법률 제 7872호 기준)	특 허 (2006.3.3 법률 제 7871호 기준)
등록	보호대상	물품의 형상·구조 또는 조합에 관한 자연법칙을 이용한 기술적 사상의 창작(실 §2, 4)	자연법칙을 이용한 기술적 사상의 창작으로서 고도한 것(특 §2)
	등록요건	신규성, 진보성 등 실체적 요건 (실 §13, 15)	신규성, 진보성 등 실체적 요건 (실 §62, 66)
	명세서등 보정시기	특허와 동일(실 §11에서 특 §47 준용)	특허결정등본을 송달하기 전 또는 최조 거절이유 통지 받기 전(특 §47) 거절이유통지 의견서제출기간이내 거절결정 불복심판청구일
	결정방법	실용신안등록결정 또는 실용신안등록거절결정	특허결정 또는 특허거절결정
권리행사	권리존속 기간	10년	20년
	권리행사의 요건	특허와 동일	설정등록
	침해자의 과실추정	특허와 동일(실 §30)	설정등록 후(특 §130)
권리취소무효	이의신청	이의신청제도가 무효심판제도로 통합(실 §31)(실용신안등록이의신청은 2007.6.30.까지 가능)	이의신청제도가 무효시미판제도로 통합(특 §133) (특허이의신청은 2007.7.1. 전에 특허권이 설정등록된 것에 대하여만 가능)
	심사청구	출원부터 3년이내 누구든지 가능, 취하할 수 없음(특 §12)	출원부터 5년이내 누구든지 가능, 취하할 수 없음(특 §59)
	무효심판	특허와 동일(실 §31)	• 설정등록이 있는 날부터 등록공고일 후 3월 이내에는 누구든지 가능 • 등록공고일 후 3월 이후에는 이해관계인 또는 심사관만 가능(특 §133)
기타	우선심사제도	있음(실 §61) ※ 출원과 동시에 심사청구를 하고 그 출원 후 2월 이내에 우선심사 신청이 있는 경우도 가능	있음(특 §61) ※ 특허청장이 외국특허청장과 우선심사하기로 합의한 특허출원도 가능
	진보성	극히 용이하게 고안가능한지 여부 (실 §4)	용이하게 발명가능한지 여부 (특 §29)
	정정가능절차	특허와 동일	무효심판, 정정심판, 정정의 무효심판

※ '06.10.1. 이후 실용신안등록출원은 제도운영상 특허와 동일하므로 그 밖의 사항은 상단의 〈특허〉란 참조

제3절 상표의 이해

I 상표제도 유래

1. 상표제도의 기원

- '상표'(brand)의 어원은 소나 말 등의 목축물에 火印하는 노르웨이의 고어'brandr'로부터 유래하였습니다.
- 중세시대에 길드(Guild)라는 상인단체나 동업조합원이 상품생산활동에 대한 독점과 상품의 질과 양을 통제하는 수단으로 상품에 "生産標"(production mark)를 사용하였습니다. 그러나 이 당시의 '生産標'는 소비자에 대해 자신의 상품을 식별하도록 하는 것이 아니어서 오늘날의 상표제도와는 차이가 있었습니다.
- 오늘날과 같은 상표제도는 산업혁명 이후 프랑스에서 1857년 6월 23일 상표의 기탁제도를 정한 사용주의 및 무심사주의를 내용으로 하는 '製造標 및 商品標에 관한 法律'이 세계 최초로 제정되었으며, 그 후 영국에서 1862년 商品標法 및 1875년 선사용주의를 중심으로 한 商標登錄法 등이 제정되면서 상표제도의 기틀을 다지게 되었습니다.

2. 우리나라 상표제도의 연혁

- 1908년 :한국 상표령 공포
- 1946년 :특허원 창립
- 1949년 :상표법 제정
- 1977년 :특허청 개청
- 1979년 :세계지식재산권기구(WIPO) 가입
- 2002년 :상표법조약 가입서 WIPO 기탁
- 2003년 :MADRID 의정서 가입서 기탁

Ⅱ 상표의 개념

1. 상표법상 상표의 개념

사회적 사실로서의 상표란 자타상품을 식별하기 위하여 사용하는 일체의 감각적인 표현수단을 의미하지만 이러한 표장을 모두 보호하는 것은 법기술적으로 어렵기 때문에 상표법에서는 보호가 가능한 상표의 구성요소를 제한하고 있습니다. 종전에는 기호, 문자, 도형, 입체적 형상 또는 이들을 결합한 것과 이들 각각에 색채를 결합한 것만으로 상표의 구성요소를 한정하였으나, 2007.7.1부터는 상표권의 보호대상을 확대하여 색채 또는 색채의 조합만으로 된 상표, 홀로그램상표, 동작상표 및 그 밖에 시각적으로 인식할 수 있는 모든 유형의 상표를 상표법으로 보호할 수 있도록 하였습니다.

그러나, 상표법상 상표란 여전히 시각을 통하여 인식될 수 있는 것으로 국한되며 시각을 통하여 인식할 수 없는 소리, 냄새, 맛 등과 같이 청각, 후각, 미각으로 지각할 수 있는 표장은 현실의 거래사회에서 자타상품의 식별표지로서 사용되고 있다하더라도 상표법상의 상표로는 보호받을 수 없습니다. (다만, 현재 청각, 후각 등 시각적으로 인식할 수 없는 표장도 포함하기 위한 법률 개정을 추진 중에 있습니다.)

또한 자기의 상품과 타인의 상품을 식별하기 위하여 사용되지 않는 표장은 상표가 아니므로 상품에 사용된 것이라 하여도 그것이 단순히 상품의 심미감을 불러일으키게 하기 위하여 사용된 디자인이거나 자타상품식별의사와 무관한 가격표시 등은 상표법상 상표가 아닙니다.

광의의 상표개념으로서는 상표외에 서비스표, 단체표장, 업무표장을 포함합니다.

서비스표의 개념

『서비스표』란 서비스업(광고업, 통신업, 은행업, 운송업, 요식업 등 용역의 제공업무)을 영위하는 자가 자기의 서비스업을 타인의 서비스업과 식별되도록 하기 위하여 사용하는 표장을 말합니다. 즉 상표는 "상품"의 식별표지임에 반하여 서비스표는 "서비스업(용역)"의 식별표지라고 할 수 있습니다.

단체표장의 개념

『단체표장』이란 상품을 공동으로 생산·판매 등을 하는 업자 등이 설립한 법인이 직접 사용하거나 그 감독하에 있는 단체원으로 하여금 자기의 영업에 관한 상품 또는 서비스업에 사용하게 하기 위한 표장을 말합니다.

업무표장의 개념

『업무표장』이란 YMCA, 보이스카웃 등과 같이 영리를 목적으로 하지 아니하는 업무를 영위하는 자가 그 업무를 나타내기 위하여 사용하는 표장을 말합니다. (예 대한적십자사, 청년회의소, 로타리클럽, 한국소비자보호원 등)

2. 상표의 인접개념

상표와 상호

상표는 자타상품을 식별하기 위하여 상품에 부착하는 표장으로서 상품의 동일성을 표시하는 기능을 가지는 것이나, 상호는 상인(법인·개인)이 영업상 자기를 표시하는 명칭으로서 영업의 동일성을 표시하는 기능이 있습니다. 즉, 상호는 상인이 영업에 관하여 자기를 표시하는 명칭으로서 인적 표지의 일종이며, 문자로 표현되고 호칭되며 회사기업의 경우 상호의 사용은 강제적이지만, 상표는 자타상품을 식별하는 기호로서 문자뿐만이 아니라 기호, 문자, 도형 등과 이들의 결합 또는 이들과 색채의 결합으로 구성될 수 있으며, 상표의 사용에 있어서는 강제성이 없다는 점이 상이합니다.

다만 기업이미지 통일화 전략(Corporate Identification Program)에 따라 상호와 상표를 일치시키고 있는 것이 국제적 추세인 점(상표의 상호화 또는 상호의 상표화 현상)과 상호가 상품표지로 사용되고 상표로서 등록요건을 갖추어 등록된 경우에는 법률상 상표로서 보호되는 상호상표가 점차 늘고 있어 양자간의 기능이 중첩되는 경우가 많습니다.

상표와 지리적 표시

상표와 지리적 표시는 양자 모두 출처표시 기능 및 품질표시적 기능, 영업상의 이익과 관련되며 지식재산권의 범주 내에서 보호되는 표장이라는 점에서는 상표와 유사한 점이 있습니다. 이러한 유사점 때문에 지리적 표시를 상표 제도내로 포괄

하여 상표 및 지리적 표시 보호법으로 규정하는 나라가 있는가 하면 지리적 표시를 상표법상 단체표장 내지 증명표장으로 보호하는 나라도 있습니다.

그러나 상표는 상품 또는 서비스업을 제공하는 “특정 사업주체”를 식별시켜 주는 표장인데 반하여 지리적 표시는 당해 표시가 사용되고 있는 제품을 생산하는 사업주체들이 위치하고 있는 “특정지역”을 확인시켜 주는 표장이므로 지리적표시는 상표와 같이 하나의 업자가 다른 경업자들을 사용으로부터 배제시킨다는 의미에서의 “독점적 소유자”는 없는 점에서 차이가 있다고 볼 수 있습니다.

우리나라는 2004년 개정상표법(2004.12.31.법률제7290호)을 통해 2005년 7월 1일부터 “지리적 표시”를 단체표장으로 보호하고 있습니다. “지리적 표시”는 단순한 지명이 아니라, “인제용대황태”와 같이 특정 품질, 명성 또는 그 밖의 특성을 가지고 있고, 그 품질 등이 해당 지역의 기후, 토양, 지형 등의 지리적 환경에 기인한 경우에 그 상품이 생산, 제조 또는 가공된 지역을 나타내는 표시를 말합니다. 즉, 다른 지역과 구별되는 품질이나 명성 등의 특성이 그 지역의 기후, 토양, 지형 등의 자연적 조건이나 전통적인 생산비법 등의 인적 조건을 포함하는 지리적 환경에서 본질적으로 비롯되는 경우에 그 지역에서 생산, 제조 또는 가공된 상품임을 나타내는 표시를 말합니다.

상표와 도메인 이름

상표는 자타상품을 식별하기 위하여 상품에 부착하는 표장이며, 도메인 이름의 경우 인터넷상 호스트컴퓨터의 주소에 해당하는 숫자로 된 주소(IP Address)에 해당하는 알파벳 및 숫자의 일련의 결합을 의미합니다. 따라서 상표의 경우 상품출처 표시의 기능, 도메인 이름의 경우 인터넷상 호스트컴퓨터의 장소표시의 기능이라는 별개의 기능에서 출발되었지만, 전자상거래의 활성화로 도메인 이름 그 자체가 상품이나 서비스업의 출처표시로서의 기능도 하게 되었으며, 타인의 상표를 부정한 목적으로 등록하여 정당한 상표권자에게 비싼값에 되팔려는 사이버스쿼팅(Cybersquatting) 행위가 증가함에 따라 상표와 도메인 이름간의 분쟁이 증가하고 있는 추세에 있습니다.

원칙적으로 국내에 상표를 등록하였다고 하여 당해 상표에 상당하는 도메인 이름을 등록할 권리가 부여되지 않으며, 도메인 이름을 등록하였다고 하여 당해 상표를 등록할 권리를 부여하지는 않고 있습니다. (자세한 내용은 상표와 도메인 참조)

Ⅲ 상표의 기능과 등록요건

1. 상표제도의 목적

• 상표제도의 목적은 상표를 보호함으로써 상표사용자의 업무상의 신용유지를 도모하여 산업발전에 이바지함과 아울러 수요자의 이익을 보호함을 목적으로 합니다. (상표법 제1조)

2. 상표의 기능

• **자타상품의 식별기능** : 상표를 상품에 표시하여 사용하는 경우 그 상표의 표시로 인하여 자기의 상품과 타인의 상품을 식별할 수 있는 기능입니다.
• **출처표시 기능** : 동일한 상표를 표시한 상품(동일 상표품)은 동일한 출처에서 나온다는것을 수요자에게 나타내는 기능입니다.
• **품질보증 기능** : 동일한 상표를 표시한 상품은 그 품질이 동일한 것으로 수요자에게 보증하는 기능입니다.
• **광고선전기능** : 상표의 상품에 대한 심리적인 연상작용을 동적인 측면에서 파악한 것으로 상품거래사회에서 판매촉진수단으로서의 상표의 기능을 말합니다.
• **재산적 기능** : 상표가 갖는 재산적·경제적 가치로서의 기능으로서 상표의 재산적 기능은 상표권의 자유양도 및 사용권 설정 등을 통해 구현됩니다.

3. 상표의 등록요건

◎ 인적 요건(상표등록을 받을 수 있는 자)

우리나라에서 상표권자가 될 수 있는 자격을 갖는 자(개인 또는 법인)로서, 국내에서 상표를 사용하는 자(법인·개인·공동사업자) 또는 사용하고자 하는 자는 상표법이 정하는 바에 의하여 자기의 상표를 등록받을 수 있습니다.

상표권자가 될 수 있는 자격은 우리나라 국민(법인포함)은 모두 해당되며, 외국인은 상호주의원칙과 조약에 의거하여 그 자격이 결정됩니다.

실체적 요건

상표의 등록요건은 출원의 형식등 절차적 요건과 상표의 구성자체가 자타상품의 식별력을 가진 것인지 부등록사유에 해당되지 않는지에 관한 실체적 요건(적극적 요건, 소극적 요건)으로 나누는데 상표법상 중요한 것은 실체적 요건입니다.

(1) 적극적 요건

상표의 가장 중요한 기능은 자타상품식별기능이기 때문에 상표로 등록되기 위해서는 우선 식별력을 가져야 합니다. 상표법상 식별력이라 함은 거래자나 일반 수요자로 하여금 상표를 표시한 상품이 누구의 상품인가를 알 수 있도록 인식시켜 주는 것을 말합니다.

일반적으로 식별력 유무의 판단은 지정상품과 관련하여 판단하고 있으며 상표법 제6조제1항 각호에서는 자타상품의 식별력이 없는 상표들로서 상표등록이 불허되는 사유를 다음과 같이 제한적으로 열거하고 있습니다.

① **상품의 보통명칭** : 상표가 특정상품과 관련하여 그 상품의 명칭을 나타내는 상표를 말합니다. (예 스낵제품-Corn Chip, 과자-호도과자, 자동차-Car)

② **관용상표** : 동종업자들 사이에서 특정 종류의 상품에 관용적으로 쓰이는 표장을 말합니다. (예 과자류-깡, 청주-정종, 직물-Tex)

③ **성질표시적 상표** : 산지표시 : 당해 상품의 생산지를 표시하는 것을 말합니다. (예 사과-대구, 모시-한산, 굴비-영광)

- 품질표시 : 당해 상품의 품질의 상태, 우수성 등을 표시하는 것을 말합니다. (예 上, 中, 下, 특선, Super)
- 원재료표시 : 당해 상품의 원재료로 쓰이는 상품의 명칭을 표시하는 것을 말합니다. (예 양복-Wool, 넥타이-Silk)
- 효능표시 : 당해 상품의 효과나 성능 등을 표시하는 상표를 말합니다. (예 TV-HITEK, 복사기-Quick Copy)
- 용도표시 : 당해 상품의 쓰임새를 나타내는 상표를 말합니다. (예 가방-학생, 의류-Lady)
- 수량표시 : 2컬레, 100미터 등
- 형상표시 : 당해 상품의 평상·모양·크기등을 표시하는 것을 말합니다. (예 소형, 대형, 캡슐, SLIM)

- 생산방법·가공방법·사업방법표시 : 당해 상품의 생산·가공·사용방법을 표시하는 상표를 말합니다. (예 농산물-자연농법, 구두-수제, 책상-조립)
- 시기표시 : 당해 상품의 사용시기등을 표시하는 것을 말합니다.(예 타이어-전천후, 의류-봄·여름·가을·겨울)

④ **현저한 지리적 명칭, 그 약어 또는 지도** : 수요자에게 현저하게 인식된 지리적인 명칭을 말합니다. (예 금강산, 백두산, 뉴욕 등)

⑤ **흔한 성 또는 명칭** : 흔히 있는 자연인의 성 또는 법인, 단체, 상호임을 표시하는 명칭을 말합니다. (예 이씨, 김씨, 사장, 상사, 조합, 총장 등)

⑥ **간단하고 흔히 있는 표장** : 상표의 구성이 간단하고 또한 흔히 있는 표장을 말합니다. (예 123, ONE, TWO, ß 등)

⑦ **기타 식별력이 없는 표장** : 일반적으로 쓰이는 구호, 표어, 인사말 등 (예 Believe it or not, I can do, www 등)

식별력 요부의 판단은 등록여부결정시를 기준으로 판단하고, 결합상표의 경우 그 상표의 구성부분 전체를 기준으로 판단하며, 지정상품에 관한 일반적 거래자 또는 수요자를 기준으로 판단해야 할 것이나 지정상품과의 관계를 고려할 필요가 없는 경우에는 통상적인 일반인의 평균적 인식을 기준으로 판단합니다.

"보통으로 사용하는 방법으로 표시하는 표장"이라 함은 "한글, 한자 또는 로마문자 등 문자의 인쇄체, 필기체로 표시하여 구성된 표장"을 말하고, "만으로 된"의 의미는 보통명칭 등이 포함된 경우라도 식별력 있는 표장의 부기적 부분에 불과한 경우 또는 식별력 있는 표장에 흡수되어 불가분의 일체를 구성하는 경우에는 전체적으로 식별력이 인정된다는 것이다. 다만, 단순히 2이상의 기술적표장을 결합한 경우는 제외됩니다.

다만, ③, ④, ⑤, ⑥의 사유에 해당하더라도 출원전에 사용한 결과 그 상표가 수요자간에 누구의 업무에 관련된 상품을 표시하는 것인가 현저히 인식되어 있는 상표는 등록을 받을 수 있습니다.(상표법 제6조 제2항)

또한 ③호(산지에 한함) 또는 ④호의 규정에 해당하는 표장이라도 그 표장이 특정상품에 대한 지리적 표시인 경우에는 지리적 표시 단체표장등록을 받을 수 있습니다. (상표법제6조제13항)

(2) 소극적 요건(부등록사유)

상표가 자타상품의 식별력을 가지고 있다 하더라도 독점배타적 성질의 상표권을 부여하는 경우 공익상 또는 타인의 이익을 침해하는 경우에는 당해 상표의 등록을 배제할 필요가 있습니다. 상표법 제7조에서는 이를 제한열거적으로 규정하고 있습니다.

① 대한민국의 국기·국장, 파리협약동맹국.세계무역기구 회원국 또는 상표법조약 체약국의 훈장·포장, 적십자·올림픽 등의 공공마크와 동일 또는 유사한 상표 (예 무궁화 도형, IMF, WTO 등)

② 국가·민족·공공단체·종교 등과의 관계를 허위로 표시하거나 이들을 비방 또는 모욕할 염려가 있는 상표 (예 양키, Negro 등)

③ 국가·공공단체 또는 비영리 공익법인의 표장으로서 저명한 것과 동일 또는 유사한 상표 (예 YMCA, KBS, 적십자 등)

④ 선량한 풍속에 어긋나거나 공공의 질서를 해칠 우려가 있는 상표 (예 외설적인 도형이나 문자, 사기꾼, 소매치기 등의 문자)

⑤ 정부 또는 외국정부가 개최하거나 정부 또는 외국정부의 승인을 얻어 개최하는 박람회의 상패·상장 또는 포장과 동일 또는 유사한 표장이 있는 상표

⑥ 저명한 타인의 성명·명칭 또는 상호·초상 등을 포함하는 상표 (예 DJ, JP, 한전, 주공 등)

⑦ 타인의 선등록상표와 동일 또는 유사한 상표

⑧ 상표권이 소멸한 날로부터 1년을 경과하지 아니한 타인의 등록상표와 동일 또는 유사한 상표

⑧-1 지리적표시 단체표장권이 소멸한 날로부터 1년을 경과하지아니한 타인의 지리적표시 단체표장과 동일 또는 유사한 상표

⑨ 주지상표와 동일 또는 유사한 상표

⑨-1 주지의 지리적표시와 동일한 유사한 상표

⑩ 수요자간에 현저하게 인식되어 있는 타인의 상품이나 영업과 혼동을 일으키게 할 염려가 있는 상표

⑪ 상품의 품질을 오인하게 하거나 수요자를 기만할 염려가 있는 상표

⑫ 국내외에 특정인의 상표라고 인식되어 있는 상표와 동일 또는 유사한 상표로

서 부당한 이익을 얻으려 하는 등 부정한 목적을 가지고 사용하는 상표

⑫-1 국내외에 특정지역의 지리적표시로 인식되어 있는 것과 동일 또는 유사한 상표로서 부당한 이익을 얻으려하는 등 부정한 목적을 가지고 사용하는 상표

⑬ 상품 또는 그 상품의 표장의 기능을 확보하는데 불가결한 입체적 형, 색채 또는 색채의 조합만으로 된 상표

⑭ 세계무역기구(WTO) 회원국내의 포도주 및 증류주의 산지에 관한 지리적표시로서 구성되거나 동표시를 포함하는 상표로서 포도주·증류주 또는 이와 유사한 상품에 사용하고자 하는 상표, 다만 지리적 표시의 정당한 사용자가 지리적표시 단체표장 등록출원을 한 경우는 예외

한편, 상표법 제7조 제5항은 상표등록취소심판이 청구되고 그 청구일 이후에 ① 존속기간의 만료로 인한 상표권의 소멸, ② 상표권의 전부 또는 일부의 포기, ③ 상표등록 취소심결의 확정 중 어느 하나에 해당하게 된 때에는 상표권자 또는 그 상표를 사용한 자는 포기한 날, 소멸한 날 또는 그 심결이 확정된 날로부터 3년이 경과한 후가 아니면 소멸된 등록상표와 동일 또는 유사한 상표를 그 지정상품과 동일 또는 유사한 상품에 대하여 등록을 받을 수 없도록 규정하고 있습니다.

4. 상표등록출원 절차

1상표 1출원주의 원칙

상표등록출원은 산업자원부령이 정하는 상품류 구분내에서 상표를 사용할 1 또는 2개 이상의 상품을 지정하여 상표마다 출원하여야 하는데 이를 1상표1출원주의 원칙이라고 하며, 하나의 출원서로 동시에 2이상의 상표를 출원하는 것이 허용되지 않는다는 의미입니다.

1상표 1출원주의 원칙은 신규 상표등록출원, 지정상품의 추가등록출원, 상표권의 존속기간갱신등록신청에 적용되는 기본 원칙입니다.

'97 개정상표법에 따라 '98.3.1부터 "1상표1류1출원주의" 제도를 폐지하고 "1상표다류1출원주의"를 채택함에 따라 상표마다 출원하되 상표와 서비스업을 동시에 지정하여 출원할 수도 있게 되었습니다.

상표를 사용할 상품의 지정

상표등록출원을 할 때에는 보호받고자 하는 상표와 아울러 상표법시행규칙 제6

조의 규정에 따른 상품류구분 및 「상품 및 서비스업의 명칭과 류구분에 관한 고시」에 따라 그 상표를 사용할 상품을 1개류 또는 다류의 상품을 지정할 수 있습니다. 상표법 시행규칙 별표에서는 제1류부터 제34류까지의 34개류의 상품류구분과 제35류부터 제45류까지 11개류의 서비스업류구분이 명시되어 있습니다.

우리나라의 경우 '98.3.1 이전에는 우리나라의 고유한 상품류구분을 채택·사용하였으나, '98.3.1 이후에는 표장의 등록을 위한 상품 및 서비스업에 관한 국제분류인 니스협정에 의한 국제상품분류를 채택·사용하고 있습니다.

지정상품추가등록출원

상표권자 또는 상표등록출원인은 출원 또는 등록후의 사정변화에 따라 지정상품의 범위를 확대할 필요가 있는 경우 등록상표 또는 상표등록출원의 지정상품에 상품을 추가하는 지정상품의 추가등록을 받음으로써 상표권의 권리범위를 확장하여 상표권자의 이익을 보호받을 수 있습니다.

상표등록출원인은 상표등록출원시에 1 또는 2개 이상의 상품을 일시에 지정할 수 있으나, 상표등록출원후 또는 상표등록후에 지정상품을 추가할 필요가 있을 경우 별도로 지정상품의 추가등록출원서를 제출하여 지정상품을 추가할 수 있도록 하기 위한 제도입니다.

지정상품의 추가등록의 요건은 원상표권 또는 원상표등록출원이 존재하여야 하고, 추가등록출원의 출원인은 등록상표의 상표권자 또는 상표등록출원의 출원인과 동일인이어야 하며, 지정상품의 추가등록의 상표는 당해 등록상표 또는 상표등록출원의 상표와 동일하여야 하고, 통상의 상표등록출원에 관한 거절이유에 해당하지 않아야 합니다.

지정상품의 추가등록이 있으면 그 추가등록된 지정상품은 원상표권에 합체되어 일체를 이루므로, 상표권의 존속기간이 함께 진행되고 원상표권이 소멸되면 추가등록도 함께 소멸됩니다. 그러나 무효사유의 존재여부나 상표권 침해여부의 판단에 있어서는 당초에 등록된 것과 독립적으로 존재하고 판단됩니다.

'98.3.1이전 상표법에서는 동일 상품류구분내에서는 동일한 상표는 하나의 상표등록만 인정하였으나 '98.3.1부터 다류1출원 제도를 시행하면서 추가등록대상을 동일 상품류구분내에 한정하던 것을 폐지하였으며 아울러 상품마다 분할하여 출원 및 등록이 가능하도록 개정하였습니다.

상표권의 존속기간갱신등록신청

상표권의 존속기간은 설정등록일로부터 10년이나 10년간씩 몇번이고 계속하여 갱신할 수 있으므로 상표권은 반영구적인 권리입니다.

상표권의 존속기간을 갱신하고자 할 경우에는 상표권의 존속기간 만료전 1년이내에 상표권 존속기간갱신등록신청을 하여야 하며, 존속기간이 만료된 후라도 6개월이 경과하기 이전에는 상표권의 존속기간갱신 등록신청을 할 수 있으나 일정액의 과태료를 납부하여야 합니다.

출원동향

'09년도 상표 출원건수는 162, 682건으로 '08년(178, 211건) 대비 8.7% 감소하였으며, '07년도 출원건수는 180, 257건 이였음

5. 상표출원의 보정·분할·변경

출원의 보정

상표등록출원의 보정이란 출원의 절차상 또는 내용상의 흠결을 특허청장 또는 심판원장의 명령에 의하여, 또는 출원인이 자진하여 보정할 수 있도록 하는 제도를 말합니다. 출원인은 최초 상표등록출원의 요지를 변경하지 아니하는 범위안에서 상표등록여부 결정의 통지서가 송달되기전에 출원상표 및 그 지정상품을 보정할 수 있는데 요지가 변경되지 않는 범위의 보정이란 다음과 같은 경우를 말합니다.

① 지정상품의 범위의 감축
② 오기의 정정
③ 불명료한 기재를 명확하게 하는 것
④ 상표의 부기적인 부분의 삭제

출원의 분할

1 또는 2이상의 상품류구분 내의 상품을 지정상품으로 하여 상표출원한 경우에는 이를 상품마다 또는 상품류구분별로 출원을 분할할 수 있도록 한 것을 말합니다. 즉, 출원의 분할은 지정상품의 분할을 뜻하며, 상표의 분할을 의미하지는 않습니다.

출원의 변경

출원의 변경은 상표등록출원, 서비스표등록출원, 단체표장등록출원상호간에 인정되고, 지리적 표시 단체표장등록출원 및 업무표장등록출원에 대해서는 인정되지 않습니다.

또한, 상표권의 존속기간갱신등록신청 또는 지정상품의 추가등록출원은 그 기초가 된 등록상표에 대하여 무효심판 또는 취소심판이 청구되거나 그 등록상표가 소멸된 경우를 제외하고는 상표등록출원으로 변경할 수 있습니다. 무효심판이나 취소심판이 청구된 경우에는 상표권자가 무효나 취소될 경우를 대비하여 상표권의 존속기간갱신등록신청 또는 지정상품의 추가등록출원을 상표등록출원으로 변경하는 등 상표제도를 악용할 수 있으므로 이와 같은 경우에는 출원변경을 제한하였습니다.

또한 타법 영역으로의 출원의 변경(상표와 특허, 실용신안, 디자인상호간의 출원의 변경)은 인정되지 않으며, 신규의 상표등록출원이나 지정상품의 추가등록출원 또는 상표권의 존속기간갱신등록신청 상호간의 출원변경도 인정되지 않습니다.

6. 상표심사절차

상표의 출원공고제도

상표의 출원공고제도는 상표의 공익성과 출원상표의 다양성에 비추어 특허청 내부 심사관의 심사만으로는 부족하다는 견지에서 상표로서의 권리를 설정등록하기 전에 이를 일반에게 공개하여 공중심사에 회부함으로써 각계의 의견을 듣고 이의가 있으면 이의신청을 할 수 있게 하여 심사에 공정성을 달성하기 위한 일련의 과정입니다. 출원인은 원칙적으로 출원공고후 타인이 무단으로 당해출원된 상표와 동일.유사한 상표를 동일.유사한 상품에 대하여 사용함으로 인하여 출원인에게 업무상의 손실이 발생하는 경우 그 타인에게 경고를 하고 업무상의 손실에 상당하는 보상금을 청구할 수 있도록 하되, 상표등록 출원의 사본(국제상표등록출원의 경우에는 국제출원의 사본)을 제시하고 경고하는 경우에는 출원공고전에도 보상금을 청구할 수 있도록 규정하고 있습니다. 다만, 상표권의 설정등록된 이후에만 당해권리를 행사할 수 있도록 규정하고 있습니다.

◎ 상표심사절차도

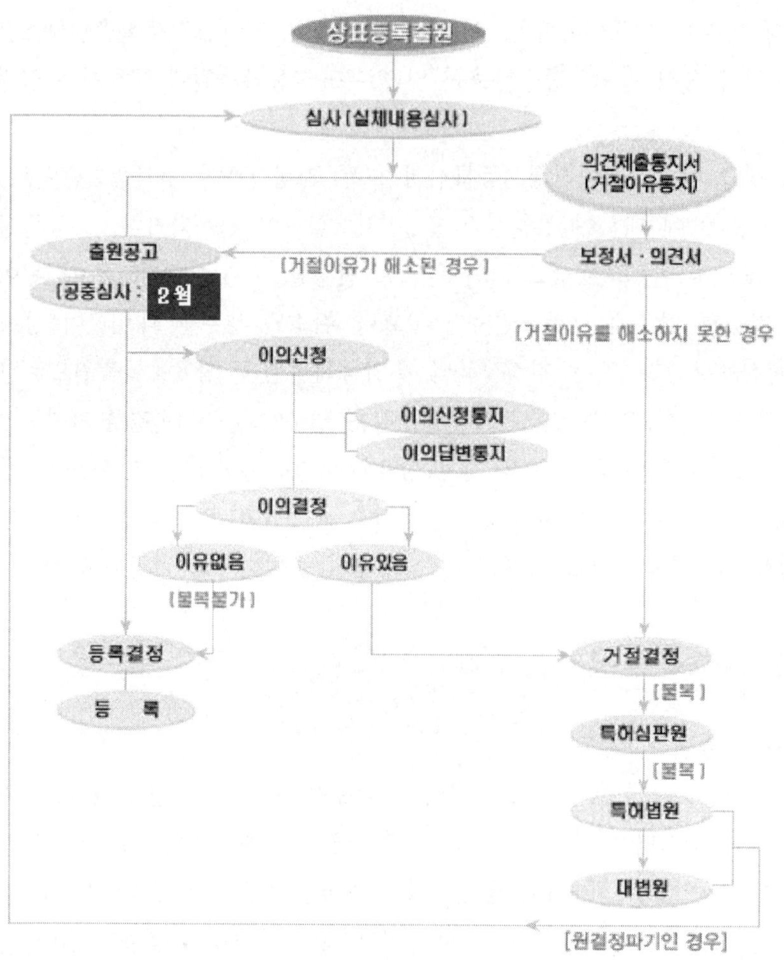

◎ 상표의 이의신청제도

출원공고된 상표에 대하여 이의가 있을 때에는 누구나 출원공고일로부터 2월 이내(연장 불가)에 이의신청을 할 수 있고 이의신청서는 소정의 양식에 의거 작성하되 반드시 이의신청의 이유를 기재하고 이에 필요한 증거를 첨부하여야 합니다. 이미 제출한 이의신청에 대한 이유나 증거를 보정하고자 하는 경우에는 이의신청기간의 경과후 30일 이내에 하여야 합니다.

7. 상표권

상표권의 존속기간

상표권은 설정등록에 의하여 발생하는데 상표권의 존속기간은 설정등록이 있는 날로부터 10년이며, 상표권의 존속기간 갱신등록출원에 의하여 10년간씩 그 기간을 갱신할 수 있으므로 계속 사용을 하는한 반영구적인 효력을 갖습니다.

상표권의 존속기간을 갱신하고자 할 경우에는 상표권의 존속기간 만료 전 1년 이내에 상표권 존속기간갱신등록신청을 하여야 합니다. 존속기간이 만료된 후라도 6개월이 경과하기 이전에는 상표권의 존속기간갱신 등록출원을 할 수 있으나 일정액의 과태료를 납부해야 합니다.

상품분류전환등록

1998년 3월 1일 이전에 구 한국분류에 따라 상품을 지정하여 상표권의 설정등록, 지정상품의 추가등록 또는 존속기간갱신등록을 받은 상표권자는 당해 등록상표의 지정상품을 산업자원부령이 정하는 상품류구분(NICE분류)에 따라 전환하여 등록을 받아야 합니다.

상표권의 존속기간갱신등록신청과 상품분류전환등록신청을 하나의 신청서에 일괄신청할 수 있습니다.

상품분류전환등록을 받아야 하는 자가 법 소정의 신청기간 이내에 상품분류전환등록을 하지 아니한 경우 상품분류전환등록의 대상이 되는 지정상품에 대한 상표권은 그 신청기간의 종료일이 속하는 존속기간의 만료일에 소멸합니다.

상품분류전환등록신청은 상표권의 존속기간의 만료일 1년 전부터 존속기간 만료 후 6월 이내의 기간에 하여야 합니다.

상표권의 이전

상표권의 이전이라 함은 상표권의 내용의 동일성을 유지하면서 소유주체만을 교체하는 것을 말합니다. 상표권도 무체재산권의 일종으로 일반재산권과 마찬가지로 자유로운 이전이 허용되어야 할 것이나, 상표법의 목적에 비추어 수요자 이익 보호 등을 위해 필요한 경우에 일정한 제한이 가해지고 있습니다.

일반적으로 상표권은 그 자체만을 특정하여 영업과 함께하지 아니하고도 매매, 증여 등에 의하여 자유롭게 양도될 수 있고, 또한 지정상품마다 분할이전 할 수도 있습니다.

8. 상표의 사용권제도

(1) 전용사용권

상표권자는 타인에게 상표권에 관하여 전용사용권을 설정할 수 있으며, 전용사용권자는 설정행위로 정한 범위내에서 지정상품에 관한 등록상표를 사용할 권리를 독점하게 됩니다.

따라서 전용사용권자는 상표권자와 마찬가지로 타인이 등록상표와 동일하거나 이와 유사한 상표를 그 지정상품과 동일하거나 이와 유사한 상품에 사용하는 등의 권리침해에 대하여 금지 또는 예방을 청구할 수 있습니다. 또한 상표권자의 동의를 얻어 그 전용사용권을 타인에게 이전하거나 통상사용권을 설정할 수 있습니다.

전용사용권의 설정·이전 등은 등록하여야 효력이 발생하며(등록은 효력발생요건), 전용사용권자는 등록상표를 사용하는 상품에 자기의 성명 또는 명칭을 표시하여야 합니다.

(2) 통상사용권

상표권자 또는 전용사용권자는 타인에게 그 상표권에 관하여 통상사용권을 설정할 수 있으며, 통상사용권자는 설정행위로 정한 범위내에서 지정상품에 관하여 등록상표를 사용할 권리를 가지게 됩니다. 또한 상표권자 및 전용사용권자의 동의를 얻어 그 통상사용권을 타인에게 이전할 수 있습니다.

통상사용권의 설정·이전 등은 등록하지 아니하면 제3자에게 대항할 수 없으며(등록은 제3자 대항요건), 통상사용권자는 등록상표를 사용하는 상품에 자기의 성명 또는 명칭을 표시하여야 합니다. 또한 통상사용권자는 지정상품에 등록상표를 사용할 권리만 가지므로 권리침해에 대한 금지청구권은 없으며, 상표권자나 전용사용권자만이 권리침해에 대한 금지청구 등을 할 수 있습니다.

9. 상표권자의 보호

상표권의 효력

상표를 등록할 경우 상표권자는 적극적으로 지정상품에 관하여 그 등록상표를 사용할 권리를 독점하는 독점권과 타인이 등록상표와 동일 또는 유사한 상표를 사

용하는 경우 그 사용을 금지할 수 있는 금지권을 행사할 수 있으며 아울러 타인이 자기의 등록상표 또는 등록상표와 유사한 상표를 사용하는 등 상표권을 침해하는 경우 상표권자는 그 자를 상대로 하여 침해금지청구권·손해배상청구권 등을 행사할 수 있는 소극적인 효력을 갖습니다.

상표권의 침해로 보는 행위

상표권은 상표권자만이 등록상표를 지정상품에 관하여 사용할 권리를 독점하므로 상표권자 이외의 자가 정당한 권한없이 등록상표와 동일 또는 유사한 상표를 그 지정상품과 동일 또는 유사한 상품에 사용하는 경우는 물론 등록상표와 동일 또는 유사한 상표를 그 지정상품과 동일 또는 유사한 상품에 사용할 목적이나 사용하게 할 목적으로 교부·판매·위조·소지 및 보관하는 행위인 예비적 행위도 상표권을 침해하는 것으로 규정하고 있습니다

상표권침해에 대한 구제방법

상표권은 상표권자만이 등록상표를 지정상품에 관하여 사용할 권리를 독점하므로 상표권자 이외의 자가 정당한 권한없이 등록상표와 동일 또는 유사한 상표를 그 지정상품과 동일 또는 유사한 상품에 사용하는 경우는 물론, 등록상표와 동일 또는 유사한 상표를 그 지정상품과 동일 또는 유사한 상품에 사용할 목적이나 사용하게 할 목적으로 교부, 판매, 위조, 소지 및 보관하는 행위인 예비적 행위도 상표권을 침해하는 것으로 간주하고 있습니다. 상표권 침해에 대한 구제수단은 다음과 같이 분류됩니다.

① **민사적 구제** : 침해금지청구권, 손해배상청구권, 가처분, 가압류, 신용회복조치청구 등

② **형사적 구제(비친고죄)** : 침해죄, 몰수 등

③ **행정적 구제** : 위조상품의 단속, 세관에 의한 국경조치, 산업재산권 분쟁조정제도 등

상표권의 소멸

상표권은 존속기간의 갱신을 하지 않아 존속기간이 만료하거나 스스로 상표권을 포기하는 경우 또는 구 한국상품분류로 등록된 지정상품에 대하여 소정의 기간이 내에 상품분류전환 등록신청을 하지 않은 경우에 소멸하며 또한 상표권자의 사망

일로부터 3년이내에 상속인이 그 상표권자의 이전등록을 하지 아니하는 경우에도 상표권은 소멸됩니다.

10. 지리적 표시 단체표장권 제도

의의

“지리적 표시”라 함은 상품의 특정 품질, 명성 또는 그 밖의 특성이 본질적으로 특정 지역에서 비롯된 경우에 그 지역에서 생산, 제조 또는 가공된 상품임을 나타내는 표시를 말합니다.

요건

[실체적 요건] 상표법상의 지리적 표시의 정의에 합치

지리적 표시의 보호대상은 상품에 한합니다. 상품의 종류에 제한이 없으므로, 농산품, 수산품, 그 가공품 뿐 아니라 공산품(특히 수공예품)도 포함하나, 서비스업은 보호대상이 아닙니다.

지리적 표시의 대상지역은 상품의 지리적 원산지입니다. 상품이 생산, 제조 및/또는 가공된 지역의 명칭을 말하며 반드시 행정구역상의 명칭에 한정되는 것은 아니고, 생산, 제조 및 가공이 반드시 동일한 지역에서 이루어 져야 하는 것은 아닙니다.

상품의 특정 품질, 명성 또는 그 밖의 특성 존재해야 합니다. 그 지역에서 생산, 제조 및/또는 가공된 상품이 타 지역에서 생산, 제조 및/또는 가공된 상품과는 차별되는 품질, 명성 또는 그 밖의 특성이 있어야 합니다.

상품의 특성등과 지리적 환경간에 본질적인 연관성 존재해야 합니다. 상품의 품질, 명성 또는 그 밖의 특성 등이 단순히 그 지역에서 생산, 제조 또는 가공되었다는 것만으로는 부족하고, 상품의 특성 등이 그 지역의 기후, 토양, 지형등의 자연적 조건이나 독특한 기법 등의 인적 조건을 포함하는 지리적 환경에 본질적으로 기초하여야 합니다.

[주체적 요건] 생산자등으로 구성된 법인격가진 단체의 설립 및 정관의 마련

지리적 표시 단체표장등록출원은 일정 지역에서 그 지리적 표시에 해당하는 상품을 생산, 제조 또는 가공하는 것을 업으로 영위하는 자만으로 구성된 법인격을 가진 생산자단체, 가공자단체, 생산.가공자단체 등이 출원하여야 하며, 개인이나 상

법상의 회사나 법인격없는 단체등은 출원하더라도 등록받을 수 없습니다.

[절차적 요건] 출원서 및 증빙서류 제출 및 심사, 등록

지리적 표시 단체표장을 등록받기 위한 마지막 단계는 출원인 적격을 가진 생산자단체등의 법인이 소정양식의 출원서를 작성하고 지리적 표시의 정의에 합치함을 입증하는 증빙서류 등을 첨부하여 특허청에 지리적 표시 단체표장등록출원을 한 다음 심사관의 심사를 통한 등록여부결정에 따라서 등록료를 납부하고 권리를 설정등록을 합니다.

효과

등록받은 지리적 표시 단체표장과 동일, 유사한 제3자의 상표나 지리적 표시 단체표장등의 등록을 배제하는 적, 형사적 책임을 지게 됩니다.

지리적 표시 등록단체표장의 지정상품과 동일한 상품에 대하여 관용하는 상표나 당해 지역에서 지리적 표시 해당 상품을 생산, 제조 또는 가공하는 자가 사용하는 지리적 표시 또는 동음이의어 지리적 표시 등에 대하여는 지리적 표시 단체표장권이 미치지 아니합니다.

Ⅳ 해외의 상표등록

1. 국제기구를 활용

산업재산권보호를 위한 파리협약에 의하면 각국 상표 독립의 원칙을 취하고 있기 때문에 국내 특허청에 상표를 등록하는 경우 대한민국에서만 등록상표로서 보호되고 해외에서는 원칙적으로는 보호가 되지 않습니다. 따라서 국내에서 출원 또는 등록한 상표를 해외에서 보호받고자 하는 경우에는 보호받고자 하는 외국의 특허청에 상표등록출원하여 상표등록을 받아야만 합니다.

해외에의 상표등록출원을 하는 방법으로는 아래의 그림과 같이 통상의 상표등록출원의 절차와 마드리드 체제에 의한 국제출원절차로 나뉠 수 있으며 현재 우리나라에 마드리드 의정서가 발효하였으므로 마드리드 체제에 따른 상표의 국제출원을 하실 수가 있습니다.

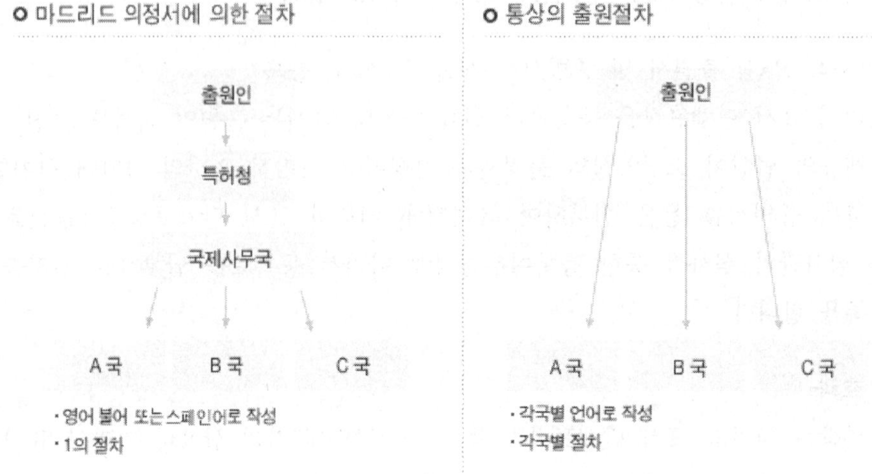

2. 해외상표등록출원 절차

현재로서는 출원인은 우리나라에 상표등록출원을 하고 6개월이내에 우리나라의 출원을 기본으로 하는 우선권을 주장하면서 외국에 출원하는 경우 출원일의 선후원판단과 관련하여 6개월이내의 기간 소급되는 이익을 향유하실 수 있습니다.

또한 국내 상표등록출원후 6개월이 지난 후라도 외국에 상표등록출원을 하실 수 있으며, 다만, 이 경우에는 우선권의 이익을 향유하실 수 없습니다. 따라서 외국에 상표등록을 하고자 하는 경우에는 반드시 국내 출원후 6개월 이내에 하셔야 선후원관계에서 6개월이내의 기간의 이익을 누릴 수 있음을 유념하시기 바랍니다.

이러한 통상의 국제출원은 출원인이 출원하고자 하는 각국에 그 나라의 고유언어로 출원서를 작성하여야 하며, 각국의 대리인에 의하여 각국의 고유화폐로 수수료를 납부하여야 하고, 각국별 절차에 의해 진행(1국가1출원시스템)된다는 점에서 비용과 시간이 많이 소요되는 단점이 있습니다. 따라서 이러한 단점을 보완하여 출원인의 편의를 증진하고자 여러 나라에서의 상표등록출원절차를 하나의 출원절차로 진행할 수 있는 시스템의 마련에 대한 논의가 국제적으로 전개되었는데 지역적인 측면에서의 유럽공동체상표제도와 국제적인 측면에서의 마드리드 체제(마드리드 협정과 마드리드 의정서)가 바로 그 논의의 결과로 탄생한 다국가 1출원시스템이라고 할 수 있습니다.

◎ **유럽공동체상표제도를 이용한 상표등록출원**

유럽의 각국은 유럽공동체(EU)를 형성하여 하나의 상표등록절차로 27개 회원국가들에 상표권의 효력을 발휘할 수 있는 유럽공동체상표제도를 운영하고 있는데 이 제도를 활용하시면 유럽 27개국에 개별적으로 상표등록을 하는 절차를 하나의 절차를 통해 할 수 있는 장점이 있습니다(보다 자세한 내용은 유럽공동체상표청 홈페이지(http://www.oami.eu.int)를 참고하십시오. 다만, 유럽공동체 국가는 유럽공동체 상표제도와 각국의 상표제도를 중첩적으로 운영하고 있기 때문에 유럽공동체 각국에서 통상의 상표등록절차도 밟으실 수도 있습니다.

◎ **마드리드 의정서에 따른 상표의 국제출원**

2001년 개정상표법에 반영된 마드리드 의정서에 의할 경우 위의 그림과 같이 마드리드 의정서 가입국 81개국('10.2월)에 대해서는 국내 특허청을 통해 하나의 국제출원서를 영어로 작성하여 출원하면 출원인이 국제출원서에 지정한 국가에 동일한 날짜에 출원한 것으로 간주되기 때문에 국내 기업의 해외상표등록절차가 매우 간소화되는 한편 비용도 매우 저렴하게 될 것입니다.

다만, 이러한 국제출원을 하기 위해서는 국내에 기초가 되는 상표등록 또는 상표등록출원이 있어야 하기 때문에 국내에 등록상표나 출원상표가 있어야 하며, 국내에 아무런 등록상표나 출원상표가 없는 경우에는 마드리드 의정서를 통한 국제출원을 하실 수 없습니다.

(1) 손실보상청구권 제도의 신설

마드리드 의정서 제4조(1)(a) 제2문에 의한 효과를 인정하기 위하여, 원칙적으로 출원인이 출원공고 후에는 경고를 하고 업무상 손실에 상당하는 보상금을 청구할 수 있도록 하되 상표등록출원의 사본(국제상표등록출원의 경우에는 국제출원의 사본)을 제시하고 경고하는 경우에는 출원공고 전에도 보상금을 청구할 수 있습니다.

(2) 본국관청(the Office of origin)에 관한 절차 규정

특허청을 통하여 국제출원을 할 수 있고, 이 경우 특허청은 기재사항이 국제출원의 기초가 되는 국내상표등록출원 또는 국내상표등록의 기재사항과 합치되는지 여부를 심사한 후 국제사무국에 국제출원서 및 필요한 서면을 보내도록 하였습니다.

※ 본국관청(the office of origin)으로서의 특허청에서의 절차 : 한국국민이 해외

로 출원하는 경우

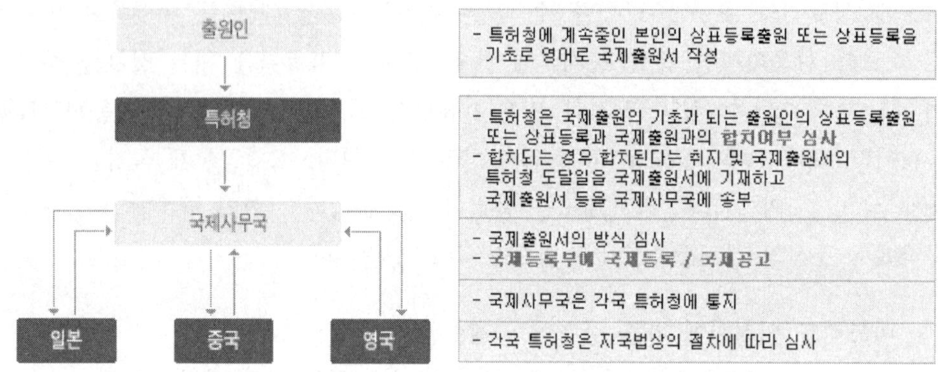

(3) 지정국관청(the Office of a designated Contracting Party)에 관한 절차 규정

외국특허청을 통한 국제출원이 대한민국을 지정국으로 정한 경우에는 원칙적으로 국제등록일 또는 사후지정일에 출원된 상표등록출원으로 간주하여 취급하되, 마드리드 의정서에 의하여 인정되지 아니하는 출원의 분할·변경 등에 관하여는 특례를 규정하였습니다.

※ 지정국관청(the office of designated contracting parties)으로서의 특허청에서의 절차 : 외국인(예 일본인)이 한국을 지정국으로 지정한 경우

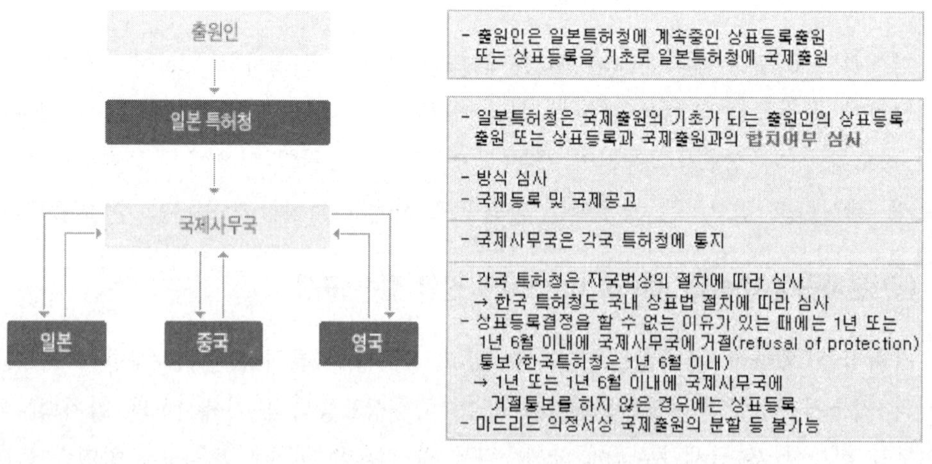

(4) 재출원에 관한 특례 규정

국제출원의 기초가 되는 출원 또는 등록에 대한 취소등으로 국제등록이 소멸된 경우 또는 외국의 의정서 폐기에 의하여 출원인이 출원인적격을 잃게 된 경우에는 재출원을 할 수 있도록 하고, 일정 요건하에 출원일을 소급시키며, 대한민국에서 상표권이었던 재출원에 대하여는 재심사를 하지 아니하고 상표등록결정을 하여야 합니다.

※ 재출원에 관한 특례

- 사례 1 : 기초출원 또는 기초등록이 소멸한 경우의 재출원

  외국인(예 일본인)이 한국을 지정국으로 지정한 경우 국제등록일로부터 5년이내에 국제출원의 기초가 되는 상표등록출원에 대한 등록이 거절되거나 상표등록이 취소 또는 무효되어 국제등록이 소멸 → 한국 특허청에 재출원하면 국제출원의 출원일로 출원일 소급

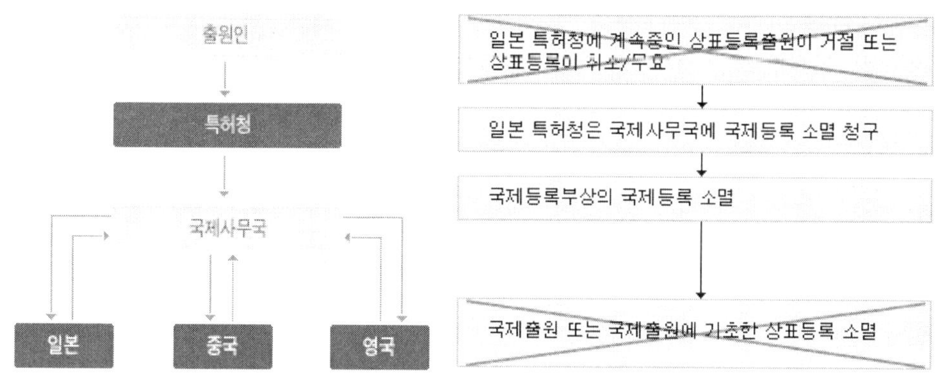

- 사례 2 : 의정서 가입탈퇴에 따른 재출원

  외국(예 일본)이 마드리드 의정서 가입을 탈퇴하여 출원인이 외국인(예 일본인)이 출원인 적격을 상실 → 한국 특허청에 재출원하면 국제출원의 출원일로 출원일 소급

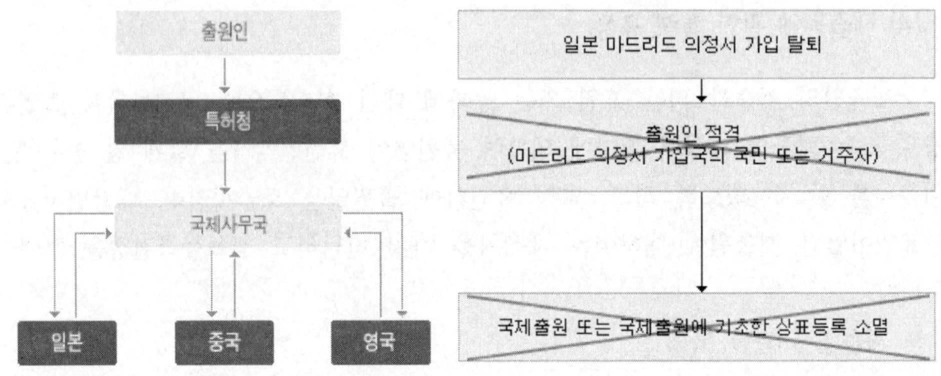

3. 국제의약품명 관리 절차

개요

제네바 대표부에서 국제의약품명칭 리스트를 간헐적으로 송부해오면, 특허청 상표디자인심사정책팀에서 상표 DB에 탑재 심사에 참조토록 하고 있습니다.

동일, 유사한 표장으로 의약품을 지정한 상표가 출원될 경우 성질 표시 또는 일반명칭을 이유로 거절할 수 있도록 합니다.

근거

WHO에서 WHA3.11에 의해 채택된 '의약품의 국제적 비재산권적 명칭으로의 권고에 관한 절차' PROCEDURE FOR THE SELECTION OF RECOMMENDED INTERNATIONAL NONPROPRIETARY NAMES FOR PHARMACEUTICAL SUBSTANCES

주요내용

INNs(국제비재산권적명칭)으로의 제안은 WHO에 할 수 있음

WHO 사무총장은 이 제안에 대하여 전문가의 의견을 들어 각 회원국에 통지해야함

누구든지 상기 명칭에 대하여 이의가 있을 경우 공고된지 4개월 이내에 WHO에 제출할 수 있음

공식적인 이의제기는 공고된지 4개월 이내에 이해관계인이 해야함

이의없이 채택된 INNs에 대하여는 WHO 사무총장은 각 회원국에 INNs으로 간주할 것과 상표등록방지 등 독점권 획득을 방지할 것을 요청해야 함

관련사이트

세계보건기구 국제의약품명칭 리스트 :

http://www.who.int/medicines/publications/druginformation/innlists/en/

제4절 디자인의 이해

I 디자인제도의 유래

1. 디자인제도의 기원

• '디자인에 관한 보호제도의 기원은 1711년 10월 25일 프랑스 리옹(Lyon)시의 집정관이 견직물업계의 도안을 부정사용하지 못하도록 발한 명령으로 보고 있으나 이 명령의 효력은 리옹시에 한정되어 오늘날의 독점권과는 다른 모습이었습니다.

• 오늘날과 같이 독점권을 기본으로 하는 디자인보호는 1787년 7월 14일 프랑스 참사원이 내린 명령으로서 이는 창작자에 대해 독점권을 인정하면서 그 보호를 위해서는 원본 또는 견본을 기탁하도록 규정하고 그 효력도 프랑스 전국에 미치는 것이었다.

2. 우리나라 디자인제도의 연혁

• 1908년 : 한국 의장령 공포

• 1946년 : 특허원 창설 및 특허법 제정(제3장 21조에 '미장특허'라는 디자인규정 제정)

• 1961년 : 의장법 제정

• 1977년 : 특허청 개청

• 1979년 : 세계지식재산권기구(WIPO) 가입

Ⅱ 디자인의 개념과 출원

1. 디자인의 정의

디자인은 영어의 'Design'에서 비롯된 외래어로서 제품에 관한 제품디자인, 광고 포스터·그래픽디자인·디지털디자인 등과 같은 시각디자인, 생활공간이나 환경에 관한 환경디자인 등을 포괄하는 광의의 개념을 포함하는 용어입니다.

디자인보호법 제2조 제1호에는『디자인이라 함은 물품[물품의 부분(제12조를 제외한다) 및 글자체를 포함한다. 이하같다]의 형상, 모양이나 색채 또는 이들을 결합한 것으로서 시각을 통하여 미감을 일으키게 하는 것을 말한다』고 규정하고 있습니다. 따라서 디자인보호법상디자인은 독립거래의 대상이 되는 유체 동산인 물품의 외관(형상?모양?색채)에 관한 디자인으로 특정될 수 있다.

2. 디자인의 출원 및 심사절차

디자인등록출원에는 디자인심사등록출원과 디자인무심사등록출원이 있습니다.

물품의 특성상 유행성이 강하고 라이프싸이클이 짧은 식품류(A1), 의복료(B1), 침구류(C1), 용지·인쇄물류(F3), 포장용기류(F4), 직물지류(M1), 잡화류(B2), 신발류(B5), 교재류(F1), 사무용품류(F2), B3(신변용품), B4(가방 등), B9(의복 및 신변용품의 부속품), C4(가정용 보건위생용품), C7(경조용품), D1(실내소형정리용구), F5(광고용구 등), H5(전자계산기 등) 등에 대해서는 디자인무심사등록출원으로 하셔야 되며, 기타 물품에 대해서는 디자인심사등록출원으로 하셔야 됩니다.

현재 디자인무심사등록출원할 수 있는 물품은 18개 대분류로 지정되어 있으나 해당물품의 조정과 기타 기준에 의한 지정방안 등에 대하여 지속적으로 검토하고 있습니다.

디자인등록출원의 심사절차를 도표로 표시하면 다음과 같습니다.

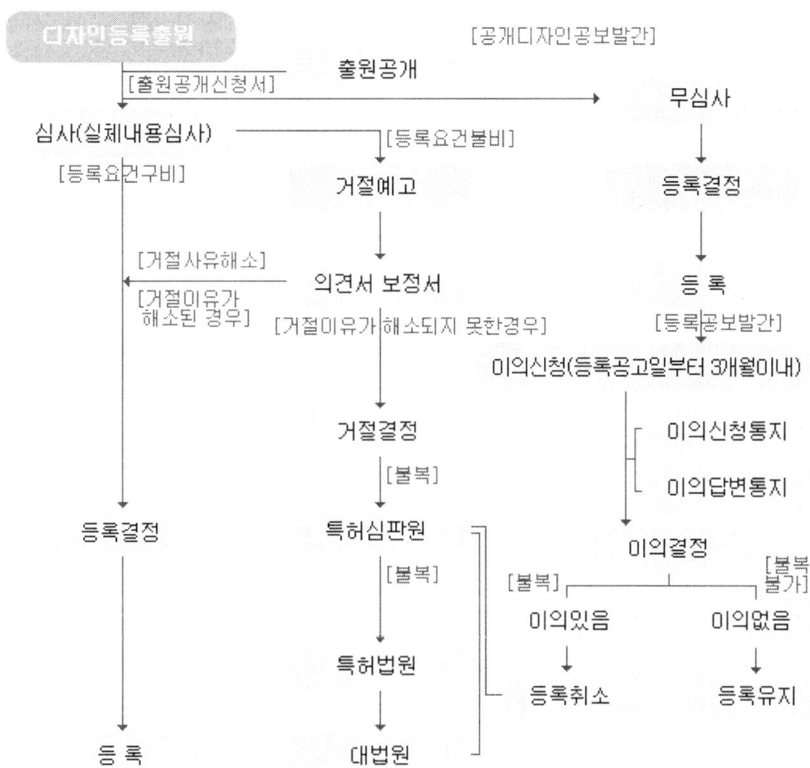

3. 디자인의 성립요건

물품성

디자인은 물품과 불가분의 관계이며, 물품을 떠나서는 존재할 수 없습니다. 즉, 창작된 도안을 보호하는 것이 아니라, 그 도안이 적용된 물품을 보호하는 것이라는 뜻입니다. 여기에서 물품이란 “독립성이 있는 구체적인 유체동산”을 의미합니다. 따라서 디자인보호법상 다음과 같은 것은 물품이 될 수 없습니다.

- 부동산
- 열, 기체, 액체, 전기 등과 같이 형체가 없는 것
- 설탕 등과 같은 분상물, 미상물
- 물품자체의 고유형태가 아닌 것 (예 손수건을 접어서 꽃모양으로 만든 것)

2001년 7월 1일부터 부분디자인제도의 시행으로 양말의 뒷굽, 병의 주둥이, 커피잔의 손잡이 등과 같이 물품의 부분에 관한 디자인도 등록 받을 수 있습니다. 다만, 디자인의 대상이 되는 물품명은 양말, 포장용 병, 커피잔과 같이 기재하셔야 됩니다.

물품자체의 고유형태가 아닌 것 (예 손수건을 접어서 꽃모양으로 만든 것)

형태성(형상, 모양, 색채)

디자인보호법상 형태란 형상, 모양, 색채 또는 이들의 결합을 말하는 것으로 형태성을 필요로 하는 이유는 물품에 표현된 형태에 미적 가치가 요구되기 때문이다.

- 형상 (Shape) : 공간을 점하고 있는 물품의 형체, 물품을 구성하고 있는 입체적 윤곽
- 모양 (Pattern) : 물품의 외관에 나타나는 선도, 색흐림, 색구분 즉, 무늬를 말합니다.
- 색채 (Colour) : 시각을 통하여 식별할 수 있도록 물품에 채색된 빛깔

시각성

디자인은 인간의 육안으로 식별할 수 있는 것만을 대상으로 합니다. 즉, 시각 이외의 감각에 의하여 인식 가능한 것, 육안으로는 식별할 수 없는 것, 외부에서 볼 수 없는 것은 디자인보호의 대상이 될 수 없습니다.

심미성

디자인은 미감을 일으키는 것이어야 합니다. 그러나 미감의 의미는 주관적인 가치판단이 개입되므로 명확한 판단기준을 세우기는 어렵습니다. 따라서 심사실무에 있어서는 고도의 심미성에 대한 판단보다는 아름다움을 느낄 수 있을 정도의 처리가 된 것이면 심미감이 있는 것으로 보고 있습니다.

4. 디자인의 등록요건

디자인등록출원한 디자인을 등록받기 위해서는 디자인의 성립요건을 충족하여야 하고, i) 신규성, ii) 창작성, iii) 공업상 이용가능성 등을 충족하여야 하며 iv) 확대된 선출원주의에 위배되지 말아야 합니다. 그러나 이와 같은 요건을 충족한 디자인 또는 이와 유사한 디자인이 2이상 출원된 경우에는 가장 먼저 출원한 자만

이 등록 받을 수 있습니다.

다만, 디자인무심사등록출원된 디자인에 대해서는 위의 등록요건 중 i) 신규성, ii) 창작성, iii) 확대된 선출원주의, iv) 선출원주의 등을 심사하지 않고, 방식심사와 i) 성립요건, ii) 공업상이용가능성, iii) 부등록사유 해당여부 등만을 심사하여 등록을 하고 있습니다.

무심사등록디자인권의 안정성을 제고하기 위하여 무심사등록출원된 디자인이 국내 주지디자인에 의하여 용이하게 창작된 경우에는 거절할 수 있도록 법을 개정하여, 2007년 7월부터 시행되고 있습니다.

공업상 이용가능성

① 개념 :『공업상 이용가능성』이란 공업적 생산방법에 의해 동일한 디자인물품이 양산 가능한 것을 말합니다.『공업적 생산방법』이란 기계에 의한 생산방법뿐 아니라 수공업적 생산방법도 포함하는 의미입니다.『동일물품이 양산 가능하다』는 것은 물리적으로 완전히 동일한 물품을 의미하는 것이 아니고 일견하여 동일하게 보이는 정도의 동일성은 있어야 한다는 의미입니다.

따라서『공업상 이용가능성』의 요건을 충족하기 위해서는 양산하려는 의도로 출원한 디자인에 관한 물품의 반복생산이 가능하여야 하고, 처음부터 양산을 의도했어야 합니다.

② 공업상 이용가능성이 없는 경우 :『공업상 이용가능성』이란 공업적 생산방법에 의해 동일한 디자인물품이 양산 가능한 것을 말합니다.

신규성

① 개념 : 신규성이란 그 디자인이 출원 전에 간행물이나 카탈로그 등에 게재되거나, 판매·전시 등을 통하여 일반 대중에게 공개되었거나 또는 누구든지 알 수 있는 상태에 놓여 있는 것이 아니어야 한다는 뜻입니다.

② 신규성 상실의 예외 : 디자인등록을 받을 수 있는 권리를 가진 자의 디자인이 국내외에서 공지, 공연 실시되거나 국내외 반포된 간행물에 게재된 디자인 또는 이들에 유사한 디자인에 해당할 경우 그 날로부터 6월 이내에 출원하면 신규성을 상실하지 아니한 것으로 봅니다.

이러한 혜택을 받으려면 디자인등록출원서에 그러한 취지를 기재하여 특허청장에게 제출하여야 하며 이를 증명하는 서류를 디자인등록출원일로부터 30

일내에 제출하여야 합니다.

창작성

① **개념** : 창작성이란 그 디자인이 속하는 분야에서 통상의 지식을 가진 자가 국내에서 널리 알려진 형상, 모양, 색채 또는 이들의 결합에 의하여 용이하게 창작할 수 없는 디자인이어야 한다는 의미입니다.

② **용이하게 창작될 수 있는 디자인**

㉠ 주지의 형상, 모양 등에 의한 용이창작 : 삼각형, 사각형, 원, 원기둥, 정다면체 등 주지의 도형의 형상을 그대로 이용한 것에 불과한 경우, 흔한 모양을 단순 배열한 것에 불과한 경우 (바둑판 무늬, 물방울 무늬 등)

㉡ 자연물, 유명한 저작물, 유명한 건조물, 유명한 경치 등을 기초로 한 용이창작

㉢ 주지디자인을 기초로 한 용이창작 : 당업계에서 간행물이나 TV 등을 통하여 널리 알려져 있는 디자인을 전용한 경우

예 유명한 자동차의 형상, 모양을 완구에 전용한 경우, ET인형의 형상, 모양을 저금통에 전용한 경우, 주지의 라디오 형상과 주지의 시계 형상모양이 결합된 경우

㉣ 공지디자인의 결합에 기초한 용이창작 : 디자인 구성요소의 일부분을 다른 디자인으로 치환한 경우, 복수의 디자인을 합하여 하나의 디자인을 구성한 경우, 공지디자인 구성요소의 배치를 변경한 것에 지나지 않는 경우

확대된 선출원주의

① **의의** : 디자인등록출원한 디자인이 당해 디자인등록출원을 한 날 전에 디자인등록 출원을 하여 당해 디자인등록출원을 한 후에 출원공개되거나 등록공고된 타디자인등록출원의 출원서의 기재사항 및 출원서에 첨부된 도면.사진 또는 견본에 표현된 디자인의 일부와 동일하거나 유사한 경우에 그 디자인에 대하여는 디자인등록을 받을 수 없도록 하는 제도를 말합니다.

② **적용되는 유형**

- 선출원이 전체디자인이고 당해 출원이 부분디자인인 경우
- 선출원이 완성품 디자인이고 당해 출원이 부품이나 부속품 디자인인 경우
- 선출원이 한 벌 물품 디자인이고 당해 출원이 구성물품 디자인인 경우

등록받을 수 없는 디자인

앞에서 설명한 디자인의 등록요건을 갖춘 디자인이라 할지라도 다음의 경우에는 등록될 수 없습니다.

① 국기, 국장, 군기, 훈장, 기장, 기타 공공기관 등의 표장과 외국의 국기, 국장 또는 국제기구 등의 문자나 표지와 동일 또는 유사한 디자인
② 선량한 풍속에 어긋나거나 공공질서를 해칠 우려가 있는 디자인 : 국가원수의 초상 및 이에 준한 것, 특정국가 또는 그 국민을 모욕하는 것, 저속, 혐오, 기타 사회 일반적 미풍양속에 반하는 것, 인륜에 반하는 것, 기타 국제 신뢰관계 및 공정한 결쟁질서를 문란하게 할 염려가 있는 디자인
③ 타인의 업무에 관계되는 물품과 혼동을 가져올 염려가 있는 디자인 : 타인의 저명한 상표, 서비스표, 단체표장 및 업무표장을 디자인으로 표현 한 것 (입체상표 포함) 비영리법인의 표장을 디자인으로 표현한 것
④ 물품의 기능을 확보하는데 불가결한 형상만으로 된 디자인

물품의 기능은 기술적 기능을 의미하며 ⅰ)물품의 기술적 기능을 확보하기 위해 필연적으로 정해진 형상(필연적 형상)으로 이루어진 디자인과, ⅱ)물품의 호환성 확보 등을 위해 표준화된 규격에 의하여 정해진 형상(준 필연적 형상)으로 이루어진 디자인은 등록 받을 수 없습니다.

선출원주의

선출원주의란 먼저 출원한 자만이 그 디자인에 관하여 등록 받을 수 있는 것을 말합니다.

동일 또는 유사한 물품에 관한 동일 또는 유사한 디자인이 서로 다른 날에 2이상의 출원이 있는 경우 먼저 출원한 자만이 등록을 받을 수 있는 것을 말합니다.

디자인권은 독점권을 부여하는 것이므로 동일 또는 유사한 디자인이 우연히 2이상 창작되어 출원되어 있는 경우 오직 한사람에게만 독점권을 부여하기 위하여 최초의 출원인에게만 등록을 허여하는 것입니다.

그러나 디자인등록출원이 무효 또는 취하된 때에는 선출원 규정을 적용함에 있어서 처음부터 없었던 것으로 보고 후출원한 디자인등록출원이 등록받을 수 있습니다. 또한, 포기 또는 거절결정이나 거절한다는 취지의 심결이 확정된 때에도 선출원 규정을 적용함에 있어서 처음부터 없었던 것으로 간주하고 있습니다.

Ⅲ 디자인권

1. 디자인권의 발생 및 존속기간

- 디자인권의 발생은 등록결정을 받은 후 소정의 등록료와 함께 특허청에 디자인등록을 함으로써 디자인권은 발생합니다. 권리의 설정등록시에는 최초 3년차분의 등록료를 납부하여야 하며, 그후 4년차분 이후 등록료에 대하여서는 매 1년 단위로 납부하거나 필요한 기간 단위로 분할하여 납부도 가능합니다. 설정등록료 및 연차 등록료의 납부시기를 놓친 경우에는 6개월 이내에 일정한 할증료와 함께 재등록할 수 있습니다.

  또한, 6개월의 유예기간마저 놓친 경우에도 본인이 책임질 수 없는 불가항력적인 사유에 의하여 등록료를 납부하지 못한 경우에는 그 사유가 없어진 날부터 14일 이내에 증거서류 등을 첨부하여 등록료를 추가 납부 할 수 있습니다. 다만, 6개월의 유예기간 만료일부터 6월이 경과한 때에는 등록료를 납부할 수 없습니다.
- 디자인권의 존속기간은 디자인의 설정등록일로부터 15년입니다. 다만 유사디자인권의 존속기간은 기본디자인권의 존속기간과 같아 기본디자인권이 소멸되면 유사디자인권도 함께 소멸합니다.

2. 디자인권의 효력

(1) 디자인권의 내용

디자인보호법 제41조는 디자인권자는 업으로서 등록디자인 또는 이와 유사한 디자인을 실시할 권리를 독점한다고 규정하고 있습니다.

① **業으로서** : '업으로서'라는 것이 꼭 영리를 목적으로 실시하는 것만을 의미하는 것은 아니며, 반복 계속해서 행하여 지는 것은 모두 포함하는 의미입니다. 즉, 개인적으로 일시적, 일회적으로 실시하는 것은 제외된다는 의미입니다.

② **실시** : 실시란, 디자인에 관한 물품을 생산, 사용, 양도, 대여 또는 수입하거나 그 물품의 양도 또는 대여의 청약(양도나 대여를 위한 전시를 포함)을 하는 행위를 말합니다.

③ **독점** : 당해 디자인을 독점적으로 실시할 권능을 가짐과 동시에 제3자가 당해 디자인과 동일 또는 유사한 디자인을 실시하는 것을 배제하는 권능도 가지는 독점배타권이라는 의미입니다.

(2) 디자인권의 효력범위

디자인권의 효력은 등록디자인과 동일한 디자인뿐만 아니라 이와 유사한 디자인에 미칩니다.

디자인권의 효력이 유사한 디자인까지 미치는 것은 특허·실용신안에서의 기술적 사상과 달리 디자인이 동일한 경우에 한정할 경우 그 보호대상이 극히 협소한 것이 되어 제도의 목적을 달성할 수 없게 되기 때문입니다.

따라서 디자인이 표현된 물품과 그 형태적 본질에 있어서 공통적인 동질성을 가지고 있어서 외관상 서로 유사한 미감을 일으키는 범위에 대해 "유사"라는 개념을 정립하고 이 범위도 보호의 대상으로 하고 있습니다.

3. 디자인권의 제한

(1) 디자인권의 효력이 미치지 않는 범위

연구 또는 시험을 하기 위한 등록디자인의 실시. 국내를 통과하는데 불과한 선박·항공기·차량 또는 이에 사용되는 기계·기구·장치 기타의 물건 디자인등록출원시부터 국내에 있는 물건 출원전부터 국내에 이미 존재하고 있던 물건에 대하여서는 권리가 미치지 않습니다. 그러나 권리가 등록된 이후에는 제3자가 그것과 동일한 물건을 계속 생산하는 것은 인정되지 않습니다.

(2) 실시권에 의한 제한

등록권리자가 타인에게 전용실시권 또는 통상실시권을 설정해 준 경우에는 그 설정된 범위 안에서 등록권리자의 독점적 권리는 제한됩니다.

(3) 이용·저촉관계에 의한 제한

자신의 등록디자인이 타인의 특허권·실용신안권·상표권·디자인권·저작권 등을 이용한 것이거나, 저촉 관계에 있는 경우에는 타인의 동의를 얻거나 통상실시권

허여심판에 의하지 않고는 자신의 디자인으로 사업을 실시할 수 없습니다.

4. 디자인보호법상 특유의 제도

디자인은 모방이 용이하고 유행성이 강하다는 특성이 있으므로 다른 산업재산권법과는 다른 몇 가지 특유의 제도를 가지고 있습니다.

유사디자인제도

(1) 개요

디자인은 기본디자인이 창작된 이후에 이를 기초로 한 여러 가지 변형디자인이 계속 창작되는 특성이 있습니다. 또한 디자인권은 타인의 모방·도용이 용이하나, 그 유사범위는 추상적이고 불명확함에 따라 미리 유사범위내의 유사디자인을 등록받아 침해·모방을 미연에 방지할 필요성이 있습니다. 따라서 자기가 등록 또는 출원한 기본디자인의 변형된 디자인을 유사디자인이라는 이름으로 등록받을 수 있도록 하는 제도를 두고 있습니다.

(2) 유사디자인권의 내용

유사디자인권은 기본디자인의 디자인권과 불가분의 일체가 되어 이전·소멸 됩니다. 단, 유사디자인권만을 무효심판 또는 권리범위확인심판의 대상으로 하거나 권리를 포기하는 것은 가능합니다.

한 벌 물품 디자인제도

디자인보호법은 출원대상을 명확히 하여 심사처리의 신속을 도모함과 동시에 권리 범위를 명확히 하기 위하여 하나의 물품은 독립된 하나의 출원으로 하여야 한다는 1디자인 1출원주의를 취하고 있습니다. 그러나 예외적으로 한 벌로 사용되는 물품으로서 전체적으로 통일성이 있는 경우에는 하나의 출원으로 심사·등록할 수 있도록 하는 한 벌 물품 디자인제도를 두고 있습니다. 한 벌 물품디자인 대상품목(디자인보호법 시행규칙 별표 5 참조) 한 벌 물품 디자인으로 출원할 수 있는 물품은 한 벌의 끽연용구 세트, 한 벌의 커피세트, 한 벌의 오디오세트, 한벌의 전문운동복세트, 한벌의 게임기세트 등 86개 물품입니다.

비밀디자인제도

디자인은 모방이 용이하고, 유행성이 강하므로 디자인권자가 사업실시의 준비를 완료하지 못한 상황에서 디자인이 공개되는 경우에는 타인의 모방에 의한 사업상 이익을 모두 상실할 우려가 있습니다.

따라서 디자인등록출원시 출원인의 신청이 있는 경우에는 디자인권의 설정등록일부터 3년이내의 기간 동안 공고하지 아니하고 비밀상태로 유지할 수 있도록 하고 있습니다. 비밀로 유지할 수 있는 기간은 출원인이 정하며 그 기간은 3년이내에서 연장하거나 단축할 수 있습니다. 비밀디자인청구시기는 현재는 디자인등록출원시이나 출원인의 사정변경등에 탄력적으로 대응할 수 있도록 출원시는 물론 최초의 디자인등록료를 납부하는 날까지로 출원인이 임의로 정할 수 있습니다.

다만, 다음의 경우에는 비밀디자인임에도 열람이 가능합니다.

디자인권자의 동의를 받은 자의 청구가 있는 경우, 심사, 심판, 소송의 당사자나 참가인의 청구가 있는 경우, 디자인권 침해의 경고를 받은 사실을 소명할 자의 청구가 있는 경우, 법원의 청구가 있는 경우

5. 출원공개제도

도입 배경

종전의 디자인보호법에 의하면 디자인을 출원한 후 심사절차를 거쳐 등록을 하기 전까지는 디자인권이 발생하지 않으므로 출원중에 있는 디자인을 제3자가 모방할 경우 이에 적절하게 대응할 수 있는 제도적인 장치가 결여되어 있었습니다. 이와 같은 제도적인 결점을 보완하기위하여 '96.7.1부터 『출원공개제도』를 도입하여 시행하고 있으며 2005.7월부터는 무심사등록출원에 대해서도 공개를 신청할 수 있습니다.

제도내용

디자인등록출원시 또는 출원이후 출원인의 출원공개신청이 있는 경우에는 등록전이라도 디자인의 출원내용을 공보를 통하여 공개하고, 공개 후 제3자로부터의 모방실시가 있는 경우에는 모방자에게 경고할 권리가 발생하며 그 디자인이 등록된 후에는 디자인권자는 모방자에게 보상금청구권을 행사할 수 있습니다. 또한 제3자의 무단모방이 있는 경우에는 우선심사를 청구할 수 있도록 하여 조기에 보상금

청구권을 행사할 수 있도록 하였습니다.

◎ **정보제공제도**

- 의의 : 디자인등록출원된 디자인에 대하여 누구든지 당해 디자인이 거절이유에 해당하여 등록될 수 없다는 취지의 정보를 증거와 함께 특허청장에게 제공할 수 있는 제도를 말합니다.
- 내용 : 디자인등록출원된 디자인에 대한 심사관의 심사역량을 강화 하고 심사의 질적 향상을 도모하기 위하여 디자인등록출원의 출원공개 여부를 불문하고, 또한 디자인심사등록출원 또는 디자인무심사등록출원 여부를 불문하고 누구든지 당해 디자인에 대하여 등록될 수 없는 이유가 있는 경우에는 관련 증거와 함께 정보를 제출할 수 있게 하여 심사의 정확성, 공정성 및 신속성을 더 한층 제고 할 수 있도록 하고 있습니다.

2001. 6월 이전 법에서는 심사등록출원된 디자인에 대해서만 정보를 제공할 수 있었습니다만 2005.7월부터는 무심사등록출원된 디자인에 대해서도 정보를 제공할 수 있도록 하였으며, 이에 의하여 거절결정할 수 있도록 하였습니다.

6. 디자인권의 침해구제

◎ 민사적 구제

(1) 침해금지청구권 (법 제62조)

자신의 디자인권, 전용실시권을 침해한 자에 대하여서는 침해의 금지 및 예방을 청구할 수 있습니다. 또한 침해금지 및 예방을 청구할 때에는 침해행위를 조성한 물품의 폐기, 침해행위에 제공된 설비의 제거, 기타 침해의 예방에 필요한 행위를 청구할 수 있습니다.

(2) 손해배상청구권

디자인권 또는 전용실시권이 고의 또는 과실에 의하여 침해되었을 때에는 침해한 자에 대해서 민법상 손해배상을 청구할 수 있습니다. (민법 제750조) 민법상의 일반규정 이외에도 디자인보호법은 별도의 규정을 두어 등록디자인이나 이와 유사

한 디자인을 타인이 실시하는 경우에는 침해행위로서 과실이 있는 것으로 추정하도록 규정하고 있습니다. (디자인보호법 제65조)

(3) 신용회복청구권 (법 제66조)

법원은 고의 또는 과실에 의하여 디자인권 또는 전용실시권을 침해함으로써 디자인권자 또는 전용 실시권자의 신용을 실추하게 한 자에 대하여는 디자인권자 또는 전용실시권자의 청구에 의하여 손해 배상에 갈음하거나 손해배상과 함께 디자인권자 또는 전용실시권자의 업무상의 신용회복을 위하여 필요한 조치를 명할 수 있습니다.

(4) 부당이득 반환청구권 (민법 제741조)

민법상의 규정에 의하여 법률상 원인없이 타인의 디자인권으로 인해 이익을 받고 이로 인하여 타인에게 손실을 준 자는 그 이익이 존재하는 한도내에서 반환할 의무가 있습니다.

◎ 형사적 구제

디자인권 또는 전용실시권을 침해한 자에 대해서는 민사상 책임이외에 7년 이하의 징역 또는 1억원 이하의 벌금에 처할 수 있습니다.

제2편 창업

제3장 | 창업 총론

I 창업의 개념

1. 창업의 정의

창업(創業, Start-up, Inauguration of an Enterprise)은 사업을 처음으로 시작하는 것을 말한다. 즉, "창업자가 이익을 얻기 위하여 자본을 이용하여 사업 아이디어에서 설정한 재화와 서비스를 생산하는 조직 또는 시스템을 구축하는 행위로서 고객이 요구하는 것에 대한 만족을 제공하고 그 보답으로 이윤을 창출해 가는 종합적인 형태"라고 정의할 수 있다.

이는 우리나라 중소기업 창업지원법에도 잘 나타나 있다. 동법에서는 창업의 범위를 ① 새로운 기업조직을 설립하는 것, ② 기존의 기업이 이제까지와 전혀 다른 새로운 기업조직을 설립하는 것, ③ 기존의 기업이 이제까지와 전혀 다른 새로운 종류의 제품을 생산하거나 판매하는 일을 시작하는 것으로 정하고 있다.

창업은 이윤창출을 위한 사업의 기초를 세우는 것으로 사업가적인 능력을 가지고 있는 개인 또는 집단이 사업 아이디어를 가지고 사업목표를 세워 적절한 사업기회에 자본·인력·설비·원자재 등 경영자원을 확보하여 재화의 생산 또는 용역 서비스를 제공하는 기업으로 하나의 시스템을 구축하는 작업을 의미한다.

이 경우 시스템이란 투입 투입 → 변환 → 산출의 기본적인 구조와 목적성, 상호관련성, 전체성, 통제성을 가진다. 창업도 투입요소, 변환요소, 산출요소가 필요하다. 투입요소로는 사람(Man), 기계설비(Machine), 원재료(Material), 자금(Money) 등의 요소를 의미하여 이를 4M이라고 하고, 최근에는 사업정보(Information)를 추가하여 4M 1I로 칭하고 있다.

창업에서 실제로 최종적인 성공에 이르기까지는 수많은 난관을 극복해야 한다.

사업성공이 100개의 관문을 아무 탈 없이 무사히 통과해야만 비로소 달성될 수 있는 것이라면 창업은 그 첫 번째 관문 앞에 서는 하나의 과정에 불과하다 할 수 있다.

따라서 창업을 계기로 들어서는 사업세계는 난관에 봉착했을 때, 되돌아 나올 수 있는 길이 봉쇄되어 있는 치열한 승부의 세계라는 사실을 명심하고 사업세계로 들어서는 첫 단계인 창업 구상단계에서부터 냉철한 자기분석에 힘을 기울여야 한다.

기업가의 능력을 갖춘 개인이나 단체가 사업의 아이템을 가지고 사업목표를 설정하여 사람, 기술(아이템), 자본, 원자재 등 경영자원을 투자하여 제품을 생산, 판매하거나 서비스 용역을 제공하기 위한 사업의 기초를 세우는 것을 말한다.

창업이란 개인이나 법인이 돈을 버는 것을 목적으로 하는 기업을 새로 만드는 일 또는 창업자가 사업 아이디어를 갖고 자원을 결합하여 시장에 판매하는 사업 활동을 시작하는 일이라고도 한다.

창업의 정의는 획일적이지 않고 지원하는 법규에 따라 다르게 규정되며, 지원하는 내용에 따라 다르게 적용된다.

학생들이 졸업 후 마땅한 직장을 선택하는데 어려움을 당하고 있는 것이 현실이다. 이 과정 속에서 나이와 경력에 상관없이 다양한 계층의 사람들이 창업대열에 합류하고 있다. 정부에서는 젊은 세대는 물론 실버 세대까지 창업열기를 확산시키기 위하여 자금을 지원하고 매년 창업경연대회를 실시하여 우수 아이템에 대하여 포상을 실시하고 있다.

한편 창업자가 원활한 사업수행을 할 수 있도록 각 대학과 연구기관 등에 창업보육센터(Business Incubator)를 설치하여 전문 매니저를 두어 예비창업자와 창업초기의 기업에게 사업장 제공과 기관의 인프라를 활용하게 하고 기술 및 경영 등을 지원하고 있다.

그렇지만 창업을 하여 성공하기란 그렇게 쉬운 일이 아니다. 실제 사업을 수행하는 과정에서 매출, 자금, 기술력 등 여러 가지 어려운 상황에 직면할 수도 있고 이러한 상황을 극복하지 못하면 심지어 중도에 사업을 포기해야 하는 경우가 발생할 수도 있다. 그러므로 실패하지 않는 창업을 위한 최선의 방법은 실패의 확률을 낮출 수 있도록 철저한 시장조사와 사업계획을 수립하여 준비해야 한다. 창업은 무엇보다도 창업가의 불굴의 의지와 인내로 사업의 전반 분야에 대하여 지식을 습득하려는 성실한 자세가 필요하며, 어떠한 위험에도 기꺼이 대처한다는 용기와 도전정신이 요청된다.

2. 창업의 네 가지 요소

창업의 네 가지 요소는 창업자(사람), 창업자금(자본), 창업업종선택(아이템), 그리고 창업사업장(장소)로서 창업의 4개 필수 요소라고 한다.

(1) 창업자(사람)

사업의 성패는 창업자의 기업가 자질과 사업수행능력에 의해 많은 영향을 받게 된다. 왜냐하면 사업을 성공적으로 이끌기 위해서는 창업자 본인의 경험이나 선행지식, 성공에 대한 집념, 리더십, 의지력, 성격, 체력 등이 밑받침 되어야 하기 때문이다.

그리고 창업자는 성공적인 사업수행을 위하여 본인의 기존 의식 구조를 사업에 맞게 전환하고 자기에게 수익을 가져다 줄 수 있는 고객이나 구매자에게 최선을 다해야 한다. 본인이 사업을 시작하기 전에 사회적으로 높은 지위에 있었는가 등은 현재 큰 의미가 없다. 현실이 중요한 것이며 오직 이 사업을 성공시키기 위한 노력만이 필요한 것이다.

(2) 창업자금(자본)

창업을 하기 위해서는 사업규모에 맞는 자금이 필요하며, 창업자의 대부분이 창업과정에서 자금문제로 많은 고민을 하게 된다. 그리고 실제로 사업을 진행하는 과정에서도 일반적으로 당초 계획된 자금소요액 보다 더 많은 지출이 따르게 되는 경우가 많다. 이것은 계획사업이 진행과정에서 차질을 가져올 수도 있고 예기치 않은 투자요인이 발생할 수도 있기 때문이다.

그러므로 초기 창업자금은 본인의 능력에 맞게 최소화하는 것이 좋으며 예산편성은 운전자금인 개업준비 운영자금과 고정자금인 시설자금 등으로 구분하여 계획하는 것이 좋다. 왜냐하면 시설자금과 같이 장기적으로 투자해야 하는 자금은 조달과정에서부터 미리 장기적으로 사용할 수 있는 자기자금이나 장기차입금으로 충당하여야만 유동성 부족으로 인한 자금곤란을 막을 수 있기 때문이다.

한편 창업 시 남에게 많은 돈을 빌려 부채의존도가 너무 높게 되면 과중한 이자비용 부담으로 경영이 불실해 질수가 있으므로, 창업자 본인의 자금능력에 맞는 사업규모로 창업하는 것이 매우 중요하다.

1) 자금의 종류

사업을 하기 위해서는 필요한 자금을 투자하게 되는데 이러한 자금은 유동성 유무에 따라 운전자금과 고정자금으로 구분된다.

① **운전자금** : 운전자금이란 기업을 운영하는데 소요되는 단기자금을 말한다. 창업초기에는 일반적으로 재고자산(상품, 원재료, 제품 등) 매입자금과 직원 급료, 사업장 임차료, 세금 등 제반 경비지출을 위한 자금이 필요한데 이것을 운전자금이라 한다.

일반적으로 사업을 처음 시작하게 되면 바로 사업이 정상화되어서 수익이 창출되는 것이 아니라 사업기반을 확보하기까지 얼마 정도의 기간이 필요하다. 즉, 고정거래처나 고객을 확보하기 위해서는 자기의 물건이나 기술 등에 대한 상대방의 검증 및 평가기간이 필요하다. 그리고 경영이나 기술에 대한 경험 축적으로 원가를 절감할 수 있는 기간도 필요하다.

이러한 기간 동안은 판매된 수익만으로 직원 급료 등 모든 비용을 충당할 수 없으므로 운전자금이 추가로 필요하게 된다. 사업 정상화까지의 기간은 업종에 따라 차이가 있지만 보통 3개월에서 6개월 정도로 예상하고 있다.

② **고정자금** : 고정자금은 고정자산 구입 등에 투자된 자본이다. 즉, 토지, 건물, 기계, 집기비품, 시설비 등에 투자된 자금을 말한다. 이러한 자금은 회전되지 않고 고정되므로 자금조달 과정에서부터 장기성을 고려하여 자기자금이나 장기차입금 등으로 조달하는 것이 유리하다.

만약 1년 이내의 단기차입금 등에 의해 조달할 경우 짧은 상환기간의 도래로 인하여 단기사업자금의 압박 요인이 될 수 있다.

2) 자금조달의 방법

사업자금의 조달은 개인의 능력에 따라 다양하지만 일반적으로 자본출자에 의한 자기자금과 차입금 등에 의한 타인자금 조달방법이 있다.

① **자기자금(자본출자)** : 자기자금은 창업자가 가지고 있는 자금으로서 은행의 예·적금이나 퇴직금 또는 환금성이 있는 부동산 등을 팔아서 만든 현금 등이다. 이때 창업자가 단독이 아니고 공동인 경우에는 동업자의 투자금액도 자기자금에 해당된다. 한편 주식회사와 같은 법인기업의 경우에는 여러 사람의

주주가 출자한 금액도 자기자금에 해당 된다.

주주나 동업자와 같은 투자자의 출자금은 담보를 요구하거나 정해진 날에 원금을 돌려주지 않아도 되는 돈으로서 창업자의 사업에 뜻을 같이 하여 투자된 자금이다. 자금의 유입경료를 보면 외부자금이지만 창업자의 입장에서는 상환의 부담이 없는 자기자금이다.

그러나 동업의 경우 사업에 대한 위험부담을 공동으로 부담하고 자금조달에 유리한 조건을 확보할 수 있어서 장점도 많으나, 상호 이해관계의 상충으로 좋은 동업관계를 유지하기란 현실적으로 어려움이 많다.

② **타인자금** : 타인자금은 부족한 돈을 외부로부터 빌려오는 자금으로서 주로 은행 등의 금융기관으로부터의 차입금이나 주변 친·인척이나 가까운 사람들로부터 빌려서 조달하는 자금이다.

자기자금만으로 사업을 시작할 수 있다면 크게 문제될 것은 없겠지만, 대부분의 창업자들은 부족한 창업자금 때문에 여기저기서 돈을 빌려오게 마련이다. 이러한 타인자금은 모두 약속한 기일이 되면 갚아야 하고 상환하는 날까지 꼬박꼬박 이자를 부담해야 한다. 은행의 경우 정해진 날짜에 이자를 갚지 못하면 연체이자는 물론 저당 잡힌 담보물까지 처분을 당하고 금융불량거래자가 되기도 한다.

은행에는 여러 종류의 대출상품이 있다. 이러한 대출상품 중에서 창업자에게 유리한 것을 선정받기 위해서는 주거래은행을 정하여 미리 예금실적을 쌓고 은행과의 원활한 거래관계를 사전에 갖는 것이 유리하다.

은행대출은 사업을 처음으로 시작하는 창업자의 경우 많이 접한 업무가 아니므로 대출절차도 생소하고 대출과정에서 은행에서 요구하는 여러 가지 서류를 갖추는 데에도 익숙하지 않다. 그러므로 융자상담을 하면서 대출규정을 충분히 숙지하여 대출자격을 파악하고 관계서류를 일괄적으로 준비한다면 적기에 필요한 자금을 대출받을 수 있다.

그리고 은행에서 대출을 받을 수 있는 방법은 부동산 담보 및 신용대출에 의한 방법이 있는데 신용대출의 경우는 은행거래 실적이나 사업실적이 우수한 우량고객을 대상으로 하기 때문에 실적이 없는 창업기업의 경우는 적용받기가 어렵다. 그러므로 대부분의 대출이 담보위주로 이루어지고 있다.

담보대출은 은행에서 돈을 빌린 사람이 이자나 원금을 약속 기일에 갚지 못할 것을 대비하여 부동산 등의 담보를 미리 확보하고 돈을 빌려주는 방법이다. 이때 약속기일이 경과되어도 계속 돈을 갚지 않을 경우에는 담보물을 경매처분하여 은행에서는 빌려준 돈을 회수하게 된다.

이 경우 주로 이용되는 담보물로서는 아파트, 주택, 상업용 건물, 토지 등이 있다.

그리고 차량이나 국·공채, 회사채 등의 채권도 가능하며 장기예금이나 적금예금이 있는 경우에는 예금 잔액의 한도 내에서 담보제공이 가능하다.

한편 금융제도가 현재와 같이 발달하기 전에는 부족한 사업자금의 조달 원천은 대부분 개인이었다. 특히 친척이나 친구 등은 대표적인 자금 지원자들이었다. 이들은 자금을 직접 대여해 주거나 채무 보증을 하는 형태로 자금조달에 도움을 주었기 때문에 사업이 실패하였을 경우에는 함께 큰 고통을 당하기도 했다.

현재와 같이 금융 제도가 발달된 시점에도 친척과 친구는 손쉬운 자금원이기도하다. 그러나 실패하였을 때를 고려하여 절제와 보완 조치를 강구할 필요가 있다. 그러므로 개인에게 자금을 차입하는 경우 일반적으로 차용증을 작성하여 차용금액, 이자율, 이자지급일, 상환기일 등을 명시하게 된다.

그 외의 자금조달 방법으로는 창업 후에 거래관계를 유지해야할 주요 구매처나 매출처에게 협조를 구하여 자금운용의 융통성을 발휘하는 방법이다. 즉, 구매처에 지급할 물품구입 대금을 늦게 지급하므로서 자금을 운용하고 반대로 매출처에 대한 물품 대금을 공급 전에 미리 선수금으로 조달하여 자금을 활용하는 방법 등이 있다.

(3) 창업업종선택(아이템)

어떤 업종을 선택하느냐의 문제는 창업에 있어서 중요한 사항이다. 실제 많은 창업자들은 성공을 위한 확실한 업종을 선택하기 위하여 많은 준비를 하게 되는데, 이러한 준비과정에서 창업 희망업종에 대한 정보수집, 체험자 또는 종사자와의 면담, 사업아이템에 대한 정밀분석 및 검토 등의 과정을 거치게 된다.

업종을 선택할 경우에 주의할 사항은 자기가 하고자 하는 업종의 미래 성장가능성과 창업자의 경험이나 특성을 충분히 활용할 수 있는 업종인지를 먼저 살펴보아야 한다. 일반적으로 상품의 수명주기는 도입기 → 성장기 → 성숙기 → 쇠퇴기의

과정을 거치게 되는데 신규 창업의 가장 적합한 시기는 성장기 업종이다. 만약 성숙기후반에 뒤늦게 사업에 참여하게 된다면 소위 막차를 타게 되어 사업에 실패할 확률이 높다.

그리고 창업자의 경험, 지식, 기술, 특성 등을 활용할 수 있는 업종을 선택한다면 유리한 창업을 할 수 있어서 그 만큼 성공의 확률을 높일 수 있을 것이다.

(4) 창업사업장(장소)

특히 소매업, 서비스업, 음식업 창업의 경우에는 점포의 입지가 사업성패에 중요한 요인으로 작용할 수 있기 때문에 사업장 선정이 매우 중요하다. 제조업의 경우에는 제품의 특성이 매출에 중요한 요인으로 작용하지만 점포 사업에서는 상품성보다 오히려 사업장의 입지가 더 중요할 수도 있다. 사업장의 중요성을 실제 사례를 통해 살펴보면 다음과 같다.

창업자 A씨는 아파트 단지에서 최근에 인기를 끌고 있는 돈가스 전문점을 창업하였다. 물론 창업 준비과정에서는 세대수가 많으므로 별 무리 없이 사업이 잘될 것이라고 생각하였다.

그러나 기간이 경과하여도 사업이 제대로 되지 않았다. 그래서 여러 가지 사항들을 분석·검토한 결과 사업장 선정에 문제가 있음을 알 수가 있었다. 아파트 입주자들의 성별, 연령, 직업 등을 집중 분석한 결과에 의하면 이 아파트는 세대수는 많지만 영세한 노령층의 인구가 의외로 많아 소득수준과 소비성향이 낮음을 알 수 있었다. 더구나 돈가스의 경우 어린이들이 좋아하는 음식인데 입주자들의 연령 분포상 노령 층이 많으므로 소비에 문제점이 있음을 알 수 있었다.

이상과 같이 아무리 좋은 아이템을 가지고 좋은 시설투자를 하여 창업을 하더라도 사업장 선정이 잘못되면 사업실패로 나타나게 되어, 결국 사업장 이전이나 새로운 업종 변경 등으로 많은 추가 부담을 안게 된다.

3. 창업의 적용범위

(1) 창업지원 내용에 의한 분류

창업의 적용범위는 정부의 창업지원 내용에 따라 대상업종 및 적용기간 등이 다르게 적용되는데 다음과 같이 3가지로 구분 할 수 있다.

가. 창업사업계획승인 및 창업의 기본적인 사항에 대한 적용 : 중소기업창업 지원법 적용

나. 조세 감면시 적용 : 조세특례제한법 적용

다. 기타 각종지원제도 : 중소기업창업 지원법 상의 창업에 해당하는 중소기업 중 개별지원제도에서 특별히 정하는 내용에 따라 적용

(2) 중소기업창업지원법 상의 창업범위

중소기업창업지원법에서 창업이란 중소기업(중소기업기본법 제2조에 따른 중소기업을 말한다)을 새로 설립하여 사업을 개시하는 것을 말하며 사업의 승계, 기업형태의 변경, 폐업 후 사업재개에 해당하는 경우에는 창업에 해당되지 않는다.

1) 사업의 승계

타인으로부터 사업을 승계하여 승계전의 사업과 같은 종류의 사업을 계속하는 경우

사업승계의 예

① 상속이나 증여에 의해 사업체를 취득하여 동종 사업을 계속하는 경우

② 폐업한 타인의 공장을 인수하여 동일한 사업을 계속하는 경우

③ 사업의 일부 또는 전부의 양도·양수에 의해 사업을 개시하는 경우

④ 기존공장을 임차하여 기존 법인의 사업과 동종의 사업을 영위하는 경우

2) 사업승계에 해당하지 않는 경우

사업의 일부를 분리하여 해당기업의 임직원이나 그 외의 자가 사업을 개시하는 경우로서 다음의 요건을 갖춘 경우로 한다.

① 사업을 영위하던 자와 사업을 개시하는 자 간에 사업분리에 관한 계약을 체결할 것

② 사업을 개시하는 자가 새로이 설립되는 기업의 대표자로서 그 기업의 최대주주 또는 최대 출자자가 될 것

■ 중소기업 창업지원법에 의한 창업의 범위

주 체	사업장소	사 례		창업여부
A 개인이	"갑" 장소에서	갑장소에서의 기존사업을 폐업하고	B법인을 설립하여 동종 생산	조직변경
			B법인을 설립하여 이종 생산	창 업
		갑장소에서의 기존사업을 폐업않고	B법인을 설립하여 동종 생산	형태변경
			B법인을 설립하여 이종 생산	창 업
A 법인이	"갑" 장소에서	갑장소에서의 기존사업을 폐업하고	B법인을 설립하여 동종 생산	위장창업
			B법인을 설립하여 이종 생산	창 업
		갑장소에서의 기존사업을 폐업않고	B법인을 설립하여 동종 생산	형태변경
			B법인을 설립하여 이종 생산	창 업
A 개인이	"을" 장소에서	갑장소에서의 기존사업을 폐업하고	B법인을 설립하여 동종 생산	법인전환
			B법인을 설립하여 이종 생산	창 업
		갑장소에서의 기존사업을 폐업않고	B법인을 설립하여 동종 생산	창 업
			B법인을 설립하여 이종 생산	창 업
A 법인이	"을" 장소에서	갑장소에서의 기존사업을 폐업하고	B법인을 설립하여 동종 생산	사업승계
			B법인을 설립하여 이종 생산	창 업
		갑장소에서의 기존사업을 폐업않고	B법인을 설립하여 동종 생산	창 업
			B법인을 설립하여 이종 생산	창 업
A 개인이	"을" 장소에서	갑장소에서의 기존사업을 폐업하고	B법인을 설립하여 동종 생산	사업이전
			B법인을 설립하여 이종 생산	창 업
		갑장소에서의 기존사업을 폐업않고	B법인을 설립하여 동종 생산	사업확장
			B법인을 설립하여 이종 생산	업종추가

주 : 1. "갑" 장소는 기존의 사업장, "을" 장소는 신규 사업장으로서 사회통념으로 볼 때 공장확장으로 인정할 수 없을 정도의 거리를 충분히 유지한 경우임.
2. "B"법인은 A가 출자한 법인임.
3. 동종사업의 범위 : 한국표준산업분류의 세분류(4단위)가 같은 업종
4. 이종업종의 범위 : 한국표준산업분류의 세분류를 달리한 업종이 매출액의 50/100을 넘는 경우임.

자료 : 김철교·조준희, 「벤처기업 창업과 경영」, 삼영사

3) 기업형태의 변경

개인사업자인 중소기업자가 법인으로 전환하거나 법인의 조직변경 등 기업형태를 변경하여 변경전의 사업과 같은 종류의 사업을 계속하는 경우(시행령 제2조 제1항)

① 개인사업자가 법인으로 전환하거나, 합명회사와 합자회사, 유한회사와 주식회사 상호간에 법인형태를 변경하여 동종의 사업을 계속하는 경우
② 기업을 합병하여 동종의 사업을 영위하는 경우

4) 폐업 후 사업재개

폐업 후 사업을 개시하여 폐업전의 사업과 동종의 사업을 계속하는 경우

① 사업의 일시적인 휴업이나 정지 후에 다시 사업을 재개하는 경우
② 공장을 이전하기 위해 기존장소의 사업을 폐업하고, 새로운 장소에서 사업을 재개하는 경우

(3) 중소기업창업지원법에서 제외되는 업종

중소기업창업 지원법은 모든 업종의 창업에 관하여 적용한다. 다만, 다음의 업종을 영위하는 중소기업에 대하여는 이를 적용하지 아니하며 업종의 분류는 한국표준산업분류를 기준으로 한다.

① 숙박 및 음식점업
② 금융 및 보험업
③ 부동산업
④ 무도장 운영업
⑤ 골프장 및 스키장 운영업
⑥ 기타 갬블링 및 베팅업
⑦ 기타 개인 서비스업(산업용세탁업을 제외한다)
⑧ 그 밖에 제조업이 아닌 업종으로서 지식경제부령이 정하는 업종

(4) 조세특례제한법상 창업의 적용범위

창업자란 중소기업을 창업하는 자와 중소기업을 창업하여 사업을 개시한 날로부터 7년이 지나지 아니한 자를 말한다. 창업자는 중소기업창업 지원법의 규정에 의한 창업사업계획승인제도에 의하여 공장설립의 특례지원을 받을 수 있다.

조세특례제한법상의 적용대상 업종을 영위하는 중소기업으로서 "나. 창업으로 보지 않는 경우"에 해당하지 않아야 한다.

1) 적용대상업종

① 광업

② 제조업

③ 건설업

④ 음식점업

⑤ 출판업

⑥ 연구개발업

⑦ 방송업

⑧ 전기통신업

⑨ 컴퓨터프로그래밍, 시스템통합 및 관리업)

⑩ 정보서비스업(뉴스제공업 제외)

⑪ 영상·오디오 기록물제작 및 배급업(비디오물 감상실 운영업은 제외한다)

⑫ 광고업

⑬ 그 밖의 과학기술서비스업

⑭ 전문디자인업

⑮ 전시 및 행사대행업

⑯ 창작 및 예술관련 서비스업(자영예술가는 제외)

⑰ 엔지니어링사업 : 엔지니어링기술 진흥법에 따른 엔지니어링활동(기술사법의 적용을 받는 기술사의 엔지니어링활동을 포함

⑱ 물류산업 : 운수업 중 화물운송업, 화물취급업, 보관 및 창고업, 화물터미널운영업, 화물운송 중개·대리 및 관련 서비스업, 화물포장·검수 및 형량 서비스업 및 항만법에 따른 예선업과 기타 산업용 기계장비 임대업 중 파렛트 임대업

⑲ 학원의 설립·운영 및 과외교습에 관한 법률에 따른 직업기술분야를 교습하는 학원을 영위하는 사업

⑳ 관광진흥법에 따른 관광숙박업, 국제회의업, 유원시설업 및 관광진흥법 시행령 제2조에 따른 전문휴양업과 종합휴양업

㉑ 노인복지법에 따른 노인복지시설을 운영하는 사업

㉒ 전시산업발전법에 따른 전시산업

2) 창업으로 보지 않는 경우

① **사업의 승계** : 합병·분할·현물출자 또는 사업의 양수를 통하여 종전의 사업을 승계하거나 종전의 사업에 사용되던 자산을 인수 또는 매입하여 동종의 사업을 영위하는 경우. 다만, 종전의 사업에 사용되던 자산을 인수 또는 매입하여 동종의 사업을 영위하는 경우에 당해 자산가액의 합이 사업개시 당시 토지와 건물 및 기계장치 등 사업용 자산(법인세법 시행령 제24조의 감사상각자산)의 총가액에서 차지하는 비율이 100분의 30이하인 경우를 제외한다.

② **개인기업의 법인전환** : 거주자가 영위하던 사업을 법인으로 전환하여 새로운 법인을 설립하는 경우

③ **폐업 후 사업 재개** : 폐업 후 사업을 다시 개시하여 폐업전의 사업과 동종의 사업을 영위하는 경우

④ **사업의 확장 및 업종 추가** : 사업을 확장하거나 다른 업종을 추가하는 경우 등 새로운 사업을 최초로 개시하는 것으로 보기 곤란한 경우

Ⅱ 창업기업의 이해

1. 기업(회사)의 개념

(1) 기업(회사)의 경제적 정의

국민 경제에서 노동과 자본, 토지라는 생산의 3요소를 투입하여 여러 가지 재화와 서비스를 생산하는 역할을 담당하는 경제 주체를 기업이라 한다. 기업은 이윤추구를 위하여 소비자에게 필요한 재화나 서비스를 생산한다. 이러한 생산과 소비의 전 과정이 국민 경제를 이루고 이들의 순환 과정을 표시하면 앞의 그림과 같다. 결국 리더는 앞에서 이끄는 사람이다.

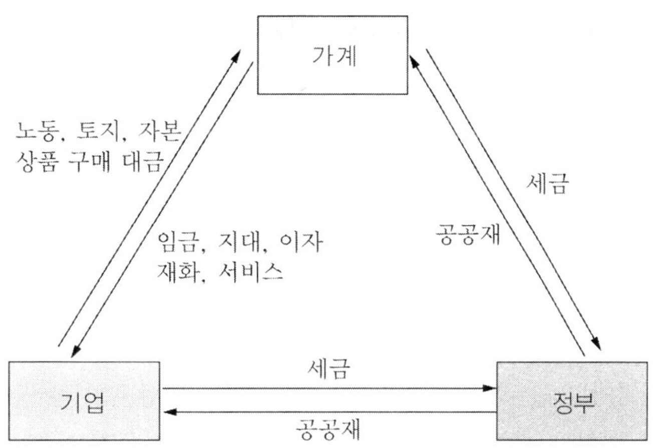

▮ 국민 경제의 순환 과정 ▮

용어해설

- **국민경제** : 국가를 단위로 하여 서로 밀접하게 관련된 경제활동의 총체를 말한다. 오늘의 세계에서는 국가가 정치의 기본 단위로 되어 있기 때문에, 경제생활에 관련된 법률이나 제도도 국가적 영역에서 통일적으로 행해진다. 또한 경제 주체로서의 국가·지방자치단체·기업·가계(家計) 등의 경제활동은 단연히 그와 같은 법률·제도에 따라 영위되며, 국가적 영역에서 서로 밀접하게 결합되고 있다. 이처럼 국가를 단위로 하여 서로 밀접하게 관련된 경제활동의 총체가 국민 경제다.
- **생산의 3요소** : 노동, 토지, 자본
- **공공재(공공서비스)** : 국방, 경찰, 소방 등의 재화 등과 같은 재화는 특정의 소비자에게만 팔 수 없고, 경쟁적 시장을 통하여 충분하게 공급될 수 없으므로 집단적으로 공급되어야 한다. 이와 같은 재화를 공공재라 하며, 이에 대하여 소비자에게 개별적으로 팔 수 있는 재화를 사유재라고 한다. 공공재는 비경합성과 비배제성의 특성을 가진다. 비경합성이란 소비자가 늘어도 이전 소비하던 소비자들의 소비량이 줄지 않는 것으로 소비자들끼리 경합되지 않음을 말한다. 비배제성은 소비자가 소비 행위에 대해 대가를 지불하지 않더라도 소비를 배제할 수 없는 것을 말한다.

(2) 기업(회사)의 법률적 정의

상법 제169조는 '회사라 함은 상행위 기타 영리를 목적으로 하여 설립한 사단을 이른다.'고 규정하고 있으며, 동법 제170조는 회사의 종류로 합명회사, 합자회사, 주식회사, 유한회사의 4가지 형태의 회사를 규정하고 있다. 그리고 상법 제637조까지에 걸쳐 위에서 말한 4가지 형태의 회사에 대한 법률관계를 규정하고 있는데, 이 부분을 통상 '회사법'이라고 칭하고 있으며 회사에 대한 일반법으로서의 기능을 하고 있다.

회사는 법인격이 있는 회사를 법인이라고 하는데, 법인은 사람이 모여서 이루어진 단체인 사단법인과 특정 목적을 위하여 출연(특정의 목적을 위하여 일정한 재산을 증여 또는 기부하는 것)된 일정한 재산이 모여서 이루어지는 단체인 재단법인으로 구분하여 생각할 수 있다. 그리고 이러한 법인은 영리를 추구하는가에 따라 영리법인과 비영리법인으로 구분된다.

(3) 기업이 국민경제에 미치는 영향

① 생산의 주체

기업은 가계, 정부와 같은 소비자가 원하는 상품을 생산하고 기업의 목표인 수익 창출을 위해 판매하기 위해 노력한다. 그렇기 때문에 근면한 기업 활동은 생산과 판매의 증가를 불러오며 경제의 3대 주체의 순환 구조에 따라 가계의 소득 증가에도 기여하며 결과적으로 국가의 성장에도 기여한다.

② 고용 창출의 주체

기업의 수익의 추구와 제품의 생산을 위해서는 자연스럽게 고용을 창출하게 된다. 이 고용은 제품과 서비스를 창출하며, 재화와 서비스는 수익을 창출하며 그 수익은 각 가계와 정부로 돌아가며 시장의 흐름을 유지시킨다.

③ 신기술의 개발의 주체

기업은 생산을 위한 새로운 기술을 개발하고 그 기술을 발전시켜 또 다른 기술을 낳으며 끝없는 발전을 거듭 기술을 통해 세상을 변화시켜나간다.

④ 사회 기여의 주체

사회의 다양한 고객층을 통해 수익을 창출한 기업은 수익을 사회에 환원함으로

써 국가 사회의 전체적 균형을 유지하는 역할을 통해 사회에 기여하는 것이 또 다른 중요한 목표이다.

⑤ 국가 위상의 제고

우리나라의 기업이 해외에 나가며 알려지지 않은 우리나라의 국가의 이름을 널리 알리며 이미지와 인지도를 상승시키는데 큰 역할을 하고 있다. 이런 기업들은 해당 업종에서 세계의 상위권을 차지하며 국가 브랜드를 제고시킨다.

2. 기업(회사)의 종류

(1) 주식회사

주식회사는 오늘날 가장 일반적인 형태의 회사로 거의 대부분의 기업이 주시회사에 속한다고 하여도 과언이 아닐 것이다. 따라서 본 서의 내용들은 거의 주식회사에 초점을 맞추어 기술되어 있다고 보아도 좋을 것이다.

주식회사는 균등하게 세분화된 주식의 형태로 사원(주주)이 출자한 일정한 자본이 모여서 이루어진 회사로서 사원인 주주는 주식 인수 가액의 한도 내에서만 출자의무를 질 뿐 회사 채권자에 대해서는 개별적으로 전혀 책임지지 않는 회사를 말한다. 세분화된 자본(주식)과 주주의 유한책임을 특징으로 하는 주식회사는 다수 대중이 출자한 적은 금액의 지분을 모아 대규모 자본을 조성하고 이 자본으로 대규모 사업을 할 수 있다는 점에서 자본주의사회에서 그 존재가 매우 유익하다 할 수 있다.

■ 정관의 기재사항-주식회사의 경우

구 분	내 용
절대적 기재사항	목적, 상호, 회사가 발행할 주식의 총수, 1주의 금액, 회사설립시 발행 주식의 총수, 본점 소재지, 공고방법, 발기인 성명 등
상대적 기재사항	발기인의 특별이익 내역, 현물출자 내역, 회사설립후 양수재산 내역, 회사 부담 설립비용 및 발기인의 보수액 등
임의적 기재사항	이사 및 감사의 수, 총회 소집 시기, 영업 연도 등

(2) 합명회사

합명회사는 개개 사원의 개성에 기초를 두고 설립되는 회사로 회사 채권자에 대하여 직접적으로 연대하여 무한책임을 지는 2인 이상의 무한책임사원으로 구성되는 회사이다.

따라서 합명회사의 채권자들이 합명회사에 대한 채권을 회수하는 경우, 그 회사 재산이 아닌 무한책임사원 각각의 개인 재산에 대하여도 민사소송법에 따른 강제 집행 등 법적 조치를 할 수 있다는 것이다. 즉, 회사의 운영에 따라 그 사원들의 운명도 결정되며 사원 개인 소유 재산이 회사 채무로 인하여 날아가 버릴 수 있는 위험을 가지게 된다. 위와 같은 위험을 부담하는 관계로 각 무한책임사원은 원칙적으로 회사의 업무를 집행할 권한과 회사를 대표할 권한을 가지는 자기 기관으로서의 성격을 가지며 회사의 중요한 사항에 대하여는 총 사원의 동의를 받아야 하고 그 지분을 타인에게 양도하고자 하는 경우에도 다른 사원의 동의를 받지 않으면 양도할 수 없다. 이러한 특성 때문에 합명회사는 인적 신회관계가 두터운 소수의 사람들이 동업 형태로 소규모의 폐쇄적인 회사를 경영하는 데 적합하다고 할 수 있다.

합명회사를 설립하기 위해서는 2인 이상이 정관을 작성하고 회사의 본점 소재지에 설립등기를 하여야 하는데, 타 회사와 비교하여 설립절차가 간단하다.

(3) 합자회사

합자회사는 인적 회사와 물적 회사의 결합 형태를 취하는 회사로 1일 이상의 무한책임사원과 유한책임사원으로 설립되는 회사이다. 주식회사와 유한회사가 유한책임사원만으로 구성되고 합명회사가 무한책임사원 만으로 구성되는 것과 구분된다. 합자회사의 유한책임사원은 회사 채권자에 대하여 출자 가액을 한도로 직접, 연대책임을 진다는 점에서 주식회사 주주의 유한책임과 구분이 된다. 즉, 이적 회사와 물적 회사 양 성격을 모두 갖는 형태의 회사가 바로 합자회사라 할 수 있다. 합명회사와 마찬가지로 회사의 업무를 집행할 권리와 의무는 무한책임사원만이 가지고, 유한책임사원은 회사의 업무 집행을 할 수 없다. 합자회사는 유한책임사원이 사원으로 참여한다는 점을 제외하고는 합명회사와 거의 유사하므로 상법의 합명회사에 관한 규정 대부분은 합자회사에 그대로 준용되고 있다. 결과적으로 합자회사는 합

명회사에서 변형된 형태의 회사로 일반적으로 경영 능력이 있는 무한책임사원과 자본력이 있는 유한책임사원이 협조하여 회사를 운영하고 그 이익에 대하여 분배를 꾀하는 회사 형태라고 할 수 있다.

합자회사를 설립하기 위해서는 무한책임사원이 협조하여 회사를 운영하고 그 이익에 대하여 분배를 꾀하는 회사 형태라고 할 수 있다.

합자회사를 설립하기 위해서는 무한책임사원 및 유한책임사원 각1인 이상이 정관을 작성하고 회사의 본점 소재지에 설립등기를 하는 간단한 절차에 의하여 할 수 있다. 이때 유한책임사원은 신용이나 노무 등으로 출자를 할 수 없으며 정관에는 위 합명회사와 같은 정관의 기재사항 이외에 각 사원이 무한책임사원인지 유한책임사원인지의 여부도 구분하여 기재하여야 한다.

(4) 유한회사

유한회사는 균등한 금액으로 분할하여 출자된 자본으로 구성이 되고, 출자자는 회사에 대하여 출자의무를 부담할 뿐 회사 채권자에 대하여 직접 책임지지 않는 유한책임사원이라는 점에서는 주식회사와 유사한 물적 회사이다. 최소 자본그이 금 1, 000만 원 이상으로 주식회사에 비하여 소규모 회사를 전제로 하고 있으며 사원(출자자)의 수에 있어서도 주식회사인 경우에는 제한이 없지만 유한회사인 경우에는 2인 이상 50인 이하로 제한이 따른다. 유한회사는 소규모를 전제로 하는 회사이므로 주식회사에서 인정하는 주식, 사채, 건설 이자, 공고 방법 등과 같은 제도는 두지 않고 있으며, 조직의 구성에 있어서도 이사가 필수 기관이기는 하지만 1인이라도 상관없으며 임기도 제한이 없다. 또한 이사회 제도가 반드시 필요하지 않으며 감사도 임의기관으로서 두지 않을 수도 있다.

유한회사를 설립하기 위해서는 사원이 되고자 하는 2인 이상이 정관을 작성하여 총 사원이 기명날인하고 회사의 본점 소재지에 설립등기를 하여야 하는데, 그 절차는 후술할 주식회사의 발기설립 절차와 유사하다. 상법이 규정하는 다른 회사들과 마찬가지로 유한회사의 경우도 정관의 작성에 의하여 실체가 완성되게 된다.

3. 기업의 분류

(1) 기업의 규모에 따른 분류

① 중소기업과 대기업

㉠ 중소기업 : 중소기업은 중소기업기본법 및 동법시행령에서 정한 중소기업 육성 시책의 대 상으로서 상시 근로자 수, 자본금 또는 매출액의 규모가 대기업에 비해 상대적으로 작은 기업을 말한다.

하지만 이러한 중소기업도 다음과 같은 면에서는 국민 경제에 미치는 영향이 매우 크다. 기업 계열화의 용이, 창업의 용이, 특수 수공적 기술성의 유지, 소품종 소량 생산의 유리, 고용의 틈새시장 역하로 고용 증대에 크게 기여한다.

㉡ 대기업 : 대기업은 대규모 생산설비와 능력을 보유하여 규모의 경제를 실현하고 있으며 이미 검증된 기술력과 풍부한 인적·물적 자원을 바탕으로 다소 위험 회피적인 경영 태도를 갖는 것이 일반적이다.

② 벤처기업

최근 나타나는 중소기업의 형태에서 두드러지는 기업들이 벤처기업이다. 벤처기업이란 고도의 기술력과 아이디어를 갖고 있으나 아직 그 기술력과 아이디어의 시장성이나 수익성이 확인 되지 않아 매우 모험적인 경영 형태를 띠는 중소기업을 말한다. 이러한 벤처기업은 다음과 같은 특성을 갖는 것이 일반적이다.

첫째, 기업가의 창의적인 지적 능력이 높다.

둘째, 개인 또는 소규모 기업 형태로 적합한 조직을 갖는다.

셋째, 기업가의 도전 정신이 충만하다.

넷째, 인적 자원이 매우 중요하고 신기술을 연구하는 기관들과 밀접한 관계를 맺고 있다.

다섯째, 초기 자본 투자 유치에 어려움을 겪는 경우가 많다.

■ **업종별 중소기업의 범위**(중소기업기본법 시행령 별표1)

해 당 업 종	분류 부호	규모 기준
제조업	C	상시 근로자 수 300명 미만 또는 자본금 80억 원 이하
광업	B	상시 근로자 수 300명 미만 또는 자본금 30억 원 이하
건설업	F	
운수업	H	
출판, 영상, 방송 통신 및 정보 서비스	J	상시 근로자 수 300명 미만 또는 매출액 300억 원 이하
사업 시설 관리 및 사업 지원 서비스업	N	
보건 및 사회 복지 사업	Q	
농업, 임업 및 어업	A	상시 근로자 수 200명 미만 또는 매출액 200억 원 이하
전기, 가스, 증기 및 수도 사업	D	
도매 및 소매업	G	
숙박 및 음식점업	I	
금융 및 보험업	K	
전문. 과학 및 기술 서비스업	M	
예술, 스포츠 및 여가 관련 산업	R	
하수처리, 폐기물 처리 및 환경 복원업	E	상시 근로자 수 100명 미만 또는 매출액 100억 원 이하
교육 서비스업	P	
수리 및 기타 서비스업	S	
부동산업 및 임대업	L	상시 근로자 수 50명 미만 또는 매출액 50억 원 이하

■ **중소기업의 범위 비교**(중소기업법 시행령 제2조)

구분	중소기업기본법	조세특례제한법
① 해당 업종	• 모든 업종 [조특법에 열거 안 된 업종 예시] 전기·가스·수도 사업, 금융 및 보험업, 음식숙박업, 부동산업, 기타 서 비스업 등 다수	• 조세특례제한법시행령§2 ①에 열거된 업종에 한함 • 작물재배업, 축산업, 어업, 광업, 제조업, 하수·폐기물 처리(재활용 포함)·원료재생 및 환경복원업, 건설업, 모래 및 소매업, 여객운송업, 음식점업, 출판업, 영상·오디오 기록물 제작 및 배급업(비디오물 감상실 제외), 방송업, 전기통신업, 컴퓨터 프로그래밍·시

구분	중소기업기본법	조세특례제한법
		스템 통합 및 관리업, 정보서비스업, 연구개발업, 광고업, 그 밖의 과학 기술서비스업, 포장 및 충전업, 전문디자인업, 전시 및 행사대행업, 창작 및 예술관련 서비스업, 직업기술분야 학원, 엔지니어링사업, 물류산업, OEM 수탁받아 재위탁하는 사업, 자동차정비업, 선박관리업, 의료업, 관광사업(카지노, 관광유흥음식점업 및 외국인전용 유흥음식점업 제외), 노인복지시설 운영업, 전시산업
② 규모 기준	• 중소기업기본법시행령 별표1의 업종별로 정한 상시근로자수·자본금·매출액 중 하나이상 요건 충족[예시] - 제조업 300인 또는 자본금 80억 - 건설업 300인 또는 자본금 30억 - 도매업 100인 또는 매출액 100억	• 중소기업기본법과 같음
③ 독립성 기준	• 자산 총액 5, 000억 원 이상인 법인이 발행 주식 30% 이상 소유하고 있는 법인이 아닐 것 • 독점 규제 및 공정거래에 관한 법률에 의한 상호출자 제한 집단에 속하지 않을 것	• 중소기업기본법과 같음
④ 졸업 기준	• 상시 근로자 수 1, 000명, 자산 총액 5천억 원 이상인 법인	• 상시 근로자 수 1000명, 자기 자본 1000 억 원, 매출액 1000억 원, 자산총액 5 천억 원 이상인 법인
적용 유예	• 사유 발생 연도와 그 다음 3년간은 중소기업으로 봄	• 최초 1회에 한하여 사유 발생 연도와 그 다음 3년간 중소기업으로 봄 • 그 후에는 매년 판단
소기업	• 중소기업 중 주된 사업이 - 광업·제조·건설·운송 50인 미만 - 이외 업종 10인 미만	• 중소기업 중 주된 사업이 - 제조 100인 미만 - 광업·건설·물류산업·여객 운송업 50인 미만 - 기타 10인 미만 ※ 매출액 100억 이상인 법인 제외

①~④ 조건 모두 충족시에만 중소기업 해당

■ 대기업과 중소기업의 차이 비교

	대기업	중소기업
매 출 액	• 300억 이상	• 300억 미만
종업원 수	• 상시인원 300인 이상	• 상시 인원 300인 미만
최고 경영자	• 전문 경영인, 그룹회장이 소유자	• 소유자
경 영 진	• 전문 경영인	• 전문 경영인 또는 친인척
경영시스템	• 자체 서비스 시스템 구축 및 운영 • 회사 규정 및 직무 시스템 기준	• 기본적 시스템 • 인적 역량과 경험이 중요
직무관리	• 직군, 직무별로 체계화 • 직군 내 이동 및 경력 관리 • 전문가 집단 운영	• 직무 중심 경력 관리 • 소수 인원 체제, 1인 다기능 수행
사업, 업종	• 복잡 기업, 다양한 제품군 • 업종 다각화 용이하나 급변하는 경영 환경에 적응 곤란	• 특정 사업 및 기술 집적에 유리 • 기존 사업아이템에서 신규 사업 창출 • 자금, 인력적 한계로 인해 사업 다각화보다는 전문성 향상
급여 및 복리	• 업계 중 최고 수준	• 업계 평균 수준
성 과 급	• 사업 실적 기준 평가에 의거	• 일부 도입 및 시행
인재육성 관리	• 인재 육성 프로그램 운영 • 직급 및 직군별 체계적 관리 • 글로벌화 역량 개발 • 생존을 위한 끊임없는 자기 계발	• 시스템의 부족, 교육 시간의 부족 • 외부 교육에 의지 • 자기 계발 노력에 따라 차이
중장기 전략	• 중장기 성장 지향 • 글로벌 기업 지향	• 당면 과제 중심 • 국내 업계 최고 지향
홍보, 광고	• 대외 광고비 투자 • 홍보 광고 전담 부서 운영 • 기업 이미지 개선을 위한 홍보 활동	• 소비재 외 광고 투자가 적음 • 임원, 영업부서 중심의 대외 홍보 • 주요 고객 중심의 만족도 평가 의존
조직문화	• 경영 전략 및 방침에 의거한 구성원 관리(조직 내 작은 톱니바퀴 역할 한계) • 경영 방침 기준 부문별 자율 경영 체제 • 부서별 조직 분위기 활성화	• 오너의 경영 철학에 의거한 구성원 관리 • 소수의 임원 중심의 일부 자율 경영 • 회사 차원의 조직 분위기 중시
업무기회	• 주로 직군 내 이동 • 타 업무의 경험이 적음 • 전문가 육성 체제 • 해당 직무 외 지식 경험도가 낮아 사회 적응도가 낮은편	• 다양한 직무의 기회 • 능력과 성과에 따른 타 업무 기회 부여 • 전문가, 관리자와 동시 육성 • 퇴직 시 사회 적응도가 높은 편

(2) 중소기업의 범위 기준

중소기업의 범위 기준이 적용되는 상시근로자, 자본금, 매출액의 기준은 다음과 같이 적용한다.

1) 상시근로자

① 상시근로자의 범위

상시근로자는 근로기준법 제2조제1항제1호에 따른 근로자 중 다음의 어느 하나에 해당하는 자를 제외한 자를 말한다(중소기업기본법 시행령 제5조).

㉠ 일용근로자 : 근로를 제공한 날 또는 시간에 따라 근로대가를 계상하거나 근로를 제공한 날 또는 시간의 근로성과에 따라 급여를 계산하여 받는 자로서 소득세법시행령 제20조에 규정된 자를 말한다.

- 소득세법시행령 제20조(일용근로자의 범위)
  - 건설공사에 종사하는 자로서 다음 각목의 자를 제외한다.
    - * 동일한 고용주에게 계속하여 1년 이상 고용된 자.
    - * 다음의 업무에 종사하기 위하여 통상 동일한 고용주에게 계속하여 고용되는 자
      - … 작업준비를 하고 노무에 종사하는 자를 직접 지휘·감독하는 업무
      - … 작업현장에서 필요한 기술적인 업무, 사무·타자·취사·경비 등의 업무
      - … 건설기계의 운전 또는 정비업무
  - 하역작업에 종사하는 자(항만근로자를 포함)로서 다음 각목의 자를 제외한 자.
    - * 통상 근로를 제공한 날에 근로대가를 받지 아니하고 정기적으로 근로대가를 받는 자.
    - * 다음의 업무에 종사하기 위하여 통상 동일한 고용주에게 계속하여 고용되는 자
      - … 작업준비를 하고 노무에 종사하는 자를 직접 지휘·감독하는 업무
      - … 주된 기계의 운전 또는 정비업무
  - 제1호 또는 제2호외의 업무에 종사하는 자로서 근로계약에 따라 동일한 고용주에게 3월 이상 계속하여 고용되어있지 아니한 자.

㉡ 3개월 이내의 기간을 정하여 근로하는 자 : 3개월 이내의 기간을 정하여 근

로하는 자라함은 3개월 이내의 기간을 정하여 고용 계약을 맺거나 또는 고용 계약 없이 3개월 이내의 기간 동안 근로하는 자를 말하며 동일인이 3개월을 반복하여 계속 근무하는 경우에는 사실상 3개월 이상의 근로자로 보아 상시 근로자로 본다.

㉢ 기업부설연구소의 연구전담요원 : 기술개발촉진법 제7조 제1항 제2호의 규정에 의한 기업부설연구소의 연구전담 요원으로 기술개발 촉진법 시행규칙 제4조제2항에 의하여 한국산업기술진흥 협회장에게 제출한 기업부설연구소신고서(동 규칙 별지4호 서식)에 기재된 연구전담요원을 말한다.

2) 상시근로자수의 산정방법

상시근로자수는 다음의 규정에 의한 방법에 의하여 산정한다(중소기업기본법 시행령 제5조 제2호).

① 직전사업연도의 사업기간이 12개월 이상인 기업 : 직전사업연도의 매월 말일 현재의 상시근로자수를 합하여 12로 나눈 인원(월중퇴사, 입사, 재입사 구분 없이 매월 말일 현재의 인원을 기준으로 산정한다.)

② 전년도 또는 해당 연도에 창업 하거나 합병한 기업으로서 위 가)의 경우에 해당하지 아니하는 기업

㉠ 창업 하거나 합병한지 12개월 이상인 기업 : 산정일이 속하는 달부터 소급하여 12개월이 되는 달까지의 기간의 매월 말일 현재의 상시 근로자수를 합하여 12로 나눈 인원

㉡ 창업 하거나 합병한지 12개월 미만인 기업 : 창업일이나 합병일이 속하는 달부터 산정일 까지의 기간의 매월 말일 현재의 상시근로자 수를 합하여 해당 월수로 나눈 인원

상시근로자수는 당해 기업에서 제출한 자료를 근거로 확인하며 기업에서 제출한 자료에 대한 신뢰성 문제는 어느 기관이 확인하여도 마찬가지이며 제출한 자료에 대한 법적 책임은 당해 기업에게 있음(소득세법시행령 제185조의 규정에 의하여 당해기업에서 세무관서에 신고하는 소득세원천징수이행상황신고서 등에 기재된 근조가수를 참고할 수 있을 것임).

3) 자본금

① 창업 하거나 합병한 기업의 자본금

창업일이나 합병일 현재의 자본금으로 한다(중소기업기본법 시행령 제6조 제2항).

② 외부감사 대상기업의 자본금

기업회계기준에 따라 작성한 직전사업연도 말일 현재 대차대조표상의 자본금과 자본잉여금을 합한 금액(중소기업기본법 시행령 제6조 제1항 제1호)

③ 외부감사대상기업이 아닌 기업의 자본금

다음의 금액 중 많은 금액을 자본금으로 한다(중소기업기본법 시행령 제6조 제1항 제2호)

㉠ 직전사업연도말일 현재 자산에서 부채를 뺀 금액

㉡ 기업회계 기준에 따라 작성한 직전사업연도 말일 현재 대차대조표상의 자본금에 해당하는 금액

4) 매출액

① 매출액의 적용기준

㉠ 외부감사대상기업 : 기업회계기준에 따라 작성한 손익계산서상의 매출액을 말한다.

㉡ 외부감사대상기업이 아닌 기업 : 세법에 따라 작성한 회계장부에 기재된 매출액을 말한다.

㉢ 손익계산서가 없거나 손익계산서의 신뢰성에 의문이 있는 기업 : 공인회계사, 세무사, 경영지도사가 확인한 회계장부상의 매출액을 기준으로 산정 할 수 있다.

② 매출액의 산정방법

㉠ 직전사업연도의 사업기간이 12개월 이상인 기업 : 직전사업연도의 매출액

㉡ 전년도나 해당 연도에 창업 하거나 합병한 기업으로서 상기 ①에 해당하지 아니하는 기업

- 창업하거나 합병한지 12개월 이상인 기업 : 산정일이 속하는 달의 전달부터 소급하여 12개월이 되는 달까지의 기간의 매월 매출액을 합한 금액

• 창업하거나 합병한지 12개월 미만인 기업 : 창업일이나 합병일이 속하는 달의 다음 달부터 산정일이 속하는 달의 직전 달까지의 기간의 매월 매출액을 합하여 해당월수로 나눈 금액에 12를 곱한 금액

5) 중소기업 범위 관련 다른 기준

① 중소기업제외기준에 해당하지 않는 기업
㉠ 상시 근로자의 수가 1천명 이상인 기업
㉡ 직전사업연도 말일 현재 대차대조표에 표시된 자산총액이 5천억원 이상일 법인

② 중소기업의 소유 및 경영의 실질적인 독립성 기준(중소기업기본법 시행령 제3조 제2호 관련)
㉠ 직전사업연도 말일 현재 대차대조표에 표시된 자산총액이 5천억 원 이상일 법인이 발행주 식 ("상법" 제 370조의 규정에 의한 의결권 없는 주식은 제외한다)총수의 100분의 30 이상을 직접 또는 간접적으로 소유하고 있는 기업이 아닐 것. 이 경우 발행주식의 간접소유비율에 관하여는 국제조정에 관한 법률 시행령 제2조 제2항을 준용한다.
㉡ 독점규제 및 공정거래에 관한 법률 제 14조제1항의 규정에 의한 상호출자제한기업집단에 속하지 아니하는 회사일 것

(3) 소·중·대기업의 구분

중소기업은 소기업과 중기업으로 구분하며 업종별로 상시근로자수가 다음의 기준에 해당하는 기업은 소기업으로 한다.

1) 소기업의 범위

① 광업, 제조업·운송업을 주된 사업으로 하는 경우 : 50명 미만인 기업
② 상기 외의 업종을 주된 사업으로 하는 경우 : 10명 미만인 기업

2) 중기업의 범위

중기업의 범위는 중소기업 중소기업을 제외한 기업을 중기업으로 한다.

3) 중소기업과 소기업 구분 기준

중소기업 중에서 규모가 더 작은 소기업과 나머지 중기업의 유무를 판정하는 기

준은 상시근로자 수에 의해 결정하게 되는데 그 내용은 다음의 중소기업과 소기업 구분 기준과 같다.

■ 중기업과 소기업 구분 기준

업 종 \ 구 분	중소기업	
	소기업	중기업
제 조 업	50명 미만	50명 이상
광 업	50명 미만	50명 이상
운 송 업	50명 미만	50명 이상
건 설 업	50명 미만	50명 이상
기타업종	10명 미만	10명 이상

* 위 표상의 범위기준을 초과하게 되면 대기업에 해당된다.

4. 기업(회사)의 특징

(1) 개인기업과 법인기업의 장·단점

개인기업과 법인기업의 장단점을 비교하여 예비 창업자에게 사업계획 검토 단계에서 기업의 형태를 결정하는 데 도움을 주고자 한다. 참고로 주식회사는 개인기업보다 신주 및 회사채 발행을 통한 자금조달이 용이하고 영업 수행에 있어서도 기업의 이미지가 제고되어 유리한 점이 많다.

■ 개인기업과 법인기업의 장·단점

구분	개인기업	법인기업
장점	• 설립등기가 필요 없고 사업자 등록만으로 사업 개시가 가능하므로 기업 서립이 용이 • 기업 이윤 전부를 기업주가 독점할 수 있음 • 창업자금이 비교적 적게 소요되어 소자본 창업 가능 • 일정 규모 이상으로는 성장하지 않는 중소규모 사업에 적합 • 기업활동에 있어 자유롭고 신속한 계획 수립 및 변경 등 용이	• 대표자는 회사 경영에 대해 일정한 책임을 지며, 주주는 주금 납입을 한도로 채무자에 대해 유한책임을 짐 • 사업양도 시는 주식을 양도하면 되므로 주식양도에 대하여 원칙적으로 낮은 세율의 양도소득세가 부과되며 상장 후에 주식을 양도하면 세금이 없음 • 일정 규모 이상으로 성장 가능한 유망 사업의 경우에 적합 • 신주발행 및 회사채 발행 등을 통한 다수인으로부터 자본저달이 용이

구분	개인기업	법인기업
	• 개인기업은 인적 조직체로서 제조 방법, 자금 운용상의 비밀 유지가 가능함	• 대외 공신력과 신용도가 높기 때문에 영업 수행이나 관공서, 금융기관 등과의 거래에 있어서 유리
단점	• 대표자는 채무자에 대하여 무한책임을 짐 • 대표자가 바뀌는 경우는 폐업을 하고 신규로 사업자 등록을 하여야 하므로 기업의 계속성이 단절 • 사업양도 시는 양도된 영업권 또는 부동산에 대하여 높은 양도소득세 부과	• 설립절차가 복잡하고 최소 5천만 원 이상의 자본금이 있어야 설립이 가능. 단, 벤처기업은 2천만 원 이상 • 대표자가 회사 자금을 개인 용도로 사용 시 회사는 대표자로부터 이자를 받아야 함

(2) 세제상의 특징

개인기업은 소득세법의 적용을 받으므로 과세기간은 매년 1월 1일부터 12월 31일까지이고, 과세소득은 총 수입에서 필요 경비를 공제한 금액이 되며, 대차대조표 공고 의무가 없다. 이에 반해 법인은 법인세법의 적용을 받는 바, 과세기간은 정관과 규칙에서 정하는 회계기간에 따라 달라지고 과세소득은 익금 총액에서 손금 총액을 공제한 금액이 되며, 대차대조표의 공고 의무가 있다. 익금과 손금은 세무 회계상 개념으로 익금 또는 손금에 산입하거나 불산입하는 세금 부담은 여러 가지 상황에 따라 차이가 있을 수 있으나, 세율 측면에 있어서는 개인기업(10%~40%로 누진)보다 법인기업(16%~28%)이 유리하다. 세무사의 의견에 의하면 세금 부담 측면에서 고려해 볼 때, 기업의 연간 매출 총액이 5억 원 이상이거나 과세 표준이 25백만 원 이상으로 예상되면 절세 효과가 개인기업보다는 법인기업이 더 크게 되므로 법인기업으로 전환하는 것이 유리하다고 한다.

■ 개인기업과 법인기업의 세제상의 특징

내 용	개인기업	법인기업
과세 근거법	소득세법	법인세법
과세 기간	매년 1월1일부터 12월 31일까지	정관에서 정하는 회계기간
과세 소득	총수입 금액 - 필요 경비	익금 총액 - 손금 총액
과세 범위	특정 소득에 대한 분리과세 인정	분리과세가 인정되지 않음
이중과세 여부	하나의 원천소득에 대해서 이중과세 안됨	법인에게 법인세 과세 후 주주배당에 대해 소득세 과세
세율 구조	10 ~ 40 ~ (별표 참조)	16% ~ 28%(별표 참조)
납세지	개인기업의 주소지	법인 등기부 등본상의 본점 소재지
기장 의무	수입 금액에 따라 일 기장 의무자, 간이 장부 의무자, 복식 부기 의무자로 구분	수입 금액에 상관없이 복식부기의 무자임
외부 감사 제도	적용되지 않음	자산 총액이 70억 원 이상인 경우 외부 감사인 감사
대차대조표 공고	대차대조표 공고 의무 없음	대차대조표 공고 의무 없음

■ 소득세율표 – 개인기업에 적용

과세 표준 금액(종합 소득)	세 율
1천만 원 이하	과세표준 금액의 100분의 10
1천만 원 초과 4천만 원 이하	100만 원 + 1천만 원 초과금액의 100분의 20
4천만 원 초과 8천만 원 이하	700만 원 + 4천만 원 초과금액의 100분의 30
8천만 원 초과	1, 900만 원 + 8천만 원 초과금액의 100분의 40

■ 법인세율표 – 법인기업에 적용

과세 표준 금액	세 율
1억 원 이하	과세 표준 금액의 100분의 16
1억 원 초과	1, 600만 원 + 1억 원 초과금액의 100분의 28

단, 주민세는 법인세의 10%임.

(3) 회계상의 특징

- 대표자의 인건비 : 법인의 대표이사는 고용 관계에 의하여 근로를 제공하므로 그 대가인 임원 보수와 상여금을 손금에 산입한다. 이에 반해 개인기업의 대표는 사업의 경영 주체로서 고용 관계에 있지 아니하므로 급여를 지급 받을 수 없다. 급여를 지급 받아도 그것은 출자금의 인출에 불과하므로 필요경비에 산입하지 아니한다.
- 퇴직급여충당금 : 법인세법은 1년 이상 근속한 모든 임직원에 대해 퇴직급여충당금을 설정 할 수 있다. 따라서 대표이사도 퇴직급여충당금의 대상이 될 수 있으나 개인기업의 대표는 소득세법상 퇴직급여충당금 설정 대상에 속하지 않는다.
- 이연자산 : 법인세법은 법인의 이연자산을 창업비, 개업비, 사채발행비, 연구개발비, 사용 수익 기부 자산 가액 등 5가지로 인정하고 있으나, 개인사업자는 설립 등기가 필요 없고 신주를 발행하지 못하므로 소득세법은 개인기업의 이연 자산을 개업비, 연구개발비, 사용 수익 기부자산 가액 등 3가지만 인정하고 있다.
- 대손충당금 : 법인세법은 대손충당금 설정 대상 채권을 소비 대차 계약에 의한 대여금과 미수금을 포함하고 있으나 소득세법은 사업과 관련된 채권만 대손충당금 설정 대상으로 규정하고 있으므로 소비 대차 계약에 의한 대여금과 정상적인 사업거래에서 발생하지 않는 투자자산, 유형자산 처분 미수금에 대하여 대손충당금을 설정할 수 없다.

(4) 소멸(폐업) 상의 특징

개인기업은 기업주가 영업을 중지하고 관할 세무서에 사업자등록증을 반납하고 폐업신고를 함으로써 기업이 소멸된다. 그러나 주식회사와 같은 법인기업은 상법의 규정에 따라 청산에 관한 절차 또는 파산법에 의한 파산절차를 밟아야 한다. 회사를 청산하려면 청산인을 선입하고 청산인 선임 및 해산 등기를 한 후 채권의 추심이나 채무의 변제 등 청산에 관한 절차와 잔여 재산의 분배에 관한 절차를 우선 종료하여야 한다. 그리고 청산에 관한 사항의 승인을 구하는 주주총회를 열어 청산에 대한 주주의 최종 의견을 거친 후에 청산 종결 등기를 함으로써 법인기업이 법률적으로 소멸된다고 할 것이다.

Ⅲ 창업절차

1. 일반적인 창업절차

예비창업자는 철저한 사업 준비를 통하여 효율적인 창업절차를 밟아야 한다. 예비창업자가 창업의 계획단계에서는 첫 번째 단계인 사업계획 단계에서 업종 및 사업아이템 선정, 사업규모 결정, 기업형태 결정, 창업 팀과 조직구성 등의 핵심요소를 먼저 결정하여야 한다.

두 번째는 성공 가능성을 높이기 위하여 창업자의 경영능력, 제품의 기술력, 시장 및 수익성 등을 분석하고, 필요한 경우에는 전문가의 도움을 받아 성공 가능성을 높이는 분석을 하여야 한다.

세 번째는 사업계획을 보다 구체화하기 위하여 창업사업계획서를 작성하여야 하며, 창업사업계획서는 외부의 지원 자금을 확보하거나 투자자들에게 사업을 설명하는 중요한 자료로 활용되게 된다. 또한 사업을 수행할 때에 사업을 계획대로 진행되는가 평가해보는 데 꼭 필요한 자료가 된다. 일반적인 창업절차를 도표로 요약하면 아래와 같다.

[그림]에 일반적인 창업 절차를 나타내었다.

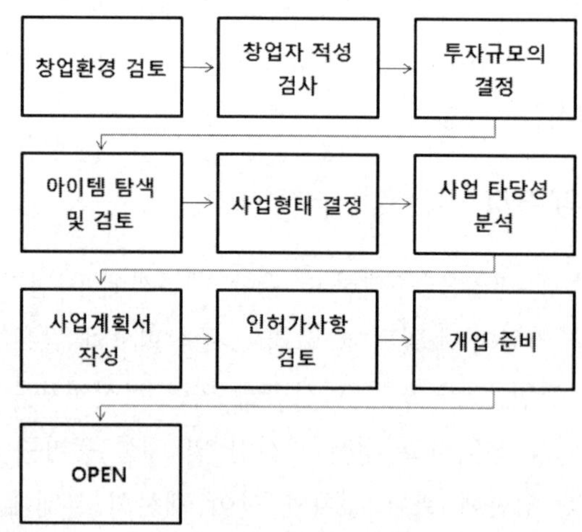

▌일반적인 창업 절차▐

2. 업종별 창업절차

업종이란 업태와 종목의 복합어로서 업태란 제조업, 도·소매업, 서비스업 등을 의미하고 종목이란 취급 품목을 말한다. 예를 들어 컴퓨터를 일반 소비자에게 판매하는 사업을 하는 경우에는 업종이 소매업, 종목은 컴퓨터가 되며, 컴퓨터 관련 기술력을 가지고 컴퓨터 수리를 전문으로 하는 사업을 하는 경우에는 업종이 서비스업, 종목은 컴퓨터 수리가 된다.

창업의 절차는 특히 이러한 업종에 따라 많은 차이를 나타내고 있다. 예를 들어 제조업을 창업하는 경우에는 기타 업종에 비하여 제품을 생산할 수 있는 공장과 기계설비, 기술 등이 추가로 필요하게 되므로 창업절차가 더욱 복잡하게 된다.

(1) 제조업 창업절차

1) 제조업이란?

제조업이란 유기물 또는 무기물 재료에 물리적·화학적 변화를 주어서 새로운 형태의 물품으로 전환시키는 활동으로서 넓은 의미의 공업이란 생산적 개념과 경제적 개념의 통합이다. 즉, 농업·수산업 등 1차 산업에서 제공되는 원료를 가공하여 자연에 존재하지 않는 형태나 성질의 재화를 만들어 사용가치를 창조·증대하는 것으로 2차 산업을 가리킨다.

통계청에서 작성하는 한국표준산업분류표에서는 제조업의 종목을 음식료품·담배제조업, 섬유·의복·가죽산업 제조업, 목재·나무제품 제조업, 종이·종이제품 제조업, 화합물·석유·석탄·고무·플라스틱제품 제조업, 비금속광물제품 제조업, 제1차금속산업 제조업, 조립금속제품·기계·장비 제조업, 기타제조업 등으로 분류하고 있다.

2) 제조업 창업절차

사업을 새롭게 시작함에 있어서 기본적으로 이행해야 할 창업절차는 업종과 기업형태, 그리고 공장설치여부에 따라 많은 차이가 있다. 도·소매업이나 서비스업에 비해 제조업이 더 복잡하고 제조업 중에서도 공장을 임차하여 제조활동을 하는 것보다 자기 공장을 마련하여 생산을 하여야 하는 경우에 더욱 복잡하다. 제조업 창업절차도는 다음의 표와 같다.

[그림]에 제조업 창업 절차를 나타내었다.

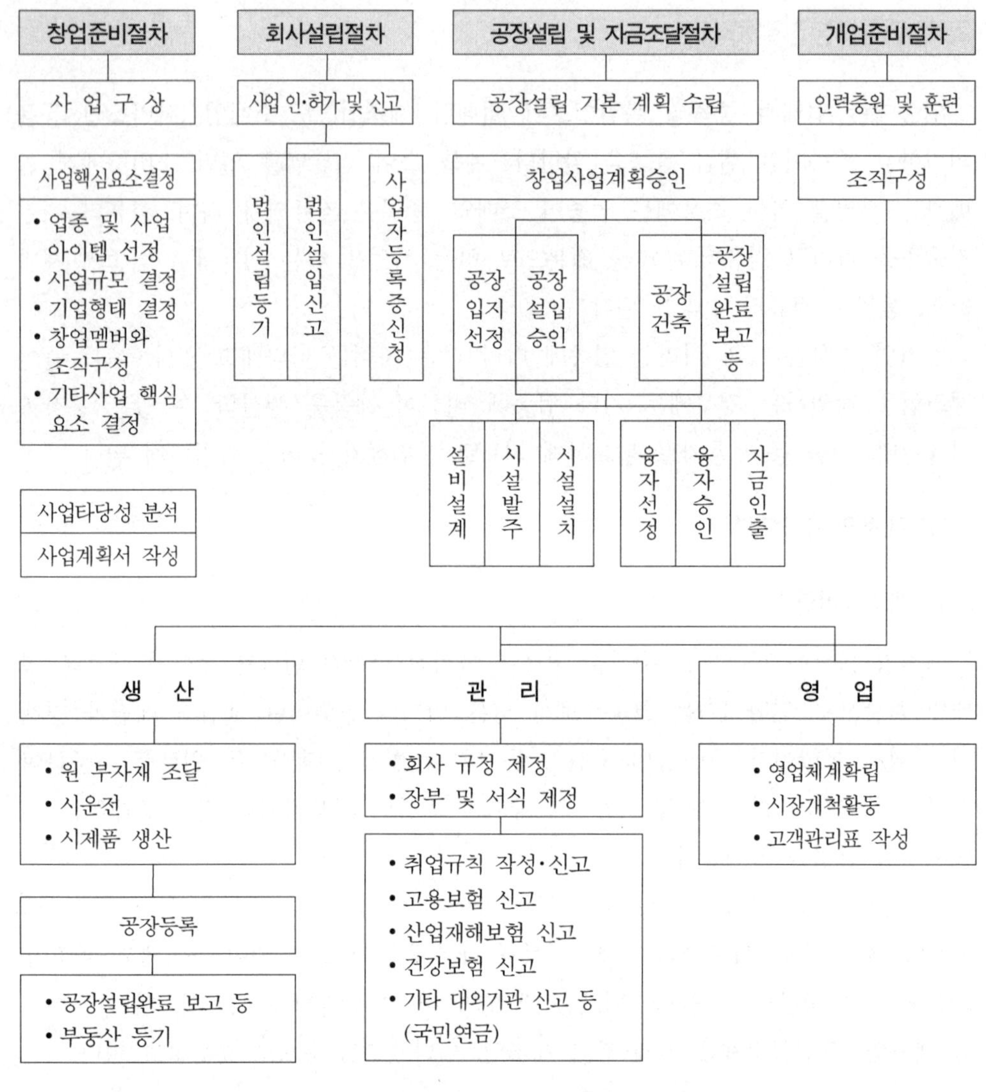

▌제조업 창업 절차도▐

(2) 도·소매업 창업절차

1) 도매업이란?

도매업이란? 재판매를 목적으로 하는 소매업자 등에서 상품이나 서비스를 판매하는데 관련된 모든 활동을 수행하는 업종이다. 도매업은 최종 소비자를 대상으로 하는 소매업과 다르므로 소매업처럼 입지, 판촉, 점포분위기 등과 관련한 마케팅

보다 오히려 넓은 상권을 대상으로 판매업을 수행하게 된다.

도매업은 여러 가지 역할 또는 기능을 수행하는데, 크게 생산자 즉, 제조업자를 위한 역할과 소매업자를 위한 역할로 나누어 살펴 볼 수 있다. 일반적인 유통 기능은 여러 제조업자들의 제품을 구매하여 적정이윤을 붙여서 소매상에게 판매하게 되며, 소매상은 다시 이 상품을 이윤을 남겨서 소비자에게 판매하게 된다.

예를 들어 우리가 일상 마시고 있는 콜라의 경우 소비자가 최종 소비하는 단계까지의 생산 및 유통 과정을 살펴보면, 콜라공장(제조업)에서 제품을 생산하여 전국각 지역 대리점(도매상)에 상품을 공급하게 되며, 소매상(슈퍼 등)은 도매상으로부터 콜라를 구매하여 실제 마셔서 소비하는 최종 소비자에게 판매를 하게 된다.

결국 도매업을 하는 도매상은 생산과 소비를 조절하는 기능을 하므로서 유통생산성 향상에 기여하고 있다. 도매상이 제조업자와 소매상에게 다양한 가치 있는 기능을 수행할 때, 제품의 부가가치 증대 및 유통경로의 효율성 증가에 기여할 수 있다.

2) 소매업이란?

소매업이란? 유통경로 중 마지막 단계로서 상품과 서비스를 최종소비자에게 직접 판매하는 활동을 말한다. 소매업은 소수의 품종을 대량생산하는 제조업, 대량으로 판매하는 도매업과는 달리 소량의 많은 종류의 상품을 취급하여 소비자에게 직접 판촉활동 등을 펼치므로 제조업이나 도매상이 직접 할 수 없는 기능을 수행하게 된다.

최근 경제 환경이 급변함에 따라 소매업의 판매방식도 매우 다양해지고 있다. 전포판매 또는 방문판매가 대부분이던 상품판매도 최근 들어 케이블 TV, 전화, 컴퓨터, 우편주문 등을 통한 무점포판매 등 새로운 판매기법을 활용하는 소매업이 등장하고 있다.

점포형 소매업은 일상적으로 가장 보편화된 판매방식으로 백화점, 대형쇼핑센터, 슈퍼마켓, 편의점, 재래시장, 상점, 상가 등에서 판매하는 방식이다. 점포판매는 현재 우리나라 소매업의 90% 이상을 차지하고 있어 아직도 점포판매가 보편적인 판매방식임을 알 수 있다.

최근 급속 성장하고 있는 무점포 소매업의 경우에는 TV 홈쇼핑, 인터넷 전자상거래, 자동판매기 판매, 텔레마케팅 등이 있다. TV 홈쇼핑의 경우 TV를 통한 소비자에게 직접 제품과 서비스를 판매하는 것으로 홈쇼핑채널을 통해 제품을 판매

한다. 또한 인터넷상의 전자상거래는 컴퓨터 인터넷상에 제공되는 사이버마켓(cyber market)에서 상품과 서비스를 판매하는 방법이다.

사이버 마켓을 통한 판매는 국내는 물론 외국의 소매점에서 자유롭게 제품을 구매할 수 있어 매우 편리한 판매방법으로 각광받기 시작하고 있다. 장소와 시간적 제약을 받지 않으며, 소비자와 판매자가 모두 여러 단계에 걸친 부대비용을 절감할 수 있어 급속도로 확장될 전망이다. 우리나라에서도 대부분의 백화점이나 소매업체들이 인터넷상에 사이버마켓을 개점하여 판매하고 있다. 그리고 자동판매기(vending machine)판매는 이제 우리 생활에서 쉽게 접할 수 있는 대표적인 무점포 판매라 하겠다. 음료, 담배, 신문, 위생용품, 스낵 등은 오래 전부터 자판기를 통해 판매되기 시작하였고, 점차 판매제품이 확대되어 양말, 화장품, 티셔츠, 오디오 및 비디오테이프까지 확장되고 있다.

텔레마케팅(telemarketing)은 전화를 사용하여 재품이나 서비스를 판매 하는 것이다. TV, 라디오광고, 카탈로그, 직접우편 등을 통해 제품이나 서비스를 알게 된 소비자가 전화를 통해 주문하여 구입하는 형태를 취하고 있다.

텔레마케팅은 상품구매권유에서 사후고객관리까지 포함하며 시간과 공간의 제약을 뛰어 넘는 판매기법으로 각광받고 있다.

특히, 시내 통화료가 저렴하여 전화로 소비자와 직접 대화를 할 수 있다는 장점으로 높은 광고비에 비하면 경제적이어서 최근 점차 증가하고 있다. 그러나 소비자들은 아직도 물건을 직접 확인하지 못하는 텔레마케팅을 신뢰하지 않고 있어 텔레마케팅이 더욱 활성화되지 못하고 있다.

방문판매는 판매원들이 직접 소비자를 대상으로 가정방문을 통해 제품이나 서비스를 판매하는 방법이다. 가호방문판매는 소비자에게 점포를 방문하지 않아도 되는 편리함을 제공하고 있다.

3) 도·소매업 창업절차

도·소매업은 제조업에 비해서 창업절차가 매우 간단하다. 우선 공장설립에 따른 복잡한 절차가 필요 없으며, 일반적으로 소규모로 사업을 시작하기 때문에 법인설립절차가 필요 없는 간단한 개인기업의 창업이 많다.

그러나 도·소매업의 경우에는 점포입지가 매우 중요한 문제로 대두 된다. 특히 소매업의 경우에는 점포가 어디에 위치하는가에 따라서 사업의 성패가 좌우되기 때문에 입지 및 상권분석이 중요한 요인으로 작용하고 있다.

[그림] 도·소매업 창업 절차를 나타내었다.

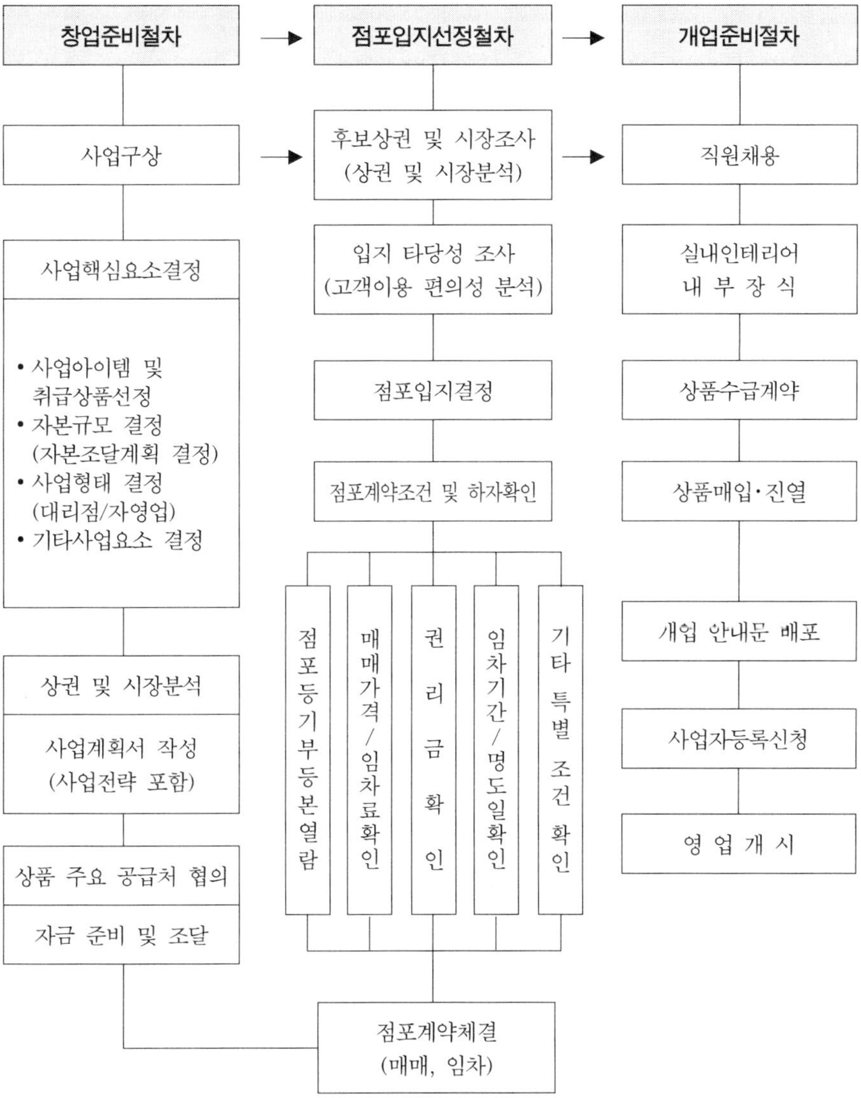

창업준비절차 → **점포입지선정절차** → **개업준비절차**

- **창업준비절차**
  - 사업구상
  - 사업핵심요소결정
    - 사업아이템 및 취급상품선정
    - 자본규모 결정 (자본조달계획 결정)
    - 사업형태 결정 (대리점/자영업)
    - 기타사업요소 결정
  - 상권 및 시장분석
  - 사업계획서 작성 (사업전략 포함)
  - 상품 주요 공급처 협의
  - 자금 준비 및 조달
- **점포입지선정절차**
  - 후보상권 및 시장조사 (상권 및 시장분석)
  - 입지 타당성 조사 (고객이용 편의성 분석)
  - 점포입지결정
  - 점포계약조건 및 하자확인
    - 점포등기부등본열람
    - 매매가격/임차료확인
    - 권리금 확인
    - 임차기간/명도일확인
    - 기타 특별 조건 확인
  - 점포계약체결 (매매, 임차)
- **개업준비절차**
  - 직원채용
  - 실내인테리어 내부장식
  - 상품수급계약
  - 상품매입·진열
  - 개업 안내문 배포
  - 사업자등록신청
  - 영업개시

‖ 도·소매업 창업 절차도 ‖

(3) 서비스업 창업절차

1) 서비스업이란

서비스업은 크게 나누어 개인서비스업과 사업서비스업으로 나누어진다. 개인서비스업이란 일반개인을 고객으로 하여 각종 서비스 용역을 제공하는 것을 말하며, 부동산 관련 서비스업, 여행알선업, 수리업 등이 이에 속한다. 반면 사업서비스업은 주로 사업체를 주 고객대상으로 하여 각종 서비스용역을 제공하는 사업을 말한다. 한국표준산업분류표에 의하면 사업서비스업은 정보처리 및 기타 컴퓨터 운영 관련업, 연구 및 개발업, 전문·과학 및 기술 서비스업, 사업지원 서비스업이 있다.

사업서비스업이 개인서비스업보다 규모면에서 더 크며, 업무자체도 전문적이고 복잡하다. 따라서 사업서비스업은 법인형태로 설립되는 경우가 많기 때문에 제조업에서와 같이 법인설립절차가 필요하며, 아울러 사무실 입지도 비교적 중요하다.

2) 서비스업 창업절차

서비스업 분야의 창업은 여러 가지 특징을 갖고 있는데 비교적 창업이 쉬운 반면 창업 시 고려해야 할 사항도 적지 않다. 주된 특징으로는 창업자의 지식, 경험, 노하우 등이 직접 사업에 적용되고, 이들 요소가 사업 수익력의 원천이 된다. 따라서 서비스업 창업자는 해당 분야에 대한 전문지식을 보유하고 있는 것이 매우 유리하게 작용한다.

서비스업은 주로 임직원의 지식을 바탕으로 하여 운영되며, 종업원의 능력이 사업의 성패에 큰 영향을 미치게 된다. 따라서 서비스업 창업에 있어서는 창업자가 그 분야에서 정통하지 않고서는 창업자체를 생각할 수 없는 경우가 많다.

그러나 창업에 소요되는 자금은 여타 업종에 비하여 비교적 적게 소요되어 초기 창업비용은 사무실 개설비가 대부분이며, 이후 관리업무비도 유지관리비와 인건비가 대부분이다. 일반적인 서비스업 창업의 절차도는 [그림]과 같다.

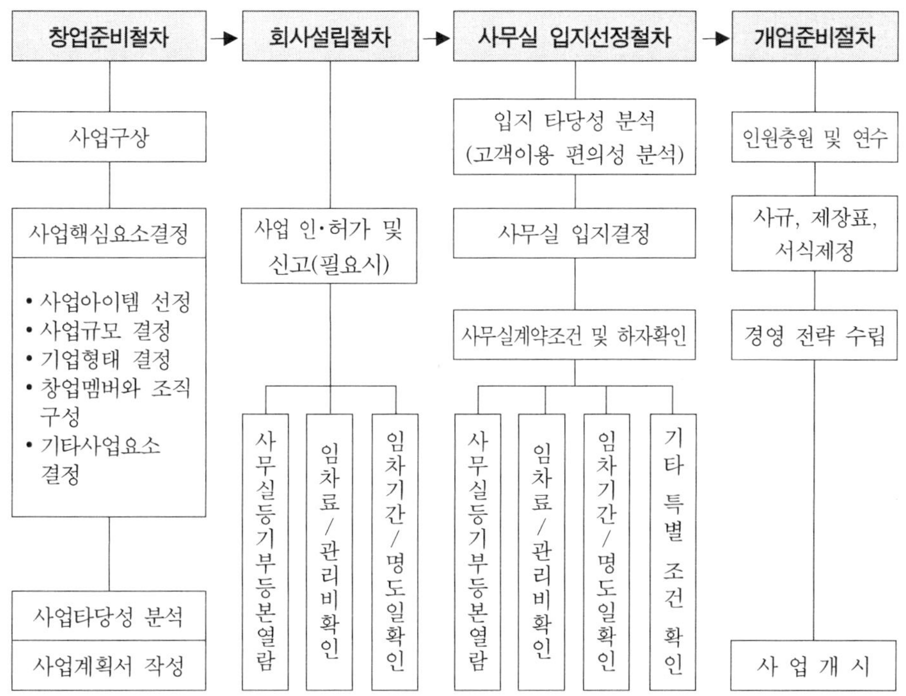

▌서비스업 창업 절차도▐

시작이 절반이다. 그리고 첫 단추를 잘 꿰어야 한다는 말이 있듯이 모든 일에 있어서 처음 시작이 중요하다. 창업은 준비단계에서부터 면밀한 검토가 필요하다. 따라서 본장의 창업기획론에 창업전략 수립과 창업에 따른 핵심요소 등을 검토하고자 한다.

3. 단계별 창업절차

■ 창업절차도

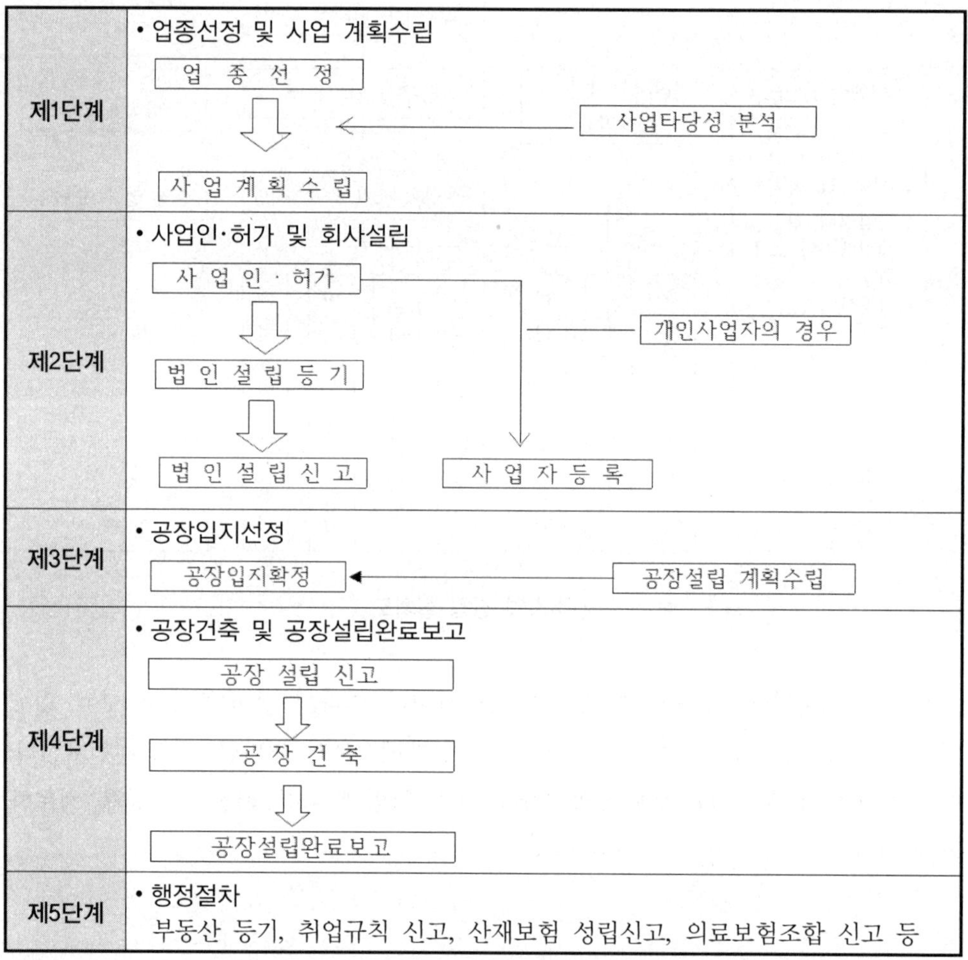

(1) 업종선정 및 사업계획 수립(1단계)

창업의 제 1단계는 창업하고자 하는 업종을 선정하는 일부터 이루어진다. 업종선정이 이루어지면 그 선정 업종의 성공가능성을 사전에 분석하는 사업성분석을 통하여 구체적인 사업계획을 수립하여야 한다. 업종선정단계에서는 우선 경쟁력이 있으며 성장잠재력을 가진 것으로서 다음과 같은 내용들을 기본적으로 고려하여야 한다.

① 경쟁우위를 확보할 수 있는 품목인가?
② 고정설비투자가 적어 영업위험 부담이 작은 업종인가?
③ 기술적으로 발전가능성이 충분한가?
④ 성장가능성에 대한 자금조달가능성은 충분한가?
⑤ 시장에서 수요의 증가추세가 이루어지고 있는가?

(2) 사업 인·허가 및 회사 설립(2단계)

제1단계에서 타당성이 입증된 아이디어가 사업활동으로 이어지기 위해서는 해당 관청에서 법적인 인·허가를 취득해야 하는데, 개인기업이나 법인기업형태로 사업주체를 결정하여 사업자등록이나 법인설립 등기를 해야 한다.

개인기업의 경우는 사업개시일로부터 20일 이내에 사업장을 관할하는 세무서에 사업자등록을 위한 신청서를 제출하고 사업자등록증을 교부받아야 하며, 법인기업의 경우는 관할지방법원이나 등기소에 설립등기를 한 후 30일 이내에 관할세무서에 법인설립 신고를 해야 한다.

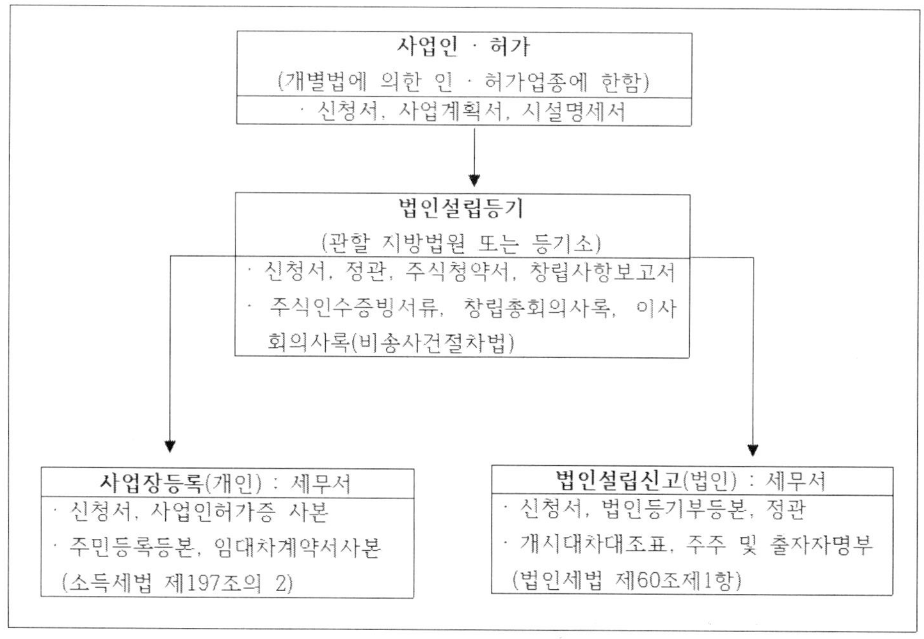

▌회사 설립시 인·허가의 절차▐

(3) 공장입지선정(3단계)

인·허가가 완료되면 공장의 위치를 선정해야 하는데, 입지 선정은 국토이용관리법이나 도시계획법 등을 근거로 그 용도에 부합되어야 가능하다. 다음은 공장입지의 확정 절차와 창업사업계획 승인시 고려해야 할 내용들이다.

① 공장을 설립할 수 있는 지역은 공장건설을 위해 조성한 계획입지(국가공단, 지방공단, 농공단지)와 국토이용관리법 및 도시계획법상 세분된 개별적인 용도지역(지구) 중 공장설립이 허용되는 자유입지에 한정되어 있다.

계획입지는 '산업입지 및 개발에 관한 법률'에서 정한 목적에 부합할 경우에 입주가 가능하며, 자유입지는 '국토이용관리법', '도시계획법' 등이 허용하는 지역에서 공장설치가 가능하다.

② 국토이용관리법상 용도지역은 공업지역, 도시지역, 개발촉진지역, 경지지역, 산림보존 및 수산자원보존지역, 취락지역 등으로 나누어지는데, 이 중 공업지역을 제외하고는 공장설치 허용범위가 제한되어 있다.

(4) 공장건축 및 설립보고(4단계)

인·허가를 획득한 후 공장입지가 결정되면, 다음 단계에서는 구체적으로 공장설립과 공장건축을 위한 여러 가지 절차로 건축허가, 건축착공신고, 건축중간검사 및 준공검사, 공장설립완료 보고를 해야 한다.

• 공장설립신고 : 공장설립 장소를 마련한 후에는 관할 시·군·구청에 공장설립신고를 해야 한다. 그 내용은 다음과 같다.

공단지역(국가공단, 지방공단, 농공단지)에 공장을 설치하고자 하는 경우에는 공업단지 입주계약을 체결하면 별도로 공장설립신고를 할 필요가 없다. '국토이용관리법' 및 '도시계획법'에서 정한 공장설치 허용지역에 공장을 설립할 경우, 공장건축면적 200㎡ 이상 또는 상시 종업원 수가 16인 이상인 공장의 경우에는 공장설립신고를 해야 한다. 공장설치가 허용되지 않는 지역에서 창업사업계획승인을 통해 공장을 설치하는 경우에는 별도의 공장설립신고를 할 필요가 없다.

공장설립신고 : 시·군·구
• 신고서, 공장배치도, 사업계획서(공업배치 및 공장설립에 대한 법률 제13조)

• 공장건축 : 공장건축단계에서는 시·군·구로부터의 건축허가 등 건축법이 정한 일련의 절차를 거쳐야 한다. 그 절차는 다음과 같다.

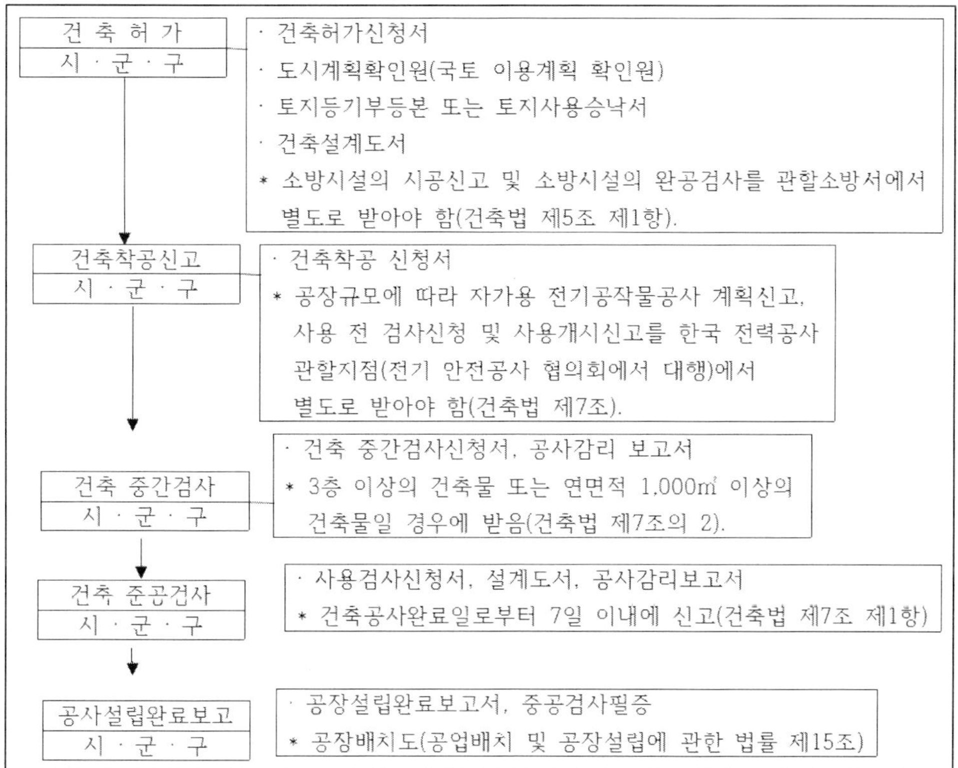

(5) 행정절차(5단계)

앞에서 설명한 네 가지 단계가 완료되면, 마지막으로 창업에 관련된 행정절차를 마무리해야 한다. 행정절차의 내용이란 부동산등기, 취업규칙신고, 사업장설치계획신고, 산업재해보험관계성립 및 의료보험조합 관련신고 등이며, 이것이 완료되면 기업활동을 개시할 수 있게 된다. 그 내용에 필요한 서류는 다음과 같다.

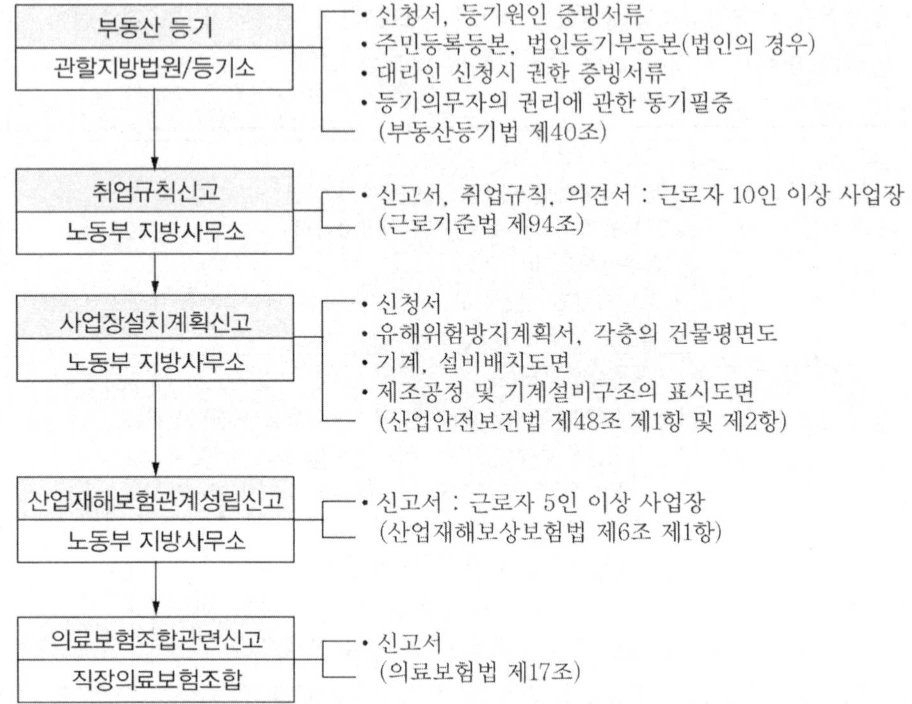

① 도시계획법상 지역구분은 공업지역, 상업지역, 주거지역, 녹지지역 등으로 나누어지며, 공업지역 외의 지역은 제한적으로 공장설립이 가능하다.

② 수도권(서울, 인천, 경기)에서는 국토이용관리법, 도시계획법 외에 수도권정비계획법이 추가 적용되므로 개별적인 공장입지가 극히 제한적으로 허용되고 있다.

③ 자유입지의 경우 공장설립이 허용되는 지역인지의 여부를 알기 위해서는 해당 군청의 '국토이용계획확인원', '지적공부' 또는 해당 시청의 '도시계획확인원'의 열람을 신청하여 확인할 수 있다.

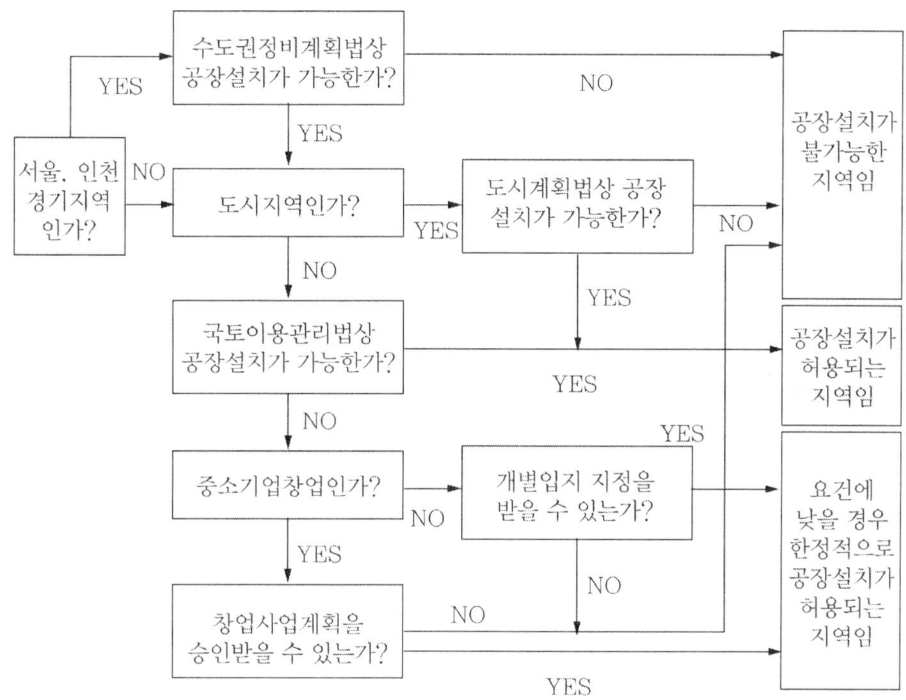

(6) 창업사업계획 승인제도

정부에서는 중소기업의 창업을 활성화하기 위해 공장설치가 허용되지 않는 지역에서도 중소기업창업자로서의 일정요건을 갖추면 시·군·구청으로부터 '창업사업계획'을 승인받아 공장을 설립할 수 있도록 하고 있으며, 공장설립절차도 간소화하여 시행하고 있다.

① **창업사업계획의 적용대상** : 중소기업창업지원법상 농어촌지역에서 창업하거나, 농어촌 이외의 지역에서는 기술 집약형 업종으로 창업하는 중소기업으로서 창업예정자 또는 창업 후 5년 이내로 공장이 없는 기업이 그 적용대상이 된다.

② **창업사업계획의 처리절차** : 공장설치예정지를 관할하는 시장·군수·구청장에게 '창업사업계획승인신청서'를 제출해야 하며, 다음의 서류를 첨부해야 한다.

즉, 사업계획서, 공장설치예정지의 위치도 및 지적도, 공사개요서, 개략설계서, 개략공사비조서, 부동산권리 사용동의서 등이다.

③ **창업사업계획승인의 효과** : 창업자는 여러 기관을 방문할 필요 없이 '창업사업계획' 신청을 통해 공장설립신고 등 공장설치에 따른 인·허가(23개 법률,

38개 인·허가절차)를 일괄적으로 처리받을 수 있다.

④ 창업사업계획승인신청의 접수 및 처리

가. 접수 : 시·군·구청의 중소기업 창업민원실

나. 처리 : 창업사업계획승인신청의 내용이 시장·군수·구청장 소관사항에 국한되는 경우 에는 접수일로부터 20일 이내에 승인여부를 결정

• 동 승인신청내용이 당해 시장, 군수, 구청장 외의 다른 행정기관의 권한에 속하는 사항이 있는 경우에는 접수일로부터 15일 이내에 관계행정기관에 협의요청하게 되며, 관계행정기 관의 장은 특별한 사유가 없는 한 접수일로부터 30일 이내에 합의결과를 통보한다.

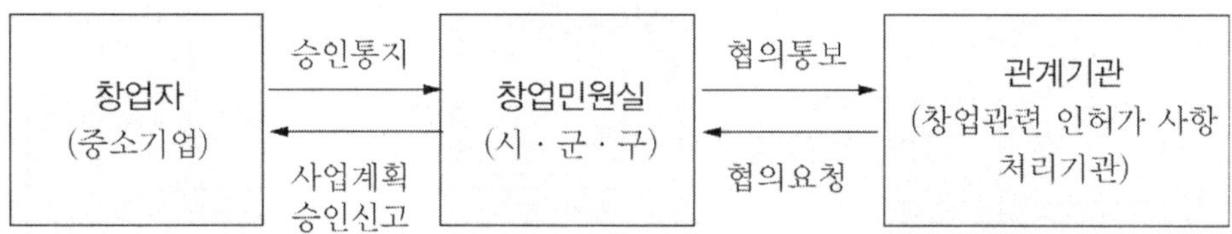

4. 창업기업(회사)의 설립

(1) 개인기업(회사)의 설립

신규로 사업을 개시하는 자(개인 사업자)는 당해 업종을 관장하는 주무 부처에 필요한 인·허가를 받은 다음, 사업개시일로부터 20일 이내에 관할 세무서에 사업자등록을 신청하여 사업자등록증을 교부받음으로써 설립된다.

• 인·허가의 취득 : 법령에 의하여 인·허가 등록 및 신고를 득해야 사업을 개시할 수 있는 업종은 미리 당해 업종을 주관하는 주무관청 또는 지방자치단체에서 인·허가를 취득하여야 한다.

• 사업자 등록 : 신규로 사업을 개시하는 자는 사업장마다 사업개시일로부터 20일 이내에 사업장 소재지 관할세무서 민원봉사실에 신고하여 사업자등록을 하면 된다.

• 사업자등록 신청 시 구비서류

- 사업자등록 신청서 1부

- 사업 인·허가증 사본 1부(법령 규정 업종의 경우)
- 주 사업장 매매계약서 또는 임대차 계약서 사본 1부
- 주민등록등본 1부

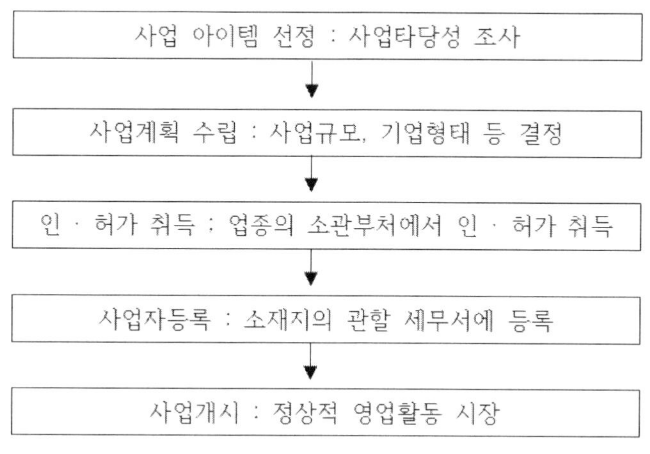

http://www.homeminwon.go.kr

개인기업의 설립 설차

개인기업(회사)의 세무회계처리 기한

신고일자	신고 내용	비 고
매월 10일	갑종근로소득세 및 원천징수액 신고 납부기한	전월분
매월 말일	특별소비세 신고 납부기한	전월분
매년 1월 10일	연말 정산 신고 납부기한	전년도분
매년 5월 31일	종합소득세 신고 기한	전년도분
4월, 10월 25일	부가가치세 분기 예정신고 납부기한	분기분
1월, 7월 25일	부가가치세 반기 확정신고 납부기한	반기분

신규로 사업을 개시하고자 하는 자가 사업 인·허가를 득하기 이전에 사업자등록을 하는 경우에는 사업 인·허가증 사본 대신 사업허가신청서 사본이나 사업계획서를 제출하면 된다.

관할 지방 세무서에는 사업자등록 신청일로부터 7일(또는 14일) 이내에 사업자등록번호가 기재된 사업자등록증을 교부한다. 요즈음에는 민원 처리 속도가 빨라져

신청 즉시 사업자등록증이 교부되기도 한다.

- 기타 신고사항 : 사업자등록이 끝나면 법적으로 사업을 시작할 수 있는 절차가 완료되나 기타 행정절차를 요하는 경우에는 신고를 하여야 한다. 근로자 명부와 임금대장의 작성, 취업규칙 작성, 국민연금, 의료보험, 산업재해보험, 고용보험 등의 신고절차를 밟아야 한다.

(2) 법인기업(주식회사)의 설립

법인기업의 대부분은 주식회사이므로 합명회사, 합자회사, 유한회사의 설립절차는 생략하고 이하 주식회사의 설립절차에 대하여 살펴본다.

① 법인기업(주식회사) 설립이란?

주식회사란 자기가 인수한 주식의 금액을 한도로 회사에 대하여 출자의무를 질 뿐, 회사 채권자에 대하여는 전혀 책임을 지지 않는 사원(간접 유한 책임사원), 즉 주주로만 구성되는 회사를 말한다. 주식회사는 3인 이상의 발기인이 발기인 조합을 구성하여 상법이 정하는 바에 따라 정관 작성, 주식 인수 및 주금 납입 등 일정한 절차를 거쳐 법원에 설립등기를 함으로써 설립된다. 주식회사는 전형적인 자본단체로서 회사의 소유와 경영이 분리되어 있으며, 계속적인 사업을 추진하기 위하여 흔히 이용된다.

따라서 기업을 설립하고자 하는 경우에는 약간은 복잡한 절차가 수행되지만 주시회사를 설립하는 것이 여러모로 유리하다. 주식회사는 주식과 사채를 발행하여 불특정 다수인으로부터 많은 자본을 조달할 수 있어 회사설립 후 지속적인 성장을 위해서는 주식회사 형태로 설립하는 것이 유리하다.

한편 정부는 주식회사 형태의 벤처기업 창업 또는 전환을 촉진하기 위하여 '벤처기업 육성에 관한 특별조치법'을 개정하여 주식회사인 벤처기업의 설립 자본금을 5천만 원 이상에서 2천만 원 이상으로 완화하였다.

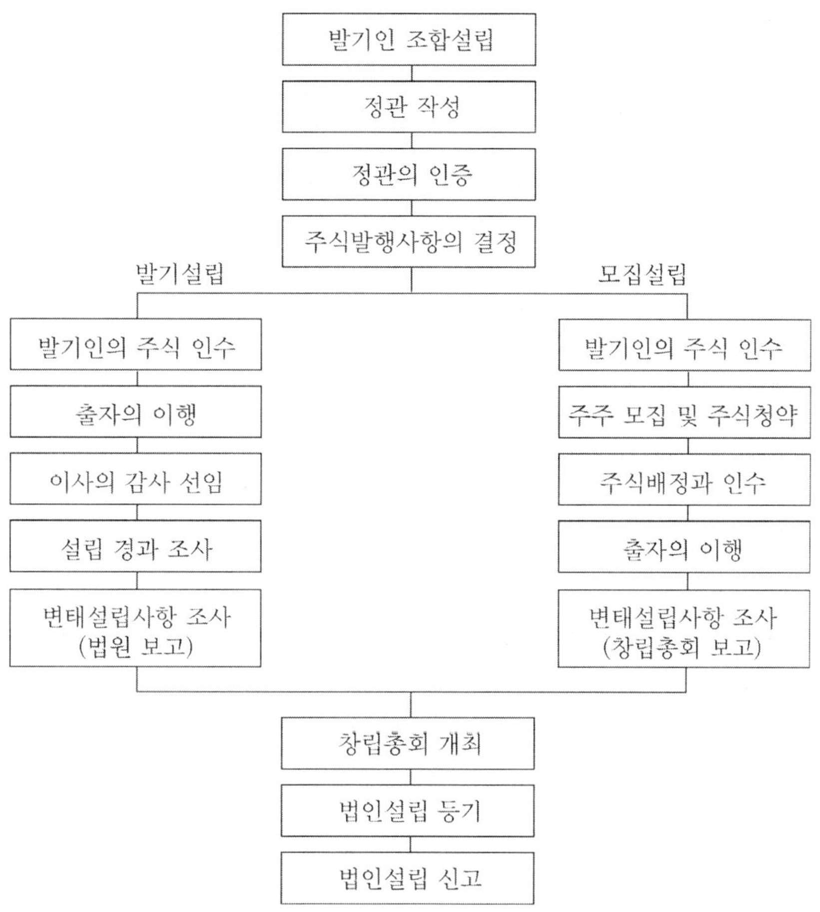

법인(주식회사)의 설립 절차

② 법인기업(주식회사) 설립절차

법인기업(주식회사)의 설립절차는 발기설립 방법과 모집설립 방법이 있는데, 양 설립방법은 회사가 발행하는 주식을 누가, 어떻게 인수할 것인가의 측면에서 차이가 있다. 따라서 주식발행 사항의 결정단계까지와 창립 총회 개최 단계 이후의 설립절차들은 양 설립방법이 서로 동일하다.

설립방법은 정관 기재사항이 아니므로 발기인들의 합의에 의하여 임의로 결정한다. 발기설립이란 발기인이 발행주식 총수를 인수하는 방법으로 설립절차가 간단하다. 한편 모집설립은 발기인이 주식의 일부를 인수하고 나머지 주식은 주주를 모집하여 인수하게 하는 방법으로 설립되는 것으로서 연고모집과 공개모집이 있다.

이는 전술한 회사채나 유상증자의 경우 공모 및 사모와 같은 의미로서 이에 대한 설명은 여기에서는 생략하기로 한다.

모집설립을 하는 경우에 있어 불특정 다수인 50인 이상을 대상으로 공개 모집하는 경우 금융감독위원회에 사전 등록, 신고 등의 절차를 거쳐야 하므로 일반적으로 발기설립과 연고모집으로 설립하는 경우가 많다.

실무적으로는 모집설립에 의한 방식으로 주식회사를 설립하는 경우가 많은데, 그 이유는 회사의 주주가 일반적으로 다수로 구성되는 경우가 많기 때문이다. 만일 법무사를 통하여 주식회사를 설립한다면 특별한 사전 요청을 하지 않는 경우에는 모집설립 방식을 택하여 서류작성 등 관련 절차를 진행할 것이다. 본 서에서는 양 설립방식을 모두 설명하고자 한다.

③ 발기설립

㉠ 발기인 조합 설립 : 발기인 조합은 발기인 3인 이상으로 구성되어야 하며, 이들은 주식회사설립을 위한 업무를 추진한다는 합의를 하고 발기인 조합 계약을 체결하여 발기인 조합을 설립하여야 한다.

물론 발기인 조합 계약이라는 계약서를 별도로 작성하지는 않으나 발기인 조합은 민법상의 조합으로서 민법 규정을 적용받으며 정관작성, 기명날인, 주식인수 등 설립을 추진하는 주체이다. 이러한 발기인 조합은 회사가 성립하면 자동 소멸된다.

㉡ 정관작성 : 회사설립의 최초 단계는 정관작성인데, 정관이란 실질적으로 회사의 조직과 활동에 관한 기본규칙을 기재한 서면을 말한다. 발기인은 회사의 근본 규칙을 확정하고 이를 서면에 기재한 후 전원이 정관에 기명날인 또는 서명을 하여야 한다. 정관의 기재사항의 종류와 의미에 대해서는 전술한 관계로 생략하기로 한다.

㉢ 정관의 인증 : 회사의 설립 시에 작성하는 정간을 원시정관이라 하는데, 원시정관은 정관인증 취급 공증인의 인증을 받아야 그 효력이 생긴다. 정관인증 취급 공증인은 회사의 본점 소재지를 관할하는 지방검찰청 소속 공증인이 취급한다.

정관의 인증은 촉탁인(발기인 조합)이 공증인 앞에서 정관의 기명날인 또는 서명을 자인한 후 그 사실을 기재함으로써 완료된다. 발기인은 정관인증 신청 시 정관 2통을 공증인에게 제출하여야 한다. 공증인은 정관인증 후 1통

은 발기인에게 교부하고 나머지 1통은 공증인이 보존한다.

• 정관인증 신청 시 준비서류
  - 정관 2부
  - 각 발기인의 인감증명서 및 주민등록증
  - 대리인의 경우 위임장 및 대리인의 인감증명서

공증인의 인증을 받은 정관이 창립총회에서 변경되더라도 정관의 경우에는 창립총회에 기재된 것이 증거가 되므로 다시 공증을 받을 필요는 없다. 정관은 관공서, 금융기관 또는 거래회사 등에서 제출을 요구하는 경우가 있으므로 공증인에게 정관인증 시 1-2통을 추가로 인증받으면 유리하며, 발기인은 인증된 정관의 보관, 관리에 신중을 기하여야 한다.

• 정관인증의 수수료 : 발행주식의 액면 총액 5천만 원까지는 6만 원이고, 5천만 원을 초과할 경우 그 초과액의 1/2, 000을 더하되 60만 원을 초과하지 못함

㉣ 주식발행 사항의 결정 : 회사의 설립 시에 발행하는 주식의 총수는 정관작성 시 정해지지만 주식발행에 관한 나머지 사항은 정관에서 특별히 정한 사항이 없으면 발기인 전원의 동의로 이를 정한다.

• 발기인의 전원 동의를 요하는 사항
  - 우선주, 보통주, 무의결권주와 같은 주식의 종류와 수
  - 액면가 이상의 주식을 발행하는 때에는 그 수와 금액

㉤ 발기인의 주식인수 : 회사의 설립 시 발행주식 수량과 발행가액이 결정되면 이를 인수할 사람을 결정하여 주식을 배정하게 된다. 발기설립의 경우 발기인이 발행주식 총수를 서면에 의해 인수하여야 하는데, 각 발기인은 반드시 1주 이상의 금액을 인수하여야 한다. 인수시기는 제한이 없으나 주금의 납입 이전까지는 인수하여야 한다. 이때 주의할 점은 발기인의 주식인수에 있어서 반드시 서면에 의해 하여야 한다는 것이다. 즉, 구두에 의한 인수는 무효이다.

㉥ 출자의 이행 : 회사설립 시에 발행하는 주식의 총수를 발기인이 전부 인수한 때에는 발기인은 인수한 주식의 수에 따라 인수가액을 납입할 의무를 진다. 각 발기인은 발행하는 주식을 서면에 의하여 전부 인수하고 지체 없이 발기인 조합에서 지정한 납입은행 또는 기타 금융기관의 납입장소에 그 인수금액 전액을 납입하여야 한다. 만일 발기인의 합의에 의하여 액면 이상으로 주식

을 발행하는 경우에는 주금뿐만 아니라 액면 초과액도 납입하여야 한다. 현물출자를 하는 발기인은 납입기일에 출자의 목적인 재산을 인도하고 등기, 등록 기타 권리의 설정 또는 이전을 요할 경우 관련 서류를 완비하여 제출하여야 한다.

현물출자 시 무가치한 재산의 출자, 또는 출자 재산이 과다하게 평가될 경우 회사설립 후 자본 충실의 원칙을 해칠 우려가 있기 때문에 현행 상법에서는 현물출자를 정관의 상대적 기재사항(변태 설립)으로 하고 검사인의 검사를 받도록 하고 있다. 이처럼 변태 설립사항이 있는 경우에는 원칙적으로 법원이 선임한 검사인의 조사를 받아야 하나, 현물출자에 대해서는 감정인의 감정으로 검사인의 조사를 대체할 수 있다.

㉦ 이사와 감사 선임 : 현물출자의 이행과 주금의 납입이 끝나면 발기인들은 지체 없이 발기인 총회를 개최하여 의결권의 과반수의 결의로 이사와 감사를 선임하여야 하는데 이사는 3인 이상, 감사는 1인 이상을 선임한다. 단 자본금 5억 미만의 회사는 1~2인의 이사라도 무방하다. 발기인 총회가 완료되면 의사록을 작성하고 발기인들이 기명날인하거나 서명하여야 한다.

㉧ 설립 경과 조사 : 이사와 감사는 취임 후 지체 없이 회사의 설립에 관한 모든 사항이 법령 또는 정관의 규정에 위반되지 아니하는지 여부를 조사하여 발기인에게 보고하여야 한다. 단, 이사와 감사 중 발기인이었던 자, 현물출자자 또는 회사설립 후 양수할 재산의 계약당사자인 자는 동 조사에 참여하지 못한다. 만일 이사와 감사가 이에 해당하는 경우 이사는 공증인으로 하여금 조사하여 보고하게 하여야 한다.

또한 이사는 정관에 현물출자 등 변태 설립사항이 규정되어 있는 경우에는 이에 관하여 조사하도록 하기 위하여 관할 소재지의 지방법원에 검사인의 선임을 청구하여야 한다.

검사인의 선임 신청은 이사 전원의 연서로 한다. 만일 설립 중인 회사의 정관에 현물출자, 재산인수 등 변태 설립사항이 기재되어 있지 않으면 법원에서 선임한 검사인의 조사를 받을 필요가 없으므로 신속히 회사설립절차를 진행할 수 있다.

㉨ 변태 설립사항 조사 : 검사인은 정관에 현물출자 등 변태 설립사항과 현물출자의 이행에 관한 사항을 조사하여 조사보고서를 법원에 보고하고 지체 없이

조사보고서 등본을 각 발기인에게 교부하여야 한다. 각 발기인은 검사인의 조사보고서에 사실과 상위한 사항이 있는 때에는 이에 대한 설명서를 법원에 제출할 수 있다.

법원은 검사인의 조사보고서와 발기인의 설명서를 조사하여 변태 설립에 관한 사항이 부당하다고 인정하는 때에는 이를 변경하여 각 발기인에게 통보할 수 있다.

이 경우에는 정관을 변경하여 정관 취급 공증인의 변경된 정관의 인증이 없어도 설립에 관한 절차를 속행할 수 있다. 만일 법원의 통고가 있은 후 2주 이내에 주식의 인수를 취소한 발기인이 없는 때에는 정관은 통고에 따라 변경된 것으로 본다.

ⓩ 창립총회 개최 : 주금의 납입과 현물출자의 이행이 완료되면 발기인은 지체 없이 창립총회를 개최하여야 한다. 창립총회는 주식 인수인들로 구성되는 설립중인 회사의 의결기관이며, 총회의 의결은 출석한 주식 인수인의 의결권의 2/3이상이며 인수된 주식 총수의 과반수에 해당하는 다수로 한다. 발기설립의 경우 창립총회에서 대표이사를 선임하는 경우를 제외하고 창립(발기인)총회에서 선임한 이사로서 구성되는 이사회에서 대표이사를 선임한다.

창립총회에서는 다음의 사항을 보고, 수령하고 이사, 감사인의 선임 등을 결의한다.

• 발기인으로부터의 보고 수령과 이사, 감사의 선임
  - 발기인은 회사 창립에 관한 사항인 주식인수와 납입에 관한 제반 상황과 변태 설립사항에 관한 실태를 서면으로 기재하여 보고해야 한다.
  - 이사와 감사 등 주식회사의 임원을 선임한다.
• 이사, 감사, 검사인의 조사 및 보고 수령
  - 검사인의 변태 설립사항에 관한 조사 및 보고서를 제출하여야 한다. 단, 창립총회에서 변 태 설립사항이 부당하다고 인정한 때에는 이를 변경할 수 있고 이에 불복하는 발기인은 주식인수를 취소할 수 있다. 정관의 변경 시 공증이 없이도 설립절차를 속행할 수 있다.
  - 이사와 감사는 취임 후 지체 없이 회사의 설립에 관한 모든 사항이 법령 또는 정관에 위반되지 아니하는지 여부를 조사하여 창립총회에 보고하여야 한다. 이때 발기인 및 재산 인 수의 당사자인 이사와 감사는 이 과정

에 참여하지 못하며, 이사와 감사전원이 제적 사유에 해당하는 경우에는 이사는 공증인으로 하여금 조사 보고를 하도록 하여야 한다.

• 정관의 변경 또는 설립 폐지의 결의

- 소집 통지서에 이러한 뜻의 기재가 없는 경우에도 결의가 가능하다.

㉮ 법인 설립등기 : 상기 절차 완료 후 각각 2주 내에 이사 전원(또는 대리인)이 본점 소재지를 관할하는 등기소에 설립등기를 신청하여야 한다. 만일 이 기간 내에 등기신청을 하지 않는 경우, 500만 원 이하의 과태료가 부과된다.

발기설립의 등기시기는 검사인 등의 설립경과 조사 종료일 또는 법원의 변경처분에 관한 변경절차가 종료된 날로부터 2주 이내에 이사가 공동 신청하여야 하며, 모집설립의 등기시기는 창립총회를 종료한 날 또는 변태설립에 관한 사항의 변경절차가 종료된 날로부터 2주 이내에 신청하여야 한다.

㉯ 법인 설립신고 : 회사 설립등기가 완료되면 회사는 법적으로 완전한 법인격을 취득하게 되며, 등기부 등본을 주금 납입은행에 제출하여 납입금을 수령함으로써 이를 자본화한다. 설립등기가 완료되면 회사는 사업장 소재지의 관할세무서에 법인 설립신고 또는 사업자 등록신청을 하여야 한다.

사업자 등록신청은 법인 설립등기를 한 날로부터 20일 이내에 관할 세무서에 사업자의 인적 사항, 사업자등록 신청사유, 사업개시 연원일 또는 사업장 설치 착수 연월일 및 기타 참고사항을 기재한 사업자등록 신청서를 제출하여야 한다. 다만, 영위하고자 하는 사업이 법령에 의하여 인·허가 사업의 경우 사업자 등록신청 전에 사업허가증을 발급받아야 한다.

법인 설립신고는 법인 설립등기 후 1월 이내에 본점 소재지의 관할세무서(민원 봉사실)에 법인 설립신고를 하여야 한다. 우리나라는 법인의 법인 설립 신고와 사업자 등록신청을 각각 하는 경우 유사한 사안에 대하여 중복 신고의 절차로 인한 폐단을 방지하고 민원의 절차 간소화를 위하여 법인 설립 및 사업자등록 신청서를 동시에 하도록 하고 있다.

법인 설립신고 및 사업자등록 신청일로부터 7일 이내에 사업자 등록 번호가 기재된 사업등록증을 교부 받는다. 다만, 세무서에서 보정을 요구하는 경우 신청자가 보정서류를 제출한 날로부터 7일 이내에 사업자 등록증을 교부 받는다.

④ 모집설립

전술하였듯이 주식발행 사항의 결정 단계까지와 창립총회 개최 이후의 설립절차는 발기설립 방법과 모집설립 방법이 서로 동일하므로 차이가 나는 설립단계를 위주로 설명하기로 한다.

㉠ 발기인의 주식인수 : 회사설립 시 발행주식 수량과 발행가액이 결정되면 각 발기인은 주식을 서면(주식 인수증을 발기인 대표에게 제출)에 의해 인수하여야 하는데, 반드시 1주 이상 인수하여야 한다. 발기인이 구두에 의한 인수를 하는 경우에는 무효가 되며, 그 즉시 발기인 자격을 상실한다.

▪ **상시 근로자 수 기준에 의한 의무신고**

구 분	상시 근로자수			비 고
	5인 미만	5인~10인 미만	10인 이상	
근로자명부, 임금대장 작성, 비치	-	○	○	근로기준법 제32조, 40조
고용보험	○	○	○	고용보험법 제7조
국민연금	-	○	○	국민연금법 시행령 제19조
국민건강보험	-	○	○	국민 건강보험법 시행령 제19조
산업재해 보상보험	○	○	○	산업재해보상보험법 제12조
취업규칙 작성, 신고	-	-	○	근로기준법 제96조

㉡ 주주의 모집 및 주식의 청약 : 발기인이 일부 주식을 인수하고 나머지는 주주의 모집을 하는데, 현행 상법은 주식청약서 방식을 채택하고 있으므로 발기인은 정관의 절대적 기재사항과 변태 설립사항, 회사 조직의 대강과 청약 조건 등 회사 설립 개요를 응모 주주가 알 수 있도록 기재한 주식청약서를 작성하여야 한다.

한편 실무에서는 '명의개서'라는 말을 자주 사용하므로 이에 대한 개념을 확실하게 해 둘 필요가 있다. 명의개서란 기명주식의 양도, 상속 등으로 실체상의 권리자가 변경되었을 경우 주권 또는 주주명부 상 명의인의 표시를 변경하는 것을 말하는데, 회사 및 기타 제 3자에 대한 권리 이전의 대항 요건으로서 중요하다.

응모주주(발기인이 아닌 주식 인수인), 즉 주식청약인은 이 주식청약서 양식에 의해서만 주식을 청약할 수 있으며, 주식청약서 2통에 인수할 주식의 종류 및 수와 주소 등 법정 기재사항을 기재하고 기명날인 또는 서명하여 제출하여야 한다.

㉢ 주식의 배정과 인수 : 발기인 조합은 응모한 주식청약인에 대하여 사전에 정한 방법에 따라 총 발행주식 수 중 인수하여야 할 주식을 배정하면 이것에 의하여 주식인수가 확정된다. 주식인수인 또는 주식청약인에 대한 통지나 최고는 주식인수증 또는 주식청약서에 기재한 주소 또는 주식청약서에 기재한 주소 또는 주식청약인이 요구하는 주소로 하면 된다. 주식배정을 통보 받은 주식청약인은 배정된 주식의 수가 청약한 주식 수보다 적어도 이의를 제기할 수 없으며, 배정주식의 수에 대한 인수가액을 납입할 의무를 진다.

㉣ 주식대금의 납입 : 회사설립 시 발행하는 주식 전부가 인수된 때에는 발기인과 주식인수인은 주식 인수가액(주금)을 납입할 의무를 지며 주식청약서에 기재된 은행 또는 기타 금융기관에서만 납입하여야 한다. 만일 납입금의 보관 및 납입장소를 변경하고자 할 때에는 법원의 허가를 받아야 한다. 현물출자를 하는 발기인은 발기설립 시와 동일하게 납입기일에 출자의 목적인 재산을 인도하고 등기, 등록 기타 권리의 설정 또는 이전을 요할 경우 서류를 완비하여 제출한다.

㉤ 변태 설립사항의 조사 : 현물출자의 이행과 주금의 납입이 끝나면 발기인은 정관에 현물출자 등 변태 설립사항이 규정되어 있는 경우에는 이에 관한 조사를 하도록 하기 위하여 관할 수재지의 지방법원에 검사인의 선임을 청구하여야 한다. 검사인의 선임 신청은 이사 전원의 연서로서 하며 법무사에 의뢰하여 신청서를 작성한다. 만일 설립 중인 회사의 정관에 현물출자, 재산인수 등 변태 설립사항이 기재되어 있지 않으면 법원에서 선임한 검사인의 조사를 받을 필요가 없으므로 신속히 회사설립절차를 진행할 수 있다. 법원에서 선임한 검사인은 정관에 현물출자 등 변태 설립사항과 현물출자의 이행에 관한 사항을 조사하여 법원에 보고하고 지체 없이 조사보고서를 창립총회에 제출하여야 한다.

제4장 | 창업실무론

I 창업전략

1. 창업계획 수립

성공적인 창업을 위해서는 창업계획단계에서부터 다음과 같은 사업전략을 수립해야 한다.

① 기업환경에 맞는 창업을 선택하여야 한다 : 경제환경의 변화에 적극 대응할 수 있는 기업을 창업하는 것이 성공의 지름길이다. 21세기는 지식산업의 시기이기 때문에 정보·고학력 및 고품질 인적자원의 중요성이 증대되고, 가치관의 다양성과 다원성의 증가, 정보통신과 교통수단의 발달에 따른 지리적 개념의 퇴조, 새로운 전문관리체제의 도입이 요청되고 있는 시기이다. 그러므로 이러한 시대의 흐름에 맞는 업종의 선택이 성공의 지름길이다.

따라서 전문화하거나 차별화하여 기술이나 서비스 능력을 가질 수 있는 사업에의 창업이 유리하다고 볼 수 있다.

최근에 이러한 유형의 창업이 활기를 띠고 있는데 소위벤처기업에의 창업이 이러한 유형이라고 볼 수 있다.

② 창업자의 자질과 경영능력에 맞는 분야의 창업을 하여야 한다 : 창업을 성공적으로 이끌기 위해서는 창업분야의 전문적 지식과 경험을 갖추고 있어야 하며 창업자에게 요구되는 자질인 학문과 지식, 경험, 신용 및 도덕성, 의지력, 모험심, 리더십 등이 갖추어져야 한다.

실례로 벤처기업의 성공요인을 분석한 결과에 의하면 성공한 창업자의 특성은 동종 및 유사업종에 종사하였던 자로서 유사 업종 근무연수가 길수록 성공요인이 높은 것으로 나타나고 있다.

③ **창업의 시기를 잘 포착하여야 한다** : 창업을 성공적으로 이끌기 위해서는 경기순환과 수요자의 욕구에 맞는 시기에의 창업이 중요하다. 그리고 선택 업종이 성숙기에 있는 것보다는 성장기에 창업하는 것이 유리하다.

기회는 아무에게나, 또한 아무 때나 오지 않는다.

따라서 기회의 포착이 매우 중요한데 기회를 포착하기 위해서는 정보수집 등을 통하여 미래 변화를 읽는 안목이 필요하다.

④ **사업타당성 분석에 의한 사업계획수립을 하여야 한다** : 사업타당성 분석은 창업자를 실패로부터 지켜 줄 수 있는 좋은 보조장치이다. 기술적 타당성, 수익성 및 경제성, 자금수지계획 및 성장성 등을 분석하고 이러한 창업에 관련된 사항을 일목요연하게 체계적으로 사업계획서를 작성해 둘 필요가 있다.

사업계획서는 사업에 도움을 줄 제3자(금융기관, 거래처 등)에게 사업의 근거자료로서 유용하게 활용할 수 있기 때문이다.

2. 창업요소의 분석

(1) 창업업종 분석

사업의 준비단계에서 제일 먼저 무슨 사업을 할 것인가를 결정해야 한다. 즉 제조업을 할 것인가, 건설업을 할 것인가, 아니면 소매업을 할 것인가, 그리고 취급할 아이템은 무엇인가를 선정해야 한다.

예를 들어서 요즈음 정부에서 벤처기업에 대하여 많은 지원을 해준다고 해서 무조건 벤처기업을 해야겠다고 생각해서는 안되며, 구체적으로 무슨 품목을 어디에서 어떻게 구입하여 혹은 생산해서 어디에다 어떻게 판매하겠다는 구체적인 생각을 가지고 창업을 준비해야 한다.

또한 하고자 하는 그 업종이 자기의 경험이나 경력 및 성격에 맞는지, 성장성이 있는 사업이며, 자기의 자금 범위 내에서 할 수 있는 사업인지를 잘 판단하여 업종을 확정하여야 한다.

그러므로 사업아이템을 선정할 때는 다음과 같은 사항에 유의하여 자기 적성에 맞고 경쟁력 있는 기업을 창업하는 것이 무엇보다 중요하다고 할 수 있다.

① **성장기에 있는 업종** : 창업을 성공적으로 이끌기 위해서는 경기순환과 수요자의 패턴을 먼저 읽어야 한다. 그리고 창업하고자 하는 업종이 성숙기에 있는 것보다는 도입기나 성장기에 있을 때 창업하는 것이 유리하다. 성장기에 있는 유망한 업종을 발굴하기 위해서는 선진국의 산업흐름과 유망업종의 국내 성장단계를 분석하는 것이다. 예를 들어서 우리나라에서는 신기술이라고 하는 것이 소위 선진국에서는 기업화한지 몇 년이 지난 경우가 대부분이다.

그리고 이들 선진국의 신기술을 국내에 도입하여 약간 응용하여 신제품으로 기업화하는 경우가 일반적인 신기술창업의 형태이다. 그러므로 이와 같은 신기술 및 신제품 중 국내시장에 맞는 업종을 발굴한다면 시기에 맞는 업종으로서 창업성공의 지름길이 될 수도 있다. 현재 유망한 업종으로서는 벤처기업의 경우 가전기기와 컴퓨터를 주력제품으로 성장을 지속하고 있는 전자부품 관련업, 소프트웨어관련 사업, 특수소재의 초정밀가공과 같은 첨단기계 사업분야, 자동차부품 관련 사업 등이 있다.

② **창업자의 경력이나 성격에 맞는 업종** : 창업자는 창업분야의 전문적 지식과 경험을 갖추고 있어야 유리하며, 자신의 적성과 주위의 여건을 잘 점검하여 업종을 선택해야 한다. 특히 사업의 유형에 따라서는 반드시 전문적 지식을 필요로 하는 경우가 많이 있는데, 이 경우 창업자 본인의 능력이 부족한 경우에는 이를 보완할 수 있는 핵심인력의 확보가 고려되어야 한다.

예를 들어 벤처기업의 경우 정보통신, 기계금속, 전기·전자분야의 창업이 주류를 이끌고 있는데 창업자의 대부분이 중소기업 및 대기업에서 관련분야에 종사했거나 관련분야의 연구원·교수 등으로 재직한 경험이 있는 것으로 나타나고 있다.

③ **면허나 인·허가 사업인지 확인** : 하고자 하는 사업이 별도의 면허나 허가 또는 등록을 필해야 되는 업종이 경우에는 그 요건을 확인하고 자격사 등이 필요한 경우 미리 인원을 확보하여 대비를 해야 한다.

④ **창업자의 자금규모에 맞는 업종 선정** : 사업을 시작함에 있어서 제일 먼저 생각해야 할 부분의 자금문제이다. 아무리 좋은 업종이더라도 자금규모가 맞지 않으면 포기할 수밖에 없다. 또한 창업초기에는 의외의 자금지출 요인이 발생하여 당초의 계획보다 상회하는 것이 일반적이므로 여유있는 자금조달 계획을 수립해야 한다.

그러나 무리한 자금조달로 부채에 의존하게 되면 과중한 금융비용 부담으로 경영불실을 초래할 수 있으므로 자기의 자금규모에 맞는 업종의 선택이 필요하다.

⑤ **사업내용에 위법적인 요소가 있는지 확인** : 아무리 고수익을 가져다 줄 수 있는 업종이더라도 위법적인 사업이라면 당연히 선택의 대상에서 배제되어야 한다.

⑥ **세무처리가 복잡한 업종인지 확인** : 기업을 실제 경영하는 과정에서 관리상 중요한 문제중의 하나가 기업관련 세무문제이다. 그러므로 업종 선택시 유통과정이 복잡하고 자료처리가 제대로 되지 않아 세무처리에 고심을 해야 하는 업종의 경우는 가급적 피하는 것이 유리하다.

⑦ **누구나 쉽게 할 수 있는 업종은 배제** : 아무나 쉽게 할 수 있는 업종의 경우 창업하기가 수월하기 때문에 상대적으로 과당경쟁이 될 수 있다. 그리고 특화된 사업이 아니므로 부가가치가 낮아 장기적인 측면에서 볼 때 창업을 한다고 하더라도 이윤창출이 어렵기 때문에 오래 지속할 수 있는가 하는 문제점이 대두된다.

(2) 사업규모 분석

사업규모는 창업자 자신이 충분히 감당할 수 있는 것이라야만 한다. 사업의 규모는 일반적으로 자금규모와 맞물려 있기 때문에 두 가지 문제가 동시에 결정되는 게 보통이다.

한편 사업에 필요한 자금은 고정자금인 시설자금과 운전자금으로 구분이 된다. 시설자금은 사업장을 확보하는 비용과 필요한 집기비품의 구입비용이며, 제조업의 경우는 제품생산에 필요한 기계설비에 따른 구입비가 추가된다. 운전자금은 사업을 개시한 후 물건을 팔아서 기업에 현금이 들어올 때까지 기업 운영에 필요한 재료비, 인건비, 경비 등이다.

일반적으로 창업자들은 시설자금에 대해서는 어느 정도 근접하게 예상액을 계산한다. 가격도 알아보고 견적서도 받아서 비교함으로써 적정한 가격으로 시설 리스트를 작성한다. 그러나 중요한 것은 운전자금에 있다. 사업을 시작한다고 해서 곧바로 기업에 돈이 들어오는 것이 아니라 제조업의 경우 제품을 만들어서 납품을 해야 하고 다음달에 결제된 자금은 3개월 후에야 입금될 수 있는 어음을 받는 경

우도 있다. 또한 창업초기에는 판매시장도 개척해야 되고 개발제품의 완성에 또 시간이 필요하므로 자금 회수일까지의 기간은 더 길어질 수도 있다. 유통업, 서비스업 등도 약간의 차이는 있겠으나 마찬가지로 처음 시작하는 사업이므로 상호도 알려지고, 밀린 외상미수금이 조금씩 입금되려면 적지 않은 시간이 필요하다. 이렇게 영업활동으로 인하여 정상적인 자금유입이 이루어지기까지의 시간, 즉, 1회전 운전자금의 기간을 일반적으로 제조업은 3개월로 보며 기타 유통·서비스업 등은 1~2개월로 보고 있으나 여러 가지 원인으로 인하여 그 기간이 더 길어질 수도 있다. 그럼에도 불구하고 창업자들은 운전자금 소요기간을 짧게 잡거나 아니면 대충 얼마 정도 필요하리라는 비계획적인 자금계획을 수립하는 경우가 많다.

이 경우 생각지 못한 자금지출은 창업자를 당황하게 만들 것이다. 그러므로 사업규모의 결정시 투자 및 비용항목을 세부적으로 분석한 자금계획의 수립이 필요하며 이러한 자금계획을 바탕으로 사업규모를 결정하고 만약 자금여력이 되지 않으면 투자규모를 줄여야 한다.

그리고 사업규모 결정시 고려사항으로서는 다음과 같은 점을 들 수 있다.

① **업종에 따른 사업규모 검토** : 창업과 관련된 사업분야는 산업분류표상 크게 나누어 제조업, 광업, 건설, 운수, 창고, 통신업, 도·소매업, 서비스업으로 분류해 볼 수 있다. 이들 업종 중 일반적으로 제조업이 가장 큰 규모를 요구하고 있으며, 소매업과 서비스업은 적은 규모로도 시작할 수 있는 업종이다.

② **취급하고자 하는 제품과 상품의 시설투자 고려** : 같은 제조업이라도 많은 시설투자가 필요한 설비산업인 경우와 좁은 공간에 기계 몇 대만 설치하여도 사업을 할 수 있는 사업도 있다. 예를 들어 직물제조업의 경우 넓은 공간에 많은 직기설비가 투자되어야 하나 컴퓨터관련 사업의 경우 비교적 좁은 공간에서 컴퓨터기기의 설비만으로도 창업이 가능하다.

③ **동업계의 평균 자본규모 파악** : 경쟁회사를 정확히 분석하여 사업규모를 결정하는게 좋다. 창업 후 경쟁력에서 우위를 가지기 위해서는 동업계의 설비현황과 기술력을 평가하여 그에 걸맞는 사업규모의 확정이 필요하다.

④ **창업자의 자금조달 능력 고려** : 자금조달규모가 결국은 사업규모를 결정하는 핵심요소이다. 현명한 창업자라면 여기서 한발 더 나아가 사업규모를 자기자금조달능력 1.5분의 1 내지 2분의 1 규모로 축소하여 책정하는 것이 필요하다. 일반적으로 창업초기에는 계획된 자금소요보다 초과된 예상치 못한 지출

이 따르기 마련이다.

주변의 창업자들을 살펴보면 빠듯한 창업자금, 오히려 적정규모에 모자라는 창업자금으로 사업을 시작하여 고생하는 창업자들을 볼 수 있다. 숙련된 기술과 정열적인 노력으로 작업장이나 거래처를 열심히 뛰어다녀 보지만 사업 초기에는 모든 것이 뜻대로 되지 않아 판매대금의 결제가 수개월 후의 어음으로 들어오고 자금압박은 계속되는 경우가 많다. 이 경우 기술이나 판매가 부진하지 않고 정상이라도 자금의 부족이 기업의 치명적인 불실을 초래하여 도산을 가져올 수도 있다. 따라서 성공적인 창업이 되기 위해서는 자기의 자금여력에 맞는 사업규모의 결정이 무엇보다도 중요하다.

(3) 구성원조직 분석

기업이익을 창출하는데 있어서 가장 중요한 요소 중의 하나가 사람이다. 그러나 중소기업에서는 여러 가지 여건상 대기업처러 쉽게 자기가 원하는 사람을 구할 수 없는 게 현실이다.

그러나 현실에 맞게 각 부서마다 적절한 인력을 어떻게 확보할 것인가를 고려하여야 한다. 그리고 구체적인 내용으로서 공채로 모집할 것인가, 아니면 스카웃 해올 것인가 등을 준비하여야 한다. 만약 스카웃 해올 사람이라면 미리 직접 만나 이직할 의사를 확인하고 보수 등을 결정하여 확답을 받아 놓아야 할 것이다.

만약 동업을 해야 할 경우에는 동업할 사람과 구체적으로 업무분담사항과 각자 투자방법 및 이익금 분배방법에 대해서도 미리 충분히 협의를 거친 다음에 사업을 시작하여야 한다.

다음으로 조직구성 시 고려해야 할 사항은 아래와 같다.

① 창업 멤버나 기업조직은 간단할수록 좋다.

어느 정도 기반이 잡힐 때까지는 될 수 있는 대로 적은 인력의 확보가 필요하다.

창업초기의 과다한 인력확보는 인건비 지출의 초과 부담을 가져올 수 있고, 잉여인력의 존재로 조직은 갈등요인이 될 수 있으므로 사업의 성장에 따른 점진적인 출원이 필요하다.

② 경력직원 스카웃은 신중하게 해야 한다.

스카웃 직원의 능력도 중요하지만 성격이 원만하고 협동심이 강하며, 사장을 충

실히 보좌해 줄 수 있는 사람이어야 한다.

③ 동업은 가급적 피한다.

가급적이면 동업은 피하되 동업이 꼭 필요한 경우에는 상호조건을 정확히 제시하여 합의가 된 후에 창업준비에 착수해야 한다. 동업의 경우 자금조달이나 업무분담 등의 여러 가지 측면에서 유리한 점도 많이 있으나 현실적으로 이해관계나 갈등요인에 의해 동업관계가 끝까지 유지되는 경우가 드물다. 따라서 일정기간 후 동업관계가 끝난다는 전제하에서 동업관계가 종료되는 시점에서의 이해관계도 미리 합의해 두어야 한다.

④ 업종에 맞는 특색있는 조직을 구성한다.

창업기업의 조직은 일반적인 기업조직을 중심으로 편성하되 해당 업종에 맞는 특색 있는 조직이 필요하다. 기업의 규모에 맞게 부 또는 과 단위까지 작성하되 필요시 계 단위까지 구성한다. 서비스업이나 유통업의 경우에는 종업원수가 사업규모에 따라 현저한 차이를 나타내고 있다. 사장 한 사람이 종업원 1~2명과 경영하는 경우도 있고 종업원이 10명 이상이 되는 경우도 있다.

그러나 동업계나 경쟁사와 비교하여 뒤지지 않게 기술 및 전문분야의 인력을 확보하는 등 체계적인 인력운영 시스템이 필요하다. 기업경영에 있어서 첫 번째 전략은 바로 조직 및 인력구성에 시작된다고 볼 때 조직구성은 대단히 중요하다. 특히 작은 조직, 작은 기업일수록 그 필요성은 더욱 더 크다.

(4) 기업형태 분석

사업을 처음 시작할 때 누구나 사업의 형태는 어떤 것들이 있는가, 그리고 어떠한 사업의 형태로 결정을 할까 하는 문제에 대해서 많은 고심을 하게 된다. 즉 개인으로 시작할 것인가, 법인으로 할 것이다, 아니면 동업으로 할 것인가에 대하여 망설이게 된다.

이러한 기업형태는 개인사업체와 공동사업체, 법인사업체 이렇게 3가지 유형으로 구분할 수 있는데 그 구체적 내용은 다음과 같다.

1) 개인기업

개인기업체는 사업의 주체가 개인이며, 자본조달과 경영 및 책임을 전적으로 대표자 할 사람만이 단독으로 지는 사업의 형태이다.

2) 공동기업

① **동업** : 공동사업체는 2사람 이상이 공동으로 자본을 출자하여 사업을 하는 형태를 말하며 일반적으로 "동업체"라고 한다.

공동사업체는 일종의 민법상의 "조합"과 같다. 그래서 특별히 동업자끼리 별도의 약정을 해 놓은 경우를 제외하고는 민법상 "조합"에 관한 규정들을 준용한다.

동업의 형태는 이익은 다른 동업자보다 더 많이 취득코자 하고, 책임이나 손해는 다른 동업자에게 서로 미루는 경향이 있을 수도 있기 때문에 대단히 가깝거나 서로 마음을 비운 인간관계가 아니면 서로 동업하기가 무척 힘들다. 특히 동업은 오래 지속하기가 힘든 경우가 많기 때문에 장기간 해야 하는 사업에 있어서는 동업으로 사업을 하는 경우가 별로 많지 않다. 물론 동업을 하게 되면 좋은 점도 많다. 즉 세금을 납부할 때 공동사업체는 그 사업체의 소득금액을 동업자의 숫자로 나누어 각자의 소득금액에 대한 종합소득세를 산출하므로 소득세 누진세율의 적용을 적게 받기 때문에 이익에 대한 세금인 종합소득세를 단독 개인사업자 보다 적게 부담하게 될 뿐만 아니라, 필요한 자금도 동업자가 같이 조달하면 더 쉽게 더 많이 조달할 수 있어서 유리하며, 만약의 경우에 위험부담을 지게 될 경우 나누어서 지게 되므로 그만큼 부담이 적어서 좋은 점도 있다.

② **조합** : 조합이란 2인 이상이 서로 출자하여 공동사업을 경영하기로 약정한 집단을 조합이라고 한다.

조합도 일종의 동업체인데 조합은 그 조합원의 숫자가 많은 경우가 일반적이며, 계속적인 사업체로서는 부적당한 사업체의 형태이므로 특별한 경우에만 단기적이며 일회적인 사업에 조합의 형태로 사업을 하게 된다. 예를 들어 직장주택조합이나 지역주택조합을 비롯하여 재개발조합이나 재건축조합이 그런 경우에 해당한다.

3) 법인기업

자연인이 아닌 법인이 사업의 주체가 된 형태의 사업을 말하며 일반적으로 그냥 "법인"이라는 표현을 많이 쓴다. 그리고 법인은 다음과 같이 구분한다.

① 내국법인과 외국법인 : 법인을 설립할 때 국내법을 적용하여 설립된 법인은 내국법인이라고 하며, 외국의 법률에 의하여 설립된 법인은 외국법인이라고 한다.

② 영리법인과 비영리법인 : 법인의 설립목적이 영리를 목적으로 설립된 법인은 "영리법인"이라 하며, 비영리를 목적으로 설립된 법인을 "비영리법인"이라고 한다. 현행 우리나라 상법상 영리법인은 합명회사, 합자회사, 유한회사, 그리고 주식회사 이렇게 4가지가 있다.

Ⅱ 창업 아이템 선정

1. 창업 아이템이란?

창업 아이템은 창업자가 사업을 통하여 수익을 창출할 수 있는 유·무형의 품목을 의미한다. 안정적인 아이템은 항상 중요하다. 한때 반짝하는 아이템보다는 오래 할 수 있는 것을 선택해야 한다. 비록 매출이 적더라도 위험요소가 적은 아이템을 찾아볼 필요가 있다. 특히, 은퇴자나 여성창업자, 고령 창업자들이 유념해야 할 사안이다. 고령화, 1인가구의 증가도 창업 아이템 선정에 고려할 만하다. 왜냐하면 이는 앞으로 다가올 어쩔 수 없는 대세이기 때문이다. 반찬편의점이나 1인 전용 밥집이나 고깃집, 단품 소포장으로 테이크아웃이 가능한 음식점, 소형 커피전문점 등을 살펴보자. 웰빙식이나 다이어트 건강관련 아이템이나 친환경은 꾸준히 인기를 끄는 아이템이 될 것이고 어린이 교육관련 사업 역시 항구적으로 인기 있는 아이템이 될 듯하다.

연간 99만 명이 창업하고 85만 명이 폐업한다. 3년이 지나면 절반이상이 문을 닫고, 5년이 지나면 38[%], 7년이 지나면 29[%]만이 살아남는다. 이는 팩트이며, 사업이 쉽지 않음을 실증하는 데이터이다. 항상 겸허한 마음으로 사업에 임해야 할 이유이기도 하다(창업일보, 문이윤 기자, 2014-11-30).

2. 창업을 위한 업종 선택 원칙

(1) 경쟁업체보다 유리한 업종 선택

창업 시작부터 경쟁업체보다 무엇이든지 우위에 있어야 시장 경쟁에서 주도권을 잡을 수 있다. 동종 산업 내에서도 고객들의 니즈에 부응하고, 고객에게 좀 더 다가갈 수 있는 업종이 있는지를 우선 생각해 볼 필요가 있다.

(2) 자신의 적성에 맞는 업종 선택

수익성이 높다고 해서 창업을 시도하는 것은 금물이며 가급적 일정기간 이상을 직접 체험하면서 자신의 적성 여부를 점검하고 이를 통해 업종을 선택하는 것이 바람직하다. 적성이 맞는지 안 맞는지 알아보는 가장 좋은 방법은 관심 있는 업종의 구체적인 정보와 사업애로사항을 파악한 후 자신의 적성과 부합되는가를 스스로 사전 체크 해야 한다.

(3) 성장성이 있는 업종 선택

1~2년 반짝하고 사양되는 유행 업종 보다는 최소 5년 이상 지속적으로 성장할 수 있는 유망업종을 선택해야 합니다. 성장성 있는 업종을 선택하기 위해서는 관심 업종 관련 경험자 또는 전문가들로부터 정보를 수집하여 판단하는 것이 바람직하다.

(4) 자신의 사업조건에 맞는 업종 선택

자신의 자본규모에 맞춰 업종을 선택할 때는 창업 준비자금뿐만 아니라 창업초기 운영자금을 고려해야 한다.

또한, 건강상 문제가 있는 사람이나 육아 등 부담을 안고 있는 사람은 업종 선택시 신중하게 생각하여 판단해야 한다.

3. 아이디어의 유형과 탐색

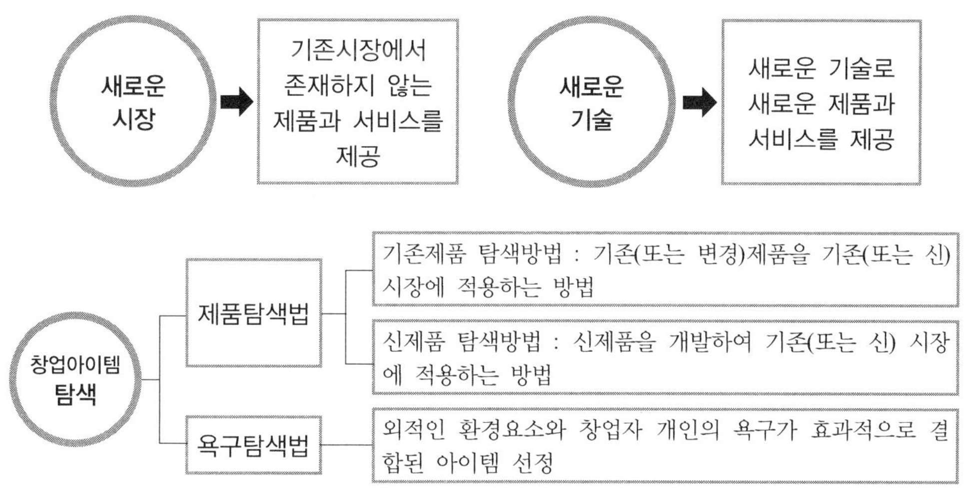

(1) 인적 네트워크 및 면담

- 동창, 친구, 선후배, 전 근무지 인맥을 통한 정보습득
- 산업연구원, 창업컨설턴트 등 전문가를 통한 정보습득
- 창업 경험자 및 실제 소비자 면담을 통한 정보습득

(2) 인터넷 및 미디어

- 인터넷 카페, 블로그 등 소셜미디어를 통한 정보습득
- 창업정보 사이트, 정책정보 사이트 등을 통한 정보습득
- 신문, TV, 잡지 등 미디어를 통한 정보습득

(3) 창업 박람회 및 세미나

- 창업박람회, 전시회, 관련 이벤트 행사 등을 통한 정보습득
- 창업 관련 세미나를 통한 정보습득
- 창업 전문기관 및 지원기관을 통한 정보습득

(4) 유망 아이템의 기본조건

- 시대의 흐름에 적합해야 합니다.

- 성장성과 장래성이 있어야 합니다.
- 대기업이 참여하기 곤란한 새로운 분야의 사업이어야 합니다.
- 유동성이 크고, 경쟁이 심하지 않아야 합니다.
- 안정적인 매출과 이익이 가능해야 합니다.
- 자금회전율이 높아야 합니다.

4. 창업 아이디어 개발방법

(1) 기존제품을 탐색하는 방법

1) 기존제품 + 기존시장 결합방법

- 가장 낮은 차원의 방법
- 요건만 충족되면 누구나 쉽게 창업 가능
- 경쟁이 치열하고 수익성이 낮음
- 상품총람, 상품백과사전, 한국표준산업분류표 및 해설집 직접조사(field survey)

2) 기존제품 + 신시장 결합방법

- 성장기 또는 성숙기제품을 신시장에 진입
- 가정용 침대를 어선에 판매
- 24시간 편의점(CVS), 외국인 상대의 향토식품점
- 비타민 까페, 전문 유통업
- 외국 업체와 기술제휴, Royalty지급

3) 기존제품의 응용 및 개선 + 기존시장 결합방법

- 창조성을 가미하여 제품의 질·용도·기능 향상
- 형상을 변경
- 기능을 보강
- 구조를 변경
- 매력을 가미
- 질(質)을 보강
- 아이템 탐색 방법으로 세계무역박람회, 산업박람회, 발명품 전시회 등 참관, 국내외의 상품정보를 이용, 생활수준, 소비자기호, 감각·유행변화 + 상상력,

제품 아이디어 관련 간행물의 활용

4) 기존제품의 응용 및 개선 + 신 시장 결합방법

- 새로운 시장개척의 부담, 큰 성공 가능성
- 라면 : 일본에서 70년대 침체 → 컵 라면
  한국서도 70년대 말 침체 → 사발면
- 외국의 상품정보 모방생산, 합작·기술 도입

(2) 새로운 제품 개발방법

1) 잠재수요의 탐색방법

- 생활 행동의 변화
- 젊은이 시장
- 실버 인구의 증가
- 경제과학·기술환경의 변동으로 인한 수요 탐색
- 사회·문화의 변동과 더불어 나타나는 잠재수요
- 신기술, 신소재

2) 신제품 아이디어 탐색방법

- 기존제품 중에서 잠재수요 충족 상품의 존재여부
  * 속성열거법
  * 결점열거법(Checklist법)
  * 욕구열거법
  * 속성보완법
  * Brainstorming

3) 신제품 + 기존시장의 결합방법

- 수요가 있는 기존시장 진입
- 성능이 개선된 또는 순수한 신제품 생산·판매
- 신제품의 소비자 욕구만족도에 따라 위험
- 자동세탁기, Sonata차, 전기자동차
- 부단한 시장조사, 무역·산업박람회

4) 신제품 +신시장의 결합방법

- 소비자의 의식변화가 필요하며, 많은 판매비용 발생
- 가장 위험하나 보상이 큰 방법
- 날으는 자동차

(3) 성공적인 아이템의 기본요건

1) 욕구 충족형 제품

- 욕구는 있으나 생산방법을 모르는 제품
- 욕구의 인식부족으로 미개발 제품
- 미래욕구 분출 가능성 있는 제품
- 휴대폰

2) 경쟁력이 있는 제품

- 품질향상(특허, 성능개선 및 특징추가, 외형개선 등) → 석재용 페인트
- 원가절감(저렴한 원재료개발, 기술혁신, 저렴한 가격) → 국민차

3) 수요증가 예상 제품

- 소비인구의 증가가 지속되는 경우 → 실버산업, 여행업
- 소비자 취향의 변화 → 외식산업
- 소비자 의식의 변화 → 주상복합, 고급주택
- 국민경제수준의 향상 → 명품, 자동차산업

(4) 창업아이템 선정 순서

• **창업 아이템 선정**
  - 많은 매출과 이익이 날 수 있는 업종
  - 유망한 업종
  - 안전한 업종
  - 하고 싶은 업종

(5) 창업 아이템 선정전략

• **STEP 1** - 상품성 <상품의 적합성> 잘 아는 제품이나 공정, 필수품
<상품의 독점성> 중소기업을 배제하는 독점제품여부, 정부의 인·허가에 의한 제한 제품여부

• **STEP 2** - 시장성 <시장의 규모> 업종의 발전 사이클, 생활수준의 욕구, 선진외국의 사례, 각 통계 자료의 추이, 전문가 의견, 업계의 흐름, 발전가능성, 업종의 틈새화, 박람회 참관, 각종매체를 통한 情報의 획득 및 평가
<경쟁성> 지역별 분포, 품질과 가격관계, 물류비용, 자원 유사사례 분석
<시장의 장래성> 잠재고객의 수의 증가, 진입장벽, 소비자 성향은 안정적이고 소비필요성의 증가예상

• **STEP 3** - 수익성 <제품생산비용의 효익성> 적정비용으로 생산가능, 생산 공정의 단순화 및 효율성 있음
<적정이윤 보장성> 원자재 조달 용이하고 값의 안정, 노동력 공급 용이하고 저렴, 적정이윤 보장

• **STEP 4** - 안정성 <위험수준> 불황적응력, 기술적 변화에 대처능력
<자금투입 적정성>초기투자 및 자금조달 능력, 이익 실현시 까지 운영자금 확보력
<재고수준 > 원자재 조달, 유통과정 재고 수준, 제품의 회전기간 수요의 계절성

(6) 창업 아이템 선정 가이드

1) 자신이 경험이 있는 분야.
2) 자신이 관심과 흥미가 있는 사업.
3) 매우 가까운 사람이 추천하고 도와줄 사업.
4) 전망이 매우 좋다고 판단되는 분야.
5) 잘 아는 사람에게 묻는다.
6) 창업 강좌에 참석한다.

7) 신문·잡지 등을 열심히 읽으며, 사업 및 소비자 동향을 읽는다.
8) 위험이 적은 사업을 선택한다.
9) 해외의 동향을 파악한다.
10) OO(프랜차이즈) 사업을 고려한다.
11) 고도의 창의력을 이용한다.

(7) 아이템선정 시 유의사항

1) 안 되는 사업을 과다한 금액으로 인수하지 말 것.
2) 유행성 사업의 말미에 참여하지 말 것.
3) 과다한 창업비를 요하는 사업에 참여하지 말 것.
4) 적성에 맞지 않는 사업은 하지 말 것.
5) 철저하게 수익성을 따져 본 후 시작할 것.
6) 사전에 업종에 종사하여 볼 것.
7) 너무나 고도의 사업에 참여하지 말 것.
8) 쉽게 돈 벌 수 있다고 하는 사업은 조심할 것.
9) 경쟁자가 나타날 가능성을 고려할 것.
10) 유망한 사업을 선정한다는 것은 어렵다는 점을 인식할 것.
11) 사업의 성패는 창업 후에도 최선을 다함에 있다는 점을 인식할 것.

(8) 유망창업분야

1) 건강 관련
2) 음식품 사업
3) 정부의 지원제도 활용 가능한 분야
4) 바이오 관련 산업
5) 컴퓨터 관련 산업
6) 환경 관련 산업
7) 육아 어린이 관련 산업
8) 스포츠 관련 산업
9) 관광 관련 사업
10) 기상기후산업

5. 창업 아이템 선정

창업의 기회는 매우 다양한 방법과 여러 상황에서 발생한다. 창업기회는 창업을 준비하는 동안 그 아이디어로부터 출발하여 어떤 아이템을 선택할 것인지가 가장 중요하다. 창업아이템은 창업대상이 탐색되고 이에 대한 타당성 등이 검토되면서 진행되는 창업의 중심축이다.

창업 아이템이란 기업의 산출요소를 규정하며 기업의 목적달성을 위한 수단으로서 최종 목적물인 제품 혹은 서비스를 의미한다. 창업아이템은 물리적 제품, 고객들이 얻게 되는 제품과 서비스로부터의 만족, 즉 그 가치에 중점을 주고 있다. 그러므로 창업아이템은 고객의 욕구(needs)와 표적시장의 특성을 반영하면서 경쟁자와 다르게 제공하고 접근할 수 있는 차별화 요소를 가지고 있을 때 그 성공은 보장받을 수 있다.

(1) 창업 아이템 선정절차

창업 아이템의 선정은 성장가능성이 있어야 하며 현재 뿐만 아니라 미래의 가능성에 더 무게를 두어야 한다. 그것은 곧 성공과 연결되어질 것이며 창업하는 업종의 유기적 관계를 통해 소비자의 특성에 맞도록 아이템 탐색이 이루어져야 한다. 또한 하나의 아이템 선정보다는 여러 개의 후보군을 선정한 후 평가절차를 거쳐 최종 창업 아이템을 선정해야 한다.

■ **창업 아이템 선정절차**

단 계	내 용
1단계	창업아이템을 위한 정보수집
2단계	후보아이템 선정, 정밀분석, 아이템 순위결정
3단계	아이템별 타당성(시장성, 수익성, 성장성) 검토
4단계	창업아이템 최종확정
5단계	창업관련 경영수업(견습 및 경영기술 습득)
6단계	구체적 창업준비(계획서작성, 자금조달, 회사설립, 팀 결성 등)

(2) 창업 아이템 탐색

1) 창업 아이템 탐색의 의의

여러 가지 아이템 중에서 가장 적합한 창업아이템을 찾아내는 것은 탐색단계의 핵심이라고 할 수 있다. 창업아이템의 탐색은 창업자의 흥미와 관심이 중요하다. 아무리 잘되는 사업아이템일지라도 창업자 자신이 전혀 관심이 없다면 그것은 별로 의미가 없다.

자신이 평소에 하고 싶어 하는 분야와 흥미롭게 생각하는 것들을 위주로 아이템을 선발하는 것이 중요하다. 창업자의 경험과 지식 등도 창업아이템을 선정하는데 중요한 부분이다. 이것은 창업자로 하여금 꾸준히 흥미 있는 분야에 투자하도록 만드는 자신감과도 연결될 수 있다.

특히, 기술적 부문에 창업하는 경우에는 국내외 기술 수준을 명확하게 파악하고 향후 제품과 기술의 발전 동향, 수요예측 등이 창업아이템을 선정하는데 중요한 요인이 된다. 상세한 정보가 없는 경우에는 유사분야 혹은 관련 분야에서 종사하는 사람들의 객관적인 조언이 큰 도움이 되기도 한다.

2) 창업 아이템 탐색방법

창업 아이템은 자신의 가장 가까운 주변에서부터 접근하는 것이 바람직하다. 정보 수집을 통해 사전에 준비하고 사람들과의 인터뷰과정을 통해 얻은 것들은 빠짐없이 기록하고 정리하는 습관이 필요하다. 또한 다양한 견해에 대해서는 옳고 그름을 판단하기 전에 먼저 기록하되 상황에 맞도록 연결지어보는 것도 필요하다. 개인의 편견에 의해 비판적인 의견을 무시하거나 하면 창업아이템에 대한 다양한 접근이 이루어질 수 없다.

창업 아이템을 위한 정보원천(source)으로는 신문과 잡지 등의 인쇄물 혹은 TV 프로그램 등 다양한 채널이 있다. 특히 인터넷을 통한 창업사이트 활용은 최근 창업 아이템 선정을 위해 좋은 수단이기도 하다. 이러한 다양한 창업 관련 정보원천을 통해서 향후 창업시장을 예측해 보고 나름대로의 시장전망도 해 볼 수 있다.

이러한 과정을 거쳐 선택한 몇 가지의 창업 아이템은 다음단계에서 직접 시장에 대한 반응과 현장 조사를 실시한다. 그것은 현장에서 아이템이 갖는 특성을 직접 확인함으로써 아이템에 대한 위험(risk)을 파악할 수 있게 된다.

또한 장단점 파악을 통해 아이템에 대한 차별화 포인트를 찾아내는데 주력 할

수 있게 된다. 이 때 국내시장과 해외 시장 모두를 망라하여 동향을 파악한다면 좀 더 구체적인 접근이 될 수 있다. 특히 자신의 관심 아이템은 여러 분야에 걸쳐 구체적 정보와 잠재성 전망을 진단해 보는 것이 더욱 필요하다.

아이템을 탐색하는 과정에서는 양적 접근으로 시작하여 질적 접근으로 귀결하는 것이 바람직하다. 즉 탐색 단계에서는 많은 아이템을 찾는 것이 좋다. 그렇게 찾아낸 아이템이 여러 타당성 진단에 의해 자신이 찾는 적합한 아이템이 되기 위해서 일반적으로 다음과 같은 방법을 사용한다.

① 설문지 통한 점수 합계법

이 방법은 몇 가지의 내용을 가지고 설문문항을 한 후 5점 혹은 7점의 척도로 점수화 한다. 물론 그 방법은 조사자의 결정에 의한다. 이러한 방법으로 점수의 합계를 계산하여 아이디어를 선별하는 방법이다.

이 방법에서는 아이디어 선별을 위해 설문문항을 만들어 내는 것이 중요하다.

예를 들면 제품관련, 시장관련, 인적자원관련, 생산관련 등등의 구체적인 내용들을 중심으로 질문문항을 만들고 아이디어를 선별한 수 있도록 활용한다. 또한 점수 척도를 질문내용에 매우 그렇다면 5점, 비교적 그렇다면 4점, 그저 그렇다면 3점, 그렇지 않다면 2점 전혀 그렇지 않다면 1점으로 표시해야 한다. 아래의 아이템 탐색 체크리스트를 사용할 수 있다.

② 가중치 지수법

가중치 지수법은 창업의 성공요인을 중심으로 핵심요인들의 가중치를 부여하고 합계된 점수의 범위에 따라 아이디어를 평가하는 방법이다. 이 방법은 의사결정시 여러 가지 대안을 선택하고 확정할 때에도 활용된다. 이 방법은 다음과 같은 절차가 필요하다.

㉠ 성공을 위한 주요요인을 먼저 선정한다. 제품요인, 가격요인, 유통요인, 촉진요인 이외에 디자인요인, 입지설비요인 등을 선정할 수 있다.

㉡ 중요도에 따라 가중치(weight)를 다르게 부여한다(단, 가중치의 합은 반드시 100이 되어야 한다).

㉢ 평가척도를 만들고 해당 평가척도를 체크한다(예를 들어 0.0 ~ 1.0점으로 함).

㉣ 가중치와 평가척도를 서로 곱하여 요인별 점수를 계산한다.

㉤ 요인별 총점수를 계산하고 평가한다. 평가의 기준은 상대적 의미를 갖게 된다.

■ **아이템 탐색 체크리스트**

구분	내 용	척 도				
		1점	2점	3점	4점	5점
1	제품의 성능은 우수한가?					
2	제품의 용도는 다양한가?					
3	제품의 품질 대비 가격은 경쟁력이 있는가?					
4	제품의 대체재는 존재하는가?					
5	경쟁자의 수는 많은가?					
6	진입장벽은 높은가?					
7	자본조달에는 문제없는가?					
8	인적자원에 대한 활용 문제는 없는가?					
9	인건비는 안정적인가?					
10	계절별 매출액 변동은 심한가?					
11	생산관련 기술적 문제는 없는가?					
12	새로운 제품에 대한 경쟁력은 있는가?					
합계						

(3) 창업 아이템 선정의 원칙

시장에서의 창업을 위해서 아이템의 탄생은 엄청난 시간을 기다리게 된다. 모든 업종에서 상품이 시장에 출시되기까지는 도입기부터 쇠퇴기를 맞이하듯이 창업에서도 새로운 아이디어, 기술 등이 시장에 도입되기 위해서는 비용이며 시간에 대한 노력이 부단히 필요하다.

그러나 이런 노력이 뒤늦게 허사가 되는 경우가 발생한다. 그것은 바로 기술에 관한 사전 점검을 확인하지 않는 것이다. 최근 들어 첨단제품이나 신기술과 관련해서는 창업 전 국내외 특허관련 혹은 기술등록 여부에 대해 반드시 사전에 확인해야 한다. 이것은 추후 분쟁의 소지를 없애는 중요한 절차인 것이다.

그렇다면 창업시 유망 아이템은 어떤 것일까? 수익성, 성장성, 안정성 등등이 보장되는 대박의 아이템일 것이다. 하지만 세상에는 이렇게 완벽한 아이템은 존재할 수 없다. 그러므로 유망한 아이템은 성공이 보장되는 것보다는 시장이 가능하면 비수기보다는 성수기가 길고 경기에 덜 민감하며 수익의 지속성이 유지되는 업종으로 이해하면 될 것이다. 물론 동시에 부가가치가 있고 실패확률이 낮다면 그야

말로 유망한 아이템인 것이다.

창업 아이템 선정의 기본원칙은 아래와 같은 내용들이 있다.

① 자신의 적성과 경험, 지식 등이 사업 수행능력에 적합한가?
② 창업 아이템이 경쟁자와 비교해 차별성이 있는가? 혹은 지속적 경쟁우위가 있는가?
③ 자금동원 능력이 있는가?
④ 창업 아이템에 대한 잠재수요층이 있는가?
⑤ 창업 아이템이 성장가능성이 있는가?
⑥ 입지선정의 용이성이 있는가?
⑦ 사업형태(도매업 혹은 소매업) 및 취급 제품과 서비스는 무엇인가?
⑧ 투자비용의 회수는 언제쯤 가능한가?
⑨ 상품 조달과 지속적인 공급이 가능한가?
⑩ 창업인가 혹은 창업 절차는 어떠한가?
⑪ 국내외 기술, 특허 관련 분쟁소지는 없는가?

창업 아이템 선정시에는 특히 다음의 다섯 가지 분야를 고려하여야 한다.

첫째, 창업자의 적성과 능력

둘째, 상품과 서비스의 시장성

셋째, 창업기업의 수익성, 창업기업의 기술성, 그리고 불시에 닥칠 위험 대비성 등을 고려해야만 한다.

이것은 예비창업자들이 고려할 사항이지만 창업 후 경영을 하면서도 지속적으로 검토하고 실행하여야 할 사항들이다.

(4) 창업자 성격을 고려한 아이템 선정

창업 아이템을 선정할 때 창업자의 적성과 성격을 반영하는 것이 좋다. 물론 절대적인 것은 아니지만 고려할 사항임에는 틀림없다. 자신의 적성과 맞아야만 더욱 애착도 가질 수 있고 관심이 깊어진다.

① 아이디어형 : 새로운 아이디어를 내놓는 스타일(style)의 소유자들은 주로 발명사업가, 벤처사업가와 같은 모험 지향적이며 미래지향적인 업종에 적합하

다. 예를 들면 과학모형기기 전문점, 소프트웨어 개발, 정보통신업종이다.

② **저돌적 추진형** : 사람들 중 추진력이 있고 도전적인 성격의 소유자들이 있다. 이런 사람들은 종업원 통제 및 관리가 능하고 고객접대의 노하우가 필요한 사업에 적합하다. 예를 들면 주점업, 이삿짐센터, 오락 이벤트업, 실내사격연습장, 경기용품 판매업 등이다.

③ **사교형** : 사람들과 사귀기를 선호하며 많은 사람들과 잘 어울리는 사람들은 비교적 많은 업종에 적합한 성격이다. 예를 들면 웨딩 이벤트업, 유통판매업, 여행알선 등의 업종이다.

④ **소극형** : 소극적인 성격의 소유자들은 큰 영업활동 없이도 꾸려갈 수 있는 업종이 적합하다. 주로 일상적으로 고객이 찾아오는 아동의류, 완구·팬시점, 꽃가게, 여성의류, 숙박업, 전통찻집 등의 업종이다.

⑤ **연구형** : 연구형 성격은 교육사업 및 컨설팅 사업 등의 지식사업에 적합하다. 예를 들어 학습교재대여점, 학원업, 독서실, 창업 및 경영 컨설팅업 등의 업종이다.

⑥ **원칙주의형** : 창업자의 성격이 원칙주의를 선호하는 유형은 개인을 위한 공급자 중심형 사업에 어울린다. 전기제품 혹은 주택관련 수리업, 청소용역업, 자동차 수리업 등의 업종이 적합하다.

⑦ **인내형** : 성격이 우직하고 인내심이 많은 성격은 개인서비스업이 적합하다. 전문음식점, 출장배달 서비스업, 택배업 등이 이에 해당한다.

6. 창업 아이템의 사업성 분석

(1) 사업목적과 평가기준

사업목적이 경영이념과 일치하는지의 여부와 정관 등에 나타난 사업의 목적과 범위, 창업자의 경력, 적성 등이 사업아이템과의 부합정도를 검토한다.

창업 아이템의 평가기준으로는 절대평가와 상대평가 기준으로 구성된다. 절대평가의 기준은 경영이념 및 목표와의 부합도, 전략과의 일치성, 법률적인제한, 공익에 대한 저해여부, 과다한 소요자금, 기술 확보 여부, 마케팅 활동저해 요인 등이다.

상대평가 기준은 업계의 매력도(시장규모, 시장성장성, 제품의 성숙도 등), 진입가능성(경영 노하우, 전문기술, 자금운용능력 등), 경쟁력(생산능력, 연구개발력, 마

케팅능력 등), 수익성(매출, 수익률, 투자회수기간 등), 위험 등이다.

(2) 경쟁자 분석

경쟁자를 포함한 경영환경을 기회(opportunities)와 위협(threats)으로 조직의 내부적인 능력을 강점(strengths)과 약점(weaknesses)으로 파악하여 기업의 제대로 된 현 위치를 직시한다. 즉 강점을 최대로 부각하고 약점을 보완하여 전략을 수립할 수 있도록 준비한다. 이는 경쟁사와의 비교를 통해 진지한 분석과 정보전략 수립으로 경쟁력 확보의 근간을 이루는 것이다.

이러한 평가요인으로는 시장점유율, 경쟁적 우위, 인적자원의 수준, 기술력, 재무능력, 경영자의 능력 등이 포함된다.

경쟁사 대비 조직적인 면, 생산적 요소, 마케팅 측면 등의 차별화 전략과 소비자 지향적인 기업을 부각시키기 위한 경영전략 수립의 가능성 여부를 검토하고 확인한다.

7. 제품성(기술성) 분석

① **제품성** : 제품의 용도 및 기능, 물리적 특징과 국내외 표준 규격품과의 품질 및 기술수준을 확인한다.

② **생산계획 검토** : 생산 공정의 타당성, 생산 방식, 생산 인력의 자격 요건, 생산능력, 기간별가동률에 대한 전반적인 생산계획을 확인한다.

③ **입지조건** : 교통의 용이성, 전력, 원재료 조달 용이성, 종업원 충원 용이성, 사업장 취득 상 제한 등 입지조건 제반을 확인 검토한다.

④ **기술성 분석** : 기술성 분석은 창업아이템 또는 생산제품의 개발, 설계, 생산을 추진하는데 있어 아이템의 성능과 기술구현, 자체개발과 아웃소싱 여부, 차별화 구현을 위한 기술적인 항목 등을 검토해야 한다.

특히 최근 기술적인 타당성 검토에서 중요해지는 것은 인증과 관련된 것이다. 수출의 경우 거의 상품마다 CE마크 인증을 요구하고 있다. 인증과 관련된 문제는 한국산업기술평가원(ITEP) 등에서 컨설팅, 심사를 대행하므로 이를 활용하면 비교적 편리할 수 있다.

8. 시장성 분석

(1) 시장분석

시장성 평가를 진행할 때 고려해야 하는 항목은 경쟁업체와의 현황 및 성장률 분석, 시장의 지리적 위치, 시장의 특성, 주요고객, 잠재시장 규모 등이다. 또한 기존 기업이 가지고 있는 여러 가지 능력 평가도 중요하다. 예를 들면 기존기업의 제품가격, 제품의 질(quality), 유통전략, 판매전략 등이다.

(2) 마케팅전략

기업을 평가하는데 가장 자주 활용하는 것이 시장점유율(market share)이다. 업계에서의 경쟁사가 차지하는 점유율, 자사가 차지한 시장 점유율 등은 판매전망과도 유관하다. 한정된 시장에서의 서로에 대한 시장점유율 공략은 결국 살아남기 위한 생존전략을 반영하는 것과도 같다.

시장에서의 점유율 예측과 확보를 위해 어떤 전략을 구사해야 하는지? 혹은 어떠한 광고, 촉진을 실시해야만 시장점유율에 긍정적 영향을 주게 되는지 등등을 고려하여 마케팅전략을 세워야 한다.

9. 수익성 분석

기업운영의 최대목표는 이윤창출이므로 창업 이후 수익성이 저조하면 그 사업은 다시 한 번 타당성 검토를 해야만 한다. 또한 창업 후 아이템을 개발하고 경쟁사에게 이기려고 노력하는 것은 판매이윤을 극대화하기 위한 경영자의 노력인 것이다. 그러므로 창업자에게 수익성은 아주 중요한 요인(factor)이다.

(1) 재무 분석

창업에서 수익성을 남기기 위해서는 경영만큼이나 중요한 것이 돈과 관련된 재무 분석이다. 대표적인 것은 손익계산서, 대차대조표, 현금수지분석표에 기초를 둔 미래의 재무구조예측, 재무예측을 위한 자료로 판매대금의 회수기간, 재고수준, 경비에 대한 지불기간, 생산원가의 항목, 판매, 관리, 재정적 비용과 수익에 관한 재무 분석을 하기 위한 투자수익률, 주당수익률, 손익분기점, 생산량, 가격분석 등에

대한 것이다.

(2) 손익분기점(BEP; Break Even Point) 분석

손익분기점은 매출액 대비 비용에서 순이익이 영(zero)이 되는 것을 말하며 계산방법은 다음과 같다.

매출액 − 변동비 − 고정비 = 순이익 = 0
손익분기점 = 고정비 / (1 − 변동비 / 매출액)
= 고정비 / (1 − 변동비율)
= 고정비 / (공헌이익률)

총비용에는 판매량에 비례하여 증감하는 변동비와 판매량과 상관없는 일정한 원재료 매입비용, 운반비, 판매수수료 등이다. 고정비에는 감가상각비, 설비보험료, 임차료, 수선비, 임직원보수 등이 있다. 판매량 수준에 상관없이 원별 고정비용과 변동비용을 커버하는 것, 즉 손익분기점을 얻고자 하는 것이 손익분기점 분석의 기본 목표이다.

(3) 자금조달능력 분석

소요자금의 규모를 검토하고 어떻게 자금을 조달할 것인지 또한 차입금에 대한 상환 조건 및 가능성을 검토하여 자금조달능력을 분석한다. 또한 기업이 처한 환경 분석 및 여러 가지 위험요소를 분석하여 사업수행 능력을 평가한다.

Ⅲ 창업사업계획서 이해하기

1. 창업사업계획서란?

창업사업계획서란, 사업에 대한 밑그림으로 성공적인 사업 추진을 위해 사업전반에 대한 내용을 문서화한 것이다.

즉, 사업의 목적 달성을 위해 기업 활동범위, 자원의 활용 방법, 경영전략 등 사업에 관한 제반사항을 체계적으로 작성한 문서이다. 따라서 정확한 목적을 가지고 체계적으로 잘 작성한 사업계획서는 사업 성공의 밑거름이 된다.

사업계획서는 사업내용과 세부일정계획 등을 문서로 기록해 놓은 것이다. 창업 사업계획서는 창업과정에 있어 꼭 필요한 과정으로 이제까지 준비된 모든 사항들을 일목요연하게 계획된 사업내용을 담고 있어야 하는 서류인 것이다.

사업계획서는 창업자 자신을 위해서는 사업성공의 가능성을 높여주는 동시에 계획적인 창업을 가능케 하여 창업기간을 단축하여 준다. 또한 창업에 도움을 줄 제3자, 즉 출자자, 금융기관, 매입처, 매출처, 더 나아가 일반 고객에 이르기까지 투자자의 관심유도와 설득자료로 활용도가 매우 높다. 특히 부족한 자금을 조달하기 위해서 다른 사람이나 금융기관에 투자 또는 융자를 신청하는데 있어 투·융자자의 관심을 유도하고 설득하는데 결정적인 자료가 될 수 있는 것이다. 따라서 사업계획서 작성은 정확하고 객관성이 유리되어야 하며 전문성과 독창성을 갖춘 보편타당한 사업계획서가 되어야 한다.

사업의 규모가 작고 간단한 사업이라 할지라도 구체적인 계획 없이 즉흥적으로 대처한다면 성공하기 어렵기 때문에 어떤 경우의 창업일지라도 사업계획서를 작성하는 것은 필수적 절차이다.

창업기업의 실패원인은 내적 요인과 외적 요인으로 구분하여 볼 때 90[%] 이상이 내적 요인에 의한 실패로 나타나고 있는데, 이러한 요인을 제거하기 위한 최우선과제는 무엇보다도 정확하고 실질적인 사업계획의 수립에 있다. 사업계획은 위험성과 불확실성에 대해여 세밀하고 전문성 있는 방법에 의한 분석이 필요하며, 상품의 구상에서부터 초기 성장단계로 진입하기까지의 활동은 물론 성장 단계별로 변화에 대처하는 사업계획서가 필요한 것이다.

대부분의 사업자는 객관적이기 보다는 주관적인 판단으로 흐를 가능성이 높기 때문에 체계화된 사업계획서 형식에 맞추어 구체적으로 각 부문별, 요소별 계획과 검토를 진행하다 보면 예상치 못한 문제점을 발견하게 되고 이러한 예기치 못한 작은 원인에 의해서 성패가 좌우될 수도 있다는 것을 잊지 말아야 할 것이다.

정부에서도 각종 금융기관이나 투자기관들을 통하여 창업기업과 중소기업을 위한 금융지원의 폭을 넓히고 있으며, 기술개발자금도 매년 증액하여 지원하고 있다. 특히 예비창업자를 비롯한 초기의 창업자들에게 창업자금을 무상으로 지원하는 제도가 늘어나고 있다. 이러한 여러 가지 자금을 활용하기 위해서는 객관적이면서도 세밀한 사업계획서가 있어야 하는 것은 너무나 당연한 것이다.

2. 사업계획서 작성의 필요성

(1) 체계적 사업추진을 위한 설계

- 단순한 아이디어 또는 경험에 의한 주관적인 사업계획을 방지
- 인사 · 구매 · 생산 · 마케팅 · 재무 등의 기업 경영활동 전반에 대해 사전에 검토

(2) 계획 사업을 위한 시뮬레이션 과정

- 사업수행을 사전에 연습함으로써 시행착오를 예방하고 사업기간과 비용 절약
- 계획 사업의 사전 점검을 통한 실패확률의 감소로 사업자에게 사업성공의 가능성 상승

(3) 이해관계자에 대한 설득자료

- 이해관계자(투자자, 금융기관, 정부 및 지자체 등)를 위한 설득자료로 활용
- 사업자의 신뢰도를 증진시켜 자금조달이나 각종 정책지원을 받는데 활용

(4) 사업추진을 위한 소개자료

기업 간의 사업제휴, 납품 또는 입점 계약, 대리점 또는 가맹점모집, 공공기관 입찰 서류제출, 인허가 신청, 기술 및 품질 인증 등 사업 추진을 위한 회사소개 자료로 활용

3. 사업계획서의 작성절차

(1) 전체 목차 구성

- 사업내용에 맞는 전체적인 목차를 구성하여 나열
- 제품내용, 서비스흐름, 사업모델 등에 관한 자료를 점검
- 양식이 정해진 경우에는 작성에 필요한 내용을 확인

(2) 시장분석 및 계획수립

- 시장, 기술, 경쟁사 등의 동향 및 특징 조사를 실시
- 조사된 내용을 분석하고 사업의 방향 및 실행계획을 수립

• 사업내용과 유사한 참조할 수 있는 사업계획서를 확보

(3) 계량분석

• 투자계획, 매출 및 비용계획, 손익분석 등의 분석 실시
• 내용상 문제점 점검 및 피드백(실행계획 수정)
• 목표로 하는 수치가 나올 때까지 반복하여 분석 실시

(4) 내용작성 및 편집

• 목차순서에 상관없이 쉬운 항목부터 세부내용을 입력
• 유사 아이템의 사업계획서를 참고하여 내용 작성
• 내용 작성 후 서체, 글자크기, 색상 등을 통일하여 편집

4. 사업계획서 작성 항목

■ **사업계획서 작성 항목**

주요작성항목	내부운영용	자금신청용	투자유치용	사업제휴용	IR용	입찰제안용
회사개요		●	●	●	●	●
사업개요		▲		●	●	
제품 및 기술현황		●	●	●	●	●
시장환경	●	▲	●	▲		
개발계획	●	●	●		▲	●
투자계획	●	●	●			●
마케팅계획	●	●	▲	●		▲
생산계획	●					
조직 및 인원계획	●	▲		▲		
이익 및 재무계획	●	●	●	●	●	●
투자제안			●			

출처 : 신용보증기금 – ● 필수항목, ▲ 권장항목

5. 사업계획서의 작성법

(1) 사업요약

- 작성항목 : 사업모델, 시장전망, 적용기술, 투자금액, 사업비전 등
- 사업과 무관한 사람도 쉽게 이해할 수 있도록 작성
- 제품과 서비스에 대한 독창성과 경쟁우위성 부각
- 목표시장, 시장 추세 및 성장성 등에 대한 핵심사항

(2) 회사개요

- 작성항목 : 일반현황, 주요 연혁, 비전, 경영이념, 조직, 지적재산권, 주주현황, 재무현황 등
- 사실에 근거하여 최대한 성실히 작성하는 것이 핵심
- 경영 조직의 핵심역량 부각
- 회사의 비전 및 목표에 대한 정량(수치)적인 기재

(3) 사업개요

- 작성항목 : 사업필요성 및 효과, 사업영역, 사업배경 및 방향, 사업전략 등
- 사업의 핵심역량 및 사업목표(정량·정성)를 강조
- 사업의 목적, 필요성 및 효과, 사업분야 및 영역 부각
- 단계별 사업방향 및 전략 기재

(4) 제품 및 기술현황

- 작성항목 : 제품개요, 제품구성, 제품특징 및 효과, 제품 관련 기술, 기술 우위성 등
- 경쟁제품과의 비교·분석을 통한 경쟁 우위점을 강조
- 자사 제품의 특징 및 차별성 기재
- 핵심 기술 내용을 타 업체와 비교하여 작성

(5) 시장환경

- 작성항목 : 시장현황, 시장규모, 시장전망, 경쟁현황, 고객동향, SWOT분석 등

- 환경분석 결과 사업성공 가능성이 높음을 제시
- 제시된 시장분석 자료에는 반드시 출처 및 근거를 기재
- 경쟁현황은 반드시 자사와 경쟁사를 비교 분석하여 작성

(6) 개발계획

- 작성항목 : 개발 현황 및 방향, 개발 인력 및 비용, 개발 일정 등
- 사업포트폴리오와 연계된 기술개발 로드맵 강조
- 지금까지의 연구개발 성과와 향후 연구 방향 부각
- 향후 연구개발에 소요되는 비용 및 일정 기재

(7) 투자계획

- 작성항목 : 사업장 및 시설공사, 설비 및 비품계획, 기타 투자계획 등
- 투자금액에 대한 명확한 산출 내역(근거) 제시
- 시설 및 설비의 상세 내역 및 구매처 기재
- 무형자산(특허권, 영업권 등)에 대한 계획 기재

(8) 마케팅계획

- 작성항목 : 마케팅 컨셉, STP(Segmentation, Targeting, Positioning)전략, 4P 믹스 전략(제품/가격/유통/판촉) 등
- 마케팅 계획의 실현 가능성에 초점을 맞추어 작성
- 구체적인 마케팅 예산 책정 및 기재
- 경쟁사와의 차별화된 전략 부각

(9) 생산계획

- 작성항목 : 생산공정, 레이아웃, 생산계획, 구매계획, 자재계획, 품질계획 등
- 가능한 한 상세하게 단계별 실행계획 및 예산 기재
- 연도별 생산계획(규모) 및 산출근거 제시
- 구체적인 품질 목표 및 관리 방안 기재

(10) 조직 및 인원계획

- 작성항목 : 조직계획, 인력계획, 인건비계획 등
- 사업규모 및 경영환경에 적합한 조직구성이 포인트
- 핵심 인재 구성 내역 및 확보 방안 기재
- 사업 단계별 조직·인력계획을 상세하게 작성

(11) 매출 및 이익계획

- 작성항목 : 매출계획, 제조원가계획, 비용계획, 추정 손익계산서, 추정 재무상태표 등
- 재무 관련 수치는 반드시 산출근거를 제시
- 손익계산서 및 재무상태표의 연계성 확보
- 연도별 매출액 및 순이익의 추세 부각

(12) 투자제안

- 작성항목 : 투자 포인트, 주식가치 산출, 투자제안 등
- 투자자가 얻을 수 있는 이익에 대한 내용 강조
- 투자자의 관심을 유도할 수 있는 내용 부각
- 투자 조건 및 투자 회수방안 제시사업계획서 작성 항목 사업계획서 작성의 필요성

6. 창업사업계획서 작성

(1) 창업사업계획서 작성 시 유의점

창업 사업계획서는 창업자의 얼굴인 동시에 창업자 자신의 신용이다. 창업 사업계획서는 창업자 자신이 효율적으로 기업을 설립하여, 그 사업을 지속적으로 성장·발전시켜 가고자 하는 창업자의 구체화된 의지를 체계적으로 정리·기술한 창업 사업계획서이기 때문이다. 이런 관점에서 사업계획서 작성 시에는 다음과 같은 점을 유의하여 작성해야 한다.

① 창업자가 가지고 있는 기업목표와 기업가정신을 분명하게 밝히고, 창업 아이템을 제3자에게 설득력 있게 납득시키는 것이 창업 사업계획서의 가장 큰 목적이다. 따라서 계획사업에 대한 내용을 충분히, 그리고 구체적으로 작성할 필요가 있다.

사업내용이 창업자 자신에게는 다년간 관심과 연구의 결과일 수 있지만, 제3자의 입장에서는 생소한 경우가 대부분이기 때문이다.

② 창업 사업계획서는 객관성이 있어야 한다. 자신감이 너무 지나쳐 제3자가 보기에 허황되고 실현가능성이 없다고 판단될 때는 신뢰성에 큰 타격을 입을 수도 있다. 따라서 공공기관 또는 전문기관의 증빙자료를 근거로 한 시장수요조사와 정확한 회계적 지식을 가지고 매출액과 수익이 추정되어야 한다.

③ 계획사업의 핵심내용을 강조하여 부각시켜야 한다. 사업계획이 평범하여서는 제3자의 호감을 사지 못한다. 계획제품이 경쟁제품보다 소비자의 호응이 있으리라는 기대를 갖고, 제품의 특성을 중심으로 설명하되 잡다한 부수적 생산제품보다 창업초기 전략계획상품을 중심으로 설명할 필요가 있다. 흔히 창업자들이 이 목표상품을 잘못 선택하여 창업에 실패하는 경우가 많기 때문이다.

④ 제품 및 기술성 분석에 대한 내용은 가급적 전문적인 용어의 사용을 피하고, 단순하고도 보편적인 내용으로 구성한다. 해당 제품 자체의 설명에만 국한하지 말고 관련 산업, 관련업종의 내용부터 접근하는 것이 필요하며, 제품 생산공정을 구체적으로 설명한다. 또한 제품 및 기술성 분석 근거자료로서 공공기관의 기술타당성 검토보고서 또는 특허 등의 증빙서류를 첨부함으로써 신뢰성을 높여줄 필요가 있다.

⑤ 자금조달 운용계획은 정확하고 어느 정도 실현 가능성이 있어야 한다. 창업자 자신이 조달가능한 자기자본은 구체적으로 표시함으로써 제3자로부터 창업자의 최소한의 자금조달능력을 신뢰하게 할 필요가 있다. 그 다음 동업자, 금융기관 등으로부터의 조달계획도 구체적으로 표시하여야 한다.

자금조달계획이 어느 정도 확정된 후에는 정확한 소요자금산정이 필요하다. 흔히 창업자의 대부분이 소요자금을 먼저 산정한 후, 자금조달계획을 수립하는 경우가 많다.

⑥ 창업 사업계획서는 잠재되어 있는 문제점과 향후 발생 가능한 위험요소를 심층 분석하고, 예기치 못한 사정으로 인하여 창업이 지연되거나 불가능하게

되지 않도록 다각도에 걸쳐 점검할 것이 요구된다. 사업의 핵심요원은 구체적으로 사전에 확정되어 있어야 하며, 조업률 80% 수준의 종업원확보에 어려움이 없는지도 집중적으로 검토해 보아야 한다.

특히 기술성이 뛰어난 제품 등은 기술상 조금만 하자가 있어도 실패하는 경우가 많기 때문에 기술인력의 확보와 생산시설에 있어서도 사전 충분한 준비 절차가 있어야 한다.

사업계획서는 크게 나누어 기존업체의 사업계획서와 창업기업의 사업계획서로 대별된다. 기존업체의 사업계획서는 일종의 경영계획으로서 작성되며, 기간에 따라 중·장기 경영계획과 단기 경영계획으로 구분된다.

창업 사업계획서는 크게 나누어 외부기관 제출용 사업계획서와 자체검토용 사업계획서로 구분할 수 있는데, 외부기관 제출용은 인·허가용 사업계획서, 금융지원을 위한 사업계획서, 농공단지 등 공업단지 입주계약신청용 사업계획서 등이 있다.

사업계획서의 대부분의 내용을 망라한 기본 사업계획서를 창업자 자체용도의 간이 사업계획서, 외부관계기관 제출용 사업계획서로 구분할 수 있다.

(2) 창업사업계획서 작성절차

■ **사업계획서 작성 절차 흐름도**

제1단계	사업계획서 작성의 목적에 따라 기본방향을 설정	• 사업계획서의 용도 확인 • 사업계획서의 종류 검토
제2단계	사업계획서 작성 목적 및 제출기관의 소정양식 검토	• 사업계획서의 용도 분류 • 사업계획서의 종류 구분
제3단계	사업계획서 작성 계획의 수립	• 계획의 기본요점 정리 • 세부적인 유의사항 검토
제4단계	사업계획서 작성에 직접 필요한 자료와 첨부서류 검토	• 각종 정보수집 및 정리 • 작성 시 보조자료 검토
제5단계	작성해야 할 사업계획서의 폼(form)을 결정	• 용도에 따라 양식 선택
제6단계	용도에 맞는 사업계획서 작성	• 실질적 사업계획서 작성
제7단계	사업계획서 편집 및 제출	• 최종 확인 및 점검

7. 사업계획서 작성의 예

(1) 사업계획서 목차의 예

〈요약서〉

Ⅰ. 기업체 현황

1. 회사개요
2. 업체 연혁
3. 창업동기 및 향후계획

Ⅱ. 조직 및 인력현황

1. 조직도
2. 대표자, 경영진 및 종업원 현황
3. 주주현황
4. 인력구성상의 강·약점

Ⅲ. 기술현황 및 기술개발계획

1. 제품의 내용
2. 기술현황
3. 기술개발투자 및 기술개발계획

Ⅳ. 생산 및 시설계획

1. 시설현황
2. 생산공정도
3. 생산 및 판매실적(최근 2년간)
4. 원·부자재 조달상황
5. 시설투자계획

Ⅴ. 시장성 및 판매전망

1. 일반적 판매전망
2. 동업계 및 경쟁회사현황

3. 시장 총규모 및 시장점유율
4. 판매실적 및 판매계획

Ⅵ. 재무계획

1. 최근 결산기 주요 재무상태 및 영업실적
2. 금융기관 차입금 현황
3. 소요자금 및 조달계획

Ⅶ. 사업추진 일정계획

Ⅷ. 특기사항

Ⅸ. 첨부서류

1. 정관
2. 상업등기부 등본
3. 사업자등록증 사본
4. 최근 2년간 요약결산서
5. 경영진 이력서

(2) 창업 사업계획서 양식의 예

창업사업계획서 예시(중소기업청 지원사업 창업진흥원 예시자료 참조)

「창업지원사업」 창업사업계획서

<table>
<tr><td colspan="2">신청대상</td><td colspan="3">□ 일반부 □ 학생부</td><td>접수번호</td><td colspan="2">-</td></tr>
<tr><td colspan="2">창업아이템</td><td colspan="6"></td></tr>
<tr><td colspan="2">사업분야</td><td colspan="6">□기계·재료 □전기·전자 □정보·통신 □화공·섬유
□생명·식품 □환경·에너지 □디자인·공예 □기타업종</td></tr>
<tr><td colspan="2">핵심기술</td><td colspan="6"></td></tr>
<tr><td colspan="2">팀 명</td><td colspan="6"></td></tr>
<tr><td rowspan="6">참가자
(팀은
대표자)</td><td>참가구분</td><td colspan="6">□ 개인 □ 단체</td></tr>
<tr><td>성 명</td><td colspan="3"></td><td>주민등록번호</td><td colspan="2">-</td></tr>
<tr><td rowspan="2">소 속</td><td>일반부</td><td colspan="5"></td></tr>
<tr><td>학생부</td><td colspan="5">대학(교) 학과 학년 (재학, 휴학)</td></tr>
<tr><td rowspan="2">연 락 처</td><td>전 화</td><td colspan="2"></td><td>휴대폰</td><td colspan="2"></td></tr>
<tr><td>Email</td><td colspan="5"></td></tr>
<tr><td rowspan="6">팀구성원
(팀 참가자)</td><td>성 명</td><td>생년월일</td><td colspan="2">소 속</td><td colspan="3">담당분야</td></tr>
<tr><td></td><td></td><td colspan="2"></td><td colspan="3"></td></tr>
<tr><td></td><td></td><td colspan="2"></td><td colspan="3"></td></tr>
<tr><td></td><td></td><td colspan="2"></td><td colspan="3"></td></tr>
<tr><td></td><td></td><td colspan="2"></td><td colspan="3"></td></tr>
<tr><td></td><td></td><td colspan="2"></td><td colspan="3"></td></tr>
<tr><td colspan="2">시제품 제작 현황</td><td colspan="6">□미제작 □제작중 □제작완료</td></tr>
<tr><td colspan="2" rowspan="2">지적재산권
출원 및 등록 현황</td><td>검색여부</td><td colspan="5">□검색완료 □미검색 □해당없음</td></tr>
<tr><td>출원여부</td><td colspan="5">□미 출 원 □출원중 □등록완료</td></tr>
<tr><td colspan="2" rowspan="4">동아이템이 중소기업청
창업지원사업에서
개발지원금을 받은
적이 있는 사항</td><td colspan="2">사업명</td><td colspan="2">지원금액</td><td>기간</td><td>시행기관</td></tr>
<tr><td colspan="2"></td><td colspan="2"></td><td></td><td></td></tr>
<tr><td colspan="2"></td><td colspan="2"></td><td></td><td></td></tr>
<tr><td colspan="2"></td><td colspan="2"></td><td></td><td></td></tr>
<tr><td colspan="8">상기와 같이 『0000 대한민국 실전창업리그』 참가신청서를 제출합니다.
년 월 일
신청인 : (서명 또는 날인)

장 귀하</td></tr>
<tr><td colspan="8">※ 구비서류
<첨부1> 창업사업계획서 및 요약서 각 1부.
<첨부2> 증빙서류(경력(재학)증명서, 시제품사진, 설계도 등)</td></tr>
</table>

창업사업계획서

사업분야	분야
창업아이템	안전 장치
신청대상	□ 일반부 ■ 학생부
참가구분	□ 개 인 ■ 단 체
팀 명	
참가자(대표자)	

유의사항

1. 본 계획서의 보충 설명을 위해 필요한 사진 또는 도면이 있을 경우 첨부
2. 제출된 사업계획에 대해서는 접수 및 심사과정에서 비밀 유지
3. 특허 출원관련 서류, 재학증명서, 경력증명서 등의 증명자료는 별도첨부

사업계획 요약서

구분	내용
사업개요	○ 창업동기 및 참여인력의 전문성 - 자동차의 안전성에 대한 소비자의 관심이 높아지고 있고 XXX가 높은 비율을 차지하여 시장전망 밝음 - 팀원 모두 XXX 멤버십 회원 활동하며 높은 수준의 전자개발 능력 및 실무 마케팅 능력 보유하고 있음 ○ 사업내용 및 특성 - 본 사업은 XXX로부터 촬영된 XX영상으로부터 3차원 영상에 관한 것으로 미리 저장된 X차원 시뮬레이션 데이터를 실제 X차원 공간에 재생할 수 있다는 특징이 있음
기술개발	○ 기술개발의 수준 - 개발제품을 시장에서 바로 적용할 수 있도록 현제 양산중인 XXX 모델을 기준으로 제품설계 완료후 1차 샘플 제작 완료 ○ 시제품 제작 계획 - 시제품 개발 시에 테스트 완료 되었으나, 보다 선명하고 XXX 동기화가 잘 되는 방식으로 개선된 XXX를 제작 예정
시장분석	○ 목표시장 규모 및 전망 - XXX 부상을 XXX% 감소시킬 수 있다는 결과를 공지함으로써 자동차회사에서와 소비자의 선택이 높아질 것으로 예상됨 ○ 사업화 가능성 및 마케팅 전략 - 가격 경쟁력으로는 독일의 XXX 사의 XXX에 비해 1/3 가격으로 공급할 수 있다는 장점이 있어 시장 경쟁력 확보 가능 - 전량 수입에 의존하고 있으므로 국산화 개발 시 원가절감 효과 및 공급의 원할함을 장점으로 XXX회사에 마케팅 전략 수립
사 업 화 추진계획	○ 사업화 추진일정 - 추가 연구개발 : 0000년 하반기 - 시장분석 및 평가 : 0000년 상반기 - 초기 시장진출 : 0000년 하반기 ○ 사업계획 차질시 대처방안 - 비용 조달이 어려워 초기 시장 진출이 어려울 경우 예비기술창업자 지원사업 등 정부지원을 최대한 활용하고, XX 금융기관 및 XX보증기관 등을 통해 사업자금 추가 확보

1. 창업사업개요

1-1. 창업동기

□ 창업목적 및 배경

○ 최근 자동차의 안전성에 대한 소비자의 관심이 높아지고 있고 특히 XXXX에 의한 부상자가 높은 비율(XX%)을 차지하고 있음이 밝혀지면서 기술 선진국에서는 신기술개발에 주력하여 'XXX XXX'를 개발하여 적용하고 있음

○ 'XXX XXX'가 후방 XXX시에 XXX를 예방하는데 효과적으로 밝혀졌으나 국내자동차 업계는 자체기술력 부족으로 인하여 전량 선진국(미국, 독일)에서 수입하거나, 특허에 대한 로열티를 지불하고 있고 단가가 높아 일부 고급차종에만 적용되고 있는 안타까운 실정

□ 사업의지

○ 본 참가팀은 다년간의 XXX회사 연구소 및 관련회사 연구개발 경력이 있어서 XXX업계 경영환경을 잘 알고 있으며 인적 Network가 구성되어서 정보수집이 비교적 수월함

○ 'XXX XXX'는 국산화 개발이 절실하게 필요한 제품으로 수입품 대비 성능 및 가격경쟁력을 확보한 Idea가 있으면 국내는 물론 수출도 가능한 아이템으로 판단하였고, 연구개발을 통하여 성공적으로 제품개발을 할 수 있는 능력을 갖추고 있어 사업화를 통해 해당 시장에 대한 진입이 가능함

□ 아이템 선정동기

○ 'XXX XXX'은 약 X년 전부터 창업에 관심을 가지고 검토했던 아이템으로 국내 자동차 생산량을 기반으로 제품의 판로를 확보할 수 있을 것으로 판단하고서 그동안 검토한 자료를 바탕으로 특허를 출원한 후 창업을 준비하고 있음

○ 성능 및 가격경쟁력에서 우수한 아이디어로 XXXX년 대한민국XXXX대전에서 X상을 수상하였고 XXXX기업지원센터에서 X-창업스쿨과 X-창업프로젝트를 우수한 성적으로 졸업하여 현재 XXX센터에서 연구원 X명을 포함

하여 총 XX명이 XXXX년 상반기 제품출시를 목표로 제품개발에 노력하고 있음

□ 창업 효과

○ 자동차 XXX 안전도를 향상시켜 경추부상자 감소와 치료비 절감(2, 000억원/년)

○ 전기/전자, 사출, 프레스, 조립 등 산업 전반에 걸친 제조공정이 수반 되어야 하므로 국가기술발전과 외화획득, 일자리창출에도 많은 기여 가능

1-2. 참여인력의 전문성

□ 대표자 및 내부구성원의 전문성

○ 팀원 모두 XXX 멤버십 회원 활동하며 높은 수준의 전자개발능력을 보유하고 있고, 한국 대학생 XX학회 활동을 통한 실무 마케팅 능력 보유하고 있음

○ 팀원 모두가 XXX 및 XXX 출신으로 소프트웨어 개발 및 알고리즘 구현이 가능하고, PCB XXX 및 자체 하드웨어 회로 설계 가능

□ 전문가풀 구성 및 대외 협력관계 구축 현황

○ 팀원들은 XXX 기관의 XXX 개발팀원으로 활동하고 있으며 XXX기관의 전폭적 기술지원을 받을 수 있음

○ 특히 팀원 전우치는 XXX 소프트웨어 맴버십(現XXX 무선사업부/XXX 정보통신 총괄)를 통한 자문을 받고 있음

성 명	경 력
홍길동	000대학교 교수, 000대 000 연구소 객원연구원
전우치	000대학교 000 교수
이몽룡	~회계사
성춘향	~변리사
변학도	~기술거래사

1-3. 사업내용 및 특성

□ 사업아이템 기술분야

○ 본 사업아이템의 기술분야는 "산업용 XX로부터 촬영된 XX영상으로부터 3차원 영상을 재구성하고 이 영상을 화면에 보여서 사용자가 임의로 살펴볼 수 있도록 하는 자동차용 XXXX 안전 장치"에 관한 것임

○ 본 사업의 아이템은 시스템 통합과 관련된 각 XXX는 개별적으로 판매가 가능하지만 이들을 하나로 묶고, 각 부품 회사의 특성에 맞도록 XXX를 커스텀화 시켜서 자동차 제조 현장에서 라인화 되어서 가동되도록 solution을 제공하는 것으로써 현장의 요구사항을 적시에 반영시키는 기술 분야임.

□ 사업아이템의 기술내용

○ 본 사업아이템에서는 "회전하는 XXX 평판의 1회전 주기 동안 각 XXX를 독립적으로 특정 회수만큼 점멸시키고 각 XXX를 독립적으로 특정 XX단위로 빛의 강도를 조절함으로써 시각의 XXX효과를 이용하여 XX차원 동영상을 구현하고, 3차원 시뮬레이션 녹화 과정에 의해 언제 어느 XXX를 점등하고 밝기를 조절할 것인지에 대한 정보를 기록함"

- XXX의 점멸과 밝기, 색상을 제어함으로써 간단한 S/W와 H/W치를 이용하여 아무리 복잡한 XX 영상이라도 쉽고 정확하게 재생할 수 있으며, XXX평판의 회전과 상기 점멸 제어부의 점멸 타이밍을 동기화함으로써 모터의 회전속도가 변하더라도 항상 올바른 위치에서 XXX가 점등될 수 있도록 한 3차원 영상 재생기와 재생방법에 관한 기술을 그 내용으로 함

○ 본 사업아이템은 다양한 용도에 맞게 제작가능하며 자동차와 관련된 인테리어, 3D 입체 조명XX(조형물), 3D 입체XXX, 3D 입체조명등, 3D XX장치 등 여러 관련 분야에 적용하여 용도 특성에 맞게 사용할 수 있음

□ 사업 아이템의 특징

○ 본 사업아이템은 주어진 공간 안에서 회전하는 XXX의 색상과 밝기를 조절하여 X차원 동영상으로 합성하는 방법을 이용하여 미리 저장된 X차원

시뮬레이션 데이터를 실제 X차원 공간에 재생할 수 있다는 특징이 있음

- 또한, 플래시 XXX 등을 이용하여 시뮬레이션 데이터를 교체해 주는 방식으로 다양한 영상을 재생할 수 있음

○ 본 사업아이템은 단순 제품판매만이 아닌 다양한 컨텐츠를 개발 판매하여 제품판매 이후의 수익이 가능하며 임대사업 또한 가능함

특 징	▸ XX동작 인식 XXX과 XXX측정장치를 이용 ▸ XXX센서, XXX를 이용한 제스처 인식 XXX ▸ 저전력 소형화 설계로 인한 XXX ▸ XXX 알고리즘을 응용한 XX 인식
장 점	▸ 사용자 편리성을 우선한 안전 프레임 제작 ▸ 임베디드 XX와 XXIC를 이용한 휴대성 ▸ 사용자 별 수화 데이터 학습 프로그램 제공 ▸ XXX 데이터 변경으로 사용자 성별 및 연령에 맞춘 XX와 다국어 XXX 출력 가능

2. 기술개발

2-1 기술개발수준

□ 개발과정

○ 개발제품을 시장에서 바로 적용할 수 있도록 현제 양산중인 XXX 모델을 기준으로 제품설계 완료

- 상기 설계Data를 이용하여 XX 샘플 제작 완료
- XXX 충격시험기를 통한 작동성능 평가 완료
- XXX 대학교 XXX팀에서 Structure XXX 분석중임

○ 개발 진척사항

- 자동차 XX업체 및 XXX 제작업체와 XXX 개발 협의 중
- XXX 개발협의후 상기 XXX 적용이 확정 후 제품 개발예정임
- XXX 시험 완료 후 실차적용 Model 선정 후 XXX사 제안예정

□ 지적재산권

○ 국내특허 : 등록 완료(등록번호 : 특허 제 10-0XXXXXX)

○ 해외특허 : PCT 출원 완료(출원번호 : KR20XX/XXXXX)

2-2. 시제품 제작 계획

□ 시제품 제작계획

○ 제품 재질은 테스트용이기 때문에 비교적 가공이 용이한 알루미늄으로 했으나 양산용 재질로 변경 가능함

○ XXX를 포함한 XXX 기판은 이전의 시제품 개발 시에 테스트 완료 되었으나, 개발비 부족으로 인한 내구도 저하로 현재는 동작이 되지 않는 상태로, 보다 선명하고 XXX 동기화가 잘 되는 방식으로 개선된 XXX를 제작 예정

- 기판제작, XXX 및 XXX 부품의 설계 및 조립을 완료하여 회전체와 결합하고 개선된 X차원 동영상의 재생을 기능적인 면에서 테스트후, 내구도와 회전체의 디자인이 개선된 시제품을 제작할 예정

○ 현재는 시제품 1기를 제작, X차원 영상의 재생 테스트까지 완료한 상태이고, XXX조립 및 XXX장치 제작을 수작업으로 완료하였기 때문에 제품의 내구도가 낮아서 상업화를 위해서는 추가의 연구개발 비용이 필요한 상태

□ 시제품 제작일정

○ 실전창업리그의 시제품 제작기간(6 ~ 8월 예정)에 시제품 제작비 지원을 통해서 보다 시제품을 완성하여 사업화를 진행할 예정

3. 시장분석

3-1. 목표시장 규모 및 전망

□ 소비자 분석

○ 안전에 대한 소비자 Needs가 높아지고 있고 특히 XXX는 본인의 의지와 관계없는 불가피한 부상이므로 이를 최소화 하려는 욕구가 높아질 것으로 예상됨

○ XXXX 자동차연구소 시험결과 XXX를 적용하므로 후방XXX시 XXX부상을 XX% 감소시킬 수 있다는 결과를 공지함으로써 자동차회사에서와 소비자의 선택이 높아질 것으로 예상됨

□ 경쟁사 분석

○ 현재 미국의 XXX사 제품은 가격은 저렴하나 부상방지에는 효과적이지 하고, 독일의 XXX사 제품은 부상방지에는 효과적이나 구조가 복잡하고 단가가 높음

□ **SWOT분석**

SWOT분석	Opportunities 기회요인	Threats 위협요인
Strength 강점요인	최근 각광받는 XXX시장에서 정부의 지원을 최대한 활용하여 제품을 개발하고 기술을 선점하여 XX시장에서 독보적 위치에 확보	XX의 시각적 광고효과도 중요하지만 제품의 내구성과 수명주기를 분석하여 XX기간을 설정
Weakness 약점요인	XXX시장이 아직 미개척되었기 때문에 세계적인 XXX싸이트 등에 게재하여 특화된 XX효과를 알리고 시장을 개척	제품의 내구성을 충분히 테스트하고 마케팅이 비교적 쉽고 수요처가 확실한곳을 공략

○ SO 전략 :

○ ST 전략 :

○ WO 전략 :

○ WT 전략 :

3-2. 사업화 가능성 및 마케팅 전략

□ 사업화 가능성

○ 본 사업아이템은 XXX 장비와 XXX S/W의 융합기술이라는 측면이 있으며 가격 경쟁력으로는 독일의 XXX 사의 XXX에 비해 1/3 가격으로 공급할 수 있다는 장점이 있어 시장 경쟁력 확보 가능

□ 마케팅 전략

○ 현재 전량 수입에 의존하고 있으므로 국산화 개발 시 원가절감 효과 및 공급의 원할함을 장점으로 XXX회사에 마케팅 전략 수립(원가절감▶ XX%, 부상자 감소율 ▶ XX%, 병원 치료비 절감▶ XXXX억원/년)

○ XXX 메이커의 기존거래처와의 입장을 고려하여 XXX를 공급하는 방안을 검토하여 XXX 안전도평가에서 낮은 점수대를 보인 XXX 회사를 대상으로 XXX가 적용할 수 있도록 제안하여 보험개발원 XX시험 결과를 홍보자료로 활용하여 XXX 제품을 개발하여 판매할 예정

3-3. 제품경쟁력

□ 가격 및 품질 경쟁력

○ Compact형으로 구조를 단순화 시키고 Structure XXXXX를 통한 최적설계로 경쟁사대비 XX%의 원가구조로 개발하여 가격 우위 확보

○ 경쟁사 대비 다단계 지지구조로 개발하여 XXX 사고시 신체 XX을 최소화시켜 XXX방지에 효과적임

- 리셋 기능 XXX를 손쉽게 할 수 있도록 하여 사용자의 편리성 제공
- 독립 형 XXX XXX 교체만으로 성능을 발휘하므로 시장에서도 적용이 가능한 구조(세계최초의 기술임)

3-4. 성장가능성

□ 개발 제품군의 수명주기 및 지속성장전략

○ 개발 제품군은 XXXX이기 때문에 일정기간이 지나면 부품을 교체해야 하므로 제품 수명이 끝나기 전의 AS와 그 후 재구매를 통한 매출 도모 가능

○ 새로운 제품개발로 더 발전된 풀컬러 XXX 혹은 자연스러운 XXX 조절 등으로 신규 수요 창출 가능하고, 소비자 스스로가 구현 동영상의 다양화와 컨텐츠를 공유하도록 할 수 있음

○ 소프트웨어를 변화시켜 XXX 메모리로 입력하여 확인하도록 하고 공간지각을 향상시키는 제품으로의 발전 가능하므로 XXXX 디스플레이를 접목 활용하는 제품군은 점차 다양화시킬 수 있음

□ 위험요소 분석 및 사업화 차질 시 대응전략

○ 본 사업아이템 제품을 개발하려면 충분한 내구성 등의 테스트를 거쳐야 하므로 적지 않은 개발비용에 대한 사업화 차질이 예상됨

- XXX 구현 테스트를 통하여 일차적으로 확인하였지만 XXX 조립으로 인해 내구성이 부족함

○ XXX 등을 최대한 활용하여 시제품을 제작하고 시제품을 이용한 시장성 평가를 통하여 XXX 이용 자금 확보 및 내구성 테스트를 위해 XX검증기관에서의 제품테스트를 받아 내구성을 검증을 통해 대응 예정

4. 재무계획

4-1. 자본 및 재무계획

□ 자금조달 계획

○ 아이디어 상업화 예비기술 창업화 사업 등 국가 지원사업 참여를 통한 최대한의 국가지원 활용, 창업후 벤처자금 융자

□ 수익전망

○ 매출액 목표치 (단위 : 억원)

구 분	2017년	2018년	2019년	2020년	2021년
매출액 (목표치)	5	10	15	30	60

○ 매출액 목표치에 따른 차입금 상환계획 (단위 : 만원)

구 분	2017년	2018년	2019년	2020년	2021년
당기순이익	5, 000	10, 000	15, 000	30, 000	60, 000
상 환 액	1, 650	3, 300	4, 950	9, 900	19, 800
상환잔액	28, 350	25, 050	20, 100	10, 200	-9, 600
손익분기	-31, 500	-21, 500	-6, 500	+23, 500	+83, 500

※ 손익분기는 단순 계산으로 당기순이익을 자기자본금+융자액 대비 유동자산+시설투자금을 합산하여 계산한 것임.(추정치)

4-2. 소요자금 및 조달계획

(단위 : 천원)

소 요 자 금			조 달 계 획		
용 도	내 용	금 액	조달방법	기 조달액	추가 조달액
운전자금	판매관리비	10, 000	자기자금	45, 000	
	제품원가	750, 000	금융차입		280, 000
			기 타		
	소 계	760, 000	소 계	45, 000	280, 000
시설자금	사무실 회사 보증금	30, 000	자기자금	20, 000	
	기자재 구입비	10, 000	금융차입		20, 000
			기 타		
	소 계	50, 000	소 계	20, 000	20, 000
합 계		333, 000	합 계	50, 000	300, 000
소요자금 산출근거	1. 제 품 원 가 : 재료비 + 노무비 + 경비 = 50% 2. 판매관리비 : 15% 3. 기자재구입비 : 사무실 PC 외매출액 5억의 경우				
조달계획 산출근거	1. 자 기 자 금 : 창업자 개인 자금 2. 금융차입금 : 벤처 융자.				

※ 운전자금은 창업 후 생산제품의 판매대금으로 정상 영업자금 회전이 될 때까지의 기간 동안 소요되는 전체 예상자금을 자금용도별로 구분 기재

5. 사업화 세부 추진 일정

세부사업화 내용	M1	M2	M3	M4	M5	M6	M7	M8	M9	M10	M11	M12	비고
개발을 위한 인력 확보	●	●											
시제품 개발				●	●	●							
제품 개선 및 보완							●	●	●	●			
마케팅 및 시장평가									●	●	●		
인허가 및 회사등록 (창업)												●	

(3) 사업계획서에 도움이 되는 첨부서류

1) 창업자 관련서류

① 대표자 경력증명서(창업자의 근무분야, 최종직책, 근무년수 기재)

② 최종학교 졸업증명서

③ 연간 재산세과세증명(창업자 및 그 배우자와 법인명의의 최근 1년간 토지, 건물분 재산세 납부실적 영수증 또는 증명서, 최근 3개월 예금 평균잔액증명서)

2) 기업체 관련서류

① 사업장 확보서류(공장건물등기부등본, 매매계약서, 사업장임차계약서)

② 기술성 관련서류(특허, 실용신안등록증 또는 출원확인서, 국공립연구기관 개발 기술 또는 품목추천서)

③ 기술인력 보유자료(공대, 공고졸업 임직원의 졸업증명서, 창업제품 생산관련 기능사, 기사 등 자격증사본)

④ 판매 관련 서류(창업제품 판매 세금계산서, 부가세공급가액증명원, 공인기관의 제품성능시험자료, 시제품사진 또는 시험성적서, 제품개발의뢰서, 설계도면)

⑤ 기타 참고자료(전문기관검토 사업타당성 보고서, 투자기관 투자관계서류, 제품시장조사자료, 수출관계서류, 계약서, offer sheet)

6. 사업계획서의 종류

(1) 중소기업지원법에 의한 사업계획서

공장을 새로 설립하려면 우선 "공업배치 및 공장설립에 관한 법률"에 의한 공장설립신고를 해야 하며, 또한 각종 법규에 의한 인·허가를 받아야 하는데, 그에 소요되는 막대한 기간과 절차의 복잡함으로 인해 어려움을 겪고 심지어는 사업을 포기하는 경우도 있다.

정부에서도 이러한 애로를 줄이기 위해 1986년 "중소기업창업지원법"을 제정하여, 여러 차례 개정을 거쳐, 30개 법률에 의한 62개의 인·허가 사항을 일괄처리하도록 하고 있다.

중소기업창업지원법 제21조에 근거하여 창업사업계획승인제도를 시행하고 있는

데, 이 제도에 따라 창업중소기업이 공장설립 이전에 시장·군수·구청장으로부터 창업사업계획승인을 받게되면 공장설립과 관련된 30개 법률, 62개에 이르는 인·허가 사항이 일괄해서 의제처리됨으로써 공장설립절차가 매우 간소화되는 제도이다.

창업 중소기업으로 부터 창업사업계획승인신청서를 제출받은 시장·군수·구청장은 45일 이내에 그 결과를 신청인에게 통보하게 되어 있는데 일부승인과 조건부승인을 할 수 있다. 일부승인은 신청인의 의견을 들어 승인신청내용 중 일부만 승인하고 승인되지 않는 사항은 별도로 인·허가를 받도록 명기하는 것이고, 조건부 승인은 관계법령에 의한 승인조건을 부과하거나, 국토이용계획변경결정, 농지전용, 산림전용 등 용도지역 변경이 있는 경우, 사업계획승인 후 승인일로부터 5년간 당해 토지와 공장건축물의 임대 및 전매제한 등으로 승인하는 것을 말한다.

또한, 창업중소기업이 당초 승인받은 사업계획 내용을 변경하고자 할 경우에는 변경승인신청을 하여야 하고, 시장·군수·구청장 등은 사업계획변경의 타당성, 전매해당여부 등을 검토한 후 변경승인 여부를 결정하며, 특히 변경승인없이 임의로 변경하는 경우에는 전매행위로 간주한다.

(2) 중소기업진흥 및 제품구매촉진에 관한 법률에 의한 사업계획서

"중소기업진흥 및 제품구매촉진에 관한 법률"에서는 중소기업 창업 및 진흥을 도모하기 위하여 중소기업창업지원자금, 중소기업구조고도화자금 그리고 지방중소기업육성자금을 조성하여 운용할 수 있도록 하고 있다.

이를 근거로 하여 각 지방자치단체에서는 "중소기업육성기금설치 및 운용조례"의 규정에 따라 자동화사업, 정보화사업, 기술개발(연구개발)사업, 기술개발(사업화), 기술개발(ISO), 사업전환, 대기업사업중소기업이양사업, 창업조성사업, 소기업육성사업 등에 중점적으로 지원하고 있다.

또한, 중소기업구조조정기금 중에서 창업조성자금 등을 지원받고자하는 업체(창업자 및 창업 후 2년 미만의 중소기업자)는 창업조성실시사업계획서를 동법 및 지방중소기업육성법에 의거 지방자치단체에 제출하도록 하고 있다.

창업자가 사업초기에 자금조달부분에 있어 애로를 겪는 경우가 많아 가능하면 금리가 싸고 대출기간이 비교적 긴 정책자금을 이용하는 것이 바람직하다. 이러한 자금원천 중에서 대표적인 것이 창업조성자금이며, 담보력이 미약한 업체일수록 사업계획서를 잘 작성하여 자금을 이용할 수 있도록 해야 할 것이다. 다만, 이 자금에 대한 지원은 수출이나 수입대체효과가 크거나 정부에서 고시하는 지원대상품목으로 한정하고 있다.

(3) 공업배치 및 공장설립에 관한 법률에 관한 사업계획서

"공업배치 및 공장설립에 관한 법률" 제38조(입주계약 등)에 보면 "산업단지 안에서 제조업을 영위하거나 영위하고자 하는 자는 지식경제부령이 정하는 바에 의하여 관리기관과 그 입주에 관한 계약(이하 "입주계약"이라 한다)을 체결하여야 한다.

입주기업체가 입주계약사항 중 지식경제부령이 정하는 사항을 변경하고자 할 때에는 관리기관의 동의를 얻어야 한다." 제1항 및 제2항의 규정은 "산업단지 안에서 제조업의 사업을 영위하거나 영위하고자 하는 자에 대하여 이를 준용한다"라고 되어 있다.

산업단지(중소기업의 경우 대부분 농공단지)에 입주하고자 하는 사업자는 산업단지 입주에 따른 제반 유리한 여건 외에도 공장부지 마련이나 공장건축, 시설구입 자금부문에서 자금지원을 받기 위하여 입주하는 경우가 대부분이다.

이를 위한 사업계획서는 자금지원을 원하는 경우와 그렇지 않은 경우, 처리되는 절차가 다르며 업종 또한 공산품업종과 농축수산물 업종에 따라 지원기관도 다르다. 따라서 자신이 창업하고자 하는 업종과 자금지원 여부에 따라 사업계획서 작성방향도 달라질 수 있으므로 작성에 주의가 요망된다.

(4) 제출용 사업계획서

1) 금융기관 제출용 사업계획서

금융기관에서 중소기업에 자금을 지원하는 제도로서는 중소기업 전담은행제도, 금융자금 대출시 중소기업 우대제도, 중소기업 신용보증제도, 중소기업 창업지원제도, 자본시장을 통한 자금조달 지원제도 등이 있다.

창업자나 일반 중소기업을 영위하고 있는 사업자들이 대출자금이나 투자자금의 조달을 위해 가장 쉽게 생각할 수 있는 자금조달처가 바로 금융기관이다.

그러나 이들 금융기관들은 일반적으로 담보제공을 요구하고 있어 결코 자금대출이 용이한 것만은 아니다. 또한 금융기관별로 지원자금의 종류가 각기 상이하므로 금융기관별 지원자금의 종류를 파악하는 것도 필요하다.

정부에서는 중소기업의 경영안정과 연쇄부도방지를 위해 중소기업 전담은행을

통해 특별자금을 지원하고 있으며, 이들 은행간에도 자금용도에 따라 지원한도나 지원대상이 다르다.

자금지원을 신청할 경우 금융기관 공통 사업계획서 양식이 있는 것이 아니라 금융기관별로 다른 사업계획서 양실을 사용하고 있어 자금신청을 원하는 사람은 사전에 사업계획서 서식을 확인하는 것이 필요하다.

2) 자체 검토용 사업계획서

창업자나 사업을 계획할 경우 일차적으로 사업 아이템을 결정한 후 계획사업에 대한 시장성, 경제성, 성장성, 안정성, 기술성 등에 대한 자체 타당성검토 및 사업계획서 작성을 반드시 스스로 해봐야 한다.

자신이 직접 사업계획서를 작성하다는 것은 향후 사업을 개시하였을 경우 발생할 수 있는 위험요소를 사전에 예방할 수 있고, 시행착오를 줄일 수 있다는데 그 의미가 매우 크다. 그러나 직접 사업계획을 수립하고 타당성을 검토한다는 것이 결코 쉽지만은 않기 때문에 전문기관에 의뢰하여 1차 검증절차를 거치는 것도 고려할 수 있다.

제5장 | 사업타당성 분석

I SWOT 분석의 이해

1. 창업자의 SWOT 분석

(1) SWOT 분석의 의의

SWOT(Strength Weakness Opportunity Threat)분석은 외부환경의 기회요인과 위협요인을 파악하고 기업내부의 강점과 약점을 분석한 후 전략적 대안을 도출하는 분석방법이다.

<표 7-1>에 SWOT 분석의 구성요소를 나타내었다.

■ **표 7-1 _ SWOT 분석의 구성요소**

요 인	구성요소
강점 (Strength)	독특한 능력, 경쟁우위, 강한 상표명, 혁신력, 원가·가격의 주도자, 우수한 노동력, 견고한 재무능력, 독점적 기술, 충실한 고객 등
약점 (Weakness)	가격인상의 취약성, 약한 시장점유율, 약한 재무력, 낮은 제품개발력, 마케팅 능력부족, 상대적으로 높은 원가, 독특한 능력부족, 진부한 상품, 낡은 시설, 공급자에 대한 취약성 등
기회 (Opportunity)	새로운 시장에서의 성장, 국제적 확장, 신제품 개발, 새로운 서비스, 품질개선, 수직적 통합, 고객의 욕구 증대, 경제적 이점 등
위협 (Threat)	새로운 경쟁자 진입, 제품원가 증대, 원자재 부족, 기술의 변화, 수입된 대체품, 불리한 경제적 요인, 불리한 법률, 고객의 강한 압력 등

SWOT분석은 사업에 영향을 끼치는 각종 환경분석을 통해 기회요인(O : opportunity)과 위협요인(T : threat)을 발굴하고, 이를 다시 자신이 가진 강점(S : strength)

과 약점(W : weakness)에 연결시켜 타당한 방향을 찾는 방법이다. SWOT분석은 환경을 분석하는 안목을 갖출 수 있고, 나아가 자신의 잠재력과 결합해 거시적인 창업방향을 탐색할 수 있다.

SWOT분석을 통해 기업의 장점을 최대한 활용하면서 새로운 사업기회를 포착하고 기업의 약점을 최소화하면서 위협요인에 대처하는 전략을 다각적으로 모색할 수 있다.

(2) 창업자의 내부요인 분석

창업자 내부요인으로는 창업자 자신의 강점용인과 및 약점요인으로 분석한다.

성공적인 창업을 위해서는 무엇보다 창업자의 자신감의 중요하다. 그러나 환경이나 역량에 대한 분석적인 시작이 없는 자신감은 무의미하다. 그러므로 자신의 강점과 약점을 파악해보는 것은 대단히 중요하다. 자신이 가지고 있는 강점을 최대한 활용하고 약점은 미리 보완하거나 피해감으로써 실패를 미연에 방지할 수 있기 때문이다.

자신의 강점과 약점에 대한 판단은 주관적이기 쉽기 때문에 합리적으로 모색할 필요가 있다. 한 가지 유의할 점은 자신의 강점과 약점을 스스로 발견해야 하기 때문에 가급적 3자적 관점에서 접근하는 것이 중요하다. 강점이나 약점 파악은 창업에 전략적으로 활용하려는 것이므로 냉철하게 살펴보되 긍정적 안목에서 분석할 필요가 있다.

1) 창업자의 강점 분석

어려운 상황일수록 자신의 강점을 발견하기 쉽지 않으므로 자신의 잠재력을 찾는 것이 중요하다. 부정적인 여러 상황을 개선하기 위해서라도 자신의 강점을 찾는 일은 중요한 것이다. 자신의 강점을 평가할 때는 직장이나 학창생활 등에서 검증된 것들을 중심으로 기술해야 주관적 오류를 방지할 수 있다.

아래의 체크리스트를 통해 자신의 강점을 발굴해보자. 항목별로 자신이 어디에 해당하는지 체크해 보면서 강점을 파악할 수 있다. 평가방법은 먼저 각 항목에 자신의 해당정도를 체크해서 '보통' 이상으로 표시되는 항목을 강점으로 분류한다. 만일 성품, 대인관계, 업무습관, 미래대비 항목에서 자신이 생각하고 있는 내용이 없거나 추가하고자 하는 경우에는 새로운 항목을 넣어서 점수를 매기면 된다. 이렇게 분류된 강점 항목을 상위 5개만 골라 아래의 표에 옮겨 적으면 된다.

창업자의 강·약점 분석 체크리스트

매우 그렇다(5), 비교적 그렇다(4), 보통이다(3), 그렇지 않은 편이다(2), 전혀 아니다(1)

< 성품 >

1. 긍정적 사고를 한다. (　　)
2. 겸손하다. (　　)
3. 기지나 재치가 있다. (　　)
4. 인내와 끈기가 있다. (　　)
5. 　　　　　　　　(　　)

< 대인 >

1. 활발한 성격이다. (　　)
2. 화술과 표현력이 뛰어나다. (　　)
3. 인상이나 외모가 호감을 준다. (　　)
4. 대인관계의 폭이 넓고 깊다. (　　)
5. 　　　　　　　　(　　)

< 업무습관 >

1. 추진력이 있다. (　　)
2. 창의력이 있다. (　　)
3. 업무에 완벽하다. (　　)
4. 일에 대해 집중한다. (　　)
5. 기획 및 분석력이 있다. (　　)

< 미래대비 >

1. 독서를 많이 한다. (　　)
2. 어학 능력이 있다. (　　)
3. 건강하다. (　　)
4. 정보 마인드가 있다. (　　)
5. 컴퓨터 실력이 뛰어나다. (　　)

<표 7-2>에 강·약점 분석결과표를 나타내었다.

■ 표 7-2 _ 강·약점 분석결과표

번호	강점 BEST 5	약점 BEST 5
1		
2		
3		
4		
5		

2) 창업자의 약점 분석

스스로 생각해도 능력이나 자질이 부족한 부분은 누구나 있기 마련이다. 제시된 체크리스트에서 '보통' 이하에 해당하는 항목들이 자신의 약점이다. 평균(30)에 미치지 못하는 항목 중에서 하위 5개 항목을 강·약점 분석결과표에 강점과 함께 정리하면 된다.

3) 창업자 자신의 강약점 분석 활용

창업전략을 수립 할 때 강점이 기회를 극대화시키는 용도로 활용된다면 약점은 위험을 피하는 용도로 활용된다. 예를 들어 컴퓨터를 이용해서 PC통신을 통한 정보제공 사업을 하려는 두 사람이 있다고 하자. 한 사람은 컴퓨터에 능숙하고 정보마인드가 높은 반면, 다른 사람은 그렇지 못하다면 과연 누가 성공 가능성이 높을까? 당연히 전자가 성공할 가능성이 높다. 따라서 후자는 이런 분야보다 자신의 강점이 있는 분야를 중심으로 창업을 준비하는 것이 현명하다.

(3) 창업자의 외부요인 분석

창업자의 외부요인으로는 기회요인과 위협요인으로 나누어 분석한다.

오늘날 경제 환경의 급속한 변화로 미래의 경제상황을 예측하기 어렵다. 이런 객관적인 상황만 고려한다면 창업을 결심하기가 쉽지 않다. 그러나 이런 상황을 심층 검토해보면 그 자체가 성공적인 사업의 기회가 될 수 있는 업종을 발굴 할 수 있다. 뿐만 아니라 창업은 적어도 몇 년 후를 내다보며 준비하는 것이기 때문에 현재의 상황만을 고려하는 것은 바람직하지 않다. 현재와 앞으로의 상황이 어떻게 변화할 것인지를 분석하면서 준비하여야 한다.

환경변수와 자신의 잠재력을 감안해 창업의 방향을 설정하고자 할 때 많이 사용하는 방법 중의 하나가 바로 SWOT 분석이다.

기회요인이란 지금의 환경변화가 창업을 할 때 어떤 점에서 유리할지를 찾아내는 것이다. 위협요인은 환경변화 중에서 창업자들에게 불리하게 작용할 변수들을 말한다.

기회요인이나 위협요인을 발굴하는 방법은 환경변화 내용을 직시하고 그 중에서 창업에 유리하거나 불리한 영향을 줄 항목들을 골라내면 된다. 환경요소를 분석할 때는 1년 이상 3년 정도의 중기적 관점에서 접근하는 것이 일반적이다.

(4) SWOT 분석의 활용전략

전략이 없는 SWOT은 행동으로 옮기기까지 긴 시간이 걸린다. SWOT은 반드시 숫자가 포함된 단기 전략과 장기 전략을 세워야한다. SWOT 분석의 주된 전제는 내·외적인 현실에 대한 냉철한 진단 분석이 기업의 목적을 달성하기에 적절한 전략을 선택·구성할 수 있게 한다는 데 있다.

<표 7-3>에 전략의 수립을 위한 SWOT 매트릭스를 나타내었다.

■ 표 7-3 _ 전략의 수립을 위한 SWOT 매트릭스

내적요소 / 외적요소	내적인 강점(S)	내적인 약점(W)
외적인 기회(O) 외적인 위협(T)	SO전략 : 극대 - 극대 ST전략 : 극대 - 극소	WO전략 : 극소 - 극대 WT전략 : 극소 - 극소

1) SO 전략

이 전략은 기회와 강점이 다 같이 많은 기업, 다시 말하면 기회의 이점을 얻기 위해 강점을 활용할 수 있는 상황으로서 강점과 기회를 다 같이 극대화하는 전략(SO)이 가장 바람직하고 성공적이다. 따라서 모든 경영자는 이 전략을 취할 수 있는 위치에 있기를 원하며 다른 유형에서 이 유형으로 옮기려 한다. 성공적인 전략이란 기업의 능력을 환경의 기회에 가장 유익한 방법으로 연결하는 전략이기 때문

이다.

2) ST 전략

이 전략은 기업은 강점을 지니고 있으나 위협의 환경에 직면한 기업의 상황을 말하는데 여기에서는 위협을 극복하거나 회피하기 위해 강점을 활용하는 말하자면 강점을 극대화하고 위협을 극소화하는 전략(ST)이 바람직하다.

이 같은 상황은 시장점유율 증대에서 커다란 장애에 직면한 성숙시장에 있는 기업에 전형적인 것으로 이윤의 극대화를 기할 수 있으나 서서히 약화될 수 있다.

3) WO 전략

이 전략은 기회는 많으나 약점이 있는 기업의 상황을 말하는데, 여기에는 기회의 이점을 얻고 약점을 극복하는 말하자면 약점을 극소화하고 기회를 극대화하는 전략(WO)이 바람직하다.

4) WT 전략

이 전략은 약점을 지닌 기업이 위협에 직면한 상황을 말하는데, 여기에는 위협을 회피하고 약점을 축소하는 말하자면 위협과 약점을 극소화하는 전략(WT)이 바람직하다.

Ⅱ 사업타당성 분석

1. 사업타당성 분석의 이해

(1) 사업타당성 분석의 필요성

사업의 기회를 발견하였다면 다음으로 그 사업이 현실적으로 가능성이 있는지를 검토해 보아야 한다. 이 단계를 사업 타당성 분석이라고 한다. 사업 타당성 분석은 기업경영의 핵심요소를 체계적으로 점검하여 실패요인을 사전에 제거하거나 성공 가능성이 적은 사업진출을 미리 포기함으로써 사업 실패로 인하여 발생할 수 있는 손실을 예방하는 등 신규 사업의 성공에 있어 필수적인 역할을 한다. 또한, 체계적인 사업 타당성 분석은 경영능력 향상에 도움을 준다.

특히, 벤처기업은 고위험을 동반하고 있기 때문에 창업 이전에 자신의 사업 아이디어에 대한 세밀한 분석이 필요하다. 기술 확보, 시장 개척, 자금 조달, 조직 관리 및 인적 자원의 공급과 같은 문제에 흔히들 부딪힌다. 사업 타당성 분석은 창업자가 사업을 시작하기 이전에 자신의 사업이 가지고 있는 잠재성과 성장성만 아니라, 가능한 위험요소를 분석하고 이에 대한 대비책을 가지고 사업을 준비하도록 도와준다.

사업 타당성 분석의 필요성은 다음과 같다.

첫 번째로 하여금 자신의 주관적 아이디어를 객관적이고 체계적인 사업 계획서로 작성하게 함으로써 계획하고 있는 사업의 객관성을 높이고, 사업 시작 전 위험요소를 확인함으로 성공 가능성을 높일 수 있다. 창업의 실패 요인 중 하나는 자신의 아이디어에 대한 사업가의 과신이다. 체계적이고 객관적인 사업 타당성 분석은 사업가가 자신의 아이디어를 점검해보고, 약점을 보완하고, 위협요소를 사전에 대비하거나 제거할 수 있는 계기를 마련해준다.

두 번째로 창업자들이 사업 타당성 검토를 통하여 구상하고 있는 기업의 제반 문제점과 제약요소들을 사전에 파악하여 창업기간을 단축할 수 있는 등 효율적인 창업업무를 수행할 수 있다. 사업 타당성 분석에서는 앞으로 사업의 전개 방향과 강약점 분석을 실시하게 된다. 이 과정에서 창업자는 자신의 아이디어를 사업화하는데 필요한 자원들을 명확히 구분하고, 이의 획득과 축적에 집중하여 시간 및 자원 낭비를 줄일 수 있다.

세 번째로 창업자가 계획제품의 기술적 타당성, 시장성, 수익성 등 세부항목을 분석해 봄으로써 해당 업종에 대해 미처 깨닫지 못한 세부사항을 사전에 인지하여 성공적인 창업을 이룰 수 있다. 새로운 사업 아이디어가 생기면 일반적으로 자신의 사업은 매우 매력적인 것으로 보인다. 그러나 기술적 타당성, 시장성 등 세부항목에 대한 객관적이고, 면밀한 분석의 과정을 거치지 않는다면, 자신이 예상하지 못한 문제들로 인해 위험에 빠질 수 있다. 사업 타당성 분석은 기술적 타당성, 시장성, 수익성 등의 항목들에 대한 분석을 통해 자신이 구상한 사업 아이디어를 보다 정교하게 만들 수 있고, 미처 생각하지 못한 새로운 기회를 발견할 수 있다. 따라서 면밀한 사업 타당성 분석을 통해 자신이 미처 깨닫지 못한 요소들에 대한 이해를 높일 필요가 있다.

네 번째로 기업의 구성요소를 정확하게 파악함으로써 벤처 기업가의 경영능력 향상에 도움을 줄 뿐만 아니라, 계획사업의 균형 있는 지식습득과 보완해야 할 사항을 미리 확인하여 조치를 취할 수 있게 한다. 사업 타당성 분석 시에는 창업자 자신에 대한 평가뿐만 아니라 사업에 대한 전반적인 분석이 동반된다. 사업 전반에 대한 분석 과정에서 창업자는 자신의 기업규모와 조직 구성방안, 미래 사업방향 등에 대해 구체적인 비전을 가지고 사업을 시작하게 된다. 결국 사업 타당성 분석을 통해 창업자는 자신이 개인적으로 보완해야 할 사항들과 함께 자신의 사업 운영 방식을 결정하고 운영을 위한 필수 지식과 노하우를 습득하게 된다. 따라서 사업 타당성 분석을 통해 창업자는 창업 이전에 경영능력을 향상시킬 수 있는 기회를 가지게 되는 것이다.

사업타당성 분석의 방법은 창업자 분석, 시장성 분석, 기술타당성 분석, 재무타당성 분석으로 나누어진다. 창업자는 사업타당성 분석을 통해 자신이 하고자 하는 사업의 성공가능성을 높여야 한다. 사업타당성 분석 방법은 아래 도표와 같이 설명 된다.

■ 사업 타당성 분석방법

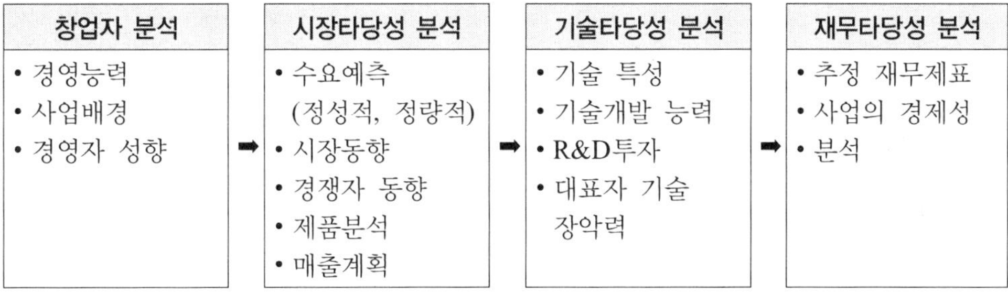

2. 창업자 분석

(1) 창업자 분석요인

창업자 분석은 창업자 자신의 특성과 능력, 사업을 하고자 하는 동기를 분석하여야 한다. 창업자의 분석 단계에서는 창업자가 자신의 성향과 능력에 알맞은 사업을 추진하고 있는지, 필요자원 조달을 위한 네트워크 구축 가능성에 대해서도 살펴보아야 한다.

창업자 분석은 자신에 대한 분석이므로 신중하고, 객관적인 관점에서 냉정하게 분석하여야 한다.

창업기업의 성패를 결정하는 핵심 요인 중의 하나는 창업자 자신이다. 창업자가 어떤 자질과 특성과 배경을 갖추고 있는가는 초기 벤처기업 성공을 평가하는데 매우 중요하다.

미국의 벤처캐피탈리스트 102인을 대상으로 실시한 맥밀란(MacMillan)의 연구보고서에 의하면 창업자는 지속적이고 집중적인 노력을 계속 기울이고 계획사업과 관련된 분야에 경험이 있고, 위험을 잘 평가하여 적절히 대처할 수 있으며, 리더십이 있고, 목표시장에 친숙하여야 벤처기업을 성공적으로 이끌 수 있다고 보고 있다. 만약 창업자가 이를 제대로 할 수 없다면 그러한 특성들을 갖고 있는 우수한 경영자의 영입을 통하여 해결할 수 있어야 한다.

창업자 자질이 창업기업 경영에 매우 중요함에도 불구하고, 많은 경우에 창업자들은 사업 타당성 분석에서 자신에 대한 분석을 게을리 하는 경우가 있을 수 있다. 창업자들은 자신이 가지고 있는 개인적 역량이나 배경뿐만 아니라 자신에 대한 주변의 평판에 대해서도 객관적이고 보수적으로 평가하여 사업타당성 분석에 반영하여야 한다.

창업자는 자신의 위험 감지 및 대처능력, 실천력, 의사소통 능력, 조직 관리능력에 대해서 면밀하게 판단하여야 한다.

(2) 창업자 분석항목

■ **창업자 분석항목**

구 분	분석요소	창업자 분석항목
창업자	통찰력과 예측능력	• 산업 변화에 대한 인지 정도 • 경쟁규칙의 변화방향에 대한 인지 정도 • 경쟁우위 창출방안의 유무
	지배구조	• 창업자 지분 정도 • 스톡옵션 분배 계획
	신뢰성	• 주변의 평가 • 개인의 재무적 신용도
	개인적 네트워크	• 학력으로 구축된 관계 • 창업 이전 기업 경험시 구축된 관계 • 창업과정에서 구축된 관계

구 분	분석요소	창업자 분석항목
	실천력	• 평소 목표 달성 정도 • 목표에 대한 몰입 정도
	창조성	• 아이디어 개발 능력 • 신규 사업 기회 포착 능력
	모험심	• 위험을 감안한 모험능력
경영능력	위기대응 및 조직관리 능력	• 위험감지와 대처 능력 • 의사소통 유형 • 핵심 인력 유치 방안
	비전제시 능력	• 공유 비전의 유무 • 비전 달성 방법 제시 정도
	분석력	• 경쟁자 분석 능력 • 시장기회 분석 능력
	기획력	• 사업계획 구체화 능력 • 미래 사업 기획 능력
	조직력	• 조직 구축과 관리 능력 • 조직내부 갈등 관리 능력
	포용력	• 종업원의 실수를 용서해 줄 수 있는 정도 • 창조적 실패를 장려할 수 있는 능력
사업배경	창업동기	• 창업이 실질적인 동기 • 기술권리와 관련된 문제 발생 가능성 • 창업의 적절성
	성장단계	• 기업의 향후 성장 가능성 • 기업 성장 원동력
	외부 투자자에 대한 인식	• 회계 처리의 투명성 • 외부자본에 대한 배당의지 여부 • 기업 공개 계획/추진의지 여부

3. 시장타당성 분석

(1) 시장타당성 분석요인

시장타당성이란 기업이 제공하고자 하는 제품이나 서비스의 시장반응을 측정, 평가하는 개념이다. 실제로 제품이나 서비스가 시장에 진입했을 경우 고객들이 어떤 반응을 보일 것인가, 즉 얼마나 많은 수의 고객이 그 제품이나 서비스를 구매할 것인가는 사업의 성패과 직결된다. 따라서 시장성은 창업기업의 사업타당성 분석과정에서 가장 중요한 분야다. 아무리 좋은 제품을 만든다고 하더라도 해당 제품이 시장에서 수용되지 않는다면 기업의 생존이나 성과실현이 불가능하기 때문이다.

창업의 실패사례를 보면 좋은 제품을 만들고도 판매가 제대로 되지않고, 그 결과 손익분기점에 도달하는 기간이 너무 길어져 사업이 시장성 분석을 통하여 사업성패를 사전에 판단할 수 있는 중요한 정보를 얻고자 하는 것이다. 생산할 제품이나 서비스가 시장에서 언제, 어느정도 팔릴 수 있는가를 분석하기 위해서는 다양한 환경 변수들에 대한 가정을 두고, 각 상황에 따른 판매예측을 실시해야 한다.

시장성타당성 분석에서는 자신이 하고자 하는 산업의 시장 동향이 어떠한지, 경쟁자들은 어떻게 분포되어 있으며, 그들의 사업전략은 무엇인지, 시장 수요는 어떻게 변하고 있으며, 소비자 욕구는 어떻게 변화되고 있는지, 매출 계획은 어떠한지를 분석하여야 한다. 이에 더하여 경쟁자들과 차별화하기 위한 자신의 경쟁우위요인은 무엇인지 계획을 세워야 하며, 만약 창업자가 시장 후발주자라면 선발주자의 이점을 상쇄할 수 있는 요인이 무엇이지도 명확히 해야 한다.

(2) 시장타당성 분석의 특징

시장타당성 분석의 특징은 다음과 같다.

첫째, 시장타당성 분석의 주요 목표는 시장 점유율이다. 그러나 일반적으로 창업기업의 주된 관심은 수익성이다. 수익성은 판매량, 가격, 비용이 들어가는 개념으로서, 가격과 비용은 다분히 개별 회사 차원의 변수이며, 판매량은 산업마다 단위가 모두 다르다는 약점을 가지고 있는 변수이다.

시장타당성 분석방법은 시장 전체를 100%로 보았을 때 새롭게 제공하고자 하는 제품이나 서비스가 그 중 얼마나 차지하게 될 것인가를 분석하게 된다. 이것이 시장 점유율(Market Share)이라는 개념으로 모든 산업에서 공통적으로 활용가능하며, 한 산업에서 해당 기업의 성과나 경쟁우위 정도를 반증할 수 있는 대표적인 지표라고 할 것이다.

둘째, 시장타당성 분석은 급격한 시장 상황의 변화는 없다는 것을 가정하고 있다. 이는 시장타당성 분석을 위한 다양한 평가 도구들의 한계점에서 기인한다. 정성적 방법에서는 구체적인 계량 모델이 없기 때문이다. 이러한 계량모델들도 선형적이고 회귀적인 분석의 방법론을 사용하고 있다. 따라서 급격한 시장 환경의 변

화는 없다는 가정 하에서 해당 벤처기업의 시장성이 어떻게 변화될 것인지를 예측하고자 한다는 한계점을 가지고 있다.

셋째, 시장타당성 분석은 출시 후 일정 시점의 시장 점유율을 예측하기 위하여 행해진다. 특정 계획 사업이 언제, 얼마만큼의 성과를 가져올 것인가를 분석하는 것이다. 미래 일정 시점을 기준으로 하여 해당 시점의 시장 점유율이 어떻게 될 것인지를 예측하고, 시장 규모를 고려하여 매출액을 계산하게 된다. 따라서 시장타당성 분석이 상대적으로 정태적이고 일정 시점에 대한 예측에 불과하다는 한계가 있음을 인지하고 접근해야 한다.

(3) 시장타당성 분석방법

시장타당성 분석은 크게 정성적 분석방법과 정량적 분석방법으로 나누어진다. 정성적 방법이란 과거 사례조사나 전문가의 의견수렴, 경험, 직관 등 비계량적으로 행해지는 분석방법을 의미하고, 정량적인 방법이란 간단한 계산이나 계량적인 모형의 이용 등 계량적으로 행해지는 분석방법을 의미한다.

사업타당성 분석에 어느 한 가지의 방법론만 사용하여 시장타당성을 분석하여서는 안 된다. 정성적 방법은 비계량적이고 직관적이기 때문에 시장의 크기가 얼마가 될 것인지와 같은 구체적인 자료를 제시하지 못한다. 정량적인 방법은 매우 구체적이고 계량화된 자료를 제시하지만, 시장 예측 시 사용된 기본 가정에 대한 설명이 빈약하다. 따라서 이 두 가지 방법은 병행해서 사용하는 것이 바람직하다.

정성적 방법으로는 과거사례 참고법, 전문가 의견 참고법, 경영자의 경험 및 직관으로 나누어진다. 정량적 방법은 휴리스틱 분석법, 배스 모형을 이용한 분석법, 반복구매 의도 분석법, 시험시장 테스트를 이용한 분석법이 주로 활용된다. 이와 같은 분석 방법의 선택 기준은 정확성, 비용, 시간, 목적과의 일치 정도에 따라 결정될 것이다.

(4) 시장타당성 분석항목

시장타당성 분석항목은 다음과 같다.

■ 시장타당성 분석항목

분석요소	시장타당성 분석항목
가격 및 품질 경쟁력	• 경쟁제품 및 수입품과의 비교 • 자사 제품의 비교 우위 요인 도출
시장현황 및 수요전망	• 일반적인 시장 현황 • 시장 규모 및 전망 • 판매영역별, 고객별 잠재수요 분석 • 국내 제품 및 대체, 유사품에 대한 수급 실적 • 시장의 특성 및 구조 분석 • 소비자 특성 및 변화 추세 분석
매출계획	• 시장 개척 및 판매계획의 실현가능성 분석 • 시장 점유율 분석 • 판매량 증감요인 분석 및 영역별 판매 전망
제품 분석	• 제품의 강약점 분석 • 제품의 라이프 사이클 및 보급률 분석 • 제품 원가 및 마케팅 비용 분석 • 마진율 및 제품 가격 분석
경쟁자 분석	• 재무 상태 비교 • 생산 능력 및 실적 비교 • 주요 경쟁요소 비교 • 전략집단 분석

4. 기술타당성 분석

(1) 기술타당성 분석요인

기술타당성 분석은 자신이 보유하고 있거나, 개발 계획 중인 기술의 특징은 무엇인지, 연구개발진의 기술 개발 능력은 어떠한지, 연구 개발 투자 계획과 창업자의 기술에 대한 이해정도와 개발, 참여 가능성에 대해 분석하고자 하는 것이다.

기술타당성 분석은 창업자 자신의 기술 또는 추후 개발을 예정하고 있는 기술이 경쟁자에 비해 어떠한 차별성을 가지고 있는지에 초점을 맞추어야 한다. 만약 창

업자가 가지고 있는 기술이 차별성이 있다면, 이를 적극적으로 강화할 수 있는 기술 개발 능력 및 인력이 조달 가능한가를 살펴보아야 한다. 기술타당성 분석에서는 창업자뿐만 아니라 기술개발 인력에 대한 중요성도 강조된다. 그리고 핵심 기술인력의 이탈이 발생하더라도 사업에 큰 영향을 주지 않도록, 창업자의 기술에 대한 이해 정도와 역량에 대해 살펴보아 분석하여야 한다.

기술타당성 분석은 사업타당성 분석 중 가장 난해한 과정이다. 자료나 지식이 부족한 상태에서 실시해야 하는 경우가 많아 정확성이 떨어지는 경우가 많다. 기술타당성 분석은 먼저 기술의 핵심적 내용을 포괄하고 그 기술의 위험 요소를 분석하는 과정을 포함하며 기술의 유용성을 평가하는 것이다. 창업자가 기술전문가이거나 엔지니어인 경우라도 기술타당성에 대한 면밀한 분석을 하여야 한다. 창업기업의 핵심이 기술력인 만큼 기업의 미래가 좌우될 수 있는 기술력에 대해 창업자 자신이 개발자라는 이유로 분석을 등한시 하는 오류를 범하여서는 안 된다.

기술타당성 분석에서는 계획제품의 생산과 관련된 생산시의 문제점, 생산계획 및 제조원가를 추정하여 상업화의 가능성을 검토하여 보아야 한다.

또한 기술 수준이 선진국과 비교하여 손색이 없더라도 상품화하여 시장을 개척하는 데는 선진국보다 어려움이 있는데, 이는 기술타당성과 시장타당성이 반드시 일치하지 않기 때문이다. 기술타당성이란 시장 경쟁력을 유지하는데 중요한 요소인 것이다.

(2) 기술타당성 분석의 특징

기술타당성 분석의 특징은 먼저 제품 개발 가능성 및 기술 능력에 있다.

기술타당성 분석은 첫째로는 기술인력 현황, 핵심 기술의 내역, 기술 도입 및 협력 가능성, 연구개발 과정 및 개발 일정을 먼저 확인해 보아야 한다. 기술 인력의 학력분포, 연구개발 업적 등에 대해서도 면밀하게 분석해야 한다. 핵심 기술의 내역에서는 핵심 기술의 정의, 개발 진척 정도, 향후 전망에 대해 초점을 맞추어야 한다.

기술 도입 및 협력 가능성에서는 외부로부터 기술 이전 계획, 혹은 핵심 기술 개발에 있어 타기업과의 공동 개발, 협력 개발 가능성에 대해 살펴보아야 한다.

두번째는 제품의 특성 및 경쟁력을 분석하여야 한다. 제품의 특성 및 경쟁력 분석에서는 유사제품과 비교한 계획제품의 기술적 우수성, 가격 경쟁력, 대체기술의 출현가능성, 기존의 특허현황, 해외기술의 도입 가능성, 기술 변화 사이클을 분석해야 한다.

셋째는 생산 능력 및 계획에 대한 분석이 요구된다. 공장시설 확보의 정도 및 계획, 적정한 기계 설비 구입 및 배치, 원·부자재 조달의 안정성, 원·부자재 가격의 안정성, 생산인력 조달상의 문제점, 생산 계획 및 원가 추정이 본 단계에서는 필요하다. 공장시설 확복의 정도 및 계획에서는 기존 입지 조건과 요구되는 입지 조건과의 비교를 통해 보다 합리적인 결과를 도출해야 한다. 그 외의 요인들에 대해서도 면밀한 현상파악과 미래 조망을 통해 기술타당성 분석을 보다 명확히 해야 한다.

기술타당성 분석에 대해여 투자자는 제품의 마진율 정도와 시장 수용성을 중요하게 생각하는 반면, 첨단 기술제품이거나 특허 등 독점적 소유권으로 보호받는 것에 대해서는 별로 중요하게 생각하지 않는 경우가 있다. 이는 기술타당성 분석 시 첨단 기술로서 높은 위험과 이윤이 보장되는 제품의 개발보다는 일정한 마진과 판매가 보장되며 생산에 문제가 없는 제품을 선호하는 것으로 볼 수 있다.

(3) 기술타당성 분석항목

기술타당성 분석항목은 다음과 같다.

■ **기술타당성 분석항목**

분석요소	기술타당성 분석항목
기술적 특성	• 기술상의 차별성 • 경쟁제품 및 수입품과의 기술 차이, 성능 비교 • 외부 연구기관의 자문 • 신기술 관련 인증, 심사 등의 시험자료 활용 • 동업계와 산업별 단체 또는 기술에 대한 분석
기술개발 능력	• 기술인력의 과거 개발 실적 • 회사의 개발기술 보유 내용
R&D 투자	• R&D 투자비율 • 총인원대비 기술인력의 비율
대표자의 기술 장악력	• 대표자의 기술개발 능력 • 핵심 기술인력의 이탈 가능성 • 신규 인력 확보 노력

5. 재무타당성 분석

(1) 재무타당성 분석요인

재무타당성 분석은 기존의 추정 손익계산서와 추정대차대조표를 계산하여 보아야 한다. 특히 재무타당성 분석에서는 과거 자료나 경쟁사의 재무구조를 살펴봄으로써 창업자 자신의 사업을 육성시키기 위한 현금 흐름 관리를 준비해야 한다. 재무타당성 분석에서는 총소요 자금의 정확한 추정이 필요하다.

창업을 하여 사업을 시작하게 되면 설비 및 인적자원, 연구개발 등에 대한 대단위의 투자가 요구된다. 따라서 총요구 비용과 기대 매출액을 정확히 산정하여 순익분기점에 도달하는 시기를 명확히 하여야 한다.

만약 재무타당성 분석이 명확하지 못하다면, 벤처캐피탈이나 엔젤로부터 투자 받기가 매우 어려워지고, 이는 사업 성공의 장애요인이 된다. 따라서 세밀한 재무타당성 분석을 통해 창업자 자신의 사업목표를 명확히 설정하여야 한다.

재무타당성 분석은 사업에 필요한 주요 자본의 추정과 수익성 추정, 이를 기초로 한 경제성 분석이 중심이 된다. 일반적으로 창업기업의 자금수요는 당초의 예상보다 늘어나기 마련이다. 기술 창업인 경우 자금 조달과 관리를 안이하게 생각하거나, 사업의 빠른 성장에 고무되어 과다한 설비투자와 방만한 경영을 시도하다가 자금부족이 발생하여 사업에 어려움을 겪는 경우가 많다. 재무타당성 분석은 시장타당성 분석과 기술타당성 분석에서 얻은 자료를 토대로 재무정보를 구축하여 창업기업을 성장시키는 데에 목적이 있는 것이다.

(2) 재무타당성 분석의 특징

재무타당성 분석의 특징은 우선 기존의 재무구조, 수익성, 자금 수지 상황분석과 사업계획을 토대로 향후 소요되는 시설자금과 운전자금을 통하여 들어오는 현금과 내부유보자금과 증자 등을 통한 자금조성의 가능성을 검토한다.

그 다음에 각 기간별로 예상되는 자금 과부족에 대하여 그 규모와 신규 차입가능성 및 상환능력을 평가한다. 추정 재무제표는 미래의 사업에 영향을 주는 여러 가지 불확실성을 단순화하여 작성되기 때문에 민감도 분석이나 위험분석을 실시하여 효율적인 투자결정을 유도하여야 한다.

민감도 분석은 계획의 전제가 된 가정치를 변경하여 같은 추정과 검토를 통한 결과를 만들어 내는 것이다. 각 비용과 수익성 요인이 변화할 때 그것이 현재 가치 현금흐름과 투자 수익률에 양적 영향을 얼마나 미치는지를 시뮬레이션을 통해 분석하는 기법이다. 민감도 분석은 회귀분석을 이용한 분석과 전문적인 시뮬레이션 프로그램을 이용한 분석이 있다.

손익분기점 분석은 모든 비용을 고정비와 변동비로 나누어 비용과 가격, 판매수량에 따라 매출과 이익이 어떻게 변하는가를 분석하는 방법이다. 창업기업의 경우 고정비와 변동비는 추정 손익계산서 등에 의해 각각 구분하여 계산하는 것이 원칙이지만 다음과 같은 약식을 활용하기도 한다.

- 고정비 = 판매비와 일반관리비 + 영업외 비용 + 제조경비 + 노무비
- 변동비 = 재료비 + 노무비 50% + 재고조정 중 변동비
- 손익분기점 매출액 = 고정비 / (1 – 변동비 + 실제 매출액)

(3) 재무타당성 분석항목

재무타당성의 분석항목과 분석흐름은 다음과 같다.

■ 재무타당성 분석항목

분석요소	재무타당성 분석항목
필요 자금 분석	• 시설자금 • 운전자금 • 향후 현금 흐름
경제성 분석	• 자본 조달 비용 • 수익성 추정 • 손익분기점 도달시기
유동성 분석	• 민감도 분석 • 부채비율 • 유동비율

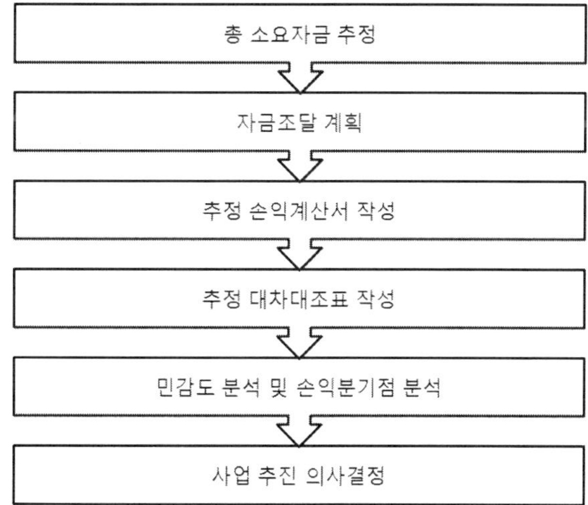

재무타당성 분석의 흐름

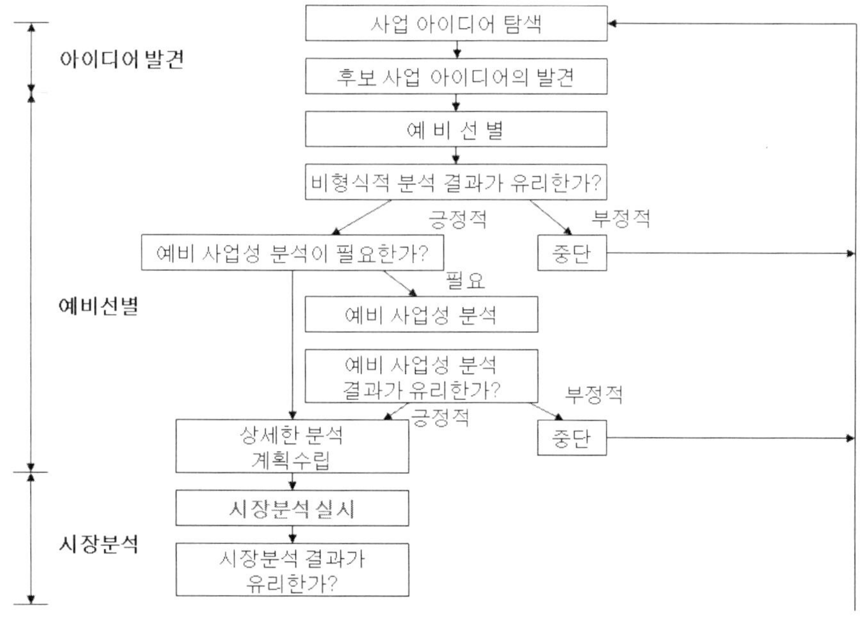

사업타당성 분석 절차도

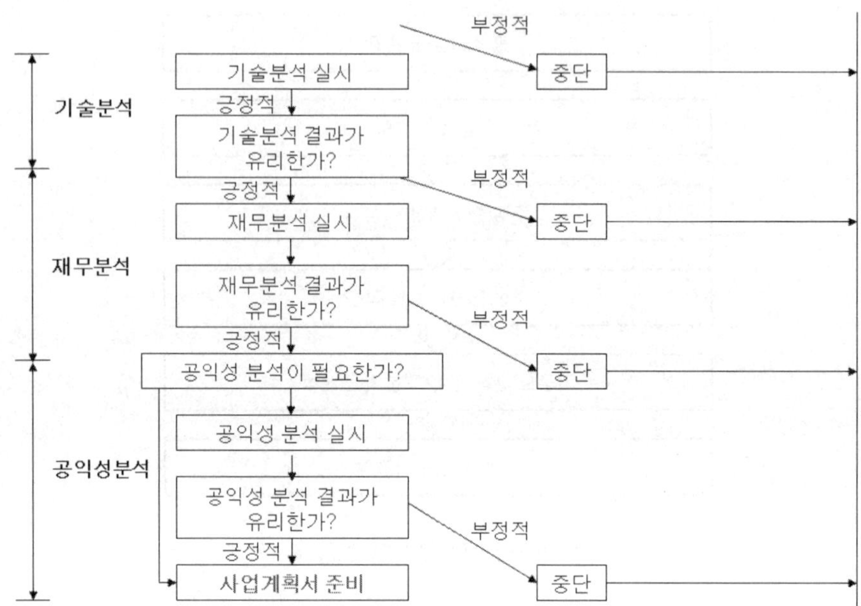

▮ 사업타당성 분석 절차도 ▮

Ⅲ 창업자금 조달

1. 창업자금조달의 개념

(1) 창업자금 조달 요인

창업의 3대 요소 중 하나가 자본이다. 따라서 창업을 함에 있어서 자금 확보는 필수 요건인 것이다. 가능하다면 자기자본한도 내에서 창업을 하는 것이 가장 바람직하고, 가능하면 여유자금으로 어느 정도 확보하여 두는 것이 안정을 기할 수 있다.

하지만 실제로 창업을 하게 되면 항상 자금이 부족하여 자금 확보에 어려움을 당하는 경우를 빈번하게 볼 수 있다. 창업자금이 부족한 경우를 보면 다음과 같다.

① 창업규모를 크게 잡는 경우
② 가까운 사람에게 빌려주었다가 자금의 회수에 차질이 생기는 경우
③ 부동산을 매도하려는데 계획대로 팔리지 않는 경우

④ 운전자금 등 예상치 못한 비용이 초과되는 경우
⑤ 좋은 목의 점포 또는 인테리어, 시설 등을 선호하는 경우

(2) 창업자금조달 시 확인사항

창업자금이 부족한 경우 불가피하게 이를 해결하기 위해서는 자금을 마련해야 한다. 이처럼 자금에 관한 문제들을 해결하기 위해 가장 먼저 계획을 세워야 하는 일은 바로 자금계획이다. 우선 창업에 소요되는 비용과 자기자본 조달가능규모를 점검하고 필요한 자금이 얼마인지 확인해야 한다.

자금조달 시 확인사항은 아래와 같다.

① **자기자금의 보유형태를 점검한다** : 우선 보유 자산인 순수 자기자금인 현금, 예금, 적금해약금 등 동원 가능한 금액을 측정하고, 만약 회수될 자금이 있다면 창업기간에 맞추어 차질 없이 회수될 수 있는지 확인한다. 또한 부채가 있다면 상환기간이 창업시일과 겹치지 않는지 점검해야한다. 그리고 창업에 필요한 총투자금액을 산출해보고 부족하다고 판단되면 차입에 필요한 만큼의 차입규모를 결정한다.

② **대출가능 여부를 확인 한다** : 각 금융기관마다 대출상품과 금리는 다르기 마련이다. 금융상품의 성격 그리고 본인의 신용도나 거래실적에 따라 대출조건이나 금리가 달라지기 마련이다. 따라서 어떤 자금이 본인에게 유리하고 대출이 가능한지 등 각 금융기관이나 지원기관의 정보를 살펴보고 차입금액의 금융이자와 대출조건을 꼼꼼히 따져 보아야 한다.

③ **매출추정을 통해 상환계획을 수립 한다** : 취급상품의 타당성(판매가격, 시장성 등)과 매출추정을 통한 추정 손익계산서를 작성해보고 상환가능성을 타진해 본다. 창업 후 손익분기점까지 업종에 따라 3 ~ 6개월 정도 걸리는 경우가 많은데 원리금 상환 부담까지 생긴다면 곧바로 사업이 부실해지기 때문이다.

예비창업자들은 종종 사업자등록도 하지 않은 상태에서 투자가를 찾는 경우를 보게 된다. 즉, 본인이 특허 혹은 기술을 갖고 있기 때문에 누군가 투자를 좀 해 주면 크게 성공할 수 있다고 생각하는 경향이 있다. 하지만, 이제 막 창업을 준비하는 단계에서 투자를 하는 사람이나 기관은 거의 없다는 것을 생각해야 한다.

또한 현실적으로 보면 창업기업이 코스닥(KOSDAQ, Korea Securities Dealers

Automated Quotations)에 등록을 하지 못하는 경우 창업기업에 투자한 주식은 아무 가치가 없게 된다. 따라서 창업초기에 다른 사람 혹은 기관으로부터 투자를 기대하는 무리이며 투자 받기가 상당히 어려운 일이다.

2. 창업자금의 수지분석

(1) 소요자금추정

창업자가 창업의 소요자금을 추정하는 일은 세심한 분석을 통하여 소요자금을 예상하여야 한다. 창업의 초기단계에서 전체 소요자금을 추정하는 것은 쉽지 않는 일이다. 또한 본인이 보유하고 있는 자금이 부족하여 일부를 외부에서 조달하여야 하는 경우의 소요자금의 추정은 더욱 어렵게 된다.

창업에 필요한 소요자금을 시설자금(유형, 무형 고정자산), 운전자금(인건비, 재료비, 경비 등), 예비자금(시설 및 운전자금의 20% 정도 책정)의 3가지로 세분할 수 있다. 일반적으로 창업의 소요되는 자금은 다음과 같이 분류할 수 있다.

창업소요자금 = 초기 투자자금 + 운전자금 + 시설자금

① **초기 투자자금** : 사무집기, 비품, 사무실 임차료, 통신비 등을 말한다.

② **운전자금** : 재료비, 인건비, 운반비, 유지보수비 등 실제 매달 지출이 요구되는 제조비용과 일반관리비 및 판매비 등을 말한다.

③ **시설자금** : 고정자산을 구입하는데 필요한 자금을 말하며, 유형고정자산과 무형고정자산으로 분류할 수 있다. 예를 들어, 기계나 각종 설비를 구입하는 비용을 말한다.

(2) 창업자금 조달능력 확인

창업을 하면 계속적으로 자금이 필요하게 된다. 초기 자금 외에도 기술개발에 대한 자금, 시장개척을 위한 자금, 인력의 충원을 위한 자금, 전략적 제휴를 위한 자금, 홍보 및 마케팅을 위한 자금 등 사업을 하는 동안에 계속 자금이 필요하다고 할 수 있다.

많은 예비창업자들이 잘못 생각하는 것 중의 하나가 적자가 나면 망한다는 것이

다. 하지만, 창업에서 적자가 난다고 해서 망하는 것이 아니라 돈이 없어지면 망하게 되는 것이다. 이것은 분명히 차이가 있는데, 아무리 적자가 나더라도 지속적으로 자금이 조달될 수 있으면, 아무런 문제가 없다는 것이다.

사업을 하는 동안 지속적으로 자금을 조달할 수 있는 능력이 있는가 하는 것이 관건이다. 좋은 기술과 아이템을 갖고 있더라도 다른 사람 혹은 기관으로부터 투자를 받으려고 하면, 비록 소액이라고 해도 쉽지 않다. 그렇기 때문에 창업 후 어느 정도의 기간 동안에는 수익이 저조할 것을 예상하여 예비자금에 대한 준비가 필요하다.

창업하는 단계에서 무리한 대출을 받아 사업을 한다면 대부분 멀지 않아 자금압박을 받게 되어 위험에 대처하기가 더욱 어려워 사업을 지속하기 위하여 주위 사람과의 관계가 악화되는 경우를 볼 수 있다.

창업자는 자신이 창업자금을 언제 얼마를 어떠한 방법으로 조달 할 수 있는 지를 구체적으로 확인하여 자금이 필요할 때 자금을 동원하는 능력을 발휘하여야 한다.

(3) 자금조달 운용계획서 작성

소요자금이 추정되고 자금조달 능력이 있다고 판단이 되면, 자금조달 및 운용계획서를 작성해야 한다. 자금을 어떻게 조달하고, 어떻게 운용할 것인가에 대한 계획을 수립해야 한다는 것이다. 또한 계획표는 단기, 중기, 장기로 구분하여 작성하면 더욱 좋은 것이다.

대부분 예비창업자들은 자금조달을 어떻게 해야 할지를 잘 모르고 있다. 따라서, 창업초기단계에서부터 너무 무리한 자금조달을 계획하면, 나중에 낭패를 볼 수 있다는 것을 알아야 한다.

소요자금 중에서는 소요시설자금 내역서와 소요 운전자금 내역서를 작성해 보는 것이 필요하며, 창업자금조달 내역서는 자기자금조달 내역서와 타인자금 내역서로 구분하여 작성하는 것이 필요하다. 이러한 내역서의 형식은 인터넷 검색을 통해서 쉽게 찾을 수 있다. 사실, 예비창업자들이 인터넷검색만 잘 활용하여도 창업아이템에 대한 정보뿐만 아니라 창업과 관련된 여러 서식들을 쉽게 찾을 수 있다.

3. 창업자금의 조달방법

(1) 정책자금 활용

① **정책자금으로 창업기업의 길을 안내한다** : 매년 중소기업에 지원되는 정책자금은 수 조원에 이르고 있으며 날로 중소기업의 역할과 비중이 높아지게 됨에 따라 그 지원예산도 매년 증가하고 있는 상태이다. 물론 정책자금이라 하더라도 나중에 갚아야 할 빚이기 때문에 많이 쓴다고 하여 무조건 좋은 것은 아니지만 어차피 필요한 돈이라면 조건이 좋은 자금을 활용하는 것이 자금운용의 기본이다. 정부의 정책자금들은 대부분 장기저리자금들이다.

우리나라는 요즈음 학생, 교수 연구원, 일반인 창업자들에게 창업자금을 무상으로 지원하는 정책이 2012년 몇 년 전부터 시행하고 있다. 따라서 정책자금의 활용은 곧 기업의 금융비용을 덜어주고 경쟁력 제고와 사업성공의 중요요소가 되었다.

② **정책자금의 정보 확보가 중요하다.** 따라서 자금이 필요한 모든 사업가들은 이러한 정책자금을 원할 것이다. 그러면 이러한 정책자금을 잘 쓸 수 있는 방법은 무엇인가? 사실 창업을 준비하고 있거나 기업을 경영하고 있는 사업주가 정책자금에 대하여 자세히 안다는 것은 어려운 실정이다. 정책자금은 정부나 지방자치단체에서 예산을 편성하고, 그 운용은 보통 주무관청과 관계된 일선 공공기관이나 단체에서 처리한다. 정부의 주무관청별로 편성되는 정책자금의 종류가 매우 다양하게 분리되는 것이다. 그리고 이러한 자금들의 지원시기와 방법, 대상과 조건에 대한 정보를 일일이 챙기기가 쉽지 않은 일이다. 하지만 요즘은 관련 기관의 인터넷 홈페이지에 자금 관련 정보들이 수록되어 있어 조금만 관심을 가지면 정책자금을 활용하기가 용이하다. 또한 정부기관별로 정책자금의 집행이 매년 비슷하기 때문에 사전에 조사하고 미리 필요한 서류를 준비해 둔다면 정책자금을 받는데 많은 도움이 될 것이다.

③ **정책자금 신청 방법** : 정책자금은 신청하는 기업체에 다 주는 것이 아니고, 정책자금도 한정된 예산으로 제한이 있고 이를 쓰려는 기업체는 많다보니 일정한 기준과 자격요인을 만들어 이왕이면 경쟁력이 있는 기업체를 선별하여 지원하고 있다. 따라서 이러한 정책자금을 지원 받을 수 있는 확률을 높이려면 본인 회사에 적합한 정책자금의 종류와 지원목적, 그리고 취지는 무엇인

가를 먼저 파악한다면 자금을 받기에 상당히 유리할 것이다.

일반적으로 정책자금은 자금운용기관에서 예산이 확보되면 먼저 그 운용계획을 일반인에게 공고를 하고, 정해진 기간 내에 신청서를 접수하며 서류검토와 현장실사를 통해 신청업체를 심의, 일정감수 이상의 업체를 선정한다. 따라서 다음과 같이 준비한다면 정책자금의 지원업체로 선정될 확률이 높아질 수 있을 것이다.

① 해당 정책자금의 지원성격과 당해 회사의 사업성격을 확실하게 맞춘다. 즉, 시설투자, 연구개발, 수출, 창업, 운영자금지원 등 어떤 성격의 자금인지 먼저 파악하여 현재 회사의 사업성격과 일치하도록 한다.
② 자금신청에 필요한 사업계획서 작성이 중요하다. 자금신청용 사업계획서는 소정양식으로 되어 있으며 각 구성항목이 사업심사 시에 평가대상이 된다. 그러므로 정해진 양식에 맞추어 빈칸 없이 기재하도록 하며, 사실에 근거하여 회사의 성장성을 제시하도록 한다.
③ 해당자금을 지원 받게 되면 사업의 성장뿐 아니라 회사 경쟁력 제고에 큰 힘이 된다는 것을 강조하도록 한다.
④ 신청하는 금액(시설 또는 운전자금)을 산출하는데 있어 가능한 한 세부적인 내용을 기준으로 작성하여 산정금액의 객관성을 보여준다.
⑤ 신청시에 첨부해야 하는 서류(특히 계약서, 견적서 등)는 꼼꼼히 살펴보고 빠짐없이 준비하여야 한다.
⑥ 사업계획서보다 더 중요한 것은 현장 실태조사이다. 사업계획서에 담아져 있는 내용과 경영실태를 주관 기관의 담당자가 회사를 방문하여 현장에서 직접 확인하는 과정이기 때문에 좋은 인상을 줄 수 있도록 하여야 한다.
⑦ 실태 조사요원이 요구하는 자료 이외에도 회사에서 내세우거나 자랑할 만한 것이 있으면 충분히 보여 주도록 한다.
⑧ 재무제표는 그 회사의 경영성과를 보여주는 객관적인 자료이므로 평상시 재무제표의 관리(수익성, 성장성, 특히 부채비율을 나타내는 안정성)에 신경을 쓴다.

(2) 투자자금 활용

① **동업자나 후원자를 찾는다** : 창업에 필요한 자금의 조달은 창업자의 자기자금

과 외부자금으로 나눌 수 있다. 창업자의 자가자금만으로 사업을 시작할 수 있다면 문제가 없지만, 창업자금의 부족은 타인에게서 자금을 꿔오게 되며, 약정 일이 도래하면 상환하여야 하고 또한 상환일까지 이자를 내야한다. 정해진 날짜까지 갚지 못하면 신용불량자가 되기도 하며, 저당 잡힌 집까지 날아가게 된다. 이런 경우 창업자는 동업자나 후원자를 찾아 볼 수 있고 동업자나 후원자의 자금은 창업자 또는 창업자의 사업에 뜻을 같이 하여 투자된 자금이다. 외부에서 유입된 자금이지만 사업주 입장에서는 운용의 부담이 없는 자기자금이다.

② 기관투자가(창업투자회사)의 투자자금 : 동업자는 창업에 필요한 자금을 출자하여 사업을 같이 운영하며, 사업에 대한 공동 책임과 이익의 공동분배의 권리를 가지는 사람을 말하며, 후원자란 사업에 자금만을 투자하고 경영에 참가하지 않는 투자가를 말한다. '창업투자자금'은 이러한 후원(지원)자의 자금을 제도화한 것으로 중소기업청에 등록되어 있는 창업투자회사, 그리고 신기술사업금융회사 등이 이런 후원자이다.

(3) 특허기술 활용

① 특허기술은 기업경쟁력을 향상시킨다 : 현재는 경쟁의 시대이며 그 범위는 전국으로 전 세계적으로 확대되어 무한경쟁의 시대가 되었다. 따라서 기술력이 없이는 사업에 실패할 것이 자명하다. 요즘 창업이 늘어나고 있는 뉴비즈니스, 아이디어사업들은 틈새 기술력을 활용한 창업이라고 보아야 할 것이며, 이런 틈새 기술력은 우리 주위에 너무나 많다. 예를 들어 누구나 사용하는 물건 하나에도 얼마든지 개량기술이 숨어 있다. 이러한 기술을 개발하여 사업화한다면 경쟁무대에서 유리한 위치와 정부의 제도적인 지원을 받을 수 있다.

② 특허기술사업화 지원제도 : 정부는 한정된 자원을 극복 할 수 있는 방법으로 기술입국을 지향하고 있으며 특허기술의 사업화를 다각적으로 지원하고 있다. 자금, 세제, 유통 등을 지원해 주고 있으며 자금지원 경우 해외출원비용보조, 시제품 제작지원, 특허기술평가지원, 기술담보제도, 산업기술자금, 우수신기술 지정 지원사업, 기술우대보증제도 등의 다양한 제도가 있다.

③ 특허기술 담보 활용 : 최근 특허청은 우수한 기술력에도 담보가 없어 자금난을 겪는 중소기업에 특허담보나 신용만으로 사업자금을 지원하는 기술금융지

원사업에 발벗고 나섰는데, 2006년 5월 24일 한국지식재산센터(KIPS) 국제회의실에서 우리은행, 기업은행, 신한은행 등 금융기관과 기술보증기금, 한국과학기술연구원, 한국과학기술정보연구원, 한국기술거래소, 한국발명진흥회, 한국산업은행, 한국전자통신연구원 등이 포함된 기술금융지원단과 우수 특허보유 중소기업의 사업화 지원을 위한 업무협약을 체결했다(헤럴드경제, 2006. 5.24).

이 협약에 따르면 특허청은 기술금융지원단 운영을 통해 금융기관이 기술금융상품을 금융시장에 조기 정착할 수 있도록 지원하고 중소기업에는 기술평가에 소요되는 비용을 지원함으로써 중소기업이 기술력만으로도 자금을 조달할 수 있는 기회를 제공하게 됐다. 기술금융지원단도 금융기관의 여신의사결정에 적합하도록 중소기업의 기술력을 객관적으로 평가해 그 결과를 금융기관에 제공하며, 금융기관은 평가결과를 활용해 물적 담보의 요구 없이 중소기업에 자금을 지원할 수 있는 토대로 마련했다고 할 수 있다.

(4) 신용보증서 활용

은행에서 대출을 받으려면 여간 까다로운 것이 아니다, 담보가 미약하다거나 보증인이 없다든가 하는 이유로 대출 받기가 어렵다. 신용보증제도의 기본적인 구조를 보면 기업(채무자), 금융기관(채권자) 및 신용보증기금(보증인)간의 삼각관계에 의한 금융중개구조로 이루어져 있으며, 신용보증기금은 정부와 금융기관의 출연에 의하여 조성되는 기본재산을 재원으로 하여 신용은 있으나 담보가 부족하여 자금조달에 어려움을 겪는 중소기업에 신용보증서를 발급하여 주는 것이다.

① **창업기업의 신용보증제도** : 신용보증기금(www.kodit.co.kr)에서는 은행으로부터 각종 자금을 대출 받을 때 담보로 이용되는 대출보증 이외에도 사채보증, 제2금융보증, 지급보증, 납세보증, 이행보증 등 다양한 보증서를 발급해 주고 있다. 기업에서 주로 많이 이용하는 보증은 대출보증으로써 같은 기업에서 보증 받을 수 있는 최고 범위 안에서 기업규모, 자금용도, 신용도 등을 종합적으로 분석하여 보증금을 결정한다.

자금력과 담보력이 취약한 창업기업에 대해서는 정식 심사 기준에 의한 보증심사 대신에 별도 간이심사제도를 운영하여 창업기업을 지원하고 있다. 신용보증서를 발급받을 때에는 신용보증금액에 따라 보증수수료를 납부하여야 하는데 중소기업의 경우는 보통 연 1%이다.

② **자신의 신용관리는 평소에 해야 한다** : 창업을 준비하는 예비사업자의 대부분이 담보력뿐만 아니라 신용력도 취약한 경우가 많다.

따라서 신용보증기금으로부터 신용을 얻기 위해서는 먼저 신용보증기금에서 정하고 있는 보증제한대상이 되어서는 안 된다.

세금이 체납되었거나 은행 대출금이 조금 연체되어 보증서를 받지 못하는 경우도 있으며, 운전자금의 보증은 회사의 매출액의 규모를 기준으로 하고 있으며 업종별 부채비율의 상한선을 두고 있기 때문에 회사가 건전한 재무구조를 유지할 수 있도록 노력해야 할 것이다. 신용보증기관으로 신용보증기금(www.kodit.co.kr)과 기술신용보증기금(www.kibo.or.kr) 그리고 지역 내 기업 및 금융기관에서 설립한 지역신용보증조합이 있는데 이중에서 본인에게 맞는 보증기관을 선택하는 것이 유리하다.

4. 창업자금 지원기관

현재 국내에는 다양한 형태의 창업자금을 지원해 주는 기관들이 있는데, 자금지원의 형태 및 조건들이 자주 변경되기 때문에 정기적인 인터넷검색 혹은 상담을 통해서 지원조건 등에 대해 알아봐야 한다.

(1) 소상공인지원센터(www.sbdc.or.kr)

중소기업청에서는 소상공인들의 창업활성화 및 경경개선을 촉진하기 위해 1999년부터 '소상공인 창업 및 경영개선자금'을 지원해 오고 있는데, 자영업자들이 가장 손쉽게 창업자금을 지원받을 수 있는 제도라고 할 수 있다. 소상공인지원센터에서는 사업계획 및 개인신용정보 등 기초정보에 대한 간단한 평가와 조회를 거쳐 자금추천서를 발급 받을 수 있으며, 은행별 대출조건과 금리 등을 토대로 가장 유리한 조건의 은행을 선택할 수 있다.

소상공인지원센터의 자금지원대상은 소상공업을 창업하고자 하는 제조업, 광업, 건설업, 운송업, 도소매업, 기타 서비스업에 해당된다. 또한 창업 외에도 경영개선을 하고자 하는 기존 사업체 인수, 이전·확장 또는 업종·업태 변경, 사업장 시설개선 또는 설비구입 등이 해당된다. 다만, 사치 성향적 소비나 투기를 조장하는 업종, 금융기관의 불량거래자 혹은 불량거래처로 규정 중인 예비창업자는 제외된다.

(2) 근로복지공단(www.welco.or.kr)

1) 자립점포 임대지원

근로복지공단에서는 창업을 희망하는 산재근로자의 확고한 자립기반을 구축해나갈 수 있도록 임대점포를 지원하고 있는데, 서울시 및 광역시는 전세금 1억원 이내의 전세점포를, 기타지역은 전세금 7천만원 이내의 전세점포를 지원하고 있다. 다만, 월 80만원 이내의 월세가 포함된 경우 지원자 부담으로 지원이 가능하다. 지원기간은 임대차 계약기간 1년 또는 2년을 단위로 최장 5년까지 연장이 가능하다.

신청자격은 먼저 안산·광주재활훈련원 수료(예정)자, 직업훈련비용지원사업에 의한 소정의 직업훈련과정을 수료한 자, 진폐증으로 산재보험법에 의한 장해급여를 지급 받은 자, 자격기본법 또는 국가기술자격법에 의한 자격증(공인 받지 아니한 민간 자격증과 도로교통법에 의한 운전면허증 제외)을 취득한 자로서, 채권확보 및 전세권 설정이 가능한 점포에 한하고 있다. 자세한 내용은 근로복지공단 홈페이지(www.welco.or.kr)의 공단사업안내 내에 있는 재활사업(자립점포 임대지원)에서 확인할 수 있다.

2) 장기실업자 자영업 창업지원

신청자가 희망하는 1억원 이내의 전세점포(전세권설정이 가능한 점포에 국한)를 공단이 임차(계약)하여 이를 대여하며, 월세점포의 경우 공단이 정한 한도액범위내에서 본인부담의 보증보험 가입 또는 월세(관리비 포함) 보증금 납부시 지원이 가능하며, 전세점포와 마찬가지로 공단의 점포지원금에 대해서는 전세권 설정이 가능해야 한다.

신청자격은 3개월 이상 실업상태에 있는 장기실업자로서 아래의 각 호에 해당해야 한다.

① 전직 실업자로서 세대주인자
② 전직실업자로서 실업기간중 이수한 창업훈련관련 직종, 본인 보유의 국가기술자격증 또는 실직전 1년 이상 종사한 관련 업종으로 창업하고자 하는자(부양가족 및 세대주요건 불필요)
③ 신규청년 실업자로서 전공 및 보유 국가기술자격증 관련업종으로 창업을 희망하는 자

3) 실직여성가장 자영업지원

신청자가 희망하는 1억원 이내의 전세점포(전세권설정이 가능한 점포에 국한)를 공단이 임차(계약)하여 이를 대여하는데, 2001.7.1부터는 월세가 일부 있는 점포의 경우에도 해당월세를 본인이 직접 부담할 경우에 한하여 지원하고 있다. 다만, 월세 점포의 경우 공단이 정한 한도액범위 내에서 본인부담의 보증보험 가입 또는 월세(관리비포함)보증금 납부시 지원이 가능하며, 전세점포와 마찬가지로 공단의 점포지원금에 대해서는 전세권설정이 가능하여야 한다.

신청자격은 배우자의 사망 또는 이혼 후 가족을 부양해야하는 여성가장, 배우자가 심신(정신)장애·사고·질병 등으로 노동능력이 상실되어 가족을 부양해야하는 실직여성가장, 배우자가 교도소(형 확정일로부터 6월이상 경과)등의 사유로 배우자를 대신하여 가족을 부양하여야 하는 실직여성가장(미혼모, 임산부포함), 그리고 미혼여성가장으로 가족을 사실상 부양하여야 하는 여성가장이어야 한다.

(3) 한국여성경제인협회(www.womanbiz.or.kr)

신청자가 원하는 점포를 한국여성경제인협회가 계약당사자로 직접 임차하여, 신청자에게 대여하는데, 채권확보를 위해 전세권(근저당권) 설정, 전세보장보험 가입 및 이행(지급) 보증보험의 가입 등이 필요하다. 또한 점포임차금에 한하여 지원하며, 기타 인테리어 비용, 권리금 등은 지원하지 않는다.

한국여성경제인협회에서 지원하는 창업자금은 창업을 희망하는 저소득 여성가장으로 아래에 해당하는 여성에 한하게 된다.

① 소득기준 : 월 170만원 이하/재산기준 : 7천만원 이하

② 여성가장 : 배우자의 사망, 이혼, 장기실직 1년 이상 경우 또는 노동능력 상실 등으로 사실상 가족을 부양하는 여성

미혼여성일 경우에도 부양가족이 있는 경우는 가능(부모님의 경우 63세이상)

③ 부양가족 중 자녀가 25세 미만인 경우 해당

④ 국민기초생활보장법에 의한 기초생활보장수급권자 및 모부자복지법상의 모자가정, 국가보훈대상자 가산점 부여

한국여성경제인협회에서 지원하는 여성가장 창업자금 지원사업에 대한 자세한 내용은 한국여성경제인협회 홈페이지(www.womanbiz.or.kr)의 주요사업

에서 확인할 수 있다.

(4) 한국장애인고용촉진공단(www.kepad.or.kr)

1) 자영업 창업자금 융자

자영업 창업융자대상자는 창업을 희망하는 모든 장애인이다. 하지만, 만 20세 미만인 자, 재직근로자, 사업주(사업자등록증상의 개업일을 기준하여 1년이 경과한 사업주) 또는 창업자금을 융자받은 후 원리금 상환 중에 있어나 영업장소 전대지원을 받고 있는 경우는 제외된다. 금액은 1인당 5천만원 이내에서 융자를 받을 수 있는데, 융자금은 은행을 통하여 대출이 이루어지므로 은행의 여신규정에 따라 채권보전조치(담보제공 등)를 받게 된다.

2) 영업장소 전대지원

창업을 희망하거나 담보능력이 부족하여 융자금을 받기 어려운 장애인에게 공단이 영업장소를 빌려주는 제도이며, 자영업 창업을 희망하는 모든 장애인이 신청자격이 있다. 하지만, 만 20세 미만인자, 재직근로자, 사업주(사업자등록증상의 개업일을 기준하여 1년이 경과한 사업주) 또는 창업자금을 융자받은 후 원리금 상환중에 있거나 영업장소 전대지원을 받고 있는 경우는 제외된다. 장애인을 위한 자영업 창업자금 융자와 영업장소 전대지원에 대한 자세한 내용은 한국장애인고용촉진공단 홈페이지(www.kepad.or.kr)의 서비스안내에서 참고하면 된다.

(5) 중소기업진흥공단(www.sbc.or.kr)

중소기업진흥공단에서는 기술력과 사업성을 갖춘 예비창업자와 중소·벤처기업을 적극 발굴.지원하여 중소.벤처기업의 창업을 촉진하고, 창업초기 중소기업을 육성함으로써 산업발전 및 고용창출을 도모하고자 중소벤처창업을 지원하고 있다. 지원대상은 창업을 준비중인 자 또는 중소기업창업지원법시행령 제3조에 의한 사업 개시일로부터 3년 미만(신청·접수일 기준)인 중소기업이며, 제조업을 영위하거나 영위하고자 하는 자는 공장등록증을 보유하거나 소유할 수 있어야 한다.

중소벤처창업자금의 지원범위는 크게 시설자금과 운전자금으로 세분된다.

① 시설자금

- 생산 및 연구개발시설, 공공 s/w, 중소시설,

- 임차보증금 및 사업장 매매자금
- 법원, 자산관리공사, 금융기관을 통한 경락자금
- 사업장 건축공사비(토지구입비 제외)

② 운전자금

- 연구개발비용, 생산에 필요한 원부자재 구입비용 : 중소벤처창업자금에 대한 자세한 내용은 중소기업진흥공단 홈페이지(www.sbc.or.kr)의 자금융자를 참고하면 된다.

(6) 창업진흥원(www.kised.or.kr)

창업진흥원은 창업에 국가적 과제를 추진하기 위해 기업가정신을 제고하고 지식·기술기반 창업을 활성화하기 위하여 예비창업자의 손쉬운 창업, 역량 있는 창업기업의 지속성장 기반 구축 등 성장단계별 지원체계를 구축하고, 비즈쿨, 창업경진대회, 온라인 창업강좌, 창업선도대학, 국내외시장개척, 청년창업·창직인턴제, 창업보육센터, 재택창업, 조사연구 등을 수행하는 기관이다.

(7) 창업자금지원기관 인터넷 주소

① 중소기업청(www.smba.go.kr)
② 중소기업진흥공단(www.sbc.or.kr)
③ 기술보증기금(www.kibo.or.kr)
④ 신용보증기금(www.kodit.co.kr)
⑤ 신용보증재단(지역별로 설립되어 있음)

- 서울신용보증재단 : www.seoulshinbo.co.kr
- 경기신용보증재단 : www.kgsb.co.kr
- 제주신용보증재단 : www.jejusinbo.co.kr
- 인천신용보증재단 : www.icsinbo.or.kr
- 부산신용보증재단 : www.busansinbo.or.kr
- 대구신용보증재단 : www.ttg.co.kr

⑥ 소상공인지원센터(www.sbdc.or.kr)
⑦ 한국여성경제인협회(www.womanbiz, or.kr)
⑧ 근로복지공단(www.welco.or.kr)

⑨ 한국장애인고용촉진공단(www.kepad.or.kr)
⑩ 여성부(www.mogef.go.kr)
⑪ 마이크로크레디터(Microcredit)
- 사회연대은행(www.bss.or.kr)
- 신나는 조합(www.joyfulunion.or.kr)
⑫ 중소기업을 위한 종합정보서비스(www.bizinfo.go.kr, www.spi.go.kr)

5. 창업자금조달 평가대비

창업기업들이 금융기관에서 자금을 차입하려할 때, 금융기관과 대출방식, 대출기간, 대출금리, 대출절차 등에서 대체로 금융기관의 요구에 따를 수밖에 없게 된다. 그럼에도 불구하고 융자자금 혹은 투자자금부문에서 평가를 잘 받기 위해서는 몇 가지를 고려해야 한다.

(1) 융자자금에서 평가를 잘 받으려면

① 매출성장세가 있어야 한다. 이는 매출이 증가하면 제품을 납품하기 위해 제조를 위한 원자재구매자금이 필요하게 되고, 매출채권이 늘어남으로써 운전자금이 추가적으로 필요하기 때문이다.
② 매출처가 양호하고 회수기간이 단기간이어야 한다. 매출처가 우량하고 매출금액의 회수기간이 단기간이면 기업의 성장성과 더불어 안정된 현금흐름이 보장되기 때문이다.
③ 영업으로 매출이익이 발생하여야 한다. 영업활동으로 매출이익이 발생되어야 하고 그 이익금으로 차입금에 대한 이자부담이 가능한지 그리고 원금상환이 가능한지에 대한 부분을 검토한다.
④ 대출을 받아 사용하는 용도가 안전하여야 한다. 대출을 받아서 사용하는 사업영역이 안정하고 성장성이 있는 곳인지를 검토한다.
⑤ 기타 평가항목으로 취급여신의 건전성, 자금용도 및 지원규모의 타당성 검토, 부채현황, 상환능력 및 상환계획, 여신기간의 적정성, 채권보전방법의 강구, 은행거래상황 및 거래기여도 분석, 경영형태 및 인적상황, 최근 재무제표의 사업전망 등을 세밀히 검토한다.

(2) 투자자금부분에서 평가를 잘 받으려면

① 안정성이 있어야 한다. 이는 기본적으로 고려된 사항이다.

② 기업자체가 보유하고 있는 기술이 있어야 한다. 투자자금에서 가장 중점을 두고 있는 평가 항목이다. 지적재산권이나 신기술의 보유, 권리침해에 대한 문제들이 없어야 한다.

③ 성장 가능성이 있어야 한다. 기술성 및 재무, 기술 인력의 체계 등을 살펴보고 성장잠재력이 있는지를 검토한다. 즉, 첨단기술 또는 특허보유업체, 기술집약형 창업기업, 제조원지원 서비스업, 산재예방 우수기업, 중소기업 고유업종 중 해체되었거나 해제예정인 업종영위업체, 대기업 또는 모기업과 수급기업협의회가 구성되어 있는 기업, 중소기업 기술혁신개발사업 또는 산학연공동기술개발 지역컨소시엄에 참여하는 기업, 중소기업 지정계열화 품목을 생산하는 기업, 100PPM품질혁신사업(PPM : Part Per Million), 세계일류화 모델사업 및 중소기업 공장자동화사업실시업체, 기타 사업전망, 재무구조, 기술수준 등을 고려하여 성장잠재력이 크다고 안정되는 업체들을 선별하여 투자한다.

제6장 | 신개념 창업론

I 신개념 창업기업 이해하기

1. 1인 창조기업

1인 창조기업은 대통령령으로 정한 지식서비스업, 제조업 등에서 창의성과 전문성을 갖춘 1인이 상시 근로자 없이 사업을 영위하는 기업을 의미한다.

공동창업자, 공동대표, 공동사업자 등의 형태로 공동으로 사업을 영위하는 자가 5인 미만일 경우에도 1인 창조기업으로 인정하고 있으며, 1인 창조기업이 규모 확대의 이유로 1인 창조기업에 해당되지 아니하게 된 경우에도 3년간은 1인 창조기업으로 인정한다.

대상 업종은 국민의 창조적 아이디어 등이 발현되어 경제적 부가가치 및 일자리 창출이 타 업종에 비해 높은 업종으로 다음과 같다.

- S/W, 인터넷서비스, 컨설팅, 디자인, 전시 등 제조관련 서비스업
- 영화 · 예술 · 관광 · 저술 · 시나리오 등 문화관련 서비스업
- 건축기술, 엔지니어링, 연구개발업 등 전문과학 및 기술서비스업
- 제조업(전통식품, 공예품, 컴퓨터 및 전자부품 등 일부 업종)

2. 협동조합(Cooperative)

(1) 협동조합의 개념

협동조합은 재화 또는 용역의 구매, 생산, 판매 등을 협동으로 영위함으로써 조합원의 권익을 향상하고 지역사회에 공헌하는 사업조직이다(협동조합기본법 제2조

제1호). 경제적으로 약소한 처지에 있는 농민이나 중·소 상공업자, 일반 소비대중들이 상부상조(相扶相助)의 정신으로 경제적 이익을 추구하기 위하여, 물자 등의 구매·생산·판매·소비 등의 일부 또는 전부를 협동으로 영위하는 조직단체이다.

대기업의 경제적 압박이나 중간상인의 농간을 배제하는 것이 주된 목적인데, 조직·운영에는 다음과 같은 네 가지 원칙이 있다.

첫째, 사업의 목적이 영리에 있지 않고 경제적 약자 간의 상호부조에 있다.

둘째, 임의(任意)로 설립되며 조합원의 가입·탈퇴가 자유로워야 한다.

셋째, 조합원은 출자액(出資額)의 다소에 관계없이 일인일표(一人一票)의 평등한 의결권(議決權)을 가진다.

넷째, 잉여금을 조합원에게 분배함에 있어서는 출자액의 다소에 의하지 않고 조합사업의 이용분량에 따라서 실시한다는 것 등이다.

협동조합의 특징은 자본구성체(資本構成體)가 아니고 인적 구성체(人的構成體)이기 때문에 진정한 민주적 운영을 의도하는 데 있다. 이는 영리를 목적으로 하는 것이 아니므로 조합의 운영은 실비주의를 원칙으로 한다.

그러나 현실적으로는 약간의 위험부담을 위한 비용이 가산되기 때문에 잉여금이 생긴다. 이것은 말하자면 실비의 과징(過徵)이었던 것이니까 조합사업의 이용분량에 안배하여, 쓰고 남은 비용을 조합원에게 반환하는 것인데, 이것이 형식적으로는 마치 잉여금 분배처럼 보이는 것에 불과하다.

① **사업범위** : 공동의 목적을 가진 5인 이상이 모여 조직한 사업체로서 그 사업의 종류에 제한이 없음
② **의결권** : 출자규모와 무관하게 1인 1표제
③ **책임범위** : 조합원은 출자자산에 한정된 유한책임
④ **가입탈퇴** : 자유로운 가입과 탈퇴 가능
⑤ **배당** : 투자금액이 아닌 이용실적 등에 따른 배당

* 협동조합은 개인회사, 주식회사 등 상법상의 회사나 사단, 재단 등과 다른 기업형태이다.

(2) 일반협동조합 설립절차

① **발기인모집** : 5인 이상

② 정관작성 : 목적, 명칭, 사업 등 포함
③ 설립동의자 모집 : 5인 이상
④ 창립총회 의결 : 설립동의자 과반수 출석, 출석 2/3 찬성
⑤ 설립신고 : 시도지사(특별한 사유가 없는 한30일 이내 신고증 교부)
⑥ 사무인수인계 : 발기인-이사장
⑦ 출자금납입
⑧ 설립등기 : 관할등기소
⑨ 협동조합 탄생 : 법인격부여

(3) 협동조합의 종류와 지원

소비자협동조합, 직원협동조합, 다중이해관계자 협동조합, 사회적협동조합, 보건의료 사회적협동조합, 사업자협동조합(생산자협동조합), 신용협동조합, 기업조합 등이 있으며, 사업자협동조합에는 산업별로 농업·수산업·축산업·상공업 등의 소규모 생산업자들에 의해 결성되는 농업협동조합·수산업협동조합·축산업협동조합·상업협동조합 등 또는 그에 관련되는 각종 협동조합이 있어 다음과 같은 사업의 일부 또는 전부를 영위한다.

① 생산·가공·판매·구매·보관·운송·검사 등의 공동시설
② 조합원에 대한 자금대부와 조합원을 위한 자금의 차입
③ 복리후생시설
④ 경영·기술의 개선, 지식의 보급을 위한 교육과 정보의 제공
⑤ 조합원의 경제적 지위를 개선하기 위한 단체협약의 체결
⑥ 기타 이상의 사업에 부대되는 사업 등이다.

신용협동조합은 조합원을 위한 금융이 사업의 중심이 된다. 이상의 협동조합은 단위협동조합인데, 이 단위조합이 일정한 지역 등을 기반으로 연합체를 결성한 것이 협동조합연합회이다. 이 같은 연합체도 단위조합이 영위하는 각종 사업을 직접 영위할 수 있다.

기업조합(企業組合)은 협동조합의 이념을 보다 고차적으로 구체화한 것이다. 기업조합 이외의 일반협동조합은 작은 생산업체들이 제각기 독립된 자기사업을 가지고 참여한 연합체로, 일종의 복합기업형태인 데 비하여 기업조합은 조합원의 2/3

이상이 조합의 종업원이어야 하고 또 조합종업원의 1/2 이상이 조합원이어야 한다.

■ **협동조합 지원내용**

지원분야		세부내용	지원한도(천원)	자부담 비율	비고
공동 장소임차	공동사무실	• 회의실 공간 설치 원칙	10, 000	20%	선정이후 '15년 12월분까지 가능
	공동작업장	• 공동으로 생산활동을 하는 작업장(공동창고, 소형물류창고 포함)			
	공동판매전시장	• 전시장, 판매장, 체험장			
공동설비	설비 및 장비	• 생산, 유통 등을 위한 설비 및 장비	200, 000	30%	조합 명의의 공동장소 확보시 지원(5년간 유지)
공동 R&D	시스템 개발	• 포장시스템, 위생점검 시스템	30, 000	20%	외부위탁(용역)만 가능, 개발업체 사업자등록증 사업의 종류에 연구개발 등록 확인
	공정개선 연구개발	• 표준화, 비용 절감, 효율성 증대			
	판매 등 각종 기법 개발	• 레시피개발, 판매기법, 제조기법			
공동 브랜드	브랜드 개발	• 브랜드 네이밍, CI, BI, 캐릭터 개발	20, 000	20%	브랜드 개발 후 시제품 제작 필수 및 개발업체 자격요건 확인 필수
공동 마케팅	광 고	• 온라인 광고 및 오프라인 광고	50, 000	20%	조합 홍보를 목적으로 활용
	행 사	• 전시회, 박람회(이벤트 포함)			
	홍보물 제작	• 리플렛(전단지), 카다로그, 브로슈어			
공동 네트워크	온라인 구축	• 홈페이지제작, 쇼핑몰	20, 000	20%	개발업체 자격요건 확인 필수

한편 생산조합은 다시 다음과 같이 분류할 수 있다.

첫째, 조합원의 생산물을 협동하여 판매하는 판매조합이 있는데, 이에는 단순히 출하·판매만을 하는 것과 간단한 가공을 하여 출하 판매하는 가공판매조합이 있다.

둘째 조합원의 사업에 필요한 물자를 협동하여 구입하기 위한 구매조합이 있다.

셋째 이용조합(利用組合)인데, 여기서 이용조합이란 조합원이 단독으로서는 갖추지 못하거나 단독사용이 비경제적인 시설을 공동으로 설치하여 공동으로 사용하는 것이다.

넷째 신용협동조합인데, 이는 조합원을 위한 금융사업만을 한다.

다섯째 조합원이 협동하여 생산활동을 하는 생산적 조합(生産的組合)인데, 기업조합은 이 같은 생산조합을 기도(企圖)하려는 것이라 볼 수 있다. 협동조합에는 단일기능만을 하는 단일조합이 있으며, 각종 기능, 즉 구매·판매·가공 등 복합적인 기능을 하는 것도 있다. 다시 말하여 협동의 범위·정도가 낮은 것은 단일협동의 정도에 머물러 있고, 정도가 높은 것은 다각적인 협동기능으로 발전하는데, 한국의 농업협동조합은 신용·구매·소비 등의 복합적인 넓은 범위에서 기능하고 있다.

3. 사회적 기업

사회적기업(Social Enterprise)이란 영리기업과 비영리기업의 중간 형태로, 사회적 목적을 우선적으로 추구하면서 재화·서비스의 생산·판매 등 영업활동을 수행하는 기업(조직)을 의미한다. 「사회적기업 육성법」에서는 사회적기업을 취약계층에게 사회서비스 또는 일자리를 제공하여 지역주민의 삶의 질을 높이는 등의 사회적 목적을 추구하면서 재화 및 서비스의 생산·판매 등 영업활동을 하는 기업으로서 고용노동부 장관의 인증을 받은 기관으로 정의하고 있음

영리기업이 주주나 소유자를 위해 이윤을 추구하는 것과는 달리, 사회적기업은 사회서비스를 제공하고 취약계층에게 일자리를 창출하는 등 사회적 목적을 조직의 주된 목적으로 추구한다는 점에서 차이가 있음

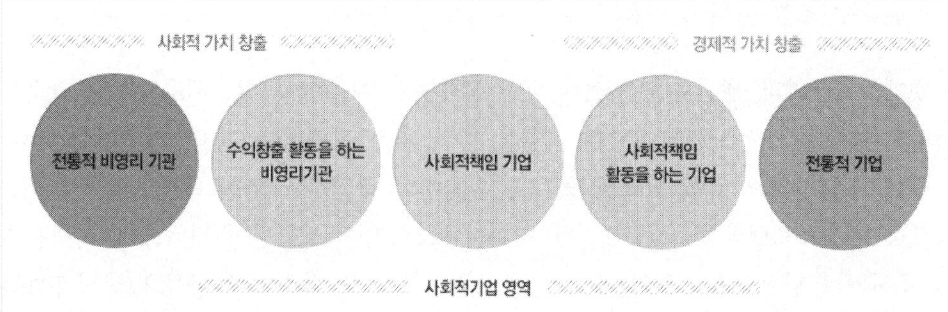

(1) 사회적기업의 유형

① 일자리제공형 : 조직의 주된 목적이 취약계층에게 일자리를 제공
② 사회서비스제공형 : 조직의 주된 목적이 취약계층에게 사회서비스를 제공
③ 지역사회공헌형 : 조직의 주된 목적이 지역사회에 공헌
④ 혼합형 : 조직의 주된 목적이 취약계층 일자리 제공과 사회서비스 제공이 혼합
⑤ 기타형 : 사회적 목적의 실현여부를 계량화하여 판단하기 곤란한 경우

(2) 사회적기업 인증절차

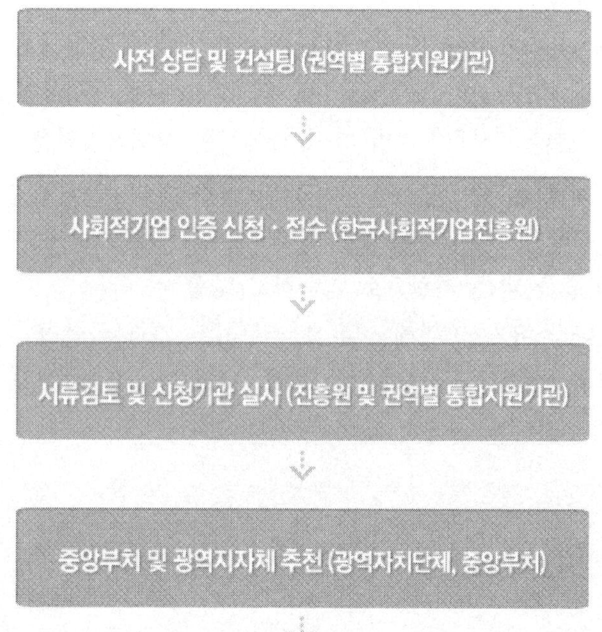

인증심사소위원회 사전검토 (고용노동부, 한국사회적기업진흥원)
↓
사회적기업육성전문위원회 심의 (고용노동부)
↓
고용노동부 장관 인증 (고용노동부)

지속가능한 일자리 제공	지역사회 활성화	사회서비스 확충	윤리적 시장 확산
취약 계층을 노동시장으로 통합 보람되고 좋은 일자리 확대	지역사회 통합 사회적투자확충을 통한 지역경제 발전	새로운 공공서비스 수요 충족 공공서비스 혁신	기업의 사회공헌과 윤리적 경영문화 확산 착한 소비 문화 조성

Ⅱ 벤처기업과 이노비즈 기업

1. 벤처 기업의 정의

벤처기업이라는 용어는 첨단기술사업(High technology business), 신기술기업(New technology based firm), 위험사업(Risky business) 등 다양하게 표현되고 있으며, 벤처기업 외에 연구개발형 기업 또는 기술집약적 중소기업 등으로 쓰이고 있다.

우리나라에서는 통상적으로 위험부담은 크지만 성공하면 기대수익이 큰(High Risk -High Return) 독자적인 신기술이나 아이디어를 가지고 왕성한 기업가정신을 바탕으로 신규시장을 개척해 나가는 중소기업을 말한다.

미국은 「중소기업투자법」에서 "위험성이 크나 성공할 경우 높은 수익이 기대되는 신기술, 아이디어의 독립기반 위에서 영위하는 신생기업"으로 규정하고 있다.

일본은 「중소기업의 창조적 사업활동촉진에 관한 임시조치법」에서 "중소기업으로서 R&D 투자비율이 매출액의 3[%] 이상인 기업으로 창업 5년 미만인 기업"으로 분류하고 있으며, 대만의 경우, 기술집약형 중소기업으로 2년마다 정부에서 첨단업종을 지정(촉진사업조례)하고 있다.

경제협력개발기구(OECD)에서는 "R&D의 집중도가 높은 기업" 또는 "기술혁신이나 기술적 우월성이 성공의 주요 요인인 기업"으로 정의하고 있다.

벤처기업은 일반적으로 기술적 아이디어를 상업화하기 위해 설립한 기업으로 상대적으로 위험도가 높은 반면 성공할 경우 높은 이익률과 성장률을 달성할 수 있다는 특징이 있으며, 혁신성 및 도전성 등에 있어서 기존 기업조직과는 다른 속성을 갖고 있다. 그러나 벤처기업의 핵심 안에는 고위험 감수, 혁신성 등 쉽게 정의될 수 없는 추상적 개념들이 내포되어 있기 때문에 엄격한 정의보다는 사용목적에 따라 유연성 있게 정의 되는 것이 바람직하다.

우리나라는 벤처 비즈니스를 지원하기 위한 벤처 기업 육성에 관한 특별조치법 및 동 시행령에서 다음과 같이 벤처기업의 등록요건을 정하고 있다.

<표 6-1>에 벤처 등록요건, <표 6-2>에 업종별 연구개발 투자비율, <표 6-3>에 사업성 평가표(연구개발기업용), <표 6-4>에 평가기관 현황, <표 6-5>에 기술성 평가표(기술평가보증·대출기업용), <표 6-6>에 기술성 평가표(예비 벤처 기업용)를 나타내었다.

표 6-1 _ 벤처 등록요건

벤처유형	기준요건	평가기관
유형1 벤처투자기업	1. 벤처투자기관으로부터 투자받은 금액이 자본금의 10% 이상일 것 (단, 문화상품을 제작하는 법인은 자본금의 7% 이상일 것) ※ **벤처투자기관** : 중소기업창업투자회사, 중소기업창업투자조합, 신기술사업금융업자, 신기술사업투자조합, 한국벤처투자조합, 투자전담회사, 기타 대통령령으로 정하는 기관 2. 투자금액이 5천만원 이상일 것	한국벤처 캐피탈협회
유형2 연구개발기업	1. 기초연구진흥 및 기술개발지원에 관한법률 제14조 제1항 2호에 의한 기업부설연구소 보유 (한국산업기술진흥협회에서 인증한 기업부설연구소 인증	기술보증 기금 중소기업진

벤처유형	기준요건	평가기관
	서 보유) 2. 업력에 따라 아래 기준을 충족할 것 • **창업 3년 이상 기업** : 벤처확인요청일이 속하는 분기의 직전 4분기의 연간 연구개발비가 5천만원 이상이고, 연간 매출액 대비 연구개발비 비율이 <표 6-2>의 기준 이상일 것. • **창업 3년미만 기업** : 확인요청일이 속하는 분기의 직전 4분기의 연간 연구개발비가 5천만원 이상일 것(연구개발비비율 적용제외) • 연구개발기업 사업성평가기관으로부터 사업성이 우수한 것으로 평가 ※ 사업성평가표(65점 이상) <표 6-3> ※ 연구개발기업 사업성평가기관 <표 6-4>	흥공단
유형3 기술평가 보증기업 (보증 승인 만으로 벤처 인증 가능)	1. 기보로부터 기술성이 우수한 것으로 평가 ※ 기술성평가표 <표 6-5> 2. 기보의 보증(보증가능금액 포함) 또는 중진공의 대출(보증가능금액 포함, 직접 취급한 신용대출에 한함)을 순수신용으로 받을 것 ※ 기보 : 기술평가보증에 한함 ※ 중진공 : 창업기업지원자금 / 개발기술사업화자금 / 신성장기반자금 중 녹색·신성장자금 / 투융자복합금융자금 ※ 벤처특별법 개정 시행일('06.6.4)이후 취급한 보증 및 대출에 한함 3. 상기 2의 보증 또는 대출금액의 각각 또는 합산금액이 8천만원 이상이고, 당해기업의 총자산에 대한 보증 또는 대출금액 비율이 5% 이상일 것 ※ 창업 후 1년미만 기업 : 보증 또는 대출금액 4천만원 이상 (총자산대비 비율은 적용배제) ※ 보증금액 10억원 이상인 기업은 총 자산대비 비율 적용배제 ※ 보증 또는 대출금액을 합산하는 경우 그 금액이 많은 확인기관에 벤처확인신청함	기술보증 기금
유형4 기술평가 대출기업 (대출 승인 만으로 벤처 인증 가능)	1. 중진공으로부터 기술성이 우수한 것으로 평가 ※ 기술성평가표 <표 6-5> 2. 중진공의 대출(대출가능금액 포함, 직접 취급한 신용대출에 한함) 또는 기보의 보증 (보증가능금액 포함)을 순수신용으로 받을 것 ※ 기보 : 기술평가보증에 한함	중소기업 진흥공단

벤처유형	기준요건	평가기관
	※ 중진공 : 창업기업지원자금 / 개발기술사업화자금 / 신성장기반자금 중 녹색·신성장자금 / 투융자복합금융자금 ※ 벤처특별법 개정 시행일('06.6.4)이후 취급한 보증 및 대출에 한함 3. 상기 2의 보증 또는 대출금액의 각각 또는 합산금액이 8천만원 이상이고, 당해기업의 총자산에 대한 보증 또는 대출금액 비율이 5% 이상일 것 ※ 창업 후 1년미만 기업 : 보증 또는 대출금액이 4천만원 이상 (총 자산대비 비율은 적용배제) ※ 보증금액 10억원 이상인 기업은 총자산대비 비율 적용배제 ※ 보증 또는 대출금액을 합산하는 경우 그 금액이 많은 확인기관에 벤처확인신청함	
예비벤처기업	1. 법인설립 또는 사업자등록을 준비중인 자 2. 상기 1의 해당자의 기술 및 사업계획이 기보, 중진공으로부터 기술성이 우수한 것으로 평가. 기술성평가표 <표 6-6>	기술보증기금 중소기업진흥공단

■ **표 6-2 _ 업종별 연구개발 투자비율**

업종(산업분류코드)	연구개발투자비율
제조업(10 ~ 33)	
- 의약품(21)	6%이상
- 기계 및 장비제조업(29) <단, 사무용기계 및 장비(2918)제외>	7%이상
- 컴퓨터 및 사무용기기(263) - 사무용기계 및 장비(2918)	6%이상
- 전기장비(28)	6%이상
- 반도체 및 전자부품(261, 262)	6%이상
- 의료, 정밀, 광학기기 및 시계(27)	8%이상
- 기타제조업	5%이상
도매 및 소매업(45 ~ 47)	6%이상
통신업(61)	7%이상
사업서비스업	
- 소프트웨어 개발 및 공급업(582) - 컴퓨터 프로그래밍, 시스템통합 및 관리업(62) - 정보서비스업(63)	10%이상
(인터넷산업)	(5%이상)
기타산업	5%이상

■ **표 6-3 _ 사업성 평가표(연구개발기업용)**

구 분	평가항목	심사항목	배점	해당 등급	득점
사업성 (100점)	신청기술(제품)의 경쟁력	인지도	30		
		대체품과의 비교우위성	30		
	사업계획의 타당성	판매계획의 타당성	20		
		판매처의 다양성 및 안정성	20		
합 계			**100**		

* 배점은 신청기업에 해당되는 평가등급(A~E)별 가점 부여
등급별 가점 〈A : 배점×5/5, B : 배점×4/5, C : 배점×3/5, D : 배점×2/5, E : 배점×1/5〉

■ 표 6-4 _ 평가기관 현황

평가기관	평가분야	홈페이지	전화번호
기술보증기금	전분야	www.kibo.or.kr	051-460-2585
중소기업진흥공단	전분야	www.sbc.or.kr	02-769-6886
정보통신산업진흥원	연구개발기업 사업성평가	www.nipa.kr	042-710-1475
한국발명진흥회	연구개발기업 사업성평가	www.kipa.org	02-3459-2885
한국과학기술정보연구원	연구개발기업 사업성평가	www.kisti.re.kr	02-3299-6054
한국보건산업진흥원	연구개발기업 사업성평가	www.khidi.or.kr	02-881-2846
전자부품연구원	연구개발기업 사업성평가	www.keti.re.kr	031-789-7670
산업은행	연구개발기업 사업성평가	www.kdb.co.kr	02-787-6712

■ 표 6-5 _ 기술성 평가표(기술평가보증·대출기업용)

구 분	평가항목	심사항목	배점	해당등급	득점
경영주 기술능력 (25점)	기술지식 수준 및 경험수준	기술지식수준	6		
		기술경험수준	9		
	경영능력	기술인력관리	5		
		경영의지 및 사업수완	5		
소 계			**25**		
기술성 (43점)	기술개발환경	개발전담조직	5		
		개발인력비율	5		
	기술개발 실적 등	기술개발 및 수상(인증)실적	5		
		지식재산권 등 보유현황	5		
	기술의 우수성 및 제품화 능력	기술의 우수성	7		
		생산시설확보수준	5		
		생산인력확보수준	4		
		자금조달능력	7		
소 계			**43**		
사업성 (32점)	신청기술(제품)의 경쟁력	인지도	7		
		대체품과의 비교우위성	7		

구 분	평가항목	심사항목	배점	해당등급	득점
	사업계획의 타당성	판매계획의 타당성	4		
		판매처의 다양성 및 안정성	4		
	수익전망	매출액 법인세비용 차감전 순이익률	5		
		투자대비 회수가능성	5		
소 계			32		
합 계			100		

※ 배점은 신청기업에 해당되는 평가등급(A~E)별 가점 부여
  등급별 가점〈A : 배점×5/5, B : 배점×4/5, C : 배점×3/5, D : 배점×2/5, E : 배점×1/5〉
※ 최근 6개월 이내 확인기관으로부터 기술성 평가후 보증 또는 대출을 받은 기업(기술평가보증 또는 대출과 벤처기업 확인을 동시 진행 중인 경우 포함)은 위 평가표에 의한 기술성평가를 생략하고 보증 및 대출시 적용한 기술평가표를 준용함
※ 기보의 기술평가표 : 기보홈페이지(http://www.kibo.or.kr) - 사이버 영업점 - 자가진단에서 기술평가등급을 산출해 볼 수 있음

표 6-6 _ 기술성 평가표(예비 벤처 기업용)

구분	평가항목	심사항목	배점	해당등급	득점
경영주 기술능력 (30점)	기술지식 수준 및 경험수준	기술지식수준	9		
		기술경험수준	9		
	경영능력	기술인력관리	5		
		경영의지 및 사업수완	7		
소 계					
기술성 (40점)	기술개발 실적 등	기술개발 및 수상(인증)실적	12		
		핵심기술보유현황	13		
	기술의 제품화 능력	기술의 우수성	10		
		자금조달능력	5		
소 계					
사업성 (30점)	신청기술(제품)의 경쟁력	인지도	4		
		타제품과의 비교우위성	4		
	사업계획의 타당성	판매계획의 타당성	7		
		판매처의 다양성 및 안정성	5		
	수익전망	사업추진일정의 적정성	6		
		투자대비 회수가능성	4		
소 계					
합 계			100		

※ 배점은 신청기업에 해당되는 평가등급(A~E)별 가점 부여
  등급별 가점〈A : 배점×5/5, B : 배점×4/5, C : 배점×3/5, D : 배점×2/5, E : 배점×1/5〉

2. 기술형 창업과 벤처 비즈니스

모든 일에는 그 시작과 끝이 있다. 사업의 경우도 동일하다. 사업을 영위하려는 생각을 가지고 있는 사람이 있는 한 사업(Business)은 새롭게 시작되고 또, 사라지는 끊임없는 반복과정을 거치는 것이다. 이러한 점에서 보면 모든 창업(시장형·기술형 창업)은 모험(Venture)에서 시작된다고 할 수 있다. 시장형 창업은 비교적 낮은 위험성과 낮은 수익성 구조를 갖는데 비하여 기술형 창업은 높은 위험성과 높은 수익성이 양립하고 있다는 점이 매력이며, 특징이다.

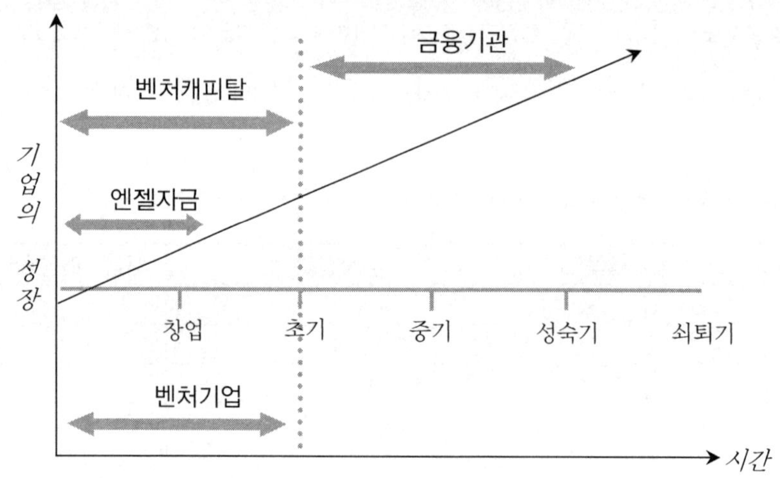

출처 : 早稲田大學 Entrepreneur研究會,「ベンチャー企業の經營と支援」

그림 6-1 _ 기업의 라이프사이클과 벤처기업의 위치

전문적 기술이나 노하우를 기반으로 한 창업을 기술형 창업이라고 한다.

기술형 창업이나 벤처기업은 모두 고위험성(High Risk)과 고수익성(High Return)의 특성을 지니고 있다.

일반적으로 기술형 창업자를 기업가(Entrepreneur)라 부르며, 기업가정신(Entrepreneurship)을 가지고 있는 사람이 창업한 기업을 벤처기업(Venture business)이라고 한다. 또한, 벤처기업을 금전적으로 지원하는 사람(기관)을 벤처 캐피탈리스트(Venture Capitalist)라 한다.

기술형 창업은 반드시 벤처의 개념을 갖고 있지 않아도 가능하므로 벤처창업을 포함한 개념으로 기술·지식을 기반으로 한 기술·지식집약적 창업을 의미하는 광의

의 개념이다.

[그림 6-1]에 기업의 라이프사이클과 벤처기업의 위치를 나타내었다.

이러한 정의는 다분히 정책적인 목적에 의한 것으로써 정책적 지원을 위해 벤처기업 여부를 엄격히 구분한다는 것은 기술이 복잡하고 환경변화에 대한 예측이 불가능한 상황에서 다소 무리한 점이 없지 않은 것이 사실이다.

(1) 벤처기업의 종류

벤처기업은 원칙적으로 독립된 사업체나 기업을 뜻한다. 그러나 최근 벤처기업에 대한 관심과 중요성이 높아짐에 따라 대기업들이 참여하여 다양한 종류의 자본투자가 이루어지고 있다. 맥클랜드(D. McClelland)는 벤처기업의 유형을 아래와 같이 독립된 벤처기업, 합작벤처, 벤처머징, 내부벤처, 벤처캐피탈, 벤처기업 육성 등 6 가지로 구분하고 있다.

■ **벤처기업의 종류**

구 분	내 용
파생된 독립적 벤처기업 (Venture Spin-off)	전형적인 형태의 벤처기업으로 창업 이전의 직장, 배태조직(Incubating organization)으로부터 파생되어 나온 사업.
합작벤처 (New Style Joint Venture)	중소 벤처기업이 고도의 기술을 제공하고 대기업은 자본, 판매망, 기술개발 결과의 활용에 역점을 두는 경우.
벤처머징 (Venture Merging)	전략적 필요에 의해 벤처기업을 흡수·합병하여 자회사나 하나의 사업부로 운영하는 경우.
내부벤처 (Internal Venture)	회사 내부에 벤처자본을 준비해 놓고 종업원들에게 사업아이디어를 제안하게 하여 스스로 벤처기업을 운영토록 하거나 또는 이에 참여하도록 하는 방식.
벤처캐피탈 (Venture Capital)	벤처캐피탈은 금융회사로 벤처기업은 아니나 투자를 통한 자본참여를 하기 때문에 넓은 의미에서 벤처기업과 연관된다고 할 수 있음. 벤처캐피탈은 원칙적으로 자본참여만 할 뿐 경영에 참여치 않음.
벤처기업 육성 (Venture Nurturing)	벤처기업에 자본참여를 함과 아울러 경영참여까지 함. 그러나 경영권 확보가 목적이 아니라 벤처기업을 정상적으로 운영하기 위한 과도기적 지원·육성이 목적임.

출처 : D. McClelland, *The Achieving Society*, Princeton.

한편, 기술/벤처 창업은 그 사업의 수행주체에 따라 다음 [그림 6-2]와 같이 구분할 수 있다.

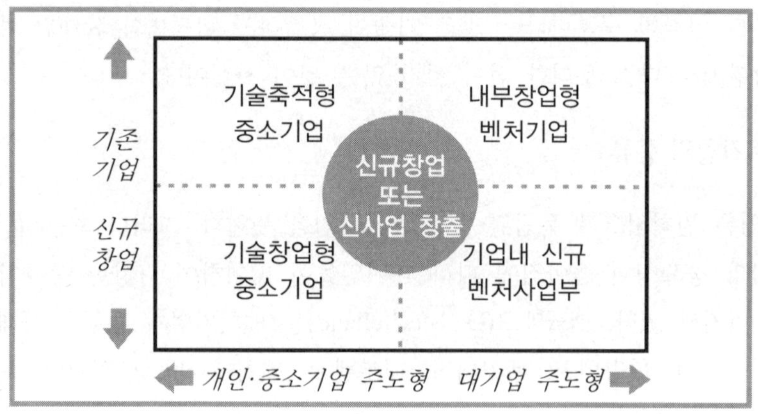

▌그림 6-2 ▌_ 사업수행주체에 따른 기술/벤처 창업의 유형

이를 좀 더 부연 설명하면

첫째, 개인이나 중소기업이 별도의 회사를 창업하는 형태인 기술창업형 중소기업

둘째, 기업 내부에서 사업을 운영하는 기술축적형 중소기업 형태

셋째, 대기업이 독립적인 회사를 설립하는 형태인 내부창업형 벤처기업

넷째, 대기업이 신사업진출을 위한 전략의 일환으로 벤처사업을 영위하는 형태의 기업의 신규 벤처사업부 형태 등이다.

우리나라의 경우는 기술집약형 중소기업의 성격을 강하게 띠고 있으며, 국내시장에서는 신규성이 있으나 선진국시장에서는 주로 성장기와 성숙기의 사이에 있는 사업이 많아 일반적으로 수입대체상품의 개발이라는 특성을 보이고 있다.

이러한 벤처비지니스의 기술수준, 기술조건은 오히려 우리의 기술 Needs를 잘 반영하고 있다고 할 수 있으나 세계적으로 기술의 신규성 및 첨단성을 가진 사업의 생성이 크지 않은 것은 기술개발능력의 취약성에 그 원인이 있다 할 것이다.

■ 국가별 벤처기업의 특성비교

구분	미국	일본	한국
대상분야	첨단기술(전자·컴퓨터·유전공학·자동화기기 등)에 약 80% 집중	첨단기술에의 집중도가 24%로 높은 편이 아님. 유통부문 및 서비스업에 대한 지원이 상대적으로 큼	한국의 기술수준, 기술조건에서 기술집약제품에 집중
지원시기	기업화 초기단계 34%, 성장단계 54%, 기타 12%	성장단계에의 지원이 많음	국내 시장기준에서 도입기, 성장단계에 집중됨. 선진국 시장기준으로는 성장단계, 성숙단계에 속함.
대상기업	중소기업, 신설기업에 대한 투자 많음	중소기업, 11 ~ 15년 경과된 기업에 투자 많음	중소기업(신설기업 투자도 있음) 장외등록 직전단계
투자회수 기간	3 ~ 4년 이내(벤처캐피탈)	5 ~ 10년 경과(벤처캐피탈)	3 ~ 7년 정도(벤처캐피탈)
투자성과	신기술의 상품화, 신시장개척, 산업구소 고노화	신기술의 상품화, 기술개발, 산업조직 활성화	기술개발, 신기술 기업화, 기술집약형 중소기업의 육성

출처 : 「벤처비지니스의 이해」, 홍성도, 학문사, pp.404~425.

3. 이노비즈 기업

Inno-Biz 기업은 Innovation(혁신)과 Business(기업)의 합성어로 기술 우위를 바탕으로 경쟁력을 확보한 기술혁신형 중소기업을 지칭한다. 연구 개발을 통한 기술경쟁력 및 내실을 기준으로 선정하기에 과거의 실적보다는 미래의 성장성을 중요시 한다는 특징을 가지고 있다. Inno-Biz 지정제도의 시행 취지는 Inno-Biz를 집중지원하여 여타 기업의 기술혁신을 선도하는 역할을 부여하고 Inno-Biz 자체의 국민경제적 기여도를 높이기 위함이다.

전 세계적으로 기술혁신을 통해 기업과 국가의 경쟁력을 높이려는 뉴 패러다임이 새로운 화두로 떠오르고 있기에 미국, 독일, OECD 등 선진국들은 중소벤처기업을 국가경쟁력의 핵심으로 1995년부터 정부차원에서 전폭적인 지원 정책을 실시해 왔으며, 각 국가 간의 경쟁력을 측정하는 객관적인 척도로 비교되고 있다.

(1) 연혁

- 1967년 1월, 미 상무부에서 중소기업을 정부가 지원해야 한다는 리포트 발표
- 1982년 OECD '중소기업의 혁신'리포트발표(중소기업 혁신의 중요성 강조)
- 1983년 미국 중소기업청, 중소기업의 혁신 지원을 강조하는 보고서 제출
- 1990년대초 OECD국가들은 체계적 기술혁신시스템 구축
- 1996년 '오슬로 매뉴얼(Oslo Manual)'완성 - 중소기업의 혁신수준 평가도구
- 21세기 개리 해멀, 마빈 패터슨이 기업혁신에 관한 책을 내면서 붐 조성

(2) 선진국 및 우리나라의 혁신형 중소기업(Inno-Biz)역할 및 위치

2차 대전 이후 획기적 혁신(Radical Innovation)의 95[%]가 혁신형 중소기업에서 이루어졌으며, OECD의 경우 과거 20년간 주요 기술혁신의 50[%]를 주도하였다.

미국의 경우 철강, 석유 정제산업 기술혁신의 100[%], 알루미늄산업 기술혁신의 80[%]를 혁신형 중소기업이 이루었다.

OECD, 미국, 일본 등 주요 선진국의 최근 GDP 성장 및 고용창출을 혁신형 중소기업이 주도하고 있으며, 실리콘 밸리의 성장은 혁신형 중소기업이 지역기술에 특화된 성과를 실현하고 있다. EU의 첨단 분야 특허 중 혁신형 중소기업 보유 비중이 99[%]이다. 혁신형 중소기업은 제2차대전 후 경제재건의 가장 중요한 부분을 담당하였고, 현재에도 선진국 경제성장의 견인차 역할 담당하고 있다.

우리나라 혁신형 중소기업(Inno-Biz)은 기술혁신 역량을 갖춘 업력 3년 이상의 안정적 성장 기업으로 지속적으로 기술혁신, 가치혁신을 이루어 글로벌 시장경쟁력을 확보할 수 있는 기업군이다. 혁신기술을 보유한 차세대 성장 동력으로써 국민소득 2만달러 조기 달성 및 일자리 창출의 견인차 역할 수행 및 기술, 경영, 가치혁신을 이룩한 글로벌 경쟁력을 갖춘 중소기업 분야의 중심축이자 정부의 차세대 브랜드 파워이다. 중소기업기술혁신촉진법에 근거, 「오슬로 매뉴얼」에 의한 2단계에 걸친 혁신성 평가를 통과하여 중소기업청으로부터 Inno-Biz 인증을 받은 핵심 기업군이다.

■ 오슬로 매뉴얼(OECD에서 개발한 기술혁신 평가 매뉴얼

평가항목	기술혁신능력	기술사업화능력	기술혁신 경영능력	기술혁신 성과
세부내용	• R&D 활동지표 • 기술혁신체제 • 기술혁신관리 • 기술축적능력 • 기술분석능력	• 기술제품화능력 • 기술생산화능력 • 신제품 마케팅 능력 • 기술사업화 관리	• 경영혁신능력 • 변화대응능력 • 마케팅관리능력	• 기술경쟁력변화 성과 • 경영 성과 • 기술적 성과

OECD에서는 "Inno-Biz"(OECD 중소기업위원회 선정), 미국에서는 "Hight-technology firm" 명칭 사용

OECD는 오슬로매뉴얼을 활용하여 혁신성 평가 수행하고 있으며, 독일은 부흥금고 등의 합리적 금융 시스템을 통해 Inno-Biz 기업을 지원하고 영국은 대출금에 대한 정부보증제도, 경영정보 및 수출, 자금조달 등에 관한 자문을 제공하는 비즈니스링크제도, 사이언스파크 설립 등을 통해 지원하고 있다. 미국은 중소기업기술혁신촉진법(Small Business Innovation Research Act)에 의한 SBIR(Small Business Innovation Research) 프로그램을 활용하여 High-technology Firm 등 혁신형 중소기업을 육성, 지원하고 있다.

■ SBIR(Small Business Innovation Reserch) 프로그램

의 미	연방기관이 연구개발의 일정비율을 중소기업에 배분토록 의무화 1억 달러 이상의 연구개발 예산을 가지고 있는 연방기관들이 예산의 2.5%를 중소기업에 배분	
단계별 screening 및 지원방식	1단계	기술개발 타당성 조사 수행을 위해 6개월간 최대 10만 달러까지 지원
	2단계	1단계를 통과한 기업에 대해 상업화 잠재력 제고를 목적으로 2년간 최고 75만 달러까지 지원
	3단계	제품 상품화가 목적이며, 펀드는 민간 또는 SBIR이외의 정부 기관 예산을 조달해야 함

(3) 이노비즈 인증제도 소개

① 창업 3년 이상 중소기업

② 업종별 기술혁신시스템/평가지표 자가진단체크

③ 기술혁신능력 기술사업화능력 기술혁신경영능력 기술혁신성과
④ 온라인 자가진단(650점 이상 통과)
⑤ 기술보증기금 현장평가(700점 이상 통과)
⑥ 등급별 업체 선정(900점이상:AAA, 900점 ~ 800점:AA, 800점 ~ 700점:A)
⑦ 이노비즈기업 확인서 발급

" 창업 3년 이상 중소기업 "

업종별 기술혁신시스템/평가지표 자가진단체크
↓
기술혁신능력 기술사업화능력 기술혁신경영능력 기술혁신성과
↓
온라인 자가진단(650점 이상 통과)
↓
기술보증기금 현장평가(700점 이상 통과)
↓
등급별 업체 선정(900점이상:AAA, 900점~800점:AA, 800점~700점:A)
↓
이노비즈기업 확인서 발급

▮ 이노비즈 인증 흐름도 ▮

(4) 신청·접수절차

① 홈페이지(www.innobiz.net)접속
② 기업등록 및 재무재표 입력
③ 온라인 자가진단
④ 신청·접수 완료
⑤ 기술보증기금의 현장평가
⑥ 이노비즈 선정

(5) 선정기준

1) 온라인 자가진단(예비평가)

기술혁신시스템 평가(1, 000점 만점) : 650점 이상 기술혁신 시스템 평가는 4개 분야(기술혁신능력, 기술사업화능력, 기술혁신경영능력, 기술혁신성과), 60개 내외 평가항목으로 구성

2) 기술보증기금의 현장평가

- 기술혁신시스템 평가(1, 000점 만점) : 700점 이상
  - 자가진단(예비평가)시 평가지표를 그대로 적용, 기술보증기금의 전문평가인력에 의한 평가
- 개별기술수준 평가(10등급제) : B등급 이상
  - 개별기술수준 평가는 4개 분야(경영주 기술능력, 기술성, 시장성, 사업성 및 수익성), 34개 내외 평가 항목으로 구성
    - * 개별기술수준 평가등급 AAA, AA, A, BBB, BB, B, CCC, CC, C, D의 10개 등급으로 구성

3) 선정대상기업 추천(기술보증기금)

- 평가결과를 온라인상(www.innobiz.net)에 등록 게재
  현장평가결과 기술혁신 평가기준을 동시에 만족해야함

4) Inno-Biz(중소기업청 – 지방청)

- 온라인상(www.innobiz.net)의 평가결과를 확인 후, 인증서 번호 부여
  최종 선정기업에 대해서는 Inno-Biz 확인서를 발급하고 중소기업진흥공단, 협약은행 등에 업체현황 통보

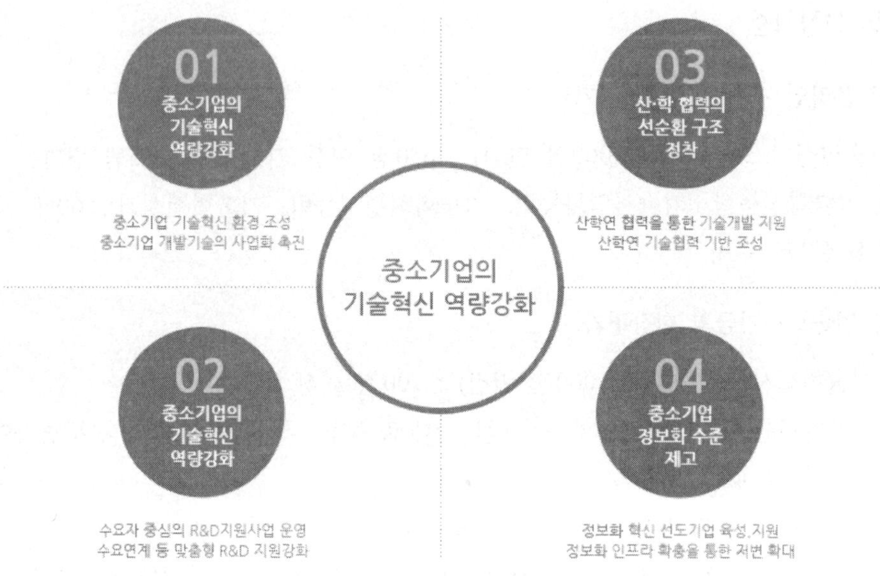

‖ 이노비즈 육성사업의 방향 및 비전 ‖

Ⅲ 프랜차이즈 사업

1. 프랜차이즈 사업의 정의

프랜차이즈 사업은 미국에서 탄생하여 세계화의 물결을 타고 전 세계적으로 확산·보급되는 과정에서 우리나라에도 1978년 외식업 위주로 도입되었다. 미국에는 전 소매 매출액의 3분의 1 이상을 프랜차이즈가 차지하고 있다. 일본의 경우는 총 매출액이 20조 엔을 상회하고 있다. 우리나라도 2000년을 기준으로 연간 매출액이 약 40조원, 도소매 매출액의 약35%로 추정되며, 가맹점 수는 15만 여개, 업종 수 350 여개, 60여만의 고용을 창출하는 등 크게 발전하였다.

원래 프랜차이즈(franchise)라는 말은 자유, 면제, 특권과 같은 뜻을 가진 보통명사, 또는 "특권을 부여한다."와 같은 타동사를 의미한다. 그런데 영어의 어원은 프랑스어의 'Franchise'의 엣 용법에 유래하는데 그것은 통제 또는 예속으로부터의 자유를 의미하였다. 현대 프랜차이즈는 1898년에 GM이 자동차판매권의 대리점을

개설하면서 시작되었다고 볼 수 있다. 그 이후 1900년대에 들어서면서 Rexall Drug, Howard Johnson 레스토랑이 프랜차이즈를 팔기 시작했다. 프랜차이즈(franchise)는 프랜차이저(franchisee)가 개발한 제품이나 서비스를 팔기 위해서 라이선스와 권리를 프랜차이지(franchisee)에게 허락하는 프랜차이저(파는 사람)와 프랜차이지(사는 사람) 사이의 관계이다.

이러한 프랜차이즈의 용어는 제도상의 권리를 표현하는 것으로 사용되게 되었으며, 국제프랜차이즈협회(International Franchise Association)의 정의에 의하면, "프랜차이즈는 프랜차이저와 프랜차이지 사이의 계약관계이고, 프랜차이저는 노하우와 훈련 등의 업무에 관하여 계속적으로 이익을 제공하고, 또는 이를 유지할 의무를 지며, 프랜차이지는 프랜차이저의 소유 또는 관리(comtrol)하에 있는 공통의 상표명 및 계약에 따라 영업을 하며 프랜차이지의 사업에 대하여 자신의 자본을 실질적으로 출자하는 자를 말한다."고 정의하고 있다. 한국프랜차이즈협회(Korea Franchise Association)에서 채택한 정의에 의하면, "프랜차이징이란 프랜차이저가 프랜차이즈를 사는 사람에게 프랜차이즈회사의 이름, 상호, 영업방법 등을 제공하여 상품과 서비스를 시장에 판매하거나, 기타 영업을 할 수 있는 권리를 부여하며, 영업에 관하여 일정한 통제, 지원을 하고, 이러한 포괄적 단계에 따라 일정한 대가를 수수하는 계속적 채권관계를 의미한다."라고 하였다.

우리나라는 연쇄점, 체인점, 또는 대리점이라고 부르며 창업에 대한 지원, 사업운영뿐만 아니라 회사이름, 상표 등의 사용권리도 포함하는 것이 일반적이다. 프랜차이즈는 3가지 형태로 구분할 수 있다. 첫째로 상호(trade name)만을 계약하는 것이다. 일정한 운영점포나 시스템을 유지하거나 제조업자의 이름으로 제품을 공급해야 하는 전제조건 없이 상호로만 구분되는 형태이다. 둘째는 제품 프랜차이즈(product franchise)를 획득하는 것이다. 즉, 코카콜라와 같이 제조업자의 이름 하에서 독립적이고 제한된 유통네트워크를 통하여 특정제품을 팔 수 있는 권리를 계약하는 것이다. 셋째는 턴키 프랜차이즈(turnkey franchise)방식이다. 이는 프랜차이저가 제품에서부터 공장, 장비, 마케팅, 회계, 서비스 등을 포함한 완전한 운영시스템을 공급하는 방식이다.

2. 프랜차이즈 사업의 분석

프랜차이즈 분석은 법률적인 기준으로 정의를 내리는 것은 다른 형태의 유통조직과 구분하는 데 분명한 기준을 제공하지 못한다. 미국의 상무성을 프랜차이즈의 세 가지 기준으로 통제(control), 배타성(exclusively), 그리고 표준화(standardization)를 제시하고 있다.

(1) 유인의 불일치

프랜차이저와 프랜차이지의 유인(incentive)는 항상 일치하지는 않는다. 그렇기 때문에 프랜차이저는 프랜차이지의 네 가지 유형의 행동을 통제하기 위하여 계약서를 작성한다.

첫째는 무임승차의 유인(free riding inxentive)으로서 프랜차이지들이 상표명을 공동 사용하는 경우 일반적으로 프랜차이지는 그가 취급하는 비용을 절약하기 위해 제품의 품질을 저하시키는 행동을 하더라도 그 결과에 대한 책임은 지지 않으면서 자신의 원가를 절감시킬 수 있다.

둘째는 특별서비스 무임승차문제(special service free riding problem)로ㅆ 구매전 서비스(pre- purchase service)를 소비자에게 제공하는 프랜차이지와 제공하지 않는 프랜차이지와의 관계에서 발생한다. 예를 들어 1960년대의 자동차 제조업자와 풀 서비스를 제공하는 자동차 딜러 사이에 이러한 문제가 발생하였는데 자동차 전시매장, 재고 및 판매원을 두지 않고 제조업자의 카탈로그만 보고 자동차를 판매하는 딜러에 대해 자동차 제조업자가 풀 서비스 딜러와 동일한 가격으로 자동차를 공급함에 따라 생기는 문제이다.

셋째, 프랜차이저가 프랜차이지에게 해당 지역에서 독점적인 영업을 할 수 있도록 독점지역(exclisive territory)을 허가하는 경우에, 프랜차이지가 판매가격 결정에 대해 어느 정도의 권한을 갖게 됨으로써 프랜차이저와 프랜차이지 사이에 유인의 불일치를 초래할 수도 있다.

넷째, 위의 세 가지 형태보다 더 광범위하고 심한 것으로 프랜차이지의 역유인 문제이다. 특히 프랜차이지들이 공동으로 사용하는 상표에 대한 소비자의 집착이 없거나, 소비자가 풀 서비스를 제공하는 프랜차이지로부터 서비스를 제공하고 풀서비스를 제공하지 않는 프랜차이지로부터 제품이나 서비스를 구매하는 경우이다. 또는 프랜차이지가 시장영향력을 갖지 않는 경우에도 역유인문제가 발생할 가능성이 있다. 이러한 역유인문제가 발생할 조건은 프랜차이지가 마케팅 노력과 같은 제품의 수용에 영향을 미치는 투입요소의 일부를 통제하거나, 또는 프랜차이저가 프랜

차이지에게의 판매가격이 한계비용보다 커야 한다는 것이다. 이러한 조건하에서 프랜차이저는 추가제품을 판매할 유일을 갖게 되며 프랜차이지가 추가적인 마케팅서비스를 제공하기를 바란다. 그러나 프랜차이지는 어느 정도의 마케팅 서비스를 제고할 것인가를 결정함에 있어서 추가적인 매출로부터 프랜차이저가 벌어들이는 이익은 고려하지 않는다.

(2) 계약조항

계약조항은 두 가지 상이한 방향으로 프랜차이지의 행동을 유도한다. 첫째는 계약조항이 프랜차이지로 하여금 프랜차이저가 원하는 방향으로 일을 하도록 유인을 제공하는 것이다. 예를 들면 프랜차이지의 마케팅노력의 수준을 명시하거나 대용치(proxy)를 명시하는 것이다. 대용치란 프랜차이지의 마케팅노력을 가늠할 수 있는 고용된 판매원의 수, 각 프랜차이지의 독점지역 등이 이의 예가 된다. 이러한 조항들은 소송의 위험이 있으므로 프랜차이지의 행동을 유도하는 데 충분한 것으로 가정된다. 둘째는 프랜차이저가 프랜차이지에게 바라는 해동이 매우 복잡하고 측정하기 어려울 뿐만 아니라, 이러한 계약만으로는 가능한 모든 내용을 명시할 수 없으므로 완벽하지 못하다. 따라서 법적인 효과에 기대를 거는 계약조항보다는 스스로 실행하도록 유도하는 방법을 촉진하는 방향으로 프랜차이즈 계약조항이 설계된다. 가령 거래 또는 계약의 종결이 법률적 위협보다 더 큰 효과를 가져올 수 있다. 스스로 실행하도록 유도하는 방법이 효과적인 역할을 하기 위해서는 프랜차이지에게 충분한 수익이나 미래의 프리미엄을 제공할 수 있도록 계약조항이 설계되어야 한다.

프랜차이지의 수행을 확실히 하기 위해 프랜차이저는 단순히 소매가격을 설정하는 것 이상의 것을 해야 한다. 즉, 프랜차이저는 프랜차이지의 이익을 위한 경쟁이 사라지지 않도록 계약을 설정해야 하며 프랜차이지의 이행상태를 적극적으로 감시해야 한다.

(3) 상호 신뢰

스스로 실행하도록 유도하는 방법이 효과가 있기 위해서는 프랜차이지가 프랜차이저가 원하는 대로 이행을 하면 미래 프리미엄 흐름을 받게 될 것임을 프랜차이저는 보장해 줄 수 있도록 상호 신뢰가 있어야 한다. 그러나 프랜차이저는 프리미엄을 지불하는 것이 지불하지 않는 것보다 저렴한 경우에만 프랜차이지에게 미래의 프리미엄 흐름을 지급할 것을 약속할 것이다. 프랜차이저가 프리미엄을 지급하지 않으면 비용을 절감하게 되지만 자체적으로 유통을 관리하는 추가비용을 부담해야 한다. 따라서 프랜차이즈에 비교하여 소유하는 형태의 이점이 프랜차이저의 원가가 프랜차이저가 프랜차이지에게 약속 살 수 있는 미래 프리미엄의 최대수준을 결정한다.

3. 프랜차이즈 사업의 장점

(1) 종업원 훈련

맥도날드, 홀리데이 인, 버거킹과 같이 규모가 큰 프랜차이즈는 그들 자신의 훈련 프로그램을 가지고 있다. 프랜차이즈를 처음 개설하는 프랜차이지는 본부에서 일정한 기간 동안 청소 및 정리정돈에서 회계, 원가관리, 제품생산에 이르기까지 경영전반에 걸친 노하우를 습득하게 된다. 대부분의 프랜차이즈는 품질유지와 원조를 제안하기 위해 본부와 상호 교류하게 된다.

(2) 재정 지원

자신의 사업을 창업하는 데 필요한 자금이 막대하게 소요되는 반면에 프랜차이즈는 상대적으로 덜한 편이다. 대부분의 경우에 프랜차이즈는 창업자금이나 사업자금을 금융기관으로부터 유리하게 지원받을 수 있다. 프랜차이저의 명성과 신용평가 정도가 자금조달의 중요한 척도가 될 수 있고, 한편 프랜차이저가 대출에 대해 공동 서명하는 경우도 있다.

(3) 마케팅

프랜차이저는 프랜차이즈의 이름과 로고를 광고하기 위한 비용을 프랜차이지에게 부분적으로 부담시킨다. 프랜차이즈가 전국적인 네트워크로 연결되어 있다는 것은 많은 장점을 가지고 있다. 고객은 프랜차이즈의 명성에 의해서 제품을 인지하게 되고 위치에 관계없이 지속적으로 품질과 서비스가 유지된다고 알고 있기 때문에 제품과 서비스를 구매하는 것이다. 프랜차이저는 광고효과를 극대화하기 위해서 마케팅 접근을 시도하며, 각 지역 프랜차이지는 이들 기법을 전수받고 예측 가능한 결과를 확신하게 된다. 이는 품질관리와 표준화를 고집하는 이유이기도 하다.

(4) 운영 혜택

프랜차이즈 사업을 시작했다는 것은 실제로 이미 만들어진 사업체를 인수하는 것과 유사하다. 운영시스템은 이미 시도, 입증, 표준화되어진 것이다. 프랜차이즈가 프랜차이저가 요구한 대로 관리되어진다면 수익성은 보장 될 수 있을 것이다. 프랜차이즈를 운영하는 동안 시행착오를 극복하지 못하여 수익성 있는 사업체의 기회를 상실하는 경우도 있다.

4. 프랜차이즈 사업의 한계

(1) 프랜차이즈 비용

프랜차이즈 개설을 위한 비용은 여러 요인으로 구성되어 있는데, 그 중에서 프랜차이즈 영업권이 주요항목이라고 볼 수 있으며 지명도가 높을수록 높게 부과되는 것이 일반적이다. 그 이외에 특허권 사용료, 광고비, 재고 및 운송비, 장비임대료 등을 포함한다. 이들 비용이 프랜차이즈 영업권에 포함될 때 총투자비용은 상당히 커질 수 있다.

(2) 성장의 제약

사업이 성장하기 위한 가장 기본적인 방법 중의 하나는 현재의 판매영역을 확장하는 것이다. 그렇지만 많은 프랜차이즈는 판매영역을 제한하는 계약조건을 가지고 있기 때문에 성장을 저해하는 요인으로 작용할 수 있다. 일반적으로 똑같은 영역 내에서 또 하나의 프랜차이즈를 운영할 수 있는 권리를 부여하지는 않는다.

(3) 독립의 어려움

프랜차이지는 프랜차이즈 계약서에 경영에 관련된 상당히 많은 부분을 양보하고 있는 것이다. 사업 운영에 대한 프랜차이저의 관리와 통제가 사업 성공을 보장하는데 도움이 된다고 할지라도 사업의 독립성을 소중히 여기는 창업자에게는 제한된 경영권을 행사할 수 있기 때문에 사업의 독립성을 보장하기에는 어려움이 있다.

5. 프랜차이즈 사업의 평가

(1) 위치

적정한 프랜차이즈의 위치선정은 창업초기 뿐만 아니라 이후의 성장을 용이하게 한다. 고객의 관심 또는 인지도는 신문, 잡지의 광고를 통하여 노출되기 시작하며 이들에 의해서 창업자가 추구하는 기업가정신, 기업의 사명, 목표 등이 표출되기도 한다.

(2) 프랜차이즈 기회

프랜차이즈는 다른 나라에서 창업할 수 있는 많은 기회를 가지고 있다. 전통적으로 미국은 지리적 근접성과 언어의 유사성으로 인하여 캐나다에 국제적인 프랜차이즈를 운영해 왔다. 그렇지만 최근에 들어서면서 유럽공동체, 소련의 붕괴, 북아메리카자유무역협정 등으로 미국의 대형프랜차이즈들은 외국시장에 눈을 돌리기 시작했다.

(3) 프랜차이즈 탐색

프랜차이즈를 성공적으로 창업하기 위해서는 대상 프랜차이즈의 계약조건의 특성을 주의 깊게 탐색하여야 한다. 프랜차이저는 프랜차이지에 대해서 적정한 창업자인지 탐색하고 싶어 하는 반면에 프랜차이지는 프랜차이저가 제공하는 기회의 유형을 평가하고 싶어 하는 평가과정을 거치게 된다. 프랜차이즈 창업자는 무엇을 가지고 1차적으로 프랜차이즈 기회를 평가해야 하는가? 어떤 정보가 유용한가? 어떤 기관이 프랜차이즈에 관한 정보를 제공하고 있는가? 기본적으로 다음과 같은 3가지의 정보원천으로부터 탐색될 수 있다.

① 독점판매업자(franchiser)로부터의 정보
② 정보원으로서 연쇄점 가맹점(franchisee)으로부터의 정보
③ 제3자(정부 또는 관련기관)로부터의 정보

제7장 | 마케팅 관리론

I 마케팅관리 이해하기

1. 마케팅관리의 정의

마케팅관리는 기업의 입장에서 뿐만 아니라 소비자 또는 고객이 가지는 욕구 충족을 전제로 하여 수행되므로 소비자 또는 고객지향성이라는 특성이 있다.

기업의 마케팅 조직내에서 마케팅의 역할 기능은 수요를 창출하는 기능과 그러한 수요를 충족시키는 기능으로 크게 나눌 수 있다. 이러한 기능들을 효과적으로 수행하기 위한 구체적인 마케팅 활동은 아이디어와 재화 및 서비스 개발, 가격설정, 광고, 인적판매, 판매촉진, 물적 유통관리, 재고관리 등으로 구성된다.

고객의 욕구를 조사하고 기업이 가장 효율적으로 마케팅 활동을 할 수 있는 표적소비자를 선택하여 이들의 욕구을 충족시킬 수 있는 방법을 파악하기 위한 프로그램을 분석·계획·집행·통제하는 활동이 중심이 된다.

마케팅관리는 기업 자체에만 관련된 것이 아니라 사회 전체적으로 모든 사람들에게 영향을 미친다. 마케팅관리에서 사회적으로 문제가 될 소지가 있는 경우는 제품의 판매를 제한받거나 광고를 제한받는 경우도 생긴다. 그렇지만 적극적인 마케팅관리가 소비자의 생활수준의 향상을 가져오게 하고 삶의 질을 높이는데 기여를 하게 된다.

2. 마케팅 믹스

마케팅 믹스(marketing mix)란 표적시장(tarket market)을 만족시키기 위하여 기업이 통제가능한 제요소를 결합하는 것으로서 마케팅 목표를 달성하기 위해 결합되는 마케팅 제수단의 집합을 말한다. 마케팅 믹스의 구성요소에는 일반적으로는

4P, 즉 제품(Product), 가격(Price), 경로(Place) 및 촉진(Promotion) 등이 있다. 그림은 기업의 마케팅 시스템의 핵심을 구성하는 것으로서 기업이 통제가능한 변수들이지만 외부환경요소에 제약을 받는다.

마케팅 관리자는 그림에서 보는 바와 같이 복잡하고 유동적인 마케팅 환경하에서 모든 의사결정은 가운데의 고객을 중심으로 이루어져야 하며, 마케팅 믹스의 구성요소들 사이에 선후관계가 없기 때문에 동시적인 의사결정임을 나타내기 위해 원(圓)으로 나타낸 것으로 이들 4P를 최적의 상태로 결합하게 되는 것이다. 예를 들어, 제품에 관한 의사결정이 있은 후에 원가와 적정이윤을 보상하기 위한 가격결정이 있을 수도 있고, 일단 적정한 가격에 관한 의사결정이 있은 후에 그 범위 안에서 제품의 특성을 선택할 수도 있다. 마케팅 믹스 요소들의 내용을 구체적으로 살펴보면 다음과 같다.

McCarthy의 마케팅 시스템(4P's)

Ⅱ 제품관리의 이해

1. 제품관리의 개념

(1) 제품의 정의

제품은 4P 중에서 기업이 이윤을 창출하는 근원이 되고, 제품이 없으면 가격, 경로 및 촉진이 존재하지 않기 때문에 네 가지 중 가장 중요한 역할을 한다. 기업들이 각각 세우는 제품전략은 자사의 제품을 소비자의 소구에 만족시킴으로써 타사의 제품과 명확하게 구분하는 제품차별화이다. 이러한 차별화를 실현하기 위해서는 색채, 디자인, 규격 및 포장 등을 개발하고, 상표를 붙이는 등의 활동을 하게 된다.

소비자는 그 제품에 포함된 서비스까지도 제품으로 인식한다. 소비자는 제품 그 자체를 구매하는 것이 아니라, 제품의 편익(benefit)·만족(satisfaction)·효용(utilities)·욕망(wants)의 충족을 구입하는 것으로 이해할 수 있다. 그러나 최근에 와서는 제품의 공해, 안성성 및 사원낭비 등의 반사회직 문제가 발생되자, 지금끼지의 소비자 지향적 제품개념을 비판하고 또한 제품개념을 확대하고자 하였다.

로젠버그(Rosenberg)는 제품개념을 세 가지 차원에서 보고 있는데 ① 경영적 차원(품질, 성분, 규격, 포장, 상표), ② 소비자 차원(상징, 커뮤니케이션, 지각, 평가), ③ 사회적 차원(환경, 사회 및 소비자복지에 대한 경향, 자원에 대한 배려, 사용자의 안정성, 제품관련정보, 정부규제)등이다.

(2) 제품의 수명주기이론

제품시장은 끊임없이 변하고 있어서, 시장변화에 적절한 대응으로 오랫동안 시장에 남아있는 제품이 있는가 하면, 그렇지 못해 짧은 시간내에 시장에서 사라지는 제품이 있다.

신제품이 시장에 나온 이후 그 변화에 대한 유용한 분석들이 바로 제품수명주기(product life cycle : PLC) 이론이다. 제품수명주기 이론에 의하면 도입기, 성장기, 성숙기 및 쇠퇴기 등의 단계설을 기초로 한다.

제품수면주기는 신제품이 도입되어 시장에서 사라질 때까지 제품의 판매액과 이익의 변화상태를 수명단계별로 구분해 놓은 것이데, 각 단계별로 상이한 기회나 문제점이 발생하여 마케팅 전략과 이익가능성이 달라지게 된다. 즉, 한 제품이 제품수명주기상 어느 단계에 있는가 또는 어느 단계로 이동 중에 있는가를 파악함으로써 보다 적합한 마케팅 계획을 수립할 수 있다.

1) 도입기

도입기는 일반적으로 판매량이 적고, 새로운 유통경로를 확보하고 소비자의 신제품에 대한 인지도를 높이기 위해 유통비가 많이 소요되므로 이익이 없거나 적자가 발생한다. 일반적으로 도입기에는 제품가격이 높은데, 연구개발비용, 초기 시설투자비용, 촉진비용 및 유통망구축비용 등을 조기에 회수하고자 하기 때문이다.

도입기에는 유통경로를 확보하여 소비자들이 신제품을 쉽게 구매할 수 있게 하고, 소비자의 시용구매를 유도하는 등 상표구축(brand establishment)전략을 세워야 한다.

신제품을 구입하는 소비자들은 신제품의 위험을 감수하여 구입하는 혁신층이 많으므로 고소득층을 대상으로 고가격정책을 쓰는 것이 바람직할 것이다.

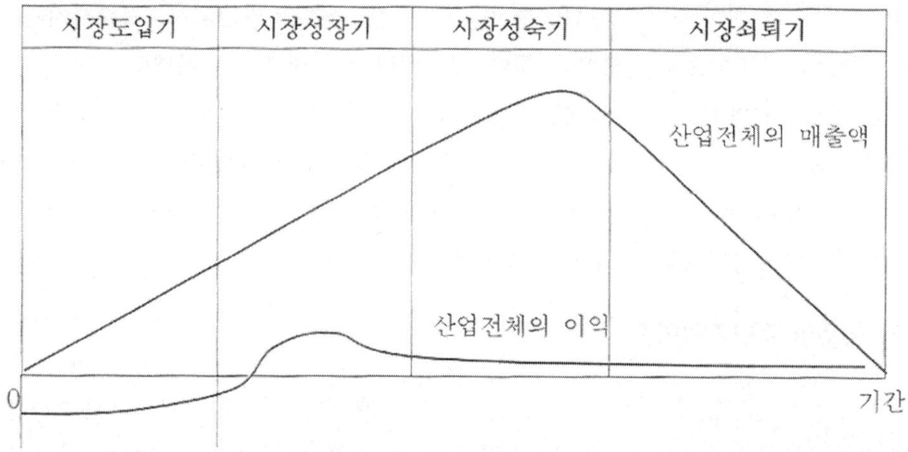

시장도입기	시장성장기	시장성숙기	시장쇠퇴기

▮ 제품수명주기(PLC) ▮

2) 성장기

신제품이 소비자의 욕구를 충족시켜 다수의 소비자가 급속히 신제품을 수용하게 되면 성장단계로 접어들게 된다.

성장기의 특징을 흔히 판매곡선과 이익곡선이 빠른 속도로 상승하게 된다는 점

이다. 성장기의 지속적인 판매량 증대는 단위당 유통비와 촉진비를 하락시켜 이익이 점점 늘어나게 되며 성장기 말기에 최대의 이익이 실현된다. 따라서 매출액의 증가로 산업 전체의 이익이 발생하고 경쟁기업들은 점차 이 시장을 매력적인 것으로 평가하고 진입하게 되며, 그 결과 시장에 유사한 제품들이 많이 출시되어 경쟁이 격화된다.

성장기 마케팅 전략의 초점은 시장점유율 확대로서 기존 소비자의 반복구매를 유도하고 새로운 소비자의 구매를 유도해야 한다. 이 단계에서는 제품시용(try-my-product)보다는 상표구매(buy-my-brand)를 자극하고, 판매망을 확충하며, 규모에 의한 경제(economy of scale)를 도입하고 가격을 인하하여 시장점유율을 확대하는 것이 최선의 전략이 될 수 있다.

3) 성숙기

성숙기는 도입기나 성장기보다 오랜 기간동안 지속되는 것이 보통이며 제품의 표준화와 대량생산으로 제품원가가 낮아 제품가격이 낮아진다. 성숙기는 성장기에 진입한 많은 경쟁기업들로 인하여 잠재적 소비자의 대부분이 제품을 수용하여 판매량이 증가하지만 매우 완만한 속도로 증가한다. 판매곡선은 안정되는 반면에 제조회사와 소매상의 이익은 감소하기 시작한다. 기장점유율이 낮은 생산업자는 당해 시장에서 탈락하게 된다. 가격경쟁을 더욱 심해지고 생산업자는 자사제품취급상을 계속 유지하기 위하여 훨씬 더 많은 판매촉진활동을 벌여야 한다.

이 단계의 마케팅 목표는 기존의 시장점유율을 방어하면서 적정이윤을 계속 유지하는 것이다. 이 단계는 신제품이 출시된 이후 상당한 기간이 지났기 때문에 변화하는 고객의 욕구를 충족시키기 위하여 시장과 제품을 적응시켜야 한다. 즉, 성숙제품을 가지고 수동적으로 시장에 임하기 보다는 적극적으로 시장, 제품 그리고 마케팅 믹스를 확대하거나 수정하는 전략이 필요하다.

4) 쇠퇴기

신기술개발로 인해 대체품이 출현하거나 신제품이 기존제품보다 성능이 좋다든가 또는 가격이 저렴한 신제품이 등장했다든가 소비자기호가 변화되어 판매량이 점차 감소하면서 제품의 매출과 이익이 점차 감소하면 제품수명단계는 쇠퇴기(decline stage)에 들어간다.

쇠퇴기의 마케팅은 비용절감과 투자비의 회수이다. 쇠퇴기의 전략적 방안으로는 철수전략과 잔존전략이 있다. 쇠퇴기제품은 매출액이 저조한 품목들을 제거하여 최소한의 이익을 유지하는 수준에서 저가격정책을 택한다. 유통전략측면에서는 취약한 중간상들을 제거함으로써 적정수의 점포만을 유지한다.

2. 가격관리

경영자는 제품의 가격결정에 있어서 표적시장에서의 경쟁상대와 대체적 가격에 대한 것을 충분히 감안해야 한다. 경제학적인 측면에서 가격은 서비스의 가치를 화폐단위로 나타낸 것, 또는 이러한 제품이나 서비스를 소유·사용하기 위해 지불해야 하는 화폐의 양으로 정의된다. 생산자의 입장에서 가격은 소비자의 효용을 반영하는 것만은 아니며 제품비용 및 판매에 소요되는 비용을 포함하지 않으면 안된다. 제조업자는 이윤이 없을 정도로 가격을 정할 수 없는 것이다. 또한 가격결정에 있어서 경쟁업체나 법률 등 기타 요인을 무시할 수도 없는 일이다.

가격결정에 있어 충분한 고려를 해야 할 점은 교환되는 상품 또는 서비스의 양과 질로서 ① 교환이 이루어지고 지불이 이루어지는 때와 장소, ② 거래에 적용되는 신용조건이나 할인, ③ 상품 또는 서비스에 관한 보증, ④ 배달조건, ⑤ 반품, ⑥ 기타 요인 등이다. 제품에 대한 어떤 가격수중을 정한다는 것은 기업에 있어 마케팅 활동의 중요한 요소 중의 하나이다. 그리고 효과적인 판매 촉진활동, 우수제품, 고객에 대한 양질의 서비스는 가격인상을 하여도 수요에는 긍정적인 효과를 얻을 수도 있다.

3. 유통관리

경영자는 적기에 시장에 제품이 공급될 수 있도록 유통경로를 선정해서 제품을 유통시키고 유통구조를 계획하고 개발해야 한다. 유통경로란 "제품이나 서비스가 소비 또는 사용될 수 있도록 하는 과정과 관련되는 일체의 상호의존적인 조직"으로 제품이나 서비스를 생산자로부터 최종소비자에게 전달하는 도구를 제공함으로써 마케팅 전략에서 중요한 역할을 수행하고 있다.

제품의 생산만으로는 소비자의 욕구를 만족시키고 기업의 목표를 달성할 수 없다. 이를 달성하기 위해서는 제품의 표적시장의 소비자에게 적절한 시간, 적당한 위치에 적당량이 제공되야만 하는데, 이같은 효용을 창출하는 기능이 바로 유통경

로이다. 유통경로는 다른 마케팅 믹스와는 달리 쉽게 변화시킬 수 없는 비탄력성과 각국의 특성에 따라 고유한 경로가 존재하고 있다.

Ⅲ 판매관리의 이해

1. 판매촉진관리

판매촉진은 잠재고객에게 제품에 대한 시장정보를 제공하고 설득시키는 것으로 촉진의 수단에는 광고, 홍보, 인적 판매, 판매촉진 등이 있다.

판매촉진활동의 목적은 첫째, 정보제공을 목적으로 한다. 특히 제품수면주기의 도입기단계에서 자사제품을 잠재고객에게 알리기 위해 촉진활동을 활발하게 전개하는데 이는 신제품에 대한 본원적 수요증대를 이룩하기 위해서다.

둘째, 판매촉진활동은 소비자의 태도나 행동을 수정하거나 현재의 태도나 행동을 강화하기 위해서 행해지기도 한다. 예를 들면 '대우차'가 아니라 '현대차'를 구매하도록 설득한다든가 이미 '삼성 TV'를 사용하는 사람에게 계속해서 '삼성 TV'를 사용하도록 설득하는 방법이다. 설득은 기업이 구매를 자극하기 위해 설계되며 이는 대개 제품수명주기상 성장기에 들어갈 때의 촉진방법이다.

셋째, 판매촉진활동으로서의 회상은 자사제품을 소비자들의 마음속에 늘 유지시키기 위하여 설계되는데 제품수면주기상 성숙기의 촉진방법이다. 회상적 촉진은 소비자들이 제품효익에 대해 이미 알고 있다고 가정하여 기억을 되살리는 촉진형태이다.

촉진관리의 수단을 살펴보면 다음과 같다.

(1) 광고

광고는 광고주가 아이디어, 재화 및 서비스를 비인적(非人的) 매체를 통해 제시하고 촉진하는 활동으로 정의할 수 있다. 오늘날 광고의 유형이 너무 다양하여 다른 촉진 믹스와의 엄격한 구분이 곤란하나 일반적으로 다음과 같은 특질을 가지고 있다.

첫째, 광고는 인적 판매와 달리 광범위한 공중을 대상으로 하는 공공성을 지닌 커뮤니케이션방식으로 합법적이어야 하고 모든 공중들의 구매동기를 자극할 수 있도록 기본적이며 표준화된 성격을 가져야 한다.

둘째, 광고소비자들에 대해 메시지를 반복하여 전달할 수 있고, 또한 소비자들은 경쟁업자의 메시지를 수신하여 비교 검토할 수 있으므로 잠재적 소비자들에게 광범위하게 침투된다.

셋째, 광고는 문자, 소리 및 그림 등을 이용하여 기업이나 제품을 다양하게 표현하고 연출할 수 있다.

넷째, 광고는 잠재적 소비자의 모두가 소득, 나이, 취미 및 구매동기 등 여러 면에서 상이함에도 불구하고 동일한 메시지를 일방적으로 표시하는 특징을 가지고 있다. 따라서 인적 판매에서와 같이 상황에 따라 상이한 소구수단을 이용할 수 없으므로 설득력이 약하다는 단점이 있다.

광고에 활용할 광고매체를 선정하는 과정에서 마케팅 담당경영자는 신문, 잡지 및 그 밖의 주요매체의 특성을 충분히 고려하지 않으면 안 된다. 주요 광고매체의 특징을 살펴보면 다음과 같다.

① **신문** : 광고매체로서의 신문은 적시성이 있는 매체로서의 특징이 있다. 신문은 거의 누구나가 읽는 것이므로 넓은 시장을 집중적으로 공략할 수 있다. 특히, 지방판은 광고가 그 지방의 사회 및 경제적 환경에 적응할 수 있다는 점에서 유리한 것이다. 그러나 신문광고의 수명이 너무 짧은 것이 약점이라고 할 수 있다.

② **잡지** : 광고에 높은 질의 색채인쇄를 필요로 할 때에는 잡지가 탁월한 매체이다. 또 이는 1인당 저비용으로 전국시장에 도달하는 데 이용할 수 있으며 잡지는 비교적 한가한 시간에 읽게 되므로 긴 설명을 하여야 할 광고주에게는 유리하다.

③ **우편** : 우편은 모든 매체 중에서 가장 개성적인 매체이며 광고주가 도달하고자 하는 한정된 시장에만 이르게 되므로 유포물의 낭비가 가장 적다.

④ **라디오** : 광고매체로서 라디오의 가장 큰 이점은 비교적 광고비가 적게 든다는 것이다. 그러나 라디오는 귀를 통해서만 수구하기 때문에 영상이 필요한 경우에는 사용할 수 없다.

⑤ **텔레비전** : 텔레비전은 무소불능의 신축성을 가장 큰 특징으로 하고 있으며 실물제시도 가능하지만, 매체비가 엄청나게 비싸다. 또한 메시지가 영구적으로 기록되지도 않고, 잠재고객이 제시순간에 광고를 보지 못하면 그 메시지

를 제시할 수도 없다.

⑥ **옥외광고** : 옥외광고는 신축성이 높고 비교적 비용도 저렴한 것이 특징이며 사실상 모든 사람에게 미칠 수 있는 것이므로 짤막한 메시지가 제시되는 소비자용품 광고에 널리 이용된다. 이 매체는 기억을 촉구하거나 상기시키는 목적으로 하는 광고에 가장 효과적이며 큰 규격과 색의 충격을 가져다준다.

(2) 홍보

홍보란 기업이 고객 또는 잠재고객에 노출되는 모든 매체를 통하여 대가를 지불하지 않고 기업활동, 제품 및 서비스에 대하여 상업적으로 의미있는 기사나 뉴스를 게재·방송하도록 함으로써 커뮤니케이션 효과를 달성하고자 하는 활동을 말한다. 홍보는 대개 뉴스매체에서 취급하는데 소비자들은 뉴스를 광고보다 훨씬 더 신뢰한다. 요즈음 매체광고비는 점점 올라가고 광고경쟁은 더욱 치열해지고 있기 때문에 광고의 일은 상대적으로 줄어들고 있다. 이러한 이유로 홍보활동을 앞으로 더 조직적이고 전문적으로 전개할 필요가 있다.

홍보와 비슷한 개념으로 PR(public relation)이 있다. PR은 "기업과 사회간 에 이상적인 관계를 정립하기 위해 기업이 벌이는 여러 가지 활동"이라고 정의한다. 따라서 홍보는 PR의 일부로 볼 수 있다. 오늘날 홍보를 PR차원으로 끌어올려 적극 활용하는 기업이 늘어나고 있다. 요즈음 홍보 내지 PR의 중요성이 더해가고 있으며 이런 추세는 앞으로 계속될 것이라 전망된다. 회사가 홍보 또는 PR을 위해 동원할 수 있는 수단으로는 뉴스, 상연, 전시회와 같은 행사, 신문과 같은 인쇄물 발간, PR용 시청각자료제작 등이 있다.

(3) 방문 판매

방문 판매(personal selling)란 잠재적 구매자에게 인접접촉을 통하여 제품을 제시하는 것을 말한다. 인적 판매는 광고·판매촉진·홍보와 더불어 촉진도구로서의 중요한 요소일 뿐만 아니라 모든 회사들이 활용할 수 있는 가장 효과적인 커뮤니케이션 방법이기도 하다. 이 방법은 판매원이 고객의 필요와 조정반응에 맞추어서 커뮤니케이션을 달리할 수 있는 융통성이 있는 것이 특징이다. 그러나 방문 판매는 판매원을 개발·관리하는데 많은 비용이 들고, 특징적무에 적합한 판매원을 발굴하는 것이 쉬운 일은 아니다. 일반적으로 인적 판매의 특징은 다음과 같다.

첫째, 방문 판매는 표적고객에의 개인적 접촉을 통하여 고객의 욕구와 상황을 직접 관찰하고 이에 대처할 수 있다.

둘째, 방문 판매는 대화를 통해 구매를 독려하는 쌍방적 커뮤니케이션이다.

셋째, 방문 판매는 판매원의 선발·교육·관리 등에 비용이 많이 든다. 따라서 고가품이고 소비자의 서비스가 특히 요구되는 산업용품 등의 촉진수단으로 많이 이용된다.

넷째, 방문 판매는 다른 촉진도구보다는 최종적 구매행동을 자극하는 방법으로 매우 효과적이다.

(4) 판매촉진

판매촉진은 방문 판매와 광고를 제외한 모든 마케팅 활동을 말한다. 판매촉진에 의한 의사결정을 광고와 방문 판매 등 다른 촉진수단과 조화를 이룸으로써 효과를 극대화시킬 수 있다. 판매촉진기법은 상품전시 및 진열과 전람회 등으로 기업의 판매 또는 광고전략의 효과를 높이거나 보충하기 위해서 이용된다. 오늘날에는 판매촉진의 중요성이 증대되어 판매촉진을 위한 경비가 상당히 증가하고 있는 추세이다. 아직은 광고비를 판매촉진비에 비해 많이 사용하고 있는 실정이지만 광보비의 과도한 증가, 매체확보의 어려움, 격심한 광고경쟁에 따른 광고효과의 감소 그리고 대중매체를 이용하면 광고가 표적고객에게 정확하게 도달하지 않는다는 등의 이유로 판매촉진의 사용이 증가하고 있다.

판매촉진수단은 다양하다. 쿠폰(coupon)은 약간의 가격할인을 제공함으로써 고객에게 새로운 제품을 시험해 보게끔 하기 위한 것이다. 견본(sample)은 무상선물로서 신제품도입시에 가장 효과적인 방법이지만 비용이 많이 든다. 그리고 기업의 이름, 판촉메시지 등이 담긴 펜, 라이터 등을 선물로 제공하는 판촉물광고, 무료로 제품을 사용할 수 있게 하는 무료시용(freetrial), 그리고 정가에서 소액인하된 가격으로 판매하는 소액할인 등이 있다.

2. 인터넷 광고 및 판매

(1) 배너(Banner)를 이용한 광고

배너란 쉽게 말해서 광고용 현수막이라고 생각하면 이해하기 편할 것이다. 웹

사이트를 돌아다니다 보면 접하게 되는 유명 사이트의 상당이나 하단 부분에 현수막같은 것들을 본 적이 있었을 것이다. 이것을 배너라고 하며, 배너를 클릭할 경우 광고주의 웹 사이트로 이동하도록 링크되어 있다.

배너를 이용한 광고비용은 배너의 위치와 크기에 따라, 그리고 배너 광고를 게재하는 웹 사이트의 유명도 등에 따라 많은 차이를 보이고 있다. 네이버와 다음과 같이 많은 네티즌들이 즐겨 찾는 웹 사이트에 배너 광고를 게재하는 것은 대기업들이나 할 수 있을 정도로 상당한 비용이 소요되지만, 광고효과는 크다고 할 수 있다.

배너 광고는 크게 유명 웹 사이트에 비용을 지불하고 배너를 거는 방법과 주로 성인용 사이트에서 사용하고 있는 상호 배너 교환방법이 있다. 유명 웹 사이트에서의 배너 광고는 주로 다음과 같은 3개 유형의 웹 사이트에 게재되고 확고히 표준화되어 있을 때 구매하는 사람들로 다소 보수적 성향이 강한 구매 계층이다. 이 또한 전체 수용자의 1/3을 차지한다. 기업입장에서는 이 기간에 측자를 실현해야 한다.

(2) 컴퓨터기술의 변화에 대처하기

컴퓨터라는 새로운 기술이 내장되었던 제품이 마케팅되었던 과정을 살펴보면 앞에서 설명한 내용들이 쉽게 이해가 된다. 컴퓨터가 처음 발명되었을 때는 일반인들보다는 기술전문가들 특히 기술애호가들만이 컴퓨터를 이용하였다고 볼 수 있고 그 후에 컴퓨터가 좀 더 개발되면서 이용이 다소 편리해져 통찰력이 있는 사업가들이 컴퓨터에 대한 인식을 다르게 하기 시작한 시기가 유아기에 해당한다. 그 후 퍼스널 컴퓨터가 등장하면서 성장기를 구가하게 된다. 상당수의 사람들이 컴퓨터에 대한 기초이론과 상식을 익힌 후에 가정은 물론 사무실에서 사용하게 되었다. 그러나 요즘은 아이콘과 마우스 등이 등장하면서 컴퓨터 조작이 아주 간편해졌다. 따라서 이제 컴퓨터가 나이 먹은 사람들까지 금새 배워 활용하고 있다. 그러나 회의론자들 말하자면 이 나이에 컴퓨터를 배워서 뭐하겠느냐면서 아예 컴퓨터 자체를 거부하는 극히 적은 수의 사람들도 없지 않다.

발아기와 유아기를 초기시장이라고 하고 성장기와 성숙기를 주류시장이라고 하는데 초기시장에서 주류시장으로 진입하는데 마케팅상 가장 큰 위험이 따른다. 이를 대단절, 즉 케즘이라고 한다. 이 케즘을 극복하지 못하면 벤처기업은 마케팅 위험에 빠져 성공하지 못하고 도산하게 된다. 벤처로 성공한 기업은 반드시 이 케즘을 넘어선 기업이다.

비록 케즘처럼 심각한 대단절은 아니지만 발아기에서 유아기로 넘어갈 때, 그리고 성장기에서 성숙기로 넘어갈 때에도 약간의 단절이 있게 되는데 이를 균열이라고 한다. 균열은 케즘처럼 심각하지는 않지만 첫 번째 균열은 새로운 가치로 쉽게 상용화되지 못할 때 나타나며 두 번째 균열은 최종사용자가 기술적으로 잘 이해하고 능숙하게 이용을 할 수 없을 때 나타난다. 말하자면 첫 번째 균열은 상용화할 수 있는가를 판가름하고 두 번째 균열은 보편화에 성공할 수 있는지를 결정한다고 판단된다.

이처럼 벤처기업은 전통기업들의 마케팅과는 다르게 케즘과 균열이 자리잡고 있으므로 이들을 어떻게 잘 극복하고 넘어가느냐에 마케팅의 주안점이 있다. 따라서 벤처기업으로서 성공하기 위해서는 전통기업과는 달리 마케팅 전략자체가 영업주도전략을 구사하여 매출을 올리려는 것보다는 초기시장에서 주류시장으로 넘어가기 위한 전진기지를 확보하는 전략을 구사하는 것이 바람직하다. 이를 위해서는 완전한 제품을 만들어 내야 하는 것이 중요하다. 캠코더의 예가 대표적인 벤처마케팅의 성공케이스이다. 방송국에서 사용하는 동영상 카메라는 전문가집단들만 사용하는 초기시장에서 머무르다가 소형 캠코더가 개발되면서 주력시장진입에 성공한다. 그 후에는 두 번째 균열을 넘어서기 위해 사용법을 더욱 간편하게 한 것이 주효해 이제는 일반카메라보다 캠코더가 더 많이 사용되는 시대를 맞고 있다.

캠코더 예에서 보았듯이 벤처기업의 신기술 제품은 일반사람들도 신기술 제품인데도 불구하고 불편함 없이 사용할 수 있는 완벽한 제품을 만들어서 대중에게 적합한 가격으로 촉진하는 마케팅 믹스가 주효하다.

제8장 기업가정신

I 기업가정신 이해하기

1. 기업가정신의 개념

(1) 기업가정신의 의의

기업가정신(entrepreneurship)은 위험(risk)이 있는 새로운 사업(new business)을 운영하기 위한 경영자들의 창의적이고 모험적인 성향을 의미한다. 즉, 현실적으로 기업가정신은 자원의 제약과 위험의 존재에도 불구하고 모험정신을 발휘하여 창업, 성장, 신사업, 신시장을 일구어 고도화를 꾀하는 기업가의 의지를 말한다.

창업의 성공요인에는 기업가의 능력과 자질, 창업아이디어의 적합성, 공장입지의 규모, 자금규모와 조달능력 등 여러 가지 요인이 있지만 이 중 가장 중요한 요소가 바로 기업가라고 할 수 있다.

올바른 기업가란 올바른 기업가 정신에 입각하여 기업을 창업하고 경영활동을 행하며, 선구자적 개척정신과 모험정신을 통해 기업의 혁신활동을 계속적으로 수행하는 주체를 말한다. 여기서 기업가란 기업에 자본을 출자하고 경영활동을 수행하며, 경영활동에 대한 결과를 스스로 책임지는 주체를 말한다.

피터드러커(P. Drucker)는 그의 저서 '이노베이션과 기업가정신'에서 기업가란 변화를 탐구하고 변화에 대응하며, 변화를 기회로 이용하는 자로 보았다. 기업가는 변혁을 일으키고 새롭게 이질적인 가치를 창조해야 하는 자이고, 이러한 활동을 수행해 가는 과정에서 위험을 감수해야 한다는 것이다.

따라서 기업가정신(entrepreneurship)은 기업가의 본래 기능을 적극적으로 달성·수행하는 마음가짐을 말한다. 즉, 기업가의 고전적·전통적 본질로부터 (1) 비전과 개척자 정신 : 창업(start-up), (2) 창의성과 혁신(innovation), (3) 위험부담과 '할 수 있다(can do spirit)'는 성취동기가 기업가정신으로 도출될 수 있다. 기업가의 현대적 본질로부터 (4) 우수기업의 창조와 훌륭한 인재양성(건전한 지도자의 양성)의 책임, (5) 사내 기업가정신과 변혁적 리더십이 추가로 요청된다.

한편 기업가정신은 창업가정신으로 확장되면서 "보상과 위험을 가정하고 새로운 어떤 것을 창조하는 과정"으로 볼 수도 있다. 기업가정신이 많은 관심을 끌게 된 것은 전세계적으로 창업이 크게 늘고 있는 점과 무관하지 않다. 이러한 창업의 붐은 정보사회로의 진전, 수요의 다양화, 정보통신기술 등 급속한 기술의 발전, 기업가정신의 확산, 사이버공간의 등장으로 인해 첨단소기업의 창업이 쉬워지고 있는 산업여건에 힘입은 바 크다. 그리고 젊은이들의 꿈의 실현과 벤처기업 성공사례에 고무되어 창업에 도전하고 있는 것이다.

(2) 기업가정신과 벤처정신

기업가는 기업가정신으로 무장된 벤처정신이 필요하다. 기업가가 벤처기업을 창업하여 성장/발전하기 위해서는 3가지 핵심요소가 필요하다고 한다. 즉, (1) 기업가/창업팀(founder), (2) 기회(opportunity), (3) 자원/시스템(resources)이다. 벤처기업경영을 농사에 비유하자면, 기업가는 농부에, 기회는 씨에, 자원/시스템은 밭에 비유될 수 있다.

물론 사회적 여건 등은 햇볕에 해당될 수 있을 것이다. 농사가 잘 되려면 이 모든 것이 꼭 필요하지만 가장 중요한 것은 "농부"라 할 수 잇을 것이다. 결국 "우수한 기업가"와 "좋은 기회"는 벤처기업 성공을 위한 중요한 요소이며, 이 중 기업가는 핵심 성공요인이다.

그러면 우수한 기업가가 갖추어야 할 조건은 무엇인가? 우선 행태적 측면에서는 ① 사업에 대한 헌신/몰입(commitment)과 확고한 결의, ② 기회에 대한 포착, ③ 위험·모호성·불확실성에 대한 수용, ④ 창의성·자립심·적응력, ⑤ 남보다 앞서려는 동기, ⑥ 리더쉽, ⑦ 현실감각과 유머감각 등이 필요하다. 또한 창업을 하려면 준비과정이 필요하며, 미리 배우고 준비하여 기회의 창(window of opportunity)을 잘 포착해야 한다. 아울러 기업이 발전하려면 기술혁신능력 뿐만 아니라 경영관리능력도 필요하다. 일반적으로 기술적 배경을 가진 창업인이 이러한 경영지식을 다 가지기는 어려움이 있으므로 서로 보완적인 역량을 갖춘 사람들이 팀을 구성하여 창업을 하는 경우가 많다. 그리고 이러한 역량들은 타고나기 보다는 후천적으로 얻

어지는 경우가 더 많다. 따라서 기업가정신으로 무장된 기업가는 항상 벤처정신이 배어 있으므로 벤처기업을 성장 발전시키게 된다.

(3) 기업가정신의 기원과 배경

역사적으로 기업가 정신이 언제부터 나타났는지는 명확하기 않다. 그러나 산업혁명 이전에도 무역을 하던 중 기업가의 역할이 대두되고 있었음은 부인할 수 없을 것이다. 그 당시 캔틸론(Cantillon)의 기업가에 대한 정의를 분석하여 보면 기업가 정신은 단순한 위험가속성에 바탕을 둔 관리행동이 중심이 되어 나타났을 것으로 추론된다. 그러나 이는 기업가 정신의 일면만을 나타냄으로써 진정한 의미의 기업가 정신으로 평가 될 수 없었다.

진정한 의미의 기업가 정신은 산업사회의 등장과 함께 대두된다. 농업사회, 상업사회에서 산업사회로 이행된는 과정은 사회경제적으로 일대 변혁기였으며, 이러한 변혁의 구심점은 산업혁명으로 고찰될 수 있다. 기업가 정신은 이러한 과정 속에서 자율적으로 나타나서 산업혁명의 중요한 원동력이 되었다. 모범적인 산업혁명으로 평가되는 영국의 산업혁명은 경험적이며, 합리적인 단계였으며, 그 속에서 나타난 기업가 정신 역시 비슷한 성격으로 간주된다. 당시의 기업가는 자본가이고 공장관리자이며 상인으로서 경험주의적이고 합리주의적 행동을 발휘하는 기업가로 인식되었다.

사실 영국의 산업혁명은 이러한 민간기업가들의 활발한 활동에 의해서 자생적으로 이루어졌는데, 이러한 활동의 기반은 타국가에 비해 유리한 환경적 조건이 구비되었기 때문이다. 산업혁명기에 영국의 정치적, 경제적, 사회적 환경은 프랑스, 독일을 비롯한 19세기 후진국의 공업화 초기에 나타난 환경과 대비해 볼 때 대단히 유리하였으며, 공업화 초기단계의 오늘날 후진국에 비해서도 크게 유리하였음을 파악할 수 있다.

먼저 18세기 영국의 정치적 환경을 살펴보면 무엇보다 정치적으로 안정되어 있었으며, 절대왕권이 제한되고 중산층계급이 활성화되었다는 점을 지적할 수 있다. 정부의 태도 역시 완전한 자유방임은 아니었으나, 국내 경제활동을 규제하던 법령을 폐기함으로써 민간 경제활동의 자유를 보장하였다.

경제적 환경을 보면 시장규모가 크게 확대되었다는 점을 들 수 있다. 이는 해외시장의 확대가 중심이 되었지만 유료도로, 운하 등의 새로운 교통수단이 등장함으로써 상당한 국제시장의 확대도 도모할 수 있었다. 또한 급속한 인구증가와 실질 소득 증가가 맞물려 시장 확대의 중요한 요인이 되었다. 이러한 환경적 요인의 덕택으로 영국에서는 기업가 정신의 발휘가 자연스럽게 이루어졌으며 이는 모범적 산업혁명을 완성하는 원동력이 된 것이다.

(4) 슘팩터의 기업가정신

기업가정신과 관련된 대표적 학자로는 미국의 경제학자 슘페터(Joseph Alois Schumpeter)를 들 수 있다. 그는 새로운 생산방법과 새로운 상품개발을 기술혁신으로 규정하고, 기술혁신을 통해 창조적 파괴(creative destruction)에 앞장서는 기업가를 혁신자로 보았다.

그는 혁신자가 갖추어야 할 요소로 ① 신제품 개발, ② 새로운 생산방법의 도입, ③ 신시장 개척, ④ 새로운 원료나 부품의 공급, ⑤ 새로운 조직의 형성, ⑥ 노동생산성 향상 등을 꼽았다. 이 6가지 외에도 여러 가지가 있지만, 슘페터가 정의하는 기업가 정신은 대체로 이와 같다.

전통적인 의미의 기업가 정신 역시 슘페터의 정의와 크게 다르지 않다. 미래를 예측할 수 있는 통찰력과 새로운 것에 과감히 도전하는 혁신적이고 창의적인 정신이 전통적 개념의 기업가 정신이다. 현대에는 이러한 전통적 의미의 기업가 정신에 ① 고객제일주의, ② 기술보국, ③ 공정한 경쟁, ④ 근로자 후생복지, ⑤ 사회적 책임의식까지 겸비한 기업가를 진정한 기업가로 보는 견해가 지배적이다.

창업에는 많은 위험부담이 따른다. 중소기업청의 조사에 따르면 약 열 명이 창업을 했을 경우 두·세 명 정도만 사업에 성공하고 나머지 일곱·여덟 명 정도는 실패한다고 한다. 창업을 희망하는 사람들의 가장 큰 소망이 바로 성공창업이다. 성공창업을 위해서 가장 중요한 요소는 바로 기업가 정신이다.

오늘날 기업의 구조조정과 청년실업의 증가에 기인하여 많은 사람들이 이에 대한 대안으로 창업을 생각하고 있다. 기업의 구성원과 취업이라는 선택을 뒤로한 채 창업이라는 대안을 선택했을 경우 성공창업을 이루지 못하면 자신의 시간적·물질적 자원을 낭비하게 된다. 한 때 대기업에서 인정받았던 샐러리맨들이 직장을 퇴직한 후 창업에 실패하여 어려움을 당하는 경우나 반대로 직장에서 인정받지 못했던 샐러리맨들이 창업을 하여 대성공을 거두는 경우를 많이 볼 수 있다.

2000년대 이후에는 대학원생, 연구원, 교수들의 창업이 활발하여 창업의 새바람

을 일으키기도 하였지만 기업가 정신에 대한 이해도가 미약하여 좌절과 실패를 거듭하는 경우도 나타나고 있다. 그 어느 때보다 기업가로서 철저한 준비와 노력을 하여 성공할 수 있는 프로정신 즉, 기업가 정신을 갖추어야 한다.

(5) 기업가정신과 기업가의 역할

기업가는 경영활동에 필요한 자금을 조달하는 자금조달기능, 생산요소들을 혁신적으로 결합하여 기업의 성장을 유도하는 기업혁신기능을 담당하며, 기업의 목표를 계획하고 조직을 구성하며 충원하고 이들을 지휘·통제함으로써 기업의 가장 궁극적인 목적인 이윤추구의 극대화를 달성한다. 더불어 오케스트라의 지휘자처럼 경영활동에 대한 결과를 총체적으로 책임지는 역할을 수행하여야 한다.

1) 창업 아이디어 창출

기업가는 자기가 추진하고자 하는 사업에 대한 목적 및 취지에 따른 기업가의 적성, 해당업종에 대한 전문성과 경험, 자금조달 능력을 선행적으로 고려하고 창조적인 사고력과 통찰력으로 소비자들의 잠재된 요구와 욕구를 충족시켜 줄 수 있는 아이디어를 창출하여야 한다.

2) 사업목표설정

기업가는 선택한 아이템을 바탕으로 최소한의 사업타당성 검토를 실시한 후 사업목표를 설정하고 사업을 실제 수행하여야 한다. 사업계획 수립단계에서부터 실제 사업단계에서 발생 될 수 있는 문제에 대한 대안들을 모색하고 이를 신속하게 판단하고 적용시키는 과감한 결단력과 추진능력을 갖추어야 한다.

3) 기업환경과의 조화

기업을 둘러싸고 있는 기업의 내부환경 요인과 외부환경 요인들을 정확하게 파악하여야 한다. 내부환경에 대한 파악은 기업의 강점과 약점을 알게 해주므로 약점을 보강하여야 한다. 또한 외부환경 중 직접환경은 기업의 경영활동에 직접적이고 계속적으로 영향을 미치므로 이를 통제하여야 하며, 간접환경은 기업에 점진적이고 비반복적으로 영향을 미치므로 변화양상을 예측하여 순응하고 적응해야 한다.

4) 강력한 리더십

창업초기에서 기업이 어느 정도 안정적 단계에 이르기까지 기업의 인사, 조직관리, 재무관리, 생산관리, 마케팅, 구매, 관공서 등 모든 분야에 걸쳐 걸쳐 대표자가 해결해야할 문제점이 산재해있다. 이러한 문제점을 해결하기 위해서 기업가는 강력한 리더십을 바탕으로 기업의 구성원들에게 계속적인 동기부여와 비전을 제시하고, 화합을 바탕으로 기업의 목적이 달성할 수 있도록 격려하여야 한다.

5) 지속적인 혁신

오늘날의 기업환경은 완전경쟁시장에 가까워 누구라도 시장에 진입할 수 있다. 또한 인터넷의 발달로 전세계가 하나의 시장화 되어 있으며 발전속도도 매우 빠르다. 따라서 기업들이 현재의 상태에 안주하는 것은 곧 기업이 경쟁에서 열위로 밀려나는 결과를 초래하게 된다. 따라서 기업가는 끊임없는 노력을 통해 계속적인 기업혁신을 이루어 나가야 한다.

6) 사회적책임 의식

기업은 사회 환경의 구성원으로써 사회 환경에 적응하고 환경개발을 지속적으로 수행하며 경제활동은 영위함으로써 그 존속과 발전이 가능하게 되었다. 따라서 기업가는 소비자 문제, 종업원 고용문제, 지역사회문제, 환경문제 등 기업이 사회구성원으로써 담당해야 할 사회적 책임을 성실히 수행하여야 하는 필연적 의무를 수행할 수밖에 없는 시점에 있다.

2. 기업가의 자질과 특성

기업가로서 요구되는 자질은 기업의 규모나 성격에 따라서 매우 다양한다. 다양한 기업가의 자질 중 개인적인 특성에 따라 여러 가지로 분류하기도 하지만 일반적으로 선천적 자질과 후천적 자질 두 가지 유형으로 나누어 볼 수 있다.

(1) 선천적 자질

① 새로운 것에 도전하는 모험심이 유별난 사람
② 가능성에 대한 집념에 대한 강한 사람
③ 스케일이 크고 큰일을 해내는 사람
④ 사람을 잘 통제할 줄 아는 사람
⑤ 쉽게 좌절하지 않고 의지력이 강한 사람

(2) 후천적 자질

① 본인이 지금까지 쌓아온 창업관련 분야에서의 경험
② 지금까지 배워서 얻은 학문과 지식
③ 본인의 성격, 체질, 체력적인 자질
④ 본인이 가지고 있는 자격, 사회지위, 전 직장에서의 신용
⑤ 지금까지 인간관계에 있어서의 교제 인물의 폭과 깊이
⑥ 창업환경을 둘러싼 인간관계

(3) 기업가의 자질 측정

보통 행동지향적, 모험적, 창의적 그리고 성장지향적인 성격을 기업가 기질이라고 한다.

사업경영자로서 다음의 자질테스트를 해보면 자신의 기업가적 자질을 알 수 있다.

• 다음 각 항목을 1 ~ 5의 기준으로 점수를 매겨보자.

당연히 그러하다(5), 그런 편이다(4), 그저 그렇다(3), 그렇지 않은 편이다(2), 그렇지 않다(1)

1. 돈을 많이 벌고 싶다. ( )
2. 꼭 내 사업장을 갖고 싶다. ( )
3. 나의 능력을 충분히 발휘하고 싶다. ( )
4. 보다 자유스러워지고 싶다. ( )
5. 신용은 나의 생명이다. ( )
6. 정신적으로나 육체적으로 건강하다. ( )
7. 무에서 유를 창조하는 적극성과 끈기가 있다. ( )
8. 유머 감각이 뛰어나다. ( )
9. 인간관계가 폭넓고 좋다. ( )
10. 도덕적으로 행동하고 봉사정신이 있다. ( )
11. 언제나 고객은 왕이다. ( )
12. 전문가적 지식과 기술이 있다. ( )

13. 재무회계를 충분히 이해한다. ( )
14. 사업자금 조절 능력이 있다. ( )
15. 사람을 잘 따르게 한다. ( )
16. 조사 분석력이 뛰어나다. ( )
17. 품질을 중요시 한다. ( )
18. 차별화를 꾀하기 위해 노력한다. ( )
19. 불황은 성공을 위한 기회이다. ( )
20. 항시 일을 좋아하고 연구한다. ( )

※ 위에서 측정한 각 항목의 점수를 합한 결과를 낸 뒤, 다음의 결과내용을 보면 사업가로서 어느 정도 자질을 가지고 있는 가를 알 수 있다.

점 수	결 과 내 용
90 ~ 100	중소 사업가로의 성공 확신(성공을 확신할 수 있으므로 확실한 사업 요망) 사업가로의 성공 확신을 위한 향상 교육 필요
80 ~ 89	소규모 사업가로의 성공 확신(성공을 확신할 수 있으므로 확실한 사업 요망) 사업가로의 성공 확신을 위한 향상 교육 필요
70 ~ 79	사업가 기질(사업가 기질이 충분하므로 노하우를 겸한 확실한 사업 요망) 사업가로의 성공 확신을 위한 향상 교육 필요
55 ~ 69	관리자 기질(사업가 기질보다는 훌륭한 참모로서 활동하는 것이 바람직) 경영자 수업 필요
40 ~ 54	종업원 기질(종업원으로서 맡은 바 주어진 임무에 충실하는 것이 좋음) 관리자 수업 필요
0 ~ 39	문제 보유 기질(종업원 기질도 부족하므로 부단한 노력 요망) 종업원 교육 필요

(4) 성공하는 기업가와 실패하는 기업가의 자질

일반적으로 성공하는 기업가의 자질은 개인적인 특성을 중심으로 그 자질을 갖고 있는 것도 중요하지만 실천적인 면을 중심으로 살펴보면, 분석력, 예측력, 조직력, 추진력, 조정력, 설득력, 포용력 등의 다양한 관리능력을 기반으로 그 자질을 갖추고 있어야 한다.

1) 성공하는 기업가의 자질

① 정통파로서 동료들 간에 평판이 좋은 사람
② 부부·가족간의 이해와 협력을 받는 사람
③ 종업원 관리능력이 우수한 사람
④ 정리, 정돈의 습관이 있고 청결감이 있는 사람
⑤ 고객에 대한 서비스정신이 있는 사람
⑥ 신용도가 높은 사람
⑦ 신속성과 사무처리 능력이 있는 사람
⑧ 자세가 진취적이고, 과거에 집착하지 않는 사람

2) 실패하는 기업가의 자질

① 무리한 차입 계획으로 시작한 사람
② 자기 자신의 경험, 능력을 과시하는 사람
③ 이론이 앞서고, 극단적으로 앞서가는 사람
④ 행동이 따르지 않고, 불만만 하는 사람
⑤ 결단력, 판단력에 결함이 있는 사람
⑥ 의타심이 있어 자주성이 없는 사람
⑦ 청결함이 없는 사람
⑧ 타인에게 지시를 못 내리는 사람(명령만 받는 습성이 있는 사람)

3. 기업가의 특성

'기업은 먹고살기 위해서가 아니라, 하고 싶어서 해야 성공한다.' 이것은 런던 비즈니스 스쿨과 미국의 밥슨칼리지가 최근 미국 등 29개 기업들을 대상으로 창업 이유를 조사·분석한 결론이다. 즉, 직장에서 해고당하거나 하는 이유로 어쩔 수 없이 창업한 회사(필요기업-Necessity Entrepreneur)보다는 일을 하고 싶은 마음으로 만든 회사(기획기업-Opportunity Entrepreneur)가 더 많은 일자리를 만들어 낸다는 것이다.

바람직한 특성을 모두 갖춘 완전한 기업가란 사실상 존재하기 어렵다. 보통 기업가들은 동업자, 협조자, 관리자들로부터 자신의 약점을 보완할 수 있으며, 이미

성공한 기업가들로부터 바람직한 개인특성을 체득하여 성공비결을 배울 수 있고, 실패한 기업가들의 사례로부터 부적절한 개인특성을 사전에 미리 제거함으로써 성공가능성을 높일 수 있다.

미국의 벤처기업 연구에 의하면, 그 동안 50여 개의 기존 연구결과들을 종합하여 성공한 기업가들과 실패한 기업가들의 특성과 형태에 대하여 다음과 같이 종합하였다. 성공 또는 실패하는 기업가들의 공통적인 특성은 창업자가 성공하기 위하여 조건을 갖추거나 제거하여야 할 사항이라고 하였다. 이러한 기업가의 특성은 상당 부분 후천적인 학습에 의해 개선이 가능하다. 특히, 기업가가 자신의 사업에 대하여 강한 동기가 유발되었을 때 더욱 빠르게 개선될 수 있다고 한다.

1) 성공한 기업가의 특성

① **높은 사업 몰입도, 인내심** : 성공한 기업가들은 사업에 대한 몰입도가 높고, 인내심이 강하다고 한다. 특히, 많은 벤처캐피탈 회사들은 투자 여부를 결정함에 있어 기업가가 얼마나 자신의 시간적, 물질적 자원을 실제적으로 투입하고 있는가를 중시한다. 이는 사업에 대한 몰입정도가 사업성공에 중요한 영향을 미침을 나타낸다.

② **강한 성취욕구와 성장욕구** : 성공한 기업가들은 스스로 목표를 설정하고, 그 목표에 대하여 단계적으로 목표를 뛰어넘는데 주력한다. 그리고 이 목표가 달성되면 다시 새로운 목표와 기준을 상향조정하여 계속적으로 도전한다. 그러한 일련의 과정을 겪으면서 성취욕구를 맛보며 즐기게 된다. 그들의 즐거움은 성취욕을 이끌어내며, 그러한 성취는 제2의 도전을 이루어낸다.

③ **기회포착 및 목표 지향적** : 현재 보유하고 있는 자원에 근거하여 행동하기 보다는 기회를 먼저 포착하고 자원과 전략을 거기에 맞추어 나가려는 기회지향적인 성향이 있다. 그리고 높지만 달성 가능한 목표를 설정하고 거기에 모든 힘을 집중하려고 한다. 때로는 무리한 가능성일지라도 이들은 두려움보다는 '성공'이라는 목표를 향해 도전한다.

④ **주도적이고 책임감이 강함** : 성공하는 기업가들은 남의 의견이나 간섭을 참고하면서도 자기주도적이다. 자기의 시나리오에 의한 생각과 직관에 의해 주도적으로 문제를 탐색하고 해결책을 제시하려 한다. 그리고 일의 결과에 대해 스스로 책임지려 한다.

⑤ **끈질긴 문제해결 노력** : 하고자 하는 일에 장애요인들이 나타날 경우 이를 극

복하려는 욕구가 강하여 안되는 쪽보다 되는 쪽 즉, 부정적 접근법 보다 긍정적인 접근법에 몰두하여 하기전에 포기하기보다는 최대한의 노력을 경주하며 문제해결을 위해 끈기 있게 노력한다. 이에 따라 인내심이 강한 편이나 불가능하다고 판단하는 일에 대해서는 단념도 빠르다.

⑥ **낙관적인 현실주의와 유머감각** : 외부환경과 자신의 강점, 약점들에 관한 냉철한 판단을 중시하는 등 아주 현실적이지만 매사를 긍정적으로 보는 낙관적 자세를 견지한다. 그리고 어려운 여건하에서도 유머를 잃지 않는 등 정신적 여유를 갖고 있는 경우가 많다. 또 그렇지 못한 기업가는 그러한 기업가를 닮기 위해 노력한다.

⑦ **피드백의 활용** : 피드백을 효과적으로 활용함으로써 자신의 잘못을 신속하게 파악하고 잘못된 부분을 재빨리 수정한다. 이에 따라 유능한 기업가들은 대부분 남의 이야기를 잘 청취하고 학습능력이 뛰어난 편이다.

⑧ **계산된 위험 감수와 위험의 공유** : 뛰어난 기업가는 도박가가 아니다. 그들은 사전에 충분한 검토와 의견청취 및 조사를 동해 미리 세심하게 계산을 한 후 결정을 내리며 그 결정에 대해 어떠한 결과가 오더라도 후회하지 않을 정도로 주위사람들과 관련자와 공유하려 하며 동조를 얻고자 노력한다.

⑨ **지위와 권력에 대한 낮은 욕구** : 권력욕구보다는 성취욕구에 의해 행동한다. 지위나 권력은 성공의 결과로 얻어 지는 것이므로 처음부터 이것을 억기 위해 노력하지는 않는다. 이에 따라 유능한 기업가는 독재자보다는 중재자 혹은 협조자의 역할을 수행한다.

⑩ **정직과 신뢰** : 정직과 신뢰가 없이 달성한 일시적인 성공은 궁극적으로 실패한다는 신념으로 장기적 관점에서 인간관계를 유지하고 사업 활동을 한다.

⑪ **신속한 결단과 실천** : 신속하게 움직여야 하는 일에 대하여는 빠른 결정을 내리고 곧바고 실천에 들어간다. 그러나 그 일이 장기적으로 진행되어야 하거나 일의 결과가 장기적으로 나타나는 경우 인내심을 가지고 기다린다.

한편으로 기업가가 너무 신속한 의사결정에 의해 직원들이 쉽게 받아들이지 못하거나, 따라 오지 못하는 경우가 속충하기도 하며, 결정사항이 수시로 변경되는 오류를 범하기도 한다.

⑫ **실패에 대한 적절한 관리** : 실패에 실망하지 않고 두려워하지도 않는다. 오히려 실패를 통하여 배우려는 자세가 강하다. 비관적 상황에서 낙관을 발견하

고 위기 속에서 기회를 발견하는 지혜를 발휘한다.

⑬ **팀 구축자/동기 부여자** : 유능한 기업가는 독불장군식으로 일하기보다는 열의에 가득 찬 팀을 만들어 공동으로 일을 추진한다. 또한 자기 혼자 영웅이 되기보다는 구성원들에게 할 수 있게 만듦으로써 동기를 부여한다. 이울러 뛰어난 기업가는 과거에 비해 현재 무엇이 변하였고, 향후 어떤 효과가 있을지 성과 자체를 키우는 데 주력한다.

2) 실패한 기업가의 특성

아래의 내용은 실패한 기업의의 특성과 유형에 대하여 설명하였다. 전체적으로 ①~⑧에 모두 해당되는 경우 사업 추진을 재고하는 것이 필요하다.

① **불사조형** : 너무 확신에 의한 결론적 사고로 자신에게는 실패가 일어나지 않는다는 망상에 사로잡힌 경우를 말한다. 이 경우 방만하고 경솔한 투자로 실패할 가능성이 높다.

② **천하무적형** : 항상 남보다 우월하고 어떤 경쟁자라도 제거할 수 있다는 자만으로 가득찬 경우를 말한다. 이 경우 경쟁자와 소모적 경쟁을 벌임으로써 사업에 해를 끼칠 수 있다.

③ **간섭마라형** : 다른 사람의 지시와 조언을 불필요하게 여기고 기피하는 성향으로서 이 경우 주위로부터 피드백이 부족하여 잘못된 의사결정이나 행동을 수정할 기회를 놓치기 쉽다.

④ **즉흥형** : 매사를 그 당시의 상황과 기분으로 결정하고 처리하는 성향을 의미한다. 이 경우 어떤 행위나 결정에 대하여 그것이 갖는 궁극적인 의미나 실제 결과를 파악하기 어렵다. 또한 더 나은 대안을 찾지 못하는 결점을 갖는다.

⑤ **기복신앙형** : 잘되면 운이 좋아서, 안되면 운이 나빠서 그렇게 되었다고 생각하는 성향이다. 운명주의적 철학이나 기복신앙을 가진 사람들에게서 많이 나타난다.

⑥ **완벽주의형** : 완벽한 일처리를 지나치게 강조하는 성향을 의미한다. 예를 들면, 자사에서 신규로 생산하는 제품의 불량으로 인해 고객신뢰와 원망이 있을지 모른다는 두려움에 너무 세심한 주위를 기울이다 정작 소요되는 비용, 시장의 여건, 타이밍 등을 무시한 결정을 내리기 쉽다.

⑦ **안다형** : 문제에 대한 해답을 자신이 모두 안다는 자만심을 의미한다. 이 경

우 주위로부터 더 나은 해답을 얻을 기회를 잃기 쉽다.

⑧ **독불장군형** : 주위로부터 도움이나 협조를 받지 않고 모든 것을 혼자 결정하고 처리하려는 독불장군식의 자세를 취하는 기업가를 말한다. 규모가 적을 경우에는 유지 가능하나 규모가 커질수록 기업은 어려워 질 수밖에 없다.

(1) 기업가가 갖추어야 할 능력

기업가가 갖추어야 할 능력은 ① 강한의욕 ② 정신적 능력 ③ 인간관계 능력 ④ 의사소통 능력 ⑤ 기술적 지식 ⑥ 의사결정 능력 ⑦ 문제해결 및 대안제시 능력 등이 필요하다.

① **강한의욕** : 기업가의 강한 의욕은 사업과 일에 열정적으로 몰입하는 데 도움을 준다. 특히 새로운 사업을 설립하고 운영하는 데는 많은 노력과 열정이 필요하기 때문에 이러한 개인특성은 중요한 역할을 한다. 그러나 열심히 일만 한다고 성공이 보장되지 않듯이 강한 의욕만으로는 부족하다. 많은 경우 합리적인 계획과 판단이 결여된 채 의욕만 앞세운 결과 실패하는 수가 있다.

② **정신적 능력** : 기업가의 정신적 능력이란 지적능력, 창조적 사고력, 분석적 사고력 등을 의미한다. 기업가는 이러한 정신적 능력에 의하여 사업의 당면문제를 체계적으로 분석해 내고, 창조적 문제해결책을 제시하며 합리적인 일을 할 수 있다. 이러한 능력은 기회를 포착하여 현실화하는 데 중요한 역학을 한다.

③ **인간관계 능력** : 인간관계 능력은 주로 정서적 안정성, 대인관계의 기술, 사교성, 타인에 대한 배려, 감정이입 능력 등을 의미한다. 예를 들자면, 감정이입 능력이 뛰어난 기업가의 경우 타인의 입장에서 사물을 바라보고 생각하기 때문에 타인의 느낌과 생각을 효과적으로 파악할 수 있다. 이러한 인간관계 능력은 고객과 종업원의 생각과 입장을 이해하게 함으로써 사업운영에 많은 도움을 줄 수 있다.

④ **의사소통 능력** : 의사소통 능력은 문서 또는 말로써 자신의 의사를 효과적으로 전달하는 능력을 말한다. 기업가는 사업을 원활하게 운영하기 위하여 고객, 종업원, 공급자, 채권자 등과 효과적으로 의사소통을 하여야 한다. 따라서 이러한 능력은 성공적 사업운영을 위해 필요한 요소라고 할 수 있다.

⑤ **기술적 지식** : 사업이 성공하기 위해서는 궁극적으로 시장에서 판매될 수 있

는 제품과 서비스를 실제로 만들어내야 한다. 이러한 기술적 지식은 고객이 원하는 제품과 서비스를 만들어 판매하는 과정에서 필요한 기술과 기법을 포함한다. 예를 들자면 제품제조 기술, 설비가동 기술, 판매기법, 재무분석 기법 등이 그것이다.

⑥ **의사결정 능력** : 기업의 경영활동은 의사결정 과정의 연속이라 할 수 있다. 그러므로 기업가는 전략적인 의사결정을 할 수 있는 능력을 갖추어야 한다. 과학적인 방법에 의해 의사결정을 할 수 있도록 결정과정에 합리성과 효율성을 추구해야하며, 사업운영과 관련하여 정확한 의사결정을 시의 적절하게 내리는 것은 사업성공에 중요한 영향을 미친다.

이러한 의사결정을 통하여 회사는 여러 가능한 대안 중 가장 적절한 방향으로 나아갈 수 있다.

⑦ **문제해결 및 대안제시 능력** : 문제해결 및 대안제시 능력은 복잡한 현상의 핵심을 간파하고 그것을 간결한 형태로 재구성함으로써 더운 효과적인 문제해결책을 제시할 수 있는 능력을 말한다. 기업가는 이러한 문제해결 및 대안제시 능력에 기초하여 아무도 간파하고 있지 못한 기회를 포착하고 효과적인 전략적 대안을 제시할 수 있다. 또한 회사 내부에 관한 문제에서도 전체 조직의 특성과 문제점을 파악하여 조직의 각 부문들이 사업성공을 향해 함께 힘을 모을 수 있는 법을 강구할 수 있다.

기업가가 위의 능력과 특성을 모두 갖추었다고 해도 성공이 보장되지 않는 다는 것이다. 그 이유는 능력을 보유하였다고 반드시 그것이 발휘되는 것이 아니기 때문이다. 또한 사업성공에는 이러한 개인특성과 함께 외부환경과 같은 상환요인이 중요한 영향을 미치기 때문이다. 그럼에도 불구하고 이러한 능력을 많이 갖춘 기업가는 그렇지 못한 기업가에 비해 성공할 확률이 그만큼 더 높다고 할 수 있다.

이러한 기업가의 능력을 앞에서 언급한 기업가의 과업과 연결시키면 아래의 표와 같다. 기회의 포착과 사업구상에는 기업가의 강한 의욕 정신적 및 개념적 능력이, 사업의 실제수행에는 강한 의욕 및 정신적 능력과 함께 기술적 지식과 의사결정 능력이 필요하다. 또한 대인관계 업무와 리더십 발휘에는 인간관계 능력과 의사소통 능력이 중요하다.

■ **기업가의 과업특성과 필요 능력**

과 업 특 성	필 요 능 력
기회의 포착과 사업구상	강한 의욕, 정신적 능력, 개념적 능력
사업의 실제수행	강한의욕, 정신적 능력, 기술적 지식, 의사결정능력
이해자 집단과의 관계	기술적 지식, 인간관계 능력, 의사소통 능력
리더십 발휘	인간관계 능력, 의사소통 능력

Ⅱ 기업윤리와 기업의 사회적 책임

1. 기업윤리의 이해

(1) 기업윤리의 개념

기업윤리는 일반적으로 기업경영이라는 상황에서 다양한 이해관계자나 광범위한 사회에 이익을 주거나 해를 줄 수 있는 행동을 취하는 것과 관련된 도덕적 가치라고 할 수 있다.

기업윤리는 모든 상황에 적용되는 규범적·일반적 윤리라기보다는 기업경영이라는 특수한 상황에 적용되는 응용윤리의 성격을 갈고 있기 때문에 실용적 접근을 도외시할 수 없다. 기업은 경제적 역할은 물론 기업의 사회적 책임과 기업윤리의 실천을 동시에 조화롭게 추구하도록 요청받고 있다.

기업윤리의 준수는 사회적 정당성 획득의 기반이 되며, 사회의 윤리적 환경창조라는 측면에서도 중요하다. 또한 기업윤리의 준수를 통해 장기적인 측면에서 조직유효성의 증대를 기대할 수 있으며, 인적 자원관리와 생산성 향상의 측면에서도 기업윤리는 중요한 것이다. 아울러 경영윤리는 조직구성원의 행동규범을 제시해 줄 뿐만 아니라 하나의 인간, 또는 선량한 시민으로서 구성원의 윤리적 성취감을 충족시켜 준다.

경영행동은 행동의 주체로 보아 개인집단조직의 행동이므로 조직의 구성원이 각자의 위치에서 윤리의 수준을 개인적으로 어떻게, 얼마만큼 수용하느냐에 따라 경영행동이나 윤리적 행동의 수준이 달라질 것이므로 최종의 행동결정요인은 개인적 수용정도가 될 것이다.

(2) 기업윤리에 대한 접근법

① 공리주의 접근방법은 최대다수에게 최대의 행복을 제공한다는 기본적인 이념(목표)에서 행동과 의사결정의 결과를 판단한다는 접근방법이다. 이 접근법에서 경영자는 행동 대안들의 잠재적 효과를 고려하여야 하며, 선택된 대안은 최대다수의 사람에게 유익한 것이어야 한다. 따라서 경영자는 잠재적인 긍정적 결과가 잠재적인 부정적 결과보다 가치가 있다고 판단될 때 유익하고 윤리적인 의사결정을 내리게 된다.

② 도덕적 권리접근방법은 인권선언과 미국의 권리장전에 기초를 두고 인간의 생명, 자유, 건강, 사생활권, 사유재산권과 같은 인간의 기본권의 기준에 따라 경영자의 의사결정이 이루어져야 한다는 것이다.

③ 사회적 정의접근방법은 경영자가 이익과 비용을 개인이나 집단간에 얼마나 공정하게 배분하는가에 따라 경영자의 의사결정과 행동을 평가하는 것이다. 이 접근법에서는 정당성, 공정성, 공평성의 원칙을 개념으로 하여 지지를 받고 있다.

기업가의 관심은 의무사항인 경제적 목적달성을 위해 공리주의원칙에 입각한 행동을 원할 것이다. 또한 기업의 내부집단은 도덕적 권리기준을 선호할 것이고, 사회적 높은 윤리수준은 사회적 정당성이나 설득력을 지니고 장기적인 면에서는 질적인 경영성과와 조직의 유효성을 증대시키며 조직구성원이 확고한 행동규범을 제시하려 할 것이다.

기업윤리는 기업가윤리를 말하며 기업가는 조직구성원의 윤리적 성취감을 고취시키기 때문에 기업의 내외적 친밀도를 높이면서 기업윤리를 실천하는 것이다.

2. 기업의 사회적 책임

(1) 기업의 사회적 책임의 의의

기업가 또는 기업의 사회적 책임은 경영활동이 단순한 이윤추구를 초월해서 기업의 이해관계집단을 포함한 사회의 복지에 공헌하도록 경영관리를 수행해야 하는 책임을 말한다. 즉 기업과 많은 이해관계에 있는 집단 간의 상호이익이 되는 방향으로 경영정책과 활동을 환경에 연관시켜 행동하도록 하는 사명감이라고 설명할 수 있다.

기업가와 기업은 기내부적으로는 기업을 유지·발전시켜야 하는 책임을 가져야

하며 외부적으로는 수많은 이해관계자들의 이해관계를 조정해야 하는 책임을 갈게 되는 것이다. 기업은 정부, 주주, 고용자, 공급업자, 고객, 노동조합, 경쟁자, 금융기관 등의 공동이익을 도모할 수 있는 경영을 지속할 수 있어야 사회적인 책임을 다하는 것이다. 그러기 위해서는 무엇보다도 기업은 사회구성요소인 경제기구로서 소비대중이 필요로 하는 제품과 서비스를 제공함으로써 그들의 물질적 생활수준을 향상시키는 경제적 책임을 수행해야 한다.

현대의 기업가는 윤리적으로나 실제적으로 자신의 기업만의 이익을 추구해서는 인정을 받을 수 없다. 경제와 사회를 조화시켜 생산제요소를 가장 실효성 있게 결합하여 낮은 가격에 양질의 상품을 생산하고 서비스를 제공해야만 한다. 기업의 사회적 책임이란 바로 이러한 임무를 수행해야 하는 것을 의미한다.

기업의 사회적 책임이 요구되는 이유는 경영자의 사회에 대한 책임이 곧 경쟁자의 기업에 대한 책임이기 때문이다. 즉, 경영자가 사회에 대한 책임을 제대로 수행하지 않으면 복잡하고 강대해진 오늘의 사회 환경 속에서 기업자체가 더 이상 존재할 수 없다는 것이다.

(2) 기업의 사회적 책임에 대한 견해

기업의 사회적 책임에 대한 견해는 전통적 견해, 이해관계자 견해, 적극적 견해가 있다.

1) 전통적 견해

전통적인 기업의 사회적 책임 개념은 기업가는 주주의 이익에 기여하지 않으면 안된다고 주장한다. 다시말하면 경영자의 주된 의무는 주주의 이윤과 그들의 장기적 이익을 극대화하는 것이다.

2) 이해관계자 견해

이해관계자에 대한 사회적 책임개념은 경영자는 조직의 목표에 의하여 영향을 받거나 또는 조직의 목표달성에 양향을 줄 수 있는 특정집단에 대한 의무를 갖는다고 주장하고 있다. 이해관계자란 그 조직의 의사결정과 활동에 영향을 미칠 수 있는 잠재적 또는 실제적인 세력을 가진 집단을 말하는 것으로 고객, 주주, 경영자, 정부기관, 노조, 종업원, 채권자, 무역협회, 공급업자 및 소비자 단체 등이 포함된다.

3) 적극적 견해

적극적인 기업의 사회적 책임 개념은 범위가 가장 넓은 것으로 경영자는 환경변화에 단순히 반응하기보다는 환경의 변화를 예측함으로써 문제를 회피하고 조직의 목적을 이해관계자와 일반대중의 목적에 잘 혼합시키며, 조직과 조직의 여러 이해관계자 및 일반대중의 상호이익을 증진시키기 위한 구체적인 사전행동조치를 취하지 않으면 안된다는 것이다.

① 기업가의 대내적인 사회적 책임

㉠ 기업유지·발전의 책임 : 경영자는 기업을 유지 및 발전시켜 국민경제의 발전에 있어서 경제성장의 핵심적 기능을 수행할 수 있어야 한다. 그러기 위해서는 기업유지를 위한 적정이윤의 확보와 적절한 배분이 계속적으로 이루어지지 않으면 안된다.

㉡ 종업원 복지향상의 책임 : 종업원에게 인간적·사회적·심리적·경제적 만족감을 주고 사기를 높여 자주적 협력을 유도할 수 있는 적절한 리더십이 요망된다. 이들 종업원에게 경영참가나 복지후생제도를 도입·활용함으로써 경영사회의 안정과 산업평가를 유지하는 것이 중요하다.

㉢ 기술개발의 책임 : 신제품개발의 가능성은 부단한 연구개발관리의 확충에서 비롯되며, 이는 생산성 향상에 의해 사회적 이익이 증대되는 방향으로 전개되어야 할 것이다. 기술의 개발과 연구는 우리 기업의 생존과 발전에 있어서 필수불가결하다고 하겠다.

㉣ 후계자육성의 책임 : 기업을 유지 및 발전시키기 위해서는 유능한 후계경영자를 육성하여 기업의 미래발전을 도모해야 할 것이다. 후계자육성은 오늘날 경영자가 가지게 되는 중요한 사회적 책임이 되는 것이다. 유능한 전문경영자가를 개발하고 육성하기 위해서는 무엇보다도 사전준비에 의한 경영자교육이 철저히 이루어져야 한다.

② 기업가의 대외적인 사회적 책임

㉠ 이해집단의 이해조정책임 : 오늘날 기업체에는 기업의 의사결정에 의해 직·간접적으로 영향을 받는 수많은 이해관계자들이 있다. 이러한 이해자집단이란 경영환경을 형성하는 환경요인으로서 경영자는 주주에게 일정한 이익배당을 보장하며, 노동자에게는 적정한 임금을 지급하고 고용의 안정과 양호한

노동조건의 확보를 보장하며, 소비자에게는 소비지향적인 기업운영을 통해 보다 좋은 상품을 보다 낮은 가격으로 공급하며, 지역사회에 대한 협력 등을 통하여 사회적 책임을 충실히 이행하여야 한다.

ⓛ 공해발생방지의 책임 : 최근 들어 기업의 공해물질배출이 급격히 증가됨으로써 수질오염, 대기오염, 폐기물처리와 같은 환경파괴가 큰 사회문제로 대두되고 있다. 기업이 충분한 사회비용을 투입하여 공해방지시설을 갖추어 보다 적극적인 방법으로 자연환경을 보존하기 위한 세심한 배려가 뒤따라야 한다. 따라서 많은 조직은 생태학, 자연자원의 보존과 같은 자연환경을 사회적 책임의 내용으로 선택하고 있다.

ⓒ 지역사회발전의 책임 : 기업이익의 사회환원이라는 차원에서 사회의 발전을 도모하고 사회구성원의 복리의 증진, 교육지원 및 문화활동의 지원 등은 실로 바람직한 활동이라고 할 수 있다. 결국 이러한 활동은 기업과 지역사회 간에 긴밀한 유대와 협력관계를 유지하게 될 뿐 아니라 제품에 대한 이미지의 제고와 기업에 대한 신뢰성의 구축으로 장기적으로는 기업 활동에 이익을 가져오게 된다.

3. 왜 기업가정신이 필요한가?

경제활동을 하는 사람들은 많은 경우 독자적으로 사업을 일으킴으로써 경제적 부를 누리고 성취감을 맛보려는 욕구를 가지고 있다. 이러한 욕구는 산업발전과 자본주의 사회의 성장에 원동력이 되어 왔다. 또한 기존기업들도 급속한 환경변화에 대응하여 보다 혁신적이고 도전적 자세를 견지하려 한다. 기업가정신은 바로 이와 같은 개인의 창업활동과 기존기업들의 혁신적 행위를 주 내용으로 하기 때문에 기업가정신이 필요한 것이다.

(1) 지식의 증가

오늘날 세계는 대량생산 위주의 산업사회를 거쳐 정보와를 바탕으로 지식 위주의 '지식 산업사회'로 바뀌고 있다. 우리가 소유하고 있는 지식의 90%는 불과 30년 이전에 창출된 것이며 앞으로 10~20년이 지나면 지식의 양이 크게 증가될 것이 예견된다.

이러한 지식을 적절히 활용함은 사업성패에 중요한 영향을 미칠 것임은 분명하다. 따라서 새로운 지식을 창출하고 위험을 무릅쓰고 그것을 사업화하거나 사업에 반영하는 의지와 기업가정신은 개인 및 기업차원에서 뿐만 아니라 경제발전 차원에서 매우 중요하다.

(2) 환경변화의 불확실성

우리나라 경제는 경쟁체제를 지향하고 있으며 이에 따라 국내외 시장에서 경쟁이 급격히 증대하고 있다. 이와 더불어 WTO체제의 가동, FTA체결 등 급속한 변화와 정부의 규제완화정책 등으로 기업환경의 불확실성이 크게 증가하고 있다. 이에 따라 환경변화에 대응한 신속하고도 유연한 적응력과 혁신적 행위는 기업의 성패에 핵심이 되고 있다. 기업가정신은 신속한 환경대응과 혁신적 행위의 원동력이 되기 때문에 더욱 중요하다.

(3) 과학과 산업의 연결

기업은 새로운 과학적 지식을 상품및 서비스화 함으로써 과학과 산업을 연결시키는 중요한 역할을 한다. 즉 새로운 과학적 지식을 사업화하여 창업하고 새로운 제품과 서비스를 시장에 내보내는 역할을 한다. 이러한 기업가의 행위는 경제를 활성화하고 직업을 창출하는 등 국가경제에 중요한 영향을 미친다.

따라서 기업가정신의 인지도는 사회전반에 걸쳐 증가하고 있다. 예를 들자면 각국 정부는 기업가정신을 고취하면서 개인의 창업을 권장하고 세제 및 행정지원 등 제도적인 뒷받침을 하고 있다. 또한 사업에 성공한 사람이 사회적으로 주목받고 존경받는 사회풍토를 조성하는 데 힘쓰고 있다. 가장 크게 영향력이 있는 대기업들도 기업가정신이 자신의 경쟁력에 미치는 영향을 간파하고 기업 내부에서 비즈니스를 운영하게 하는 등 기업가정신의 내부고취에 큰 관심과 행동이 필요하다.

기업가정신이 필요함에 따라 이와 관련된 교육도 선진국의 경우처럼 대학 등 교육기관에서의 교육을 증대하여야 할 것이다.

Ⅲ 우리나라의 기업가정신 변화

우리나라의 기업가정신은 태동기(1950년대), 성장기(1960-1970년대), 성숙기(1980-1990년대), 변화기(2000-2010년대)의 단계로 나누어 볼 수 있다.

1. 태동기(1950년대)

우리나라는 한국전쟁 이후 원조경제 체제하에서 기업을 운영하던 시기를 기업가정신의 태동기라 할 수 있다.

이 시기에는 전통적 경제사회체제가 해체되는 과정에서 창업 1세대들이 등장하였다. 1938년 삼성상회로 사업을 시작한 이병철 회장은 50년대 초 무역업과 수입대체 제조업에서 연이어 성공하면서 삼성그룹의 기초를 닦았다. 한국전쟁이 끝나면 무역업이 비교우위가 없어질 것으로 판단하고 제조업에 진출하기로 결단을 내려 1953년 제일제당, 1954년 제일모직을 설립하였다. 이 당시 이병철 회장은 “새로운 사업에 진출할 때는 경제의 발전단계에 대응해야 하며, 진출할 수 있는 가능성이 성립됐을 때 해야 한다”는 논리를 펴고 있었다. (호암자전, p. 247, 중앙일보사, 1986)

1938년 쌀 도매상인 경인상회로 사업에 뛰어든 현대 정주영 회장은 한국전쟁 후 경제부흥 투자와 수입대체산업 육성에 발 맞추어 현대자동차(1946년), 현대건설(1947년)을 설립하여 성공적인 기업으로 키워 갔다. 그 후 이를 기반으로 현대 그룹을 탄생시켜 계열사 확충에 의한 성장을 도모하게 된다.

2. 성장기(1960-1970년대)

1960-1970년대에는 우리나라의 유능한 기업가들이 출현했고 정부가 적극적으로 지원하여 기업이 급성장 하던 시기이다.

이 시기는 정부의 성장드라이브 정책과 기업가의 도전정신이 맞물려 기업가정신이 고도로 발휘되었다. 국가는 1960년대부터 근대화를 국가전략의 핵심으로 설정하고 정부주도와 대기업 우선의 경제체제를 구축하였으며 해외자본 및 기술의 도입, 수출시장 개척 등을 통해 압축 성장을 구현하려 하였다. 1970년대 들어서는 중화학공업 육성과 SOC·과학기술 투자에 힘을 기울여 미래에 대비하는 시기로 대덕연구단지 건설과 통신장비 국산화에 착수 등의 성과가 있었다. 이와 더불어 기업들은 정부의 사업인가와 금융조세 지원을 디딤돌로 하여 전자·자동차·조선·석유화학·철강·기계 등의 산업에 적극적이었다.

이 시기 기존의 대기업 창업자들을 비롯하여 역량 있는 기업가들이 속속 등장하여 기업규모와 사업영역을 키워 나가게 되었다. 삼성은 1969년 미래 주종사업인 전자산업에 진출하고, 진출할 당시 기존업계의 반발이 있었지만 생산품의 전량 수출을 조건으로 정부의 재가를 받았다. 현대의 경우 정부의 중화학공업화 시책에 협조하면서 건설, 자동차 조선을 중심으로 사세를 확장하게 되었다. LG, 대우 등도 주력업종 외에 다양한 분야로 사업을 다각화하게 되었다.

1960 ~ 1970년대는 우리나라에서 빈곤을 없애고 잘살아보자는 일념하에 국민 모두가 경제발전에 일익을 담당하던 시기로서 기업가정신의 성장기라 볼 수 있다.

3. 성숙기(1980–1990년대)

우리나라의 1980 ~ 1990년대는 극도의 혼란과 민주화 과정을 거치면서 많은 중소기업이 탄생하면서 기업가정신도 성숙기에 접어드는 시기였다.

1980년대 이후 정부는 경제정책의 기조를 안정과 개방 우선으로 전환하면서 중화학 공업에 편중된 성장정책을 수정하고 자원배분의 적정화를 추진하게 된다. 안정화 정책으로 한국경제의 체질이 강화되었다. 개방이 확대되고 민주화와 소득분배에 대한 욕구가 분출되었으나 국가시스템의 효율화는 지연되었다.

기업가정신은 1980년대 중후반 성숙기의 정점에 도달하게 되었다. 삼성전자는 전략적 기업가정신을 발휘하여 내외 불리한 여건을 돌파하기 위해 1984년 64KD램 개발에 전력투구하여 선진국과의 기술격차를 일거에 극복하였다. 현대도 1983년 현대전자를 설립하고 1989년 현대석유화학을 만들어 유화산업에 진출하였다. 대우는 1982년 (주)대우를 설립하여 대기업집단체제를 공고화하고, 부실기업 인수를 통한 비관련 다각화로 외형을 키웠는데 위험도 동시에 증가하게 되었다.

다른 기업들은 저임금과 범용기술에 의거한 경쟁우위가 소멸되어 경영혁신과 기술개발을 통해 돌파구를 모색하는 단계에 들어갔다. 1980년대 후반부터는 고객만족, BPR, 능력위주 인사, 선도형 R&D 능력 강화 등에 주력하게 되었다.

1990년대에 들어서는 기업가정신의 퇴조조짐이 나타나기 시작하였다. 대기업들이 규제 강화, 성장률 둔화 및 현금흐름 악화에 직면했지만 사업집약화와 구조조

정에는 소극적이었다. 대기업들의 경쟁적 투자로 인해 설비과잉이 발생하고 자원이 비효율적으로 배분되기 시작되는데 사회전반은 성장 지속과 반도체 호황 등에 안주하여 위기감이 없었다. 이는 결국 정부, 기업, 국민 사이의 생산적 유대관계가 균열되기 시작하는 계기가 되었다.

1980~1990년대는 경제의 세계화 인식과 IT산업의 급속한 발전이 예견되면서 기업의 구조조정에 따른 여러 가지 부작용이 나타나던 시기였다.

4. 변화기(2000-2010년대)

2000~2010년대는 기업들이 내실경영에 나서고 국가의 벤처기업 지원과 창업지원이 활성화 되면서 2010년대에는 국제사회에서 한국의 경제 위상이 높아지는 시기로 SNS(Social Networking Service)사회로의 변화되는 시기이다.

2000년대에는 IMF 금융위기 이후 경제위기 탈출을 위한 핵심전략으로 구조조정과 벤처기업 육성을 실시하였다. 기업구조조정을 위해 부채비율 축소, 사업교환 등의 조치를 취했고 BIS(Bank for International Settlements) 비율 8% 등의 기준을 토대로 부실은행과 금융회사들을 퇴출시켰다.

또한 고용안정, 실업해소, 신성장동력 창출을 위해 벤처기업을 육성하게 되었다. 즉, 중소기업 정책업무를 중소기업청으로 일원화하고 벤처창업자금 지원 및 벤처창업 특례보증제도를 운영하였다. 이 시기 일자리 200만개 창출을 추진하는 등 기업가정신을 고양시키려는 정책의지를 보이고 있었으나, 구체적 실천과 가시적 성과는 미흡하였다.

국내의 벤처기업은 지난 수년간 양적으로 크게 팽창했지만 참다운 기업가정신을 동반하지는 못했다. 2009년 6월말 중소기업청 지정 벤처기업 수는 17, 393개사로 나타났다.

2010년대 들어서 K-POP으로 불리는 한국 청년들의 세계진출이 두드러지게 나타나고 있으며 SNS사회로 변화되고, 인구의 노령화 고령화에 대비한 기업의 출현이 필요하며, 정부의 복지확대 정책과 통일시대를 준비하는 기업가정신이 요청되고 있다.

■ 한국의 각 기능별 시대적 변화추이

구분	1970년대까지	1980년대	1990년대	2000년대	2010년대 이후
사회/문화	성장문화 (새마을 운동: 잘 살아보세)	한국병(3D기피, 부동산 투기, 노사분규, 혼돈)	사회통합위기 (구조조정, 중산층 붕괴, 민주화)	다원화사회(개성중시, 문화 및 디자인 산업, 소비)	SNS사회(의견표출, K~, 한국위상인정)
정부/제도	기업의 적극적 보호, 지원 육성	경제의 세계화 인식, 시장원리 확대, 정부 주도형 개발전략	시장원리와 정부통제 불균형, 민간주도형 개발전환	시장원리 중심, 세계화, 정보화, 지식사회, 벤처 지원융자확대	복지중심, 통일준비, 중소기업·창업 지원확대, 교육지원확대
사업기회	수입대체산업, 중화학중심의 기간산업, 수출산업	중화학 과다투자증후군, 사업재구축 지연, IT 산업강화	IT산업, 벤처, 선택과 집중(핵심역량) 사업전략	레저, 건강 및 양질의 교육, 첨단기술지식서비스, 벤처 해외진출	음악, 연예, 스포츠 사업, SNS 기반사업, 남북협력사업, 노령화대상업종
자 원	실업계고 육성, 양질의 저렴한 노동력, 관치금융	대졸인력, 인적자원 질적수준 향상은 지체	양질의 인력배치, 자금편중/신용저하	신기술, 지식자원화 및 인적자원 확보/양성 중시	지적재산권, 경륜(노령)자원, 북한인력지하자원
기업가 정신	개척정신(사업보국, 강한 성취동기/모험심)	확장, 관리형 (중대기업, 관리중심경영)	실속형, 효율지향형(구조조정, 생계형 벤처)	미래변화 대비, 팀웍(비전과 목표/신뢰)	사회적책임, 목표달성후과제, 노블리스오블리주

부록

1. 특허법
2. 중소기업창업지원법
3. 벤처기업 육성에 관한 특별조치법

1. 특허법

[시행 2015.7.29.] [법률 제13096호, 2015.1.28., 일부개정]
특허청(특허심사제도과) 042-481-5397

제1장 총 칙 〈개정 2014.6.11.〉

제1조(목적) 이 법은 발명을 보호·장려하고 그 이용을 도모함으로써 기술의 발전을 촉진하여 산업발전에 이바지함을 목적으로 한다. [전문개정 2014.6.11.]

제2조(정의) 이 법에서 사용하는 용어의 뜻은 다음과 같다.

1. "발명"이란 자연법칙을 이용한 기술적 사상의 창작으로서 고도(高度)한 것을 말한다.
2. "특허발명"이란 특허를 받은 발명을 말한다.
3. "실시"란 다음 각 목의 구분에 따른 행위를 말한다.
   가. 물건의 발명인 경우: 그 물건을 생산·사용·양도·대여 또는 수입하거나 그 물건의 양도 또는 대여의 청약(양도 또는 대여를 위한 전시를 포함한다. 이하 같다)을 하는 행위
   나. 방법의 발명인 경우: 그 방법을 사용하는 행위
   다. 물건을 생산하는 방법의 발명인 경우: 나목의 행위 외에 그 방법에 의하여 생산한 물건을 사용·양도·대여 또는 수입하거나 그 물건의 양도 또는 대여의 청약을 하는 행위
   [전문개정 2014.6.11.]

제3조(미성년자 등의 행위능력) ① 미성년자·피한정후견인 또는 피성년후견인은 법정대리인에 의하지 아니하면 특허에 관한 출원·청구, 그 밖의 절차(이하 "특허에 관한 절차"라 한다)를 밟을 수 없다. 다만, 미성년자와 피한정후견인이 독립하여 법률행위를 할 수 있는 경우에는 그러하지 아니하다.
② 제1항의 법정대리인은 후견감독인의 동의 없이 상대방이 청구한 심판 또는 재심에 대한 절차를 밟을 수 있다. [전문개정 2014.6.11.]

제4조(법인이 아닌 사단 등) 법인이 아닌 사단 또는 재단으로서 대표자나 관리인이 정하여져 있는 경우에는 그 사단 또는 재단의 이름으로 출원심사의 청구인, 심판의 청구인·피청구인 또는 재심의 청구인·피청구인이 될 수 있다. [전문개정 2014.6.11.]

제5조(재외자의 특허관리인) ① 국내에 주소 또는 영업소가 없는 자(이하 "재외자"라 한다)는 재외자(법인의 경우에는 그 대표자)가 국내에 체류하는 경우를 제외하고는 그 재외자의 특허에 관한 대리인으로서 국내에 주소 또는 영업소가 있는 자(이하 "특허관리인"이라 한다)에 의해서만 특허에 관한 절차를 밟거나 이 법 또는 이 법에 따른 명령에 따라 행정청이 한 처분에 대하여 소(訴)를 제기할 수 있다.
② 특허관리인은 위임된 권한의 범위에서 특허에 관한 모든 절차 및 이 법 또는 이 법에 따른 명령에 따라 행정청이 한 처분에 관한 소송에서 본인을 대리한다. [전문개정 2014.6.11.]

제 6 조(대리권의 범위) 국내에 주소 또는 영업소가 있는 자로부터 특허에 관한 절차를 밟을 것을 위임받은 대리인은 특별히 권한을 위임받아야만 다음 각 호의 어느 하나에 해당하는 행위를 할 수 있다. 특허관리인의 경우에도 또한 같다.
1. 특허출원의 변경·포기·취하
2. 특허권의 포기
3. 특허권 존속기간의 연장등록출원의 취하
4. 신청의 취하
5. 청구의 취하
6. 제55조제1항에 따른 우선권 주장 또는 그 취하
7. 제132조의3에 따른 심판청구
8. 복대리인의 선임 [전문개정 2014.6.11.]

제 7 조(대리권의 증명) 특허에 관한 절차를 밟는 자의 대리인(특허관리인을 포함한다. 이하 같다)의 대리권은 서면으로써 증명하여야 한다. [전문개정 2014.6.11.]

제 7 조의2(행위능력 등의 흠에 대한 추인) 행위능력 또는 법정대리권이 없거나 특허에 관한 절차를 밟는 데 필요한 권한의 위임에 흠이 있는 자가 밟은 절차는 보정(補正)된 당사자나 법정대리인이 추인하면 행위를 한 때로 소급하여 그 효력이 발생한다. [전문개정 2014.6.11.]

제 8 조(대리권의 불소멸) 특허에 관한 절차를 밟는 자의 위임을 받은 대리인의 대리권은 다음 각 호의 어느 하나에 해당하는 사유가 있어도 소멸하지 아니한다.
1. 본인의 사망이나 행위능력의 상실
2. 본인인 법인의 합병에 의한 소멸
3. 본인인 수탁자(受託者)의 신탁임무 종료
4. 법정대리인의 사망이나 행위능력의 상실
5. 법정대리인의 대리권 소멸이나 변경 [전문개정 2014.6.11.]

제 9 조(개별대리) 특허에 관한 절차를 밟는 자의 대리인이 2인 이상이면 특허청장 또는 특허심판원장에 대하여 각각의 대리인이 본인을 대리한다. [전문개정 2014.6.11.]

제10조(대리인의 선임 또는 개임 명령 등) ① 특허청장 또는 제145조제1항에 따라 지정된 심판장(이하 "심판장"이라 한다)은 특허에 관한 절차를 밟는 자가 그 절차를 원활히 수행할 수 없거나 구술심리(口述審理)에서 진술할 능력이 없다고 인정되는 등 그 절차를 밟는 데 적당하지 아니하다고 인정되면 대리인을 선임하여 그 절차를 밟을 것을 명할 수 있다.
② 특허청장 또는 심판장은 특허에 관한 절차를 밟는 자의 대리인이 그 절차를 원활히 수행할 수 없거나 구술심리에서 진술할 능력이 없다고 인정되는 등 그 절차를 밟는 데 적당하지 아니하다고 인정되면 그 대리인을 바꾸어 선임할 것을 명할 수 있다.
③ 특허청장 또는 심판장은 제1항 및 제2항의 경우에 변리사로 하여금 대리하게 할 것을 명할 수 있다.
④ 특허청장 또는 심판장은 제1항 또는 제2항에 따라 대리인을 선임하거나 대리인을 바꾸어 선임할 것을 명령한 경우에는 제1항에 따른 특허에 관한 절차를 밟는 자 또는 제2항에 따른 대리인이 그 전에 특허청장 또는 특허심판원장에 대하여 한 특허에 관한 절차의 전부 또는 일부를 무효로 할 수 있다. [전문개정 2014.6.11.]

제11조(복수당사자의 대표) ① 2인 이상이 특허에 관한 절차를 밟을 때에는 다음 각 호의 어느 하나에 해당하는 사항을 제외하고는 각자가 모두를 대표한다. 다만, 대표자를 선정하여 특허청장

또는 특허심판원장에게 신고하면 그 대표자만이 모두를 대표할 수 있다.

1. 특허출원의 변경·포기·취하
2. 특허권 존속기간의 연장등록출원의 취하
3. 신청의 취하
4. 청구의 취하
5. 제55조제1항에 따른 우선권 주장 또는 그 취하
6. 제132조의3에 따른 심판청구

② 제1항 단서에 따라 대표자를 선정하여 신고하는 경우에는 대표자로 선임된 사실을 서면으로 증명하여야 한다. [전문개정 2014.6.11.]

제12조(「민사소송법」의 준용) 대리인에 관하여는 이 법에 특별한 규정이 있는 경우를 제외하고는 「민사소송법」 제1편제2장제4절을 준용한다. [전문개정 2014.6.11.]

제13조(재외자의 재판관할) 재외자의 특허권 또는 특허에 관한 권리에 관하여 특허관리인이 있으면 그 특허관리인의 주소 또는 영업소를, 특허관리인이 없으면 특허청 소재지를 「민사소송법」 제11조에 따른 재산이 있는 곳으로 본다. [전문개정 2014.6.11.]

제14조(기간의 계산) 이 법 또는 이 법에 따른 명령에서 정한 기간의 계산은 다음 각 호에 따른다.

1. 기간의 첫날은 계산에 넣지 아니한다. 다만, 그 기간이 오전 0시부터 시작하는 경우에는 계산에 넣는다.
2. 기간을 월 또는 연(年)으로 정한 경우에는 역(曆)에 따라 계산한다.
3. 월 또는 연의 처음부터 기간을 기산(起算)하지 아니하는 경우에는 마지막의 월 또는 연에서 그 기산일에 해당하는 날의 전날로 기간이 만료한다. 다만, 월 또는 연으로 정한 경우에 마지막 월에 해당하는 날이 없으면 그 월의 마지막 날로 기간이 만료한다.
4. 특허에 관한 절차에서 기간의 마지막 날이 공휴일(「근로자의날제정에관한법률」에 따른 근로자의 날 및 토요일을 포함한다)에 해당하면 기간은 그 다음 날로 만료한다.

[전문개정 2014.6.11.]

제15조(기간의 연장 등) ① 특허청장 또는 특허심판원장은 청구에 따라 또는 직권으로 제132조의3에 따른 심판의 청구기간을 30일 이내에서 한 차례만 연장할 수 있다. 다만, 교통이 불편한 지역에 있는 자의 경우에는 산업통상자원부령으로 정하는 바에 따라 그 횟수 및 기간을 추가로 연장할 수 있다.

② 특허청장·특허심판원장·심판장 또는 제57조제1항에 따른 심사관(이하 "심사관"이라 한다)은 이 법에 따라 특허에 관한 절차를 밟을 기간을 정한 경우에는 청구에 따라 그 기간을 단축 또는 연장하거나 직권으로 그 기간을 연장할 수 있다. 이 경우 특허청장 등은 그 절차의 이해관계인의 이익이 부당하게 침해되지 아니하도록 단축 또는 연장 여부를 결정하여야 한다.

③ 심판장은 이 법에 따라 특허에 관한 절차를 밟을 기일을 정한 경우에는 청구에 따라 또는 직권으로 그 기일을 변경할 수 있다. [전문개정 2014.6.11.]

제16조(절차의 무효) ① 특허청장 또는 특허심판원장은 제46조에 따른 보정명령을 받은 자가 지정된 기간에 그 보정을 하지 아니하면 특허에 관한 절차를 무효로 할 수 있다. 다만, 제82조제2항에 따른 심사청구료를 내지 아니하여 보정명령을 받은 자가 지정된 기간에 그 심사청구료를 내지 아니하면 특허출원서에 첨부한 명세서에 관한 보정을 무효로 할 수 있다.

② 특허청장 또는 특허심판원장은 제1항에 따라 특허에 관한 절차가 무효로 된 경우로서 지정된 기간을 지키지 못한 것이 보정명령을 받은 자가 책임질 수 없는 사유에 의한 것으로 인정될 때에는 그 사유가 소멸한 날부터 2개월 이내에 보정명령을 받은 자의 청구에 따라 그 무효처분을

취소할 수 있다. 다만, 지정된 기간의 만료일부터 1년이 지났을 때에는 그러하지 아니하다.

③ 특허청장 또는 특허심판원장은 제1항 본문·단서에 따른 무효처분 또는 제2항 본문에 따른 무효처분의 취소처분을 할 때에는 그 보정명령을 받은 자에게 처분통지서를 송달하여야 한다. [전문개정 2014.6.11.]

제17조(절차의 추후보완) 특허에 관한 절차를 밟은 자가 책임질 수 없는 사유로 다음 각 호의 어느 하나에 해당하는 기간을 지키지 못한 경우에는 그 사유가 소멸한 날부터 14일 이내에 지키지 못한 절차를 추후 보완할 수 있다. 다만, 그 기간의 만료일부터 1년이 지났을 때에는 그러하지 아니하다.

1. 제132조의3에 따른 심판의 청구기간
2. 제180조제1항에 따른 재심의 청구기간 [전문개정 2014.6.11.]

제18조(절차의 효력 승계) 특허권 또는 특허에 관한 권리에 관하여 밟은 절차의 효력은 그 특허권 또는 특허에 관한 권리의 승계인에게 미친다. [전문개정 2014.6.11.]

제19조(절차의 속행) 특허청장 또는 심판장은 특허에 관한 절차가 특허청 또는 특허심판원에 계속(係屬) 중일 때 특허권 또는 특허에 관한 권리가 이전되면 그 특허권 또는 특허에 관한 권리의 승계인에 대하여 그 절차를 속행(續行)하게 할 수 있다. [전문개정 2014.6.11.]

제20조(절차의 중단) 특허에 관한 절차가 다음 각 호의 어느 하나에 해당하는 경우에는 특허청 또는 특허심판원에 계속 중인 절차는 중단된다. 다만, 절차를 밟을 것을 위임받은 대리인이 있는 경우에는 그러하지 아니하다.

1. 당사자가 사망한 경우
2. 당사자인 법인이 합병에 따라 소멸한 경우
3. 당사자가 절차를 밟을 능력을 상실한 경우
4. 당사자의 법정대리인이 사망하거나 그 대리권을 상실한 경우
5. 당사자의 신탁에 의한 수탁자의 임무가 끝난 경우
6. 제11조제1항 각 호 외의 부분 단서에 따른 대표자가 사망하거나 그 자격을 상실한 경우
7. 파산관재인 등 일정한 자격에 따라 자기 이름으로 남을 위하여 당사자가 된 자가 그 자격을 잃거나 사망한 경우 [전문개정 2014.6.11.]

제21조(중단된 절차의 수계) 제20조에 따라 특허청 또는 특허심판원에 계속 중인 절차가 중단된 경우에는 다음 각 호의 구분에 따른 자가 그 절차를 수계(受繼)하여야 한다.

1. 제20조제1호의 경우: 사망한 당사자의 상속인·상속재산관리인 또는 법률에 따라 절차를 속행할 자. 다만, 상속인은 상속을 포기할 수 있을 때까지 그 절차를 수계하지 못한다.
2. 제20조제2호의 경우: 합병에 따라 설립되거나 합병 후 존속하는 법인
3. 제20조제3호 및 제4호의 경우: 절차를 밟을 능력을 회복한 당사자 또는 법정대리인이 된 자
4. 제20조제5호의 경우: 새로운 수탁자
5. 제20조제6호의 경우: 새로운 대표자 또는 각 당사자
6. 제20조제7호의 경우: 같은 자격을 가진 자 [전문개정 2014.6.11.]

제22조(수계신청) ① 제20조에 따라 중단된 절차에 관한 수계신청은 제21조 각 호의 어느 하나에 해당하는 자가 할 수 있다. 이 경우 그 상대방은 특허청장 또는 제143조에 따른 심판관(이하 “심판관”이라 한다)에게 제21조 각 호의 어느 하나에 해당하는 자에 대하여 수계신청할 것을 명하도록 요청할 수 있다.

② 특허청장 또는 심판장은 제20조에 따라 중단된 절차에 관한 수계신청이 있으면 그 사실을 상

대방에게 알려야 한다.
③ 특허청장 또는 심판관은 제20조에 따라 중단된 절차에 관한 수계신청에 대하여 직권으로 조사하여 이유 없다고 인정하면 결정으로 기각하여야 한다.
④ 특허청장 또는 심판관은 결정 또는 심결의 등본을 송달한 후에 중단된 절차에 관한 수계신청에 대해서는 수계하게 할 것인지를 결정하여야 한다.
⑤ 특허청장 또는 심판관은 제21조 각 호의 어느 하나에 해당하는 자가 중단된 절차를 수계하지 아니하면 직권으로 기간을 정하여 수계를 명하여야 한다.
⑥ 제5항에 따른 기간에 수계가 없는 경우에는 그 기간이 끝나는 날의 다음 날에 수계가 있는 것으로 본다.
⑦ 특허청장 또는 심판장은 제6항에 따라 수계가 있는 것으로 본 경우에는 그 사실을 당사자에게 알려야 한다. [전문개정 2014.6.11.]

제23조(절차의 중지) ① 특허청장 또는 심판관이 천재지변이나 그 밖의 불가피한 사유로 그 직무를 수행할 수 없을 때에는 특허청 또는 특허심판원에 계속 중인 절차는 그 사유가 없어질 때까지 중지된다.
② 당사자에게 일정하지 아니한 기간 동안 특허청 또는 특허심판원에 계속 중인 절차를 속행할 수 없는 장애사유가 생긴 경우에는 특허청장 또는 심판관은 결정으로 장애사유가 해소될 때까지 그 절차의 중지를 명할 수 있다.
③ 특허청장 또는 심판관은 제2항에 따른 결정을 취소할 수 있다.
④ 제1항 또는 제2항에 따른 중지나 제3항에 따른 취소를 하였을 때에는 특허청장 또는 심판장은 그 사실을 각각 당사자에게 알려야 한다. [전문개정 2014.6.11.]

제24조(중단 또는 중지의 효과) 특허에 관한 절차가 중단되거나 중지된 경우에는 그 기간의 진행은 정지되고, 그 절차의 수계통지를 하거나 그 절차를 속행하였을 때부터 다시 모든 기간이 진행된다. [전문개정 2014.6.11.]

제25조(외국인의 권리능력) 재외자 중 외국인은 다음 각 호의 어느 하나에 해당하는 경우를 제외하고는 특허권 또는 특허에 관한 권리를 누릴 수 없다.
1. 그 외국인이 속하는 국가에서 대한민국 국민에 대하여 그 국가의 국민과 같은 조건으로 특허권 또는 특허에 관한 권리를 인정하는 경우
2. 대한민국이 그 외국인에 대하여 특허권 또는 특허에 관한 권리를 인정하는 경우에는 그 외국인이 속하는 국가에서 대한민국 국민에 대하여 그 국가의 국민과 같은 조건으로 특허권 또는 특허에 관한 권리를 인정하는 경우
3. 조약 또는 이에 준하는 것(이하 "조약"이라 한다)에 따라 특허권 또는 특허에 관한 권리가 인정되는 경우 [전문개정 2014.6.11.]

제26조 삭제 <2011.12.2.>

제27조 삭제 <2001.2.3.>

제28조(서류제출의 효력발생시기) ① 이 법 또는 이 법에 따른 명령에 따라 특허청장 또는 특허심판원장에게 제출하는 출원서, 청구서, 그 밖의 서류(물건을 포함한다. 이하 이 조에서 같다)는 특허청장 또는 특허심판원장에게 도달한 날부터 제출의 효력이 발생한다. <개정 2014.6.11.>
② 제1항의 출원서, 청구서, 그 밖의 서류를 우편으로 특허청장 또는 특허심판원장에게 제출하는 경우에는 다음 각 호의 구분에 따른 날에 특허청장 또는 특허심판원장에게 도달한 것으로 본다. 다만, 특허권 및 특허에 관한 권리의 등록신청서류와 「특허협력조약」 제2조(vii)에 따른 국제출

원(이하 "국제출원"이라 한다)에 관한 서류를 우편으로 제출하는 경우에는 그 서류가 특허청장 또는 특허심판원장에게 도달한 날부터 효력이 발생한다.
<개정 2014.6.11.>

1. 우편물의 통신일부인(通信日附印)에 표시된 날이 분명한 경우: 표시된 날
2. 우편물의 통신일부인에 표시된 날이 분명하지 아니한 경우: 우체국에 제출한 날을 우편물 수령증에 의하여 증명한 날

③ 삭제 <1998.9.23.>

④ 제1항 및 제2항에서 규정한 사항 외에 우편물의 지연, 우편물의 망실(亡失) 및 우편업무의 중단으로 인한 서류제출에 필요한 사항은 산업통상자원부령으로 정한다. <개정 2014.6.11.>

[제목개정 2014.6.11.]

제28조의2(고유번호의 기재) ① 특허에 관한 절차를 밟는 자 중 산업통상자원부령으로 정하는 자는 특허청장 또는 특허심판원장에게 자신의 고유번호의 부여를 신청하여야 한다.

② 특허청장 또는 특허심판원장은 제1항에 따른 신청을 받으면 신청인에게 고유번호를 부여하고, 그 사실을 알려야 한다.

③ 특허청장 또는 특허심판원장은 특허에 관한 절차를 밟는 자가 제1항에 따라 고유번호를 신청하지 아니하면 그에게 직권으로 고유번호를 부여하고, 그 사실을 알려야 한다.

④ 제2항 또는 제3항에 따라 고유번호를 부여받은 자가 특허에 관한 절차를 밟는 경우에는 산업통상자원부령으로 정하는 서류에 자신의 고유번호를 적어야 한다. 이 경우 이 법 또는 이 법에 따른 명령에도 불구하고 그 서류에 주소(법인인 경우에는 영업소의 소재지를 말한다)를 적지 아니할 수 있다.

⑤ 특허에 관한 절차를 밟는 자의 대리인에 관하여는 제1항부터 제4항까지의 규정을 준용한다.

⑥ 고유번호의 부여 신청, 고유번호의 부여 및 통지, 그 밖에 고유번호에 관하여 필요한 사항은 산업통상자원부령으로 정한다. [전문개정 2014.6.11.]

제28조의3(전자문서에 의한 특허에 관한 절차의 수행) ① 특허에 관한 절차를 밟는 자는 이 법에 따라 특허청장 또는 특허심판원장에게 제출하는 특허출원서, 그 밖의 서류를 산업통상자원부령으로 정하는 방식에 따라 전자문서화하고, 이를 정보통신망을 이용하여 제출하거나 이동식 저장장치 등 전자적 기록매체에 수록하여 제출할 수 있다.

② 제1항에 따라 제출된 전자문서는 이 법에 따라 제출된 서류와 같은 효력을 가진다.

③ 제1항에 따라 정보통신망을 이용하여 제출된 전자문서는 그 문서의 제출인이 정보통신망을 통하여 접수번호를 확인할 수 있는 때에 특허청 또는 특허심판원에서 사용하는 접수용 전산정보처리조직의 파일에 기록된 내용으로 접수된 것으로 본다.

④ 제1항에 따라 전자문서로 제출할 수 있는 서류의 종류·제출방법, 그 밖에 전자문서에 의한 서류의 제출에 필요한 사항은 산업통상자원부령으로 정한다. [전문개정 2014.6.11.]

제28조의4(전자문서 이용신고 및 전자서명) ① 전자문서로 특허에 관한 절차를 밟으려는 자는 미리 특허청장 또는 특허심판원장에게 전자문서 이용신고를 하여야 하며, 특허청장 또는 특허심판원장에게 제출하는 전자문서에 제출인을 알아볼 수 있도록 전자서명을 하여야 한다.

② 제28조의3에 따라 제출된 전자문서는 제1항에 따른 전자서명을 한 자가 제출한 것으로 본다.

③ 제1항에 따른 전자문서 이용신고 절차, 전자서명 방법 등에 관하여 필요한 사항은 산업통상자원부령으로 정한다. [전문개정 2014.6.11.]

제28조의5(정보통신망을 이용한 통지 등의 수행) ① 특허청장·특허심판원장·심판장·심판관 또는 심사관은 제28조의4제1항에 따라 전자문서 이용신고를 한 자에게 서류의 통지 및 송달(이하 "통

지등"이라 한다)을 하려는 경우에는 정보통신망을 이용하여 통지등을 할 수 있다.
② 제1항에 따라 정보통신망을 이용하여 한 서류의 통지등은 서면으로 한 것과 같은 효력을 가진다.
③ 제1항에 따른 서류의 통지등은 그 통지등을 받을 자가 자신이 사용하는 전산정보처리조직을 통하여 그 서류를 확인한 때에 특허청 또는 특허심판원에서 사용하는 발송용 전산정보처리조직의 파일에 기록된 내용으로 도달한 것으로 본다.
④ 제1항에 따라 정보통신망을 이용하여 하는 통지등의 종류·방법 등에 관하여 필요한 사항은 산업통상자원부령으로 정한다. [전문개정 2014.6.11.]

제 2 장 특허요건 및 특허출원 〈개정 2014.6.11.〉

제29조(특허요건) ① 산업상 이용할 수 있는 발명으로서 다음 각 호의 어느 하나에 해당하는 것을 제외하고는 그 발명에 대하여 특허를 받을 수 있다.
1. 특허출원 전에 국내 또는 국외에서 공지(公知)되었거나 공연(公然)히 실시된 발명
2. 특허출원 전에 국내 또는 국외에서 반포된 간행물에 게재되었거나 전기통신회선을 통하여 공중(公衆)이 이용할 수 있는 발명

② 특허출원 전에 그 발명이 속하는 기술분야에서 통상의 지식을 가진 사람이 제1항 각 호의 어느 하나에 해당하는 발명에 의하여 쉽게 발명할 수 있으면 그 발명에 대해서는 제1항에도 불구하고 특허를 받을 수 없다.
③ 특허출원한 발명이 다음 각 호의 요건을 모두 갖춘 다른 특허출원의 출원서에 최초로 첨부된 명세서 또는 도면에 기재된 발명과 동일한 경우에 그 발명은 제1항에도 불구하고 특허를 받을 수 없다. 다만, 그 특허출원의 발명자와 다른 특허출원의 발명자가 같거나 그 특허출원을 출원한 때의 출원인과 다른 특허출원의 출원인이 같은 경우에는 그러하지 아니하다.
1. 그 특허출원일 전에 출원된 특허출원일 것
2. 그 특허출원 후 제64조에 따라 출원공개되거나 제87조제3항에 따라 등록공고된 특허출원일 것

④ 특허출원한 발명이 다음 각 호의 요건을 모두 갖춘 실용신안등록출원의 출원서에 최초로 첨부된 명세서 또는 도면에 기재된 고안(考案)과 동일한 경우에 그 발명은 제1항에도 불구하고 특허를 받을 수 없다. 다만, 그 특허출원의 발명자와 실용신안등록출원의 고안자가 같거나 그 특허출원을 출원한 때의 출원인과 실용신안등록출원의 출원인이 같은 경우에는 그러하지 아니하다.
1. 그 특허출원일 전에 출원된 실용신안등록출원일 것
2. 그 특허출원 후 「실용신안법」 제15조에 따라 준용되는 이 법 제64조에 따라 출원공개되거나 「실용신안법」 제21조제3항에 따라 등록공고된 실용신안등록출원일 것

⑤ 제3항을 적용할 때 다른 특허출원이 제199조제2항에 따른 국제특허출원(제214조제4항에 따라 특허출원으로 보는 국제출원을 포함한다)인 경우 제3항 본문 중 "출원서에 최초로 첨부된 명세서 또는 도면"은 "국제출원일까지 제출한 발명의 설명, 청구범위 또는 도면"으로, 같은 항 제2호 중 "출원공개"는 "출원공개 또는 「특허협력조약」 제21조에 따라 국제공개"로 본다.
⑥ 제4항을 적용할 때 실용신안등록출원이 「실용신안법」 제34조제2항에 따른 국제실용신안등록출원(같은 법 제40조제4항에 따라 실용신안등록출원으로 보는 국제출원을 포함한다)인 경우 제4항 본문 중 "출원서에 최초로 첨부된 명세서 또는 도면"은 "국제출원일까지 제출한 고안의 설명, 청구범위 또는 도면"으로, 같은 항 제2호 중 "출원공개"는 "출원공개 또는 「특허협력조약」 제21조에 따라 국제공개"로 본다.

⑦ 제3항 또는 제4항을 적용할 때 제201조제4항에 따라 취하한 것으로 보는 국제특허출원 또는 「실용신안법」 제35조제4항에 따라 취하한 것으로 보는 국제실용신안등록출원은 다른 특허출원 또는 실용신안등록출원으로 보지 아니한다. [전문개정 2014.6.11.]

제30조(공지 등이 되지 아니한 발명으로 보는 경우) ① 특허를 받을 수 있는 권리를 가진 자의 발명이 다음 각 호의 어느 하나에 해당하게 된 경우 그 날부터 12개월 이내에 특허출원을 하면 그 특허출원된 발명에 대하여 제29조제1항 또는 제2항을 적용할 때에는 그 발명은 같은 조 제1항 각 호의 어느 하나에 해당하지 아니한 것으로 본다.

1. 특허를 받을 수 있는 권리를 가진 자에 의하여 그 발명이 제29조제1항 각 호의 어느 하나에 해당하게 된 경우. 다만, 조약 또는 법률에 따라 국내 또는 국외에서 출원공개되거나 등록공고된 경우는 제외한다.
2. 특허를 받을 수 있는 권리를 가진 자의 의사에 반하여 그 발명이 제29조제1항 각 호의 어느 하나에 해당하게 된 경우

② 제1항제1호를 적용받으려는 자는 특허출원서에 그 취지를 적어 출원하여야 하고, 이를 증명할 수 있는 서류를 산업통상자원부령으로 정하는 방법에 따라 특허출원일부터 30일 이내에 특허청장에게 제출하여야 한다.

③ 제2항에도 불구하고 산업통상자원부령으로 정하는 보완수수료를 납부한 경우에는 다음 각 호의 어느 하나에 해당하는 기간에 제1항제1호를 적용받으려는 취지를 적은 서류 또는 이를 증명할 수 있는 서류를 제출할 수 있다. <신설 2015.1.28.>

1. 제47조제1항에 따라 보정할 수 있는 기간
2. 제66조에 따른 특허결정 또는 제176조제1항에 따른 특허거절결정 취소심결(특허등록을 결정한 심결에 한정하되, 재심심결을 포함한다)의 등본을 송달받은 날부터 3개월 이내의 기간. 다만, 제79조에 따른 설정등록을 받으려는 날이 3개월보다 짧은 경우에는 그 날까지의 기간 [전문개정 2014.6.11.]

제31조 삭제 <2006.3.3.>

제32조(특허를 받을 수 없는 발명) 공공의 질서 또는 선량한 풍속에 어긋나거나 공중의 위생을 해칠 우려가 있는 발명에 대해서는 제29조제1항에도 불구하고 특허를 받을 수 없다.
[전문개정 2014.6.11.]

제33조(특허를 받을 수 있는 자) ① 발명을 한 사람 또는 그 승계인은 이 법에서 정하는 바에 따라 특허를 받을 수 있는 권리를 가진다. 다만, 특허청 직원 및 특허심판원 직원은 상속이나 유증(遺贈)의 경우를 제외하고는 재직 중 특허를 받을 수 없다.

② 2명 이상이 공동으로 발명한 경우에는 특허를 받을 수 있는 권리를 공유한다.
[전문개정 2014.6.11.]

제34조(무권리자의 특허출원과 정당한 권리자의 보호) 발명자가 아닌 자로서 특허를 받을 수 있는 권리의 승계인이 아닌 자(이하 "무권리자"라 한다)가 한 특허출원이 제33조제1항 본문에 따른 특허를 받을 수 있는 권리를 가지지 아니한 사유로 제62조제2호에 해당하여 특허를 받지 못하게 된 경우에는 그 무권리자의 특허출원 후에 한 정당한 권리자의 특허출원은 무권리자가 특허출원한 때에 특허출원한 것으로 본다. 다만, 무권리자가 특허를 받지 못하게 된 날부터 30일이 지난 후에 정당한 권리자가 특허출원을 한 경우에는 그러하지 아니하다. [전문개정 2014.6.11.]

제35조(무권리자의 특허와 정당한 권리자의 보호) 제33조제1항 본문에 따른 특허를 받을 수 있는 권리를 가지지 아니한 사유로 제133조제1항제2호에 해당하여 특허를 무효로 한다는 심결이

확정된 경우에는 그 무권리자의 특허출원 후에 한 정당한 권리자의 특허출원은 무효로 된 그 특허의 출원 시에 특허출원한 것으로 본다. 다만, 그 특허의 등록공고가 있는 날부터 2년이 지난 후 또는 심결이 확정된 날부터 30일이 지난 후에 정당한 권리자가 특허출원을 한 경우에는 그러하지 아니하다. [전문개정 2014.6.11.]

제36조(선출원) ① 동일한 발명에 대하여 다른 날에 둘 이상의 특허출원이 있는 경우에는 먼저 특허출원한 자만이 그 발명에 대하여 특허를 받을 수 있다.

② 동일한 발명에 대하여 같은 날에 둘 이상의 특허출원이 있는 경우에는 특허출원인 간에 협의하여 정한 하나의 특허출원인만이 그 발명에 대하여 특허를 받을 수 있다. 다만, 협의가 성립하지 아니하거나 협의를 할 수 없는 경우에는 어느 특허출원인도 그 발명에 대하여 특허를 받을 수 없다.

③ 특허출원된 발명과 실용신안등록출원된 고안이 동일한 경우 그 특허출원과 실용신안등록출원이 다른 날에 출원된 것이면 제1항을 준용하고, 그 특허출원과 실용신안등록출원이 같은 날에 출원된 것이면 제2항을 준용한다.

④ 특허출원 또는 실용신안등록출원이 다음 각 호의 어느 하나에 해당하는 경우 그 특허출원 또는 실용신안등록출원은 제1항부터 제3항까지의 규정을 적용할 때에는 처음부터 없었던 것으로 본다. 다만, 제2항 단서(제3항에 따라 준용되는 경우를 포함한다)에 해당하여 그 특허출원 또는 실용신안등록출원에 대하여 거절결정이나 거절한다는 취지의 심결이 확정된 경우에는 그러하지 아니하다.

1. 포기, 무효 또는 취하된 경우
2. 거절결정이나 거절한다는 취지의 심결이 확정된 경우

⑤ 발명자 또는 고안자가 아닌 자로서 특허를 받을 수 있는 권리 또는 실용신안등록을 받을 수 있는 권리의 승계인이 아닌 자가 한 특허출원 또는 실용신안등록출원은 제1항부터 제3항까지의 규정을 적용할 때에는 처음부터 없었던 것으로 본다.

⑥ 특허청장은 제2항의 경우에 특허출원인에게 기간을 정하여 협의의 결과를 신고할 것을 명하고, 그 기간에 신고가 없으면 제2항에 따른 협의는 성립되지 아니한 것으로 본다.

[전문개정 2014.6.11.]

제37조(특허를 받을 수 있는 권리의 이전 등) ① 특허를 받을 수 있는 권리는 이전할 수 있다.

② 특허를 받을 수 있는 권리는 질권의 목적으로 할 수 없다.

③ 특허를 받을 수 있는 권리가 공유인 경우에는 각 공유자는 다른 공유자 모두의 동의를 받아야만 그 지분을 양도할 수 있다. [전문개정 2014.6.11.]

제38조(특허를 받을 수 있는 권리의 승계) ① 특허출원 전에 이루어진 특허를 받을 수 있는 권리의 승계는 그 승계인이 특허출원을 하여야 제3자에게 대항할 수 있다.

② 동일한 자로부터 동일한 특허를 받을 수 있는 권리를 승계한 자가 둘 이상인 경우 그 승계한 권리에 대하여 같은 날에 둘 이상의 특허출원이 있으면 특허출원인 간에 협의하여 정한 자에게만 승계의 효력이 발생한다.

③ 동일한 자로부터 동일한 발명 및 고안에 대한 특허를 받을 수 있는 권리 및 실용신안등록을 받을 수 있는 권리를 승계한 자가 둘 이상인 경우 그 승계한 권리에 대하여 같은 날에 특허출원 및 실용신안등록출원이 있으면 특허출원인 및 실용신안등록출원인 간에 협의하여 정한 자에게만 승계의 효력이 발생한다.

④ 특허출원 후에는 특허를 받을 수 있는 권리의 승계는 상속, 그 밖의 일반승계의 경우를 제외하고는 특허출원인변경신고를 하여야만 그 효력이 발생한다.

⑤ 특허를 받을 수 있는 권리의 상속, 그 밖의 일반승계가 있는 경우에는 승계인은 지체 없이 그 취지를 특허청장에게 신고하여야 한다.
⑥ 동일한 자로부터 동일한 특허를 받을 수 있는 권리를 승계한 자가 둘 이상인 경우 그 승계한 권리에 대하여 같은 날에 둘 이상의 특허출원인변경신고가 있으면 신고를 한 자 간에 협의하여 정한 자에게만 신고의 효력이 발생한다.
⑦ 제2항·제3항 또는 제6항의 경우에는 제36조제6항을 준용한다. [전문개정 2014.6.11.]

제39조 삭제 <2006.3.3.>

제40조 삭제 <2006.3.3.>

제41조(국방상 필요한 발명 등) ① 정부는 국방상 필요한 경우 외국에 특허출원하는 것을 금지하거나 발명자·출원인 및 대리인에게 그 특허출원의 발명을 비밀로 취급하도록 명할 수 있다. 다만, 정부의 허가를 받은 경우에는 외국에 특허출원을 할 수 있다.
② 정부는 특허출원된 발명이 국방상 필요한 경우에는 특허를 하지 아니할 수 있으며, 전시·사변 또는 이에 준하는 비상시에 국방상 필요한 경우에는 특허를 받을 수 있는 권리를 수용할 수 있다.
③ 제1항에 따른 외국에의 특허출원 금지 또는 비밀취급에 따른 손실에 대해서는 정부는 정당한 보상금을 지급하여야 한다.
④ 제2항에 따라 특허하지 아니하거나 수용한 경우에는 정부는 정당한 보상금을 지급하여야 한다.
⑤ 제1항에 따른 외국에의 특허출원 금지 또는 비밀취급명령을 위반한 경우에는 그 발명에 대하여 특허를 받을 수 있는 권리를 포기한 것으로 본다.
⑥ 제1항에 따른 외국에의 특허출원 금지 또는 비밀취급명령을 위반한 경우에는 외국에의 특허출원 금지 또는 비밀취급에 따른 손실보상금의 청구권을 포기한 것으로 본다.
⑦ 제1항에 따른 외국에의 특허출원 금지 및 비밀취급의 절차, 제2항부터 제4항까지의 규정에 따른 수용, 보상금 지급의 절차, 그 밖에 필요한 사항은 대통령령으로 정한다.
[전문개정 2014.6.11.]

제42조(특허출원) ① 특허를 받으려는 자는 다음 각 호의 사항을 적은 특허출원서를 특허청장에게 제출하여야 한다. <개정 2014.6.11.>
1. 특허출원인의 성명 및 주소(법인인 경우에는 그 명칭 및 영업소의 소재지)
2. 특허출원인의 대리인이 있는 경우에는 그 대리인의 성명 및 주소나 영업소의 소재지[대리인이 특허법인·특허법인(유한)인 경우에는 그 명칭, 사무소의 소재지 및 지정된 변리사의 성명]
3. 발명의 명칭
4. 발명자의 성명 및 주소

② 제1항에 따른 특허출원서에는 발명의 설명·청구범위를 적은 명세서와 필요한 도면 및 요약서를 첨부하여야 한다. <개정 2014.6.11.>
③ 제2항에 따른 발명의 설명은 다음 각 호의 요건을 모두 충족하여야 한다. <개정 2014.6.11.>
1. 그 발명이 속하는 기술분야에서 통상의 지식을 가진 사람이 그 발명을 쉽게 실시할 수 있도록 명확하고 상세하게 적을 것
2. 그 발명의 배경이 되는 기술을 적을 것

④ 제2항에 따른 청구범위에는 보호받으려는 사항을 적은 항(이하 "청구항"이라 한다)이 하나 이상 있어야 하며, 그 청구항은 다음 각 호의 요건을 모두 충족하여야 한다. <개정 2014.6.11.>
1. 발명의 설명에 의하여 뒷받침될 것

2. 발명이 명확하고 간결하게 적혀 있을 것

⑤ 삭제 <2014.6.11.>

⑥ 제2항에 따른 청구범위에는 보호받으려는 사항을 명확히 할 수 있도록 발명을 특정하는 데 필요하다고 인정되는 구조·방법·기능·물질 또는 이들의 결합관계 등을 적어야 한다. <개정 2014.6.11.>

⑦ 삭제 <2014.6.11.>

⑧ 제2항에 따른 청구범위의 기재방법에 관하여 필요한 사항은 대통령령으로 정한다. <개정 2014.6.11.>

⑨ 제2항에 따른 발명의 설명, 도면 및 요약서의 기재방법 등에 관하여 필요한 사항은 산업통상자원부령으로 정한다. <개정 2014.6.11.> [제목개정 2014.6.11.]

제42조의2(특허출원일 등) ① 특허출원일은 명세서 및 필요한 도면을 첨부한 특허출원서가 특허청장에게 도달한 날로 한다. 이 경우 명세서에 청구범위는 적지 아니할 수 있으나, 발명의 설명은 적어야 한다.

② 특허출원인은 제1항 후단에 따라 특허출원서에 최초로 첨부한 명세서에 청구범위를 적지 아니한 경우에는 제64조제1항 각 호의 구분에 따른 날부터 1년 2개월이 되는 날까지 명세서에 청구범위를 적는 보정을 하여야 한다. 다만, 본문에 따른 기한 이전에 제60조제3항에 따른 출원심사 청구의 취지를 통지받은 경우에는 그 통지를 받은 날부터 3개월이 되는 날 또는 제64조제1항 각 호의 구분에 따른 날부터 1년 2개월이 되는 날 중 빠른 날까지 보정을 하여야 한다.

③ 특허출원인이 제2항에 따른 보정을 하지 아니한 경우에는 제2항에 따른 기한이 되는 날의 다음 날에 해당 특허출원을 취하한 것으로 본다. [본조신설 2014.6.11.]

제42조의3(외국어특허출원 등) ① 특허출원인이 명세서 및 도면(도면 중 설명부분에 한정한다. 이하 제2항 및 제5항에서 같다)을 국어가 아닌 산업통상자원부령으로 정하는 언어로 적겠다는 취지를 특허출원을 할 때 특허출원서에 적은 경우에는 그 언어로 적을 수 있다.

② 특허출원인이 특허출원서에 최초로 첨부한 명세서 및 도면을 제1항에 따른 언어로 적은 특허출원(이하 "외국어특허출원"이라 한다)을 한 경우에는 제64조제1항 각 호의 구분에 따른 날부터 1년 2개월이 되는 날까지 그 명세서 및 도면의 국어번역문을 산업통상자원부령으로 정하는 방법에 따라 제출하여야 한다. 다만, 본문에 따른 기한 이전에 제60조제3항에 따른 출원심사 청구의 취지를 통지받은 경우에는 그 통지를 받은 날부터 3개월이 되는 날 또는 제64조제1항 각 호의 구분에 따른 날부터 1년 2개월이 되는 날 중 빠른 날까지 제출하여야 한다.

③ 제2항에 따라 국어번역문을 제출한 특허출원인은 제2항에 따른 기한 이전에 그 국어번역문을 갈음하여 새로운 국어번역문을 제출할 수 있다. 다만, 다음 각 호의 어느 하나에 해당하는 경우에는 그러하지 아니하다.

1. 명세서 또는 도면을 보정(제5항에 따라 보정한 것으로 보는 경우는 제외한다)한 경우
2. 특허출원인이 출원심사의 청구를 한 경우

④ 특허출원인이 제2항에 따른 명세서의 국어번역문을 제출하지 아니한 경우에는 제2항에 따른 기한이 되는 날의 다음 날에 해당 특허출원을 취하한 것으로 본다.

⑤ 특허출원인이 제2항에 따른 국어번역문 또는 제3항 본문에 따른 새로운 국어번역문을 제출한 경우에는 외국어특허출원의 특허출원서에 최초로 첨부한 명세서 및 도면을 그 국어번역문에 따라 보정한 것으로 본다. 다만, 제3항 본문에 따라 새로운 국어번역문을 제출한 경우에는 마지막 국어번역문(이하 이 조 및 제47조제2항 후단에서 "최종 국어번역문"이라 한다) 전에 제출한 국어번역문에 따라 보정한 것으로 보는 모든 보정은 처음부터 없었던 것으로 본다.

⑥ 특허출원인은 제47조제1항에 따라 보정을 할 수 있는 기간에 최종 국어번역문의 잘못된 번역

을 산업통상자원부령으로 정하는 방법에 따라 정정할 수 있다. 이 경우 정정된 국어번역문에 관하여는 제5항을 적용하지 아니한다. [본조신설 2014.6.11.]

제43조(요약서) 제42조제2항에 따른 요약서는 기술정보로서의 용도로 사용하여야 하며, 특허발명의 보호범위를 정하는 데에는 사용할 수 없다. [전문개정 2014.6.11.]

제44조(공동출원) 특허를 받을 수 있는 권리가 공유인 경우에는 공유자 모두가 공동으로 특허출원을 하여야 한다. [전문개정 2014.6.11.]

제45조(하나의 특허출원의 범위) ① 특허출원은 하나의 발명마다 하나의 특허출원으로 한다. 다만, 하나의 총괄적 발명의 개념을 형성하는 일 군(群)의 발명에 대하여 하나의 특허출원으로 할 수 있다.

② 제1항 단서에 따라 일 군의 발명에 대하여 하나의 특허출원으로 할 수 있는 요건은 대통령령으로 정한다. [전문개정 2014.6.11.]

제46조(절차의 보정) 특허청장 또는 특허심판원장은 특허에 관한 절차가 다음 각 호의 어느 하나에 해당하는 경우에는 기간을 정하여 보정을 명하여야 한다. 이 경우 보정명령을 받은 자는 그 기간에 그 보정명령에 대한 의견서를 특허청장 또는 특허심판원장에게 제출할 수 있다.

1. 제 3 조제1항 또는 제 6 조를 위반한 경우
2. 이 법 또는 이 법에 따른 명령으로 정하는 방식을 위반한 경우
3. 제82조에 따라 내야 할 수수료를 내지 아니한 경우 [전문개정 2014.6.11.]

제47조(특허출원의 보정) ① 특허출원인은 제66조에 따른 특허결정의 등본을 송달하기 전까지 특허출원서에 첨부한 명세서 또는 도면을 보정할 수 있다. 다만, 제63조제1항에 따른 거절이유통지(이하 "거절이유통지"라 한다)를 받은 후에는 다음 각 호의 구분에 따른 기간(제3호의 경우에는 그 때)에만 보정할 수 있다.

1. 거절이유통지(거절이유통지에 대한 보정에 따라 발생한 거절이유에 대한 거절이유통지는 제외한다)를 최초로 받거나 제2호의 거절이유통지가 아닌 거절이유통지를 받은 경우: 해당 거절이유통지에 따른 의견서 제출기간
2. 거절이유통지에 대한 보정에 따라 발생한 거절이유에 대하여 거절이유통지를 받은 경우: 해당 거절이유통지에 따른 의견서 제출기간
3. 제67조의2에 따른 재심사를 청구하는 경우: 청구할 때

② 제1항에 따른 명세서 또는 도면의 보정은 특허출원서에 최초로 첨부한 명세서 또는 도면에 기재된 사항의 범위에서 하여야 한다. 이 경우, 외국어특허출원에 대한 보정은 최종 국어번역문(제42조의3제6항 전단에 따른 정정이 있는 경우에는 정정된 국어번역문을 말한다) 또는 특허출원서에 최초로 첨부한 도면(도면 중 설명부분은 제외한다)에 기재된 사항의 범위에서도 하여야 한다.

③ 제1항제2호 및 제3호에 따른 보정 중 청구범위에 대한 보정은 다음 각 호의 어느 하나에 해당하는 경우에만 할 수 있다.

1. 청구항을 한정 또는 삭제하거나 청구항에 부가하여 청구범위를 감축하는 경우
2. 잘못 기재된 사항을 정정하는 경우
3. 분명하지 아니하게 기재된 사항을 명확하게 하는 경우
4. 제2항에 따른 범위를 벗어난 보정에 대하여 그 보정 전 청구범위로 되돌아가거나 되돌아가면서 청구범위를 제1호부터 제3호까지의 규정에 따라 보정하는 경우

④ 제1항제1호 또는 제2호에 따른 기간에 보정을 하는 경우에는 각각의 보정절차에서 마지막 보정 전에 한 모든 보정은 취하된 것으로 본다.

⑤ 외국어특허출원인 경우에는 제1항 본문에도 불구하고 제42조의3제2항에 따라 국어번역문을 제출한 경우에만 명세서 또는 도면을 보정할 수 있다. [전문개정 2014.6.11.]

제48조 삭제 <2001.2.3.>

제49조 삭제 <2006.3.3.>

제50조 삭제 <1997.4.10.>

제51조(보정각하) ① 심사관은 제47조제1항제2호 및 제3호에 따른 보정이 같은 조 제2항 또는 제3항을 위반하거나 그 보정(같은 조 제3항제1호 및 제4호에 따른 보정 중 청구항을 삭제하는 보정은 제외한다)에 따라 새로운 거절이유가 발생한 것으로 인정하면 결정으로 그 보정을 각하하여야 한다. 다만, 제67조의2에 따른 재심사의 청구가 있는 경우 그 청구 전에 한 보정인 경우에는 그러하지 아니하다.
② 제1항에 따른 각하결정은 서면으로 하여야 하며, 그 이유를 붙여야 한다.
③ 제1항에 따른 각하결정에 대해서는 불복할 수 없다. 다만, 제132조의3에 따른 특허거절결정에 대한 심판에서 그 각하결정(제67조의2에 따른 재심사의 청구가 있는 경우 그 청구 전에 한 각하결정은 제외한다)에 대하여 다투는 경우에는 그러하지 아니하다. [전문개정 2014.6.11.]

제52조(분할출원) ① 특허출원인은 둘 이상의 발명을 하나의 특허출원으로 한 경우에는 그 특허출원의 출원서에 최초로 첨부된 명세서 또는 도면에 기재된 사항의 범위에서 다음 각 호의 어느 하나에 해당하는 기간에 그 일부를 하나 이상의 특허출원으로 분할할 수 있다. 다만, 그 특허출원이 외국어특허출원인 경우에는 그 특허출원에 대한 제42조의3제2항에 따른 국어번역문이 제출된 경우에만 분할할 수 있다. <개정 2015.1.28.>
1. 제47조제1항에 따라 보정을 할 수 있는 기간
2. 특허거절결정등본을 송달받은 날부터 30일(제15조제1항에 따라 제132조의3에 따른 기간이 연장된 경우 그 연장된 기간을 말한다) 이내의 기간
3. 제66조에 따른 특허결정 또는 제176조제1항에 따른 특허거절결정 취소심결(특허등록을 결정한 심결에 한정하되, 재심심결을 포함한다)의 등본을 송달받은 날부터 3개월 이내의 기간. 다만, 제79조에 따른 설정등록을 받으려는 날이 3개월보다 짧은 경우에는 그 날까지의 기간

② 제1항에 따라 분할된 특허출원(이하 "분할출원"이라 한다)이 있는 경우 그 분할출원은 특허출원한 때에 출원한 것으로 본다. 다만, 그 분할출원에 대하여 다음 각 호의 규정을 적용할 경우에는 해당 분할출원을 한 때에 출원한 것으로 본다.
1. 분할출원이 제29조제3항에 따른 다른 특허출원 또는 「실용신안법」 제4조제4항에 따른 특허출원에 해당하여 이 법 제29조제3항 또는 「실용신안법」 제4조제4항을 적용하는 경우
2. 제30조제2항을 적용하는 경우
3. 제54조제3항을 적용하는 경우
4. 제55조제2항을 적용하는 경우

③ 제1항에 따라 분할출원을 하려는 자는 분할출원을 할 때에 특허출원서에 그 취지 및 분할의 기초가 된 특허출원의 표시를 하여야 한다.
④ 분할출원의 경우에 제54조에 따른 우선권을 주장하는 자는 같은 조 제4항에 따른 서류를 같은 조 제5항에 따른 기간이 지난 후에도 분할출원을 한 날부터 3개월 이내에 특허청장에게 제출할 수 있다.
⑤ 분할출원이 외국어특허출원인 경우에는 특허출원인은 제42조의3제2항에 따른 국어번역문 또는 같은 조 제3항 본문에 따른 새로운 국어번역문을 같은 조 제2항에 따른 기한이 지난 후에도

분할출원을 한 날부터 30일이 되는 날까지는 제출할 수 있다. 다만, 제42조의3제3항 각 호의 어느 하나에 해당하는 경우에는 새로운 국어번역문을 제출할 수 없다.

⑥ 특허출원서에 최초로 첨부한 명세서에 청구범위를 적지 아니한 분할출원에 관하여는 제42조의2제2항에 따른 기한이 지난 후에도 분할출원을 한 날부터 30일이 되는 날까지는 명세서에 청구범위를 적는 보정을 할 수 있다. [전문개정 2014.6.11.]

제53조(변경출원) ① 실용신안등록출원인은 그 실용신안등록출원의 출원서에 최초로 첨부된 명세서 또는 도면에 기재된 사항의 범위에서 그 실용신안등록출원을 특허출원으로 변경할 수 있다. 다만, 다음 각 호의 어느 하나에 해당하는 경우에는 그러하지 아니하다. <개정 2014.6.11.>

1. 그 실용신안등록출원에 관하여 최초의 거절결정등본을 송달받은 날부터 30일(「실용신안법」 제 3 조에 따라 준용되는 이 법 제15조제1항에 따라 제132조의3에 따른 기간이 연장된 경우에는 그 연장된 기간을 말한다)이 지난 경우
2. 그 실용신안등록출원이 「실용신안법」 제 8 조의3제2항에 따른 외국어실용신안등록출원인 경우로서 변경하여 출원할 때 같은 항에 따른 국어번역문이 제출되지 아니한 경우

② 제1항에 따라 변경된 특허출원(이하 "변경출원"이라 한다)이 있는 경우에 그 변경출원은 실용신안등록출원을 한 때에 특허출원한 것으로 본다. 다만, 그 변경출원이 다음 각 호의 어느 하나에 해당하는 경우에는 그러하지 아니하다. <개정 2014.6.11.>

1. 제29조제3항에 따른 다른 특허출원 또는 「실용신안법」 제 4 조제4항에 따른 특허출원에 해당하여 이 법 제29조제3항 또는 「실용신안법」 제 4 조제4항을 적용하는 경우
2. 제30조제2항을 적용하는 경우
3. 제54조제3항을 적용하는 경우
4. 제55조제2항을 적용하는 경우

③ 제1항에 따라 변경출원을 하려는 자는 변경출원을 할 때 특허출원서에 그 취지 및 변경출원의 기초가 된 실용신안등록출원의 표시를 하여야 한다. <개정 2014.6.11.>

④ 변경출원이 있는 경우에는 그 실용신안등록출원은 취하된 것으로 본다. <개정 2014.6.11.>

⑤ 삭제 <2014.6.11.>

⑥ 변경출원의 경우에 제54조에 따른 우선권을 주장하는 자는 같은 조 제4항에 따른 서류를 같은 조 제5항에 따른 기간이 지난 후에도 변경출원을 한 날부터 3개월 이내에 특허청장에게 제출할 수 있다. <개정 2013.3.22.>

⑦ 특허출원인은 변경출원이 외국어특허출원인 경우에는 제42조의3제2항에 따른 국어번역문 또는 같은 조 제3항 본문에 따른 새로운 국어번역문을 같은 조 제2항에 따른 기한이 지난 후에도 변경출원을 한 날부터 30일이 되는 날까지는 제출할 수 있다. 다만, 제42조의3제3항 각 호의 어느 하나에 해당하는 경우에는 새로운 국어번역문을 제출할 수 없다. <신설 2014.6.11.>

⑧ 특허출원인은 특허출원서에 최초로 첨부한 명세서에 청구범위를 적지 아니한 변경출원의 경우 제42조의2제2항에 따른 기한이 지난 후에도 변경출원을 한 날부터 30일이 되는 날까지 명세서에 청구범위를 적는 보정을 할 수 있다. <신설 2014.6.11.> [전문개정 2006.3.3.]

제54조(조약에 의한 우선권 주장) ① 조약에 따라 다음 각 호의 어느 하나에 해당하는 경우에는 제29조 및 제36조를 적용할 때에 그 당사국에 출원한 날을 대한민국에 특허출원한 날로 본다.

1. 대한민국 국민에게 특허출원에 대한 우선권을 인정하는 당사국의 국민이 그 당사국 또는 다른 당사국에 특허출원한 후 동일한 발명을 대한민국에 특허출원하여 우선권을 주장하는 경우
2. 대한민국 국민에게 특허출원에 대한 우선권을 인정하는 당사국에 대한민국 국민이 특허출원한 후 동일한 발명을 대한민국에 특허출원하여 우선권을 주장하는 경우

② 제1항에 따라 우선권을 주장하려는 자는 우선권 주장의 기초가 되는 최초의 출원일부터 1년 이내에 특허출원을 하지 아니하면 우선권을 주장할 수 없다.
③ 제1항에 따라 우선권을 주장하려는 자는 특허출원을 할 때 특허출원서에 그 취지, 최초로 출원한 국가명 및 출원의 연월일을 적어야 한다.
④ 제3항에 따라 우선권을 주장한 자는 제1호의 서류 또는 제2호의 서면을 특허청장에게 제출하여야 한다. 다만, 제2호의 서면은 산업통상자원부령으로 정하는 국가의 경우만 해당한다.
1. 최초로 출원한 국가의 정부가 인증하는 서류로서 특허출원의 연월일을 적은 서면, 발명의 명세서 및 도면의 등본
2. 최초로 출원한 국가의 특허출원의 출원번호 및 그 밖에 출원을 확인할 수 있는 정보 등 산업통상자원부령으로 정하는 사항을 적은 서면

⑤ 제4항에 따른 서류 또는 서면은 다음 각 호에 해당하는 날 중 최우선일(最優先日)부터 1년 4개월 이내에 제출하여야 한다.
1. 조약 당사국에 최초로 출원한 출원일
2. 그 특허출원이 제55조제1항에 따른 우선권 주장을 수반하는 경우에는 그 우선권 주장의 기초가 되는 출원의 출원일
3. 그 특허출원이 제3항에 따른 다른 우선권 주장을 수반하는 경우에는 그 우선권 주장의 기초가 되는 출원의 출원일

⑥ 제3항에 따라 우선권을 주장한 자가 제5항의 기간에 제4항에 따른 서류를 제출하지 아니한 경우에는 그 우선권 주장은 효력을 상실한다.
⑦ 제1항에 따라 우선권 주장을 한 자 중 제2항의 요건을 갖춘 자는 제5항에 따른 최우선일부터 1년 4개월 이내에 해당 우선권 주장을 보정하거나 추가할 수 있다. [전문개정 2014.6.11.]

제55조(특허출원 등을 기초로 한 우선권 주장) ① 특허를 받으려는 자는 자신이 특허나 실용신안등록을 받을 수 있는 권리를 가진 특허출원 또는 실용신안등록출원으로 먼저 한 출원(이하 "선출원"이라 한다)의 출원서에 최초로 첨부된 명세서 또는 도면에 기재된 발명을 기초로 그 특허출원한 발명에 관하여 우선권을 주장할 수 있다. 다만, 다음 각 호의 어느 하나에 해당하는 경우에는 그러하지 아니하다.
1. 그 특허출원이 선출원의 출원일부터 1년이 지난 후에 출원된 경우
2. 선출원이 제52조제2항(「실용신안법」 제11조에 따라 준용되는 경우를 포함한다)에 따른 분할출원이나 제53조제2항 또는 「실용신안법」 제10조제2항에 따른 변경출원인 경우
3. 그 특허출원을 할 때에 선출원이 포기·무효 또는 취하된 경우
4. 그 특허출원을 할 때에 선출원이 특허 여부의 결정, 실용신안등록 여부의 결정 또는 거절한다는 취지의 심결이 확정된 경우

② 제1항에 따른 우선권을 주장하려는 자는 특허출원을 할 때 특허출원서에 그 취지와 선출원의 표시를 하여야 한다.
③ 제1항에 따른 우선권 주장을 수반하는 특허출원된 발명 중 해당 우선권 주장의 기초가 된 선출원의 출원서에 최초로 첨부된 명세서 또는 도면에 기재된 발명과 같은 발명에 관하여 제29조제1항·제2항, 같은 조 제3항 본문, 같은 조 제4항 본문, 제30조제1항, 제36조제1항부터 제3항까지, 제96조제1항제3호, 제98조, 제103조, 제105조제1항·제2항, 제129조 및 제136조제4항(제133조의2제4항에 따라 준용되는 경우를 포함한다), 「실용신안법」 제7조제3항·제4항 및 제25조, 「디자인보호법」 제95조 및 제103조제3항을 적용할 때에는 그 특허출원은 그 선출원을 한 때에 특허출원한 것으로 본다.
④ 제1항에 따른 우선권 주장을 수반하는 특허출원의 출원서에 최초로 첨부된 명세서 또는 도면

에 기재된 발명 중 해당 우선권 주장의 기초가 된 선출원의 출원서에 최초로 첨부된 명세서 또는 도면에 기재된 발명과 같은 발명은 그 특허출원이 출원공개되거나 특허가 등록공고되었을 때에 해당 우선권 주장의 기초가 된 선출원에 관하여 출원공개가 된 것으로 보고 제29조제3항 본문, 같은 조 제4항 본문 또는 「실용신안법」 제4조제3항 본문·제4항 본문을 적용한다.

⑤ 선출원이 다음 각 호의 어느 하나에 해당하면 그 선출원의 출원서에 최초로 첨부된 명세서 또는 도면에 기재된 발명 중 그 선출원에 관하여 우선권 주장의 기초가 된 출원의 출원서에 최초로 첨부된 명세서 또는 도면에 기재된 발명에 대해서는 제3항과 제4항을 적용하지 아니한다.

1. 선출원이 제1항에 따른 우선권 주장을 수반하는 출원인 경우
2. 선출원이 「공업소유권의 보호를 위한 파리 협약」 제4조D(1)에 따른 우선권 주장을 수반하는 출원인 경우

⑥ 제4항을 적용할 때 선출원이 다음 각 호의 어느 하나에 해당하더라도 제29조제7항을 적용하지 아니한다.

1. 선출원이 제201조제4항에 따라 취하한 것으로 보는 국제특허출원인 경우
2. 선출원이 「실용신안법」 제35조제4항에 따라 취하한 것으로 보는 국제실용신안등록출원인 경우

⑦ 제1항에 따른 요건을 갖추어 우선권 주장을 한 자는 선출원일(선출원이 둘 이상인 경우에는 최선출원일을 말한다)부터 1년 4개월 이내에 그 우선권 주장을 보정하거나 추가할 수 있다. [전문개정 2014.6.11.]

제56조(선출원의 취하 등) ① 제55조제1항에 따른 우선권 주장의 기초가 된 선출원은 그 출원일부터 1년 3개월이 지난 때에 취하된 것으로 본다. 다만, 그 선출원이 다음 각 호의 어느 하나에 해당하는 경우에는 그러하지 아니하다.

1. 포기, 무효 또는 취하된 경우
2. 특허 여부의 결정, 실용신안등록 여부의 결정 또는 거절한다는 취지의 심결이 확정된 경우
3. 해당 선출원을 기초로 한 우선권 주장이 취하된 경우

② 제55조제1항에 따른 우선권 주장을 수반하는 특허출원의 출원인은 선출원의 출원일부터 1년 3개월이 지난 후에는 그 우선권 주장을 취하할 수 없다.

③ 제55조제1항에 따른 우선권 주장을 수반하는 특허출원이 선출원의 출원일부터 1년 3개월 이내에 취하된 때에는 그 우선권 주장도 동시에 취하된 것으로 본다. [전문개정 2014.6.11.]

제3장 심 사 〈개정 2014.6.11.〉

제57조(심사관에 의한 심사) ① 특허청장은 심사관에게 특허출원을 심사하게 한다.

② 심사관의 자격에 관하여 필요한 사항은 대통령령으로 정한다. [전문개정 2014.6.11.]

제58조(전문기관의 지정 등) ① 특허청장은 출원인이 특허출원할 때 필요하거나 특허출원을 심사(국제출원에 대한 국제조사 및 국제예비심사를 포함한다)할 때에 필요하다고 인정하면 전문기관을 지정하여 미생물의 기탁·분양, 선행기술의 조사, 특허분류의 부여, 그 밖에 대통령령으로 정하는 업무를 의뢰할 수 있다.

② 특허청장은 특허출원의 심사에 필요하다고 인정하는 경우에는 관계 행정기관, 해당 기술분야의 전문기관 또는 특허에 관한 지식과 경험이 풍부한 사람에게 협조를 요청하거나 의견을 들을 수 있다. 이 경우 특허청장은 예산의 범위에서 수당 또는 비용을 지급할 수 있다.

③ 제1항에 따른 전문기관의 지정기준, 선행기술의 조사 또는 특허분류의 부여 등의 의뢰에 필요한 사항은 대통령령으로 정한다. [전문개정 2014.6.11.]

제58조의2(전문기관 지정의 취소 등) ① 특허청장은 제58조제1항에 따른 전문기관이 제1호에 해당하는 경우에는 전문기관의 지정을 취소하여야 하며, 제2호에 해당하는 경우에는 그 지정을 취소하거나 6개월 이내의 기간을 정하여 업무의 전부 또는 일부의 정지를 명할 수 있다.

1. 거짓이나 그 밖의 부정한 방법으로 지정을 받은 경우
2. 제58조제3항에 따른 지정기준에 맞지 아니하게 된 경우

② 특허청장은 제1항에 따라 전문기관의 지정을 취소하거나 업무정지를 명하려면 청문을 하여야 한다.

③ 제1항에 따른 처분의 세부 기준과 절차 등에 관하여 필요한 사항은 산업통상자원부령으로 정한다. [전문개정 2014.6.11.]

제59조(특허출원심사의 청구) ① 특허출원에 대하여 심사청구가 있을 때에만 이를 심사한다.

② 누구든지 특허출원에 대하여 특허출원일부터 5년 이내에 특허청장에게 출원심사의 청구를 할 수 있다. 다만, 특허출원인은 다음 각 호의 어느 하나에 해당하는 경우에는 출원심사의 청구를 할 수 없다.

1. 명세서에 청구범위를 적지 아니한 경우
2. 제42조의3제2항에 따른 국어번역문을 제출하지 아니한 경우(외국어특허출원의 경우로 한정한다)

③ 제34조 및 제35조에 따른 정당한 권리자의 특허출원, 분할출원 또는 변경출원에 관하여는 제2항에 따른 기간이 지난 후에도 정당한 권리자가 특허출원을 한 날, 분할출원을 한 날 또는 변경출원을 한 날부터 각각 30일 이내에 출원심사의 청구를 할 수 있다.

④ 출원심사의 청구는 취하할 수 없다.

⑤ 제2항 또는 제3항에 따라 출원심사의 청구를 할 수 있는 기간에 출원심사의 청구가 없으면 그 특허출원은 취하한 것으로 본다. [전문개정 2014.6.11.]

제60조(출원심사의 청구절차) ① 출원심사의 청구를 하려는 자는 다음 각 호의 사항을 적은 출원심사청구서를 특허청장에게 제출하여야 한다.

1. 청구인의 성명 및 주소(법인인 경우에는 그 명칭 및 영업소의 소재지)
2. 출원심사의 청구대상이 되는 특허출원의 표시

② 특허청장은 출원공개 전에 출원심사의 청구가 있으면 출원공개 시에, 출원공개 후에 출원심사의 청구가 있으면 지체 없이 그 취지를 특허공보에 게재하여야 한다.

③ 특허청장은 특허출원인이 아닌 자로부터 출원심사의 청구가 있으면 그 취지를 특허출원인에게 알려야 한다. [전문개정 2014.6.11.]

제61조(우선심사) 특허청장은 다음 각 호의 어느 하나에 해당하는 특허출원에 대해서는 심사관에게 다른 특허출원에 우선하여 심사하게 할 수 있다.

1. 제64조에 따른 출원공개 후 특허출원인이 아닌 자가 업(業)으로서 특허출원된 발명을 실시하고 있다고 인정되는 경우
2. 대통령령으로 정하는 특허출원으로서 긴급하게 처리할 필요가 있다고 인정되는 경우

[전문개정 2014.6.11.]

제62조(특허거절결정) 심사관은 특허출원이 다음 각 호의 어느 하나의 거절이유(이하 "거절이유"라 한다)에 해당하는 경우에는 특허거절결정을 하여야 한다.

1. 제25조·제29조·제32조·제36조제1항부터 제3항까지 또는 제44조에 따라 특허를 받을 수 없는 경우
2. 제33조제1항 본문에 따른 특허를 받을 수 있는 권리를 가지지 아니하거나 같은 항 단서에 따

라 특허를 받을 수 없는 경우
3. 조약을 위반한 경우
4. 제42조제3항·제4항·제8항 또는 제45조에 따른 요건을 갖추지 아니한 경우
5. 제47조제2항에 따른 범위를 벗어난 보정인 경우
6. 제52조제1항에 따른 범위를 벗어난 분할출원인 경우
7. 제53조제1항에 따른 범위를 벗어난 변경출원인 경우 [전문개정 2014.6.11.]

제63조(거절이유통지) ① 심사관은 제62조에 따라 특허거절결정을 하려면 특허출원인에게 거절이유를 통지하고, 기간을 정하여 의견서를 제출할 수 있는 기회를 주어야 한다. 다만, 제51조제1항에 따라 각하결정을 하려는 경우에는 그러하지 아니하다.
② 심사관은 청구범위에 둘 이상의 청구항이 있는 특허출원에 대하여 제1항 본문에 따라 거절이유를 통지할 때에는 그 통지서에 거절되는 청구항을 명확히 밝히고, 그 청구항에 관한 거절이유를 구체적으로 적어야 한다. [전문개정 2014.6.11.]

제63조의2(특허출원에 대한 정보제공) 특허출원에 관하여 누구든지 그 특허출원이 거절이유에 해당하여 특허될 수 없다는 취지의 정보를 증거와 함께 특허청장에게 제공할 수 있다. 다만, 제42조제3항제2호, 같은 조 제8항 및 제45조에 따른 요건을 갖추지 아니한 경우에는 그러하지 아니하다. [전문개정 2014.6.11.]

제64조(출원공개) ① 특허청장은 다음 각 호의 구분에 따른 날부터 1년 6개월이 지난 후 또는 그 전이라도 특허출원인이 신청한 경우에는 산업통상자원부령으로 정하는 바에 따라 그 특허출원에 관하여 특허공보에 게재하여 출원공개를 하여야 한다.
1. 제54조제1항에 따른 우선권 주장을 수반하는 특허출원의 경우: 그 우선권 주장의 기초가 된 출원일
2. 제55조제1항에 따른 우선권 주장을 수반하는 특허출원의 경우: 선출원의 출원일
3. 제54조제1항 또는 제55조제1항에 따른 둘 이상의 우선권 주장을 수반하는 특허출원의 경우: 해당 우선권 주장의 기초가 된 출원일 중 최우선일
4. 제1호부터 제3호까지의 어느 하나에 해당하지 아니하는 특허출원의 경우: 그 특허출원일

② 제1항에도 불구하고 다음 각 호의 어느 하나에 해당하는 경우에는 출원공개를 하지 아니한다.
1. 명세서에 청구범위를 적지 아니한 경우
2. 제42조의3제2항에 따른 국어번역문을 제출하지 아니한 경우(외국어특허출원의 경우로 한정한다)
3. 제87조제3항에 따라 등록공고를 한 특허의 경우

③ 제41조제1항에 따라 비밀취급된 특허출원의 발명에 대해서는 그 발명의 비밀취급이 해제될 때까지 그 특허출원의 출원공개를 보류하여야 하며, 그 발명의 비밀취급이 해제된 경우에는 지체 없이 제1항에 따라 출원공개를 하여야 한다. 다만, 그 특허출원이 설정등록된 경우에는 출원공개를 하지 아니한다.
④ 제1항의 출원공개에 관하여 출원인의 성명·주소 및 출원번호 등 특허공보에 게재할 사항은 대통령령으로 정한다. [전문개정 2014.6.11.]

제65조(출원공개의 효과) ① 특허출원인은 출원공개가 있은 후 그 특허출원된 발명을 업으로서 실시한 자에게 특허출원된 발명임을 서면으로 경고할 수 있다.
② 특허출원인은 제1항에 따른 경고를 받거나 제64조에 따라 출원공개된 발명임을 알고 그 특허출원된 발명을 업으로 실시한 자에게 그 경고를 받거나 출원공개된 발명임을 알았을 때부터 특허권의 설정등록을 할 때까지의 기간 동안 그 특허발명의 실시에 대하여 통상적으로 받을 수 있

는 금액에 상당하는 보상금의 지급을 청구할 수 있다.
③ 제2항에 따른 청구권은 그 특허출원된 발명에 대한 특허권이 설정등록된 후에만 행사할 수 있다.
④ 제2항에 따른 청구권의 행사는 특허권의 행사에 영향을 미치지 아니한다.
⑤ 제2항에 따른 청구권을 행사하는 경우에는 제127조·제129조·제132조 및 「민법」 제760조·제766조를 준용한다. 이 경우 「민법」 제766조제1항 중 "피해자나 그 법정대리인이 그 손해 및 가해자를 안 날"은 "해당 특허권의 설정등록일"로 본다.
⑥ 제64조에 따른 출원공개 후 다음 각 호의 어느 하나에 해당하는 경우에는 제2항에 따른 청구권은 처음부터 발생하지 아니한 것으로 본다.
1. 특허출원이 포기·무효 또는 취하된 경우
2. 특허출원에 대하여 제62조에 따른 특허거절결정이 확정된 경우
3. 제133조에 따른 특허를 무효로 한다는 심결(같은 조 제1항제4호에 따른 경우는 제외한다)이 확정된 경우 [전문개정 2014.6.11.]

제66조(특허결정) 심사관은 특허출원에 대하여 거절이유를 발견할 수 없으면 특허결정을 하여야 한다. [전문개정 2014.6.11.]

제66조의2(직권에 의한 보정 등) ① 심사관은 제66조에 따른 특허결정을 할 때에 특허출원서에 첨부된 명세서, 도면 또는 요약서에 명백히 잘못 기재된 내용이 있으면 직권으로 보정(이하 "직권보정"이라 한다)할 수 있다.
② 제1항에 따라 심사관이 직권보정을 하려면 제67조제2항에 따른 특허결정의 등본 송달과 함께 그 직권보정 사항을 특허출원인에게 알려야 한다.
③ 특허출원인은 직권보정 사항의 전부 또는 일부를 받아들일 수 없으면 제79조제1항에 따라 특허료를 낼 때까지 그 직권보정 사항에 대한 의견서를 특허청장에게 제출하여야 한다.
④ 특허출원인이 제3항에 따라 의견서를 제출한 경우 해당 직권보정 사항의 전부 또는 일부는 처음부터 없었던 것으로 본다.
⑤ 명백히 잘못 기재된 것이 아닌 사항에 대하여 제1항에 따라 직권보정이 이루어진 경우 그 직권보정은 처음부터 없었던 것으로 본다. [전문개정 2014.6.11.]

제67조(특허여부결정의 방식) ① 특허결정 및 특허거절결정(이하 "특허여부결정"이라 한다)은 서면으로 하여야 하며, 그 이유를 붙여야 한다.
② 특허청장은 특허여부결정이 있는 경우에는 그 결정의 등본을 특허출원인에게 송달하여야 한다. [전문개정 2014.6.11.]

제67조의2(재심사의 청구) ① 특허출원인은 그 특허출원에 관하여 특허거절결정등본을 송달받은 날부터 30일(제15조제1항에 따라 제132조의3에 따른 기간이 연장된 경우 그 연장된 기간을 말한다) 이내에 그 특허출원의 명세서 또는 도면을 보정하여 해당 특허출원에 관한 재심사(이하 "재심사"라 한다)를 청구할 수 있다. 다만, 재심사를 청구할 때에 이미 재심사에 따른 특허거절결정이 있거나 제132조의3에 따른 심판청구가 있는 경우에는 그러하지 아니하다.
② 특허출원인은 제1항에 따른 재심사의 청구와 함께 의견서를 제출할 수 있다.
③ 제1항에 따라 재심사가 청구된 경우 그 특허출원에 대하여 종전에 이루어진 특허거절결정은 취소된 것으로 본다. 다만, 재심사의 청구절차가 제16조제1항에 따라 무효로 된 경우에는 그러하지 아니하다.
④ 제1항에 따른 재심사의 청구는 취하할 수 없다. [전문개정 2014.6.11.]

제67조의3(특허출원의 회복) ① 특허출원인이 책임질 수 없는 사유로 다음 각 호의 어느 하나에

해당하는 기간을 지키지 못하여 특허출원이 취하되거나 특허거절결정이 확정된 것으로 인정되는 경우에는 그 사유가 소멸한 날부터 2개월 이내에 출원심사의 청구 또는 재심사의 청구를 할 수 있다. 다만, 그 기간의 만료일부터 1년이 지난 때에는 그러하지 아니하다.

1. 제59조제2항 또는 제3항에 따라 출원심사의 청구를 할 수 있는 기간
2. 제67조의2제1항에 따라 재심사의 청구를 할 수 있는 기간

② 제1항에 따른 출원심사의 청구 또는 재심사의 청구가 있는 경우에는 제59조제5항에도 불구하고 그 특허출원은 취하되지 아니한 것으로 보거나 특허거절결정이 확정되지 아니한 것으로 본다. [본조신설 2013.3.22.]

제68조(심판규정의 심사에의 준용) 특허출원의 심사에 관하여는 제148조제1호부터 제5호까지 및 제7호를 준용한다. [전문개정 2014.6.11.]

제69조 삭제 <2006.3.3.>

제70조 삭제 <2006.3.3.>

제71조 삭제 <2006.3.3.>

제72조 삭제 <2006.3.3.>

제73조 삭제 <2006.3.3.>

제74조 삭제 <2006.3.3.>

제75조 삭제 <2006.3.3.>

제76조 삭제 <2006.3.3.>

제77조 삭제 <2006.3.3.>

제78조(심사 또는 소송절차의 중지) ① 특허출원의 심사에 필요한 경우에는 심결이 확정될 때까지 또는 소송절차가 완결될 때까지 그 심사절차를 중지할 수 있다.

② 법원은 소송에 필요한 경우에는 특허출원에 대한 특허여부결정이 확정될 때까지 그 소송절차를 중지할 수 있다.

③ 제1항 및 제2항에 따른 중지에 대해서는 불복할 수 없다. [전문개정 2014.6.11.]

제78조의2 삭제 <2006.3.3.>

제 4 장 특허료 및 특허등록 등 〈개정 2014.6.11.〉

제79조(특허료) ① 제87조제1항에 따른 특허권의 설정등록을 받으려는 자는 설정등록을 받으려는 날(이하 "설정등록일"이라 한다)부터 3년분의 특허료를 내야 하고, 특허권자는 그 다음 해부터의 특허료를 해당 권리의 설정등록일에 해당하는 날을 기준으로 매년 1년분씩 내야 한다.

② 제1항에도 불구하고 특허권자는 그 다음 해부터의 특허료는 그 납부연도 순서에 따라 수년분 또는 모든 연도분을 함께 낼 수 있다.

③ 제1항 및 제2항에 따른 특허료, 그 납부방법 및 납부기간, 그 밖에 필요한 사항은 산업통상자원부령으로 정한다. [전문개정 2014.6.11.]

제80조(이해관계인에 의한 특허료의 납부) ① 이해관계인은 특허료를 내야 할 자의 의사와 관계없이 특허료를 낼 수 있다.

② 이해관계인은 제1항에 따라 특허료를 낸 경우에는 내야 할 자가 현재 이익을 얻는 한도에서

그 비용의 상환을 청구할 수 있다. [전문개정 2014.6.11.]

제81조(특허료의 추가납부 등) ① 특허권의 설정등록을 받으려는 자 또는 특허권자는 제79조제3항에 따른 납부기간이 지난 후에도 6개월 이내(이하 "추가납부기간"이라 한다)에 특허료를 추가로 낼 수 있다.

② 제1항에 따라 특허료를 추가로 낼 때에는 내야 할 특허료의 2배의 범위에서 산업통상자원부령으로 정하는 금액을 납부하여야 한다.

③ 추가납부기간에 특허료를 내지 아니한 경우(추가납부기간이 끝나더라도 제81조의2제2항에 따른 보전기간이 끝나지 아니한 경우에는 그 보전기간에 보전하지 아니한 경우를 말한다)에는 특허권의 설정등록을 받으려는 자의 특허출원은 포기한 것으로 보며, 특허권자의 특허권은 제79조제1항 또는 제2항에 따라 낸 특허료에 해당되는 기간이 끝나는 날의 다음 날로 소급하여 소멸된 것으로 본다. [전문개정 2014.6.11.]

제81조의2(특허료의 보전) ① 특허청장은 특허권의 설정등록을 받으려는 자 또는 특허권자가 제79조제3항 또는 제81조제1항에 따른 기간에 특허료의 일부를 내지 아니한 경우에는 특허료의 보전(補塡)을 명하여야 한다.

② 제1항에 따라 보전명령을 받은 자는 그 보전명령을 받은 날부터 1개월 이내(이하 "보전기간"이라 한다)에 특허료를 보전할 수 있다.

③ 제2항에 따라 특허료를 보전하는 자는 내지 아니한 금액의 2배의 범위에서 산업통상자원부령으로 정한 금액을 내야 한다. [전문개정 2014.6.11.]

제81조의3(특허료의 추가납부 또는 보전에 의한 특허출원과 특허권의 회복 등) ① 특허권의 설정등록을 받으려는 자 또는 특허권자가 책임질 수 없는 사유로 추가납부기간에 특허료를 내지 아니하였거나 보전기간에 보전하지 아니한 경우에는 그 사유가 소멸한 날부터 2개월 이내에 그 특허료를 내거나 보전할 수 있다. 다만, 추가납부기간의 만료일 또는 보전기간의 만료일 중 늦은 날부터 1년이 지난 때에는 그러하지 아니하다.

② 제1항에 따라 특허료를 내거나 보전한 자는 제81조제3항에도 불구하고 그 특허출원을 포기하지 아니한 것으로 보며, 그 특허권은 계속하여 존속하고 있던 것으로 본다.

③ 추가납부기간에 특허료를 내지 아니하였거나 보전기간에 보전하지 아니하여 특허발명의 특허권이 소멸한 경우 그 특허권자는 추가납부기간 또는 보전기간 만료일부터 3개월 이내에 제79조에 따른 특허료의 2배를 내고, 그 소멸한 권리의 회복을 신청할 수 있다. 이 경우 그 특허권은 계속하여 존속하고 있던 것으로 본다.

④ 제2항 또는 제3항에 따른 특허출원 또는 특허권의 효력은 추가납부기간 또는 보전기간이 지난 날부터 특허료를 내거나 보전한 날까지의 기간(이하 이 조에서 "효력제한기간"이라 한다) 중에 타인이 특허출원된 발명 또는 특허발명을 실시한 행위에 대해서는 그 효력이 미치지 아니한다.

⑤ 효력제한기간 중 국내에서 선의로 제2항 또는 제3항에 따른 특허출원된 발명 또는 특허발명을 업으로 실시하거나 이를 준비하고 있는 자는 그 실시하거나 준비하고 있는 발명 및 사업목적의 범위에서 그 특허출원된 발명 또는 특허발명에 대한 특허권에 대하여 통상실시권을 가진다.

⑥ 제5항에 따라 통상실시권을 가진 자는 특허권자 또는 전용실시권자에게 상당한 대가를 지급하여야 한다.

⑦ 제1항 본문에 따른 납부나 보전 또는 제3항 전단에 따른 신청에 필요한 사항은 산업통상자원부령으로 정한다. [전문개정 2014.6.11.] [시행일:2014.6.11.] 제81조의3제3항
[시행일:2015.1.1.] 제81조의3

제82조(수수료) ① 특허에 관한 절차를 밟는 자는 수수료를 내야 한다.

② 특허출원인이 아닌 자가 출원심사의 청구를 한 후 그 특허출원서에 첨부한 명세서를 보정하여 청구범위에 적은 청구항의 수가 증가한 경우에는 그 증가한 청구항에 관하여 내야 할 심사청구료는 특허출원인이 내야 한다.
③ 제1항에 따른 수수료, 그 납부방법 및 납부기간, 그 밖에 필요한 사항은 산업통상자원부령으로 정한다. [전문개정 2014.6.11.]

第83조(특허료 또는 수수료의 감면) ① 특허청장은 다음 각 호의 어느 하나에 해당하는 특허료 및 수수료는 제79조 및 제82조에도 불구하고 면제한다.

1. 국가에 속하는 특허출원 또는 특허권에 관한 수수료 또는 특허료
2. 제133조제1항, 제134조제1항·제2항 또는 제137조제1항에 따른 심사관의 무효심판청구에 대한 수수료

② 특허청장은 「국민기초생활 보장법」 제 5 조에 따른 수급권자 또는 산업통상자원부령으로 정하는 자가 한 특허출원 또는 그 특허출원하여 받은 특허권에 대해서는 제79조 및 제82조에도 불구하고 산업통상자원부령으로 정하는 특허료 및 수수료를 감면할 수 있다.
③ 제2항에 따라 특허료 및 수수료를 감면받으려는 자는 산업통상자원부령으로 정하는 서류를 특허청장에게 제출하여야 한다. [전문개정 2014.6.11.]

第84조(특허료 등의 반환) ① 납부된 특허료 및 수수료는 다음 각 호의 어느 하나에 해당하는 경우에만 납부한 자의 청구에 의하여 반환한다. <개정 2015.5.18.>

1. 잘못 납부된 특허료 및 수수료
2. 특허를 무효로 한다는 심결이 확정된 해의 다음 해부터의 특허료 해당분
3. 특허권의 존속기간의 연장등록을 무효로 한다는 심결이 확정된 해의 다음 해부터의 특허료 해당분
4. 특허출원(분할출원, 변경출원 및 제61조에 따른 우선심사의 신청을 한 특허출원은 제외한다) 후 1개월 이내에 그 특허출원을 취하하거나 포기한 경우에 이미 낸 수수료 중 특허출원료 및 특허출원의 우선권 주장 신청료
5. 출원심사의 청구를 한 이후 다음 각 목 중 어느 하나가 있기 전까지 특허출원을 취하(제53조제4항 또는 제56조제1항 본문에 따라 취하된 것으로 보는 경우를 포함한다)하거나 포기한 경우 이미 낸 심사청구료
   가. 제36조제6항에 따른 협의 결과 신고 명령(동일인에 의한 특허출원에 한정한다)
   나. 제58조제1항에 따라 의뢰된 선행기술의 조사업무에 대한 결과 통지
   다. 제63조에 따른 거절이유통지
   라. 제67조제2항에 따른 특허결정의 등본 송달

② 특허청장은 납부된 특허료 및 수수료가 제1항 각 호의 어느 하나에 해당하는 경우에는 그 사실을 납부한 자에게 통지하여야 한다.
③ 제1항에 따른 특허료 및 수수료의 반환청구는 제2항에 따른 통지를 받은 날부터 3년이 지나면 할 수 없다. [전문개정 2014.6.11.]

第85조(특허원부) ① 특허청장은 특허청에 특허원부를 갖추어 두고 다음 각 호의 사항을 등록한다.

1. 특허권의 설정·이전·소멸·회복·처분의 제한 또는 존속기간의 연장
2. 전용실시권 또는 통상실시권의 설정·보존·이전·변경·소멸 또는 처분의 제한
3. 특허권·전용실시권 또는 통상실시권을 목적으로 하는 질권의 설정·이전·변경·소멸 또는 처분의 제한

② 제1항에 따른 특허원부는 그 전부 또는 일부를 전자적 기록매체 등으로 작성할 수 있다.

③ 제1항 및 제2항에서 규정한 사항 외에 등록사항 및 등록절차 등에 관하여 필요한 사항은 대통령령으로 정한다.
④ 특허발명의 명세서 및 도면, 그 밖에 대통령령으로 정하는 서류는 특허원부의 일부로 본다. [전문개정 2014.6.11.]

第86조(특허증의 발급) ① 특허청장은 특허권의 설정등록을 한 경우에는 산업통상자원부령으로 정하는 바에 따라 특허권자에게 특허증을 발급하여야 한다.
② 특허청장은 특허증이 특허원부나 그 밖의 서류와 맞지 아니하면 신청에 따라 또는 직권으로 특허증을 회수하여 정정발급하거나 새로운 특허증을 발급하여야 한다.
③ 특허청장은 제136조제1항에 따른 정정심판의 심결이 확정된 경우에는 그 심결에 따라 새로운 특허증을 발급하여야 한다. [전문개정 2014.6.11.]

제 5 장 특허권 〈개정 2014.6.11.〉

第87조(특허권의 설정등록 및 등록공고) ① 특허권은 설정등록에 의하여 발생한다.
② 특허청장은 다음 각 호의 어느 하나에 해당하는 경우에는 특허권을 설정하기 위한 등록을 하여야 한다.
1. 제79조제1항에 따라 특허료를 냈을 때
2. 제81조제1항에 따라 특허료를 추가로 냈을 때
3. 제81조의2제2항에 따라 특허료를 보전하였을 때
4. 제81조의3제1항에 따라 특허료를 내거나 보전하였을 때
5. 제83조제1항제1호 및 같은 조 제2항에 따라 그 특허료가 면제되었을 때

③ 특허청장은 제2항에 따라 등록한 경우에는 특허권자의 성명·주소 및 특허번호 등 대통령령으로 정하는 사항을 특허공보에 게재하여 등록공고를 하여야 한다.
④ 비밀취급이 필요한 특허발명에 대해서는 그 발명의 비밀취급이 해제될 때까지 그 특허의 등록공고를 보류하여야 하며, 그 발명의 비밀취급이 해제된 경우에는 지체 없이 제3항에 따라 등록공고를 하여야 한다.
⑤ 특허청장은 등록공고가 있는 날부터 3개월 동안 출원서류 및 그 부속물건을 공중이 열람할 수 있도록 하여야 한다. [전문개정 2014.6.11.]

第88조(특허권의 존속기간) ① 특허권의 존속기간은 제87조제1항에 따라 특허권을 설정등록한 날부터 특허출원일 후 20년이 되는 날까지로 한다.
② 정당한 권리자의 특허출원이 제34조 또는 제35조에 따라 특허된 경우에는 제1항의 특허권의 존속기간은 무권리자의 특허출원일의 다음 날부터 기산한다. [전문개정 2014.6.11.]

第89조(허가등에 따른 특허권의 존속기간의 연장) ① 특허발명을 실시하기 위하여 다른 법령에 따라 허가를 받거나 등록 등을 하여야 하고, 그 허가 또는 등록 등(이하 "허가등"이라 한다)을 위하여 필요한 유효성·안전성 등의 시험으로 인하여 장기간이 소요되는 대통령령으로 정하는 발명인 경우에는 제88조제1항에도 불구하고 그 실시할 수 없었던 기간에 대하여 5년의 기간까지 그 특허권의 존속기간을 한 차례만 연장할 수 있다.
② 제1항을 적용할 때 허가등을 받은 자에게 책임있는 사유로 소요된 기간은 제1항의 "실시할 수 없었던 기간"에 포함되지 아니한다. [전문개정 2014.6.11.]

第90조(허가등에 따른 특허권의 존속기간의 연장등록출원) ① 제89조제1항에 따라 특허권의 존속기간의 연장등록출원을 하려는 자(이하 이 조 및 제91조에서 "연장등록출원인"이라 한다)는

다음 각 호의 사항을 적은 특허권의 존속기간의 연장등록출원서를 특허청장에게 제출하여야 한다.

1. 연장등록출원인의 성명 및 주소(법인인 경우에는 그 명칭 및 영업소의 소재지)
2. 연장등록출원인의 대리인이 있는 경우에는 그 대리인의 성명 및 주소나 영업소의 소재지 [대리인이 특허법인·특허법인(유한)인 경우에는 그 명칭, 사무소의 소재지 및 지정된 변리사의 성명]
3. 연장대상특허권의 특허번호 및 연장대상청구범위의 표시
4. 연장신청의 기간
5. 제89조제1항에 따른 허가등의 내용
6. 산업통상자원부령으로 정하는 연장이유(이를 증명할 수 있는 자료를 첨부하여야 한다)

② 제1항에 따른 특허권의 존속기간의 연장등록출원은 제89조제1항에 따른 허가등을 받은 날부터 3개월 이내에 출원하여야 한다. 다만, 제88조에 따른 특허권의 존속기간의 만료 전 6개월 이후에는 그 특허권의 존속기간의 연장등록출원을 할 수 없다.

③ 특허권이 공유인 경우에는 공유자 모두가 공동으로 특허권의 존속기간의 연장등록출원을 하여야 한다.

④ 제1항에 따른 특허권의 존속기간의 연장등록출원이 있으면 그 존속기간은 연장된 것으로 본다. 다만, 그 출원에 관하여 제91조의 연장등록거절결정이 확정된 경우에는 그러하지 아니하다.

⑤ 특허청장은 제1항에 따른 특허권의 존속기간의 연장등록출원이 있으면 제1항 각 호의 사항을 특허공보에 게재하여야 한다.

⑥ 연장등록출원인은 특허청장이 연장등록여부결정등본을 송달하기 전까지 연장등록출원서에 적혀 있는 사항 중 제1항제3호부터 제6호까지의 사항(제3호 중 연장대상특허권의 특허번호는 제외한다)에 대하여 보정할 수 있다. 다만, 제93조에 따라 준용되는 거절이유통지를 받은 후에는 해당 거절이유통지에 따른 의견서 제출기간에만 보정할 수 있다. [전문개정 2014.6.11.]

제91조(허가등에 따른 특허권의 존속기간의 연장등록거절결정) 심사관은 제90조에 따른 특허권의 존속기간의 연장등록출원이 다음 각 호의 어느 하나에 해당하는 경우에는 그 출원에 대하여 연장등록거절결정을 하여야 한다.

1. 그 특허발명의 실시가 제89조제1항에 따른 허가등을 받을 필요가 있는 것으로 인정되지 아니하는 경우
2. 그 특허권자 또는 그 특허권의 전용실시권이나 등록된 통상실시권을 가진 자가 제89조제1항에 따른 허가등을 받지 아니한 경우
3. 연장신청의 기간이 제89조에 따라 인정되는 그 특허발명을 실시할 수 없었던 기간을 초과하는 경우
4. 연장등록출원인이 해당 특허권자가 아닌 경우
5. 제90조제3항을 위반하여 연장등록출원을 한 경우 [전문개정 2014.6.11.]

제92조(허가등에 따른 특허권의 존속기간의 연장등록결정 등) ① 심사관은 제90조에 따른 특허권의 존속기간의 연장등록출원에 대하여 제91조 각 호의 어느 하나에 해당하는 사유를 발견할 수 없을 때에는 연장등록결정을 하여야 한다.

② 특허청장은 제1항에 따른 연장등록결정을 한 경우에는 특허권의 존속기간의 연장을 특허원부에 등록하여야 한다.

③ 특허청장은 제2항에 따른 등록을 한 경우에는 다음 각 호의 사항을 특허공보에 게재하여야 한다.

1. 특허권자의 성명 및 주소(법인인 경우에는 그 명칭 및 영업소의 소재지)
2. 특허번호

3. 연장등록의 연월일
4. 연장기간
5. 제89조제1항에 따른 허가등의 내용 [전문개정 2014.6.11.]

제92조의2(등록지연에 따른 특허권의 존속기간의 연장) ① 특허출원에 대하여 특허출원일부터 4년과 출원심사 청구일부터 3년 중 늦은 날보다 지연되어 특허권의 설정등록이 이루어지는 경우에는 제88조제1항에도 불구하고 그 지연된 기간만큼 해당 특허권의 존속기간을 연장할 수 있다.
② 제1항의 규정을 적용함에 있어서 출원인으로 인하여 지연된 기간은 제1항에 따른 특허권의 존속기간의 연장에서 제외된다. 다만, 출원인으로 인하여 지연된 기간이 겹치는 경우에는 특허권의 존속기간의 연장에서 제외되는 기간은 출원인으로 인하여 실제 지연된 기간을 초과하여서는 아니된다.
③ 제2항에서 "출원인으로 인하여 지연된 기간"에 관한 사항은 대통령령으로 정한다.
④ 제1항에 따라 특허출원일부터 4년을 기산할 때에는 제34조, 제35조, 제52조제2항, 제53조제2항, 제199조제1항 및 제214조제4항에도 불구하고 다음 각 호에 해당하는 날을 특허출원일로 본다.
1. 제34조 또는 제35조에 따른 정당한 권리자의 특허출원의 경우에는 정당한 권리자가 출원을 한 날
2. 제52조에 따른 분할출원의 경우에는 분할출원을 한 날
3. 제53조에 따른 변경출원의 경우에는 변경출원을 한 날
4. 제199조제1항에 따라 특허출원으로 보는 국제출원의 경우에는 제203조제1항 각 호의 사항을 기재한 서면을 제출한 날
5. 제214조에 따라 특허출원으로 보는 국제출원의 경우에는 국제출원의 출원인이 제214조제1항에 따라 결성을 신청한 날
6. 제1호부터 제5호까지의 규정 중 어느 하나에 해당되지 아니하는 특허출원에 대하여는 그 특허출원일 [본조신설 2011.12.2.]

제92조의3(등록지연에 따른 특허권의 존속기간의 연장등록출원) ① 제92조의2에 따라 특허권의 존속기간의 연장등록출원을 하려는 자(이하 이 조 및 제92조의4에서 "연장등록출원인"이라 한다)는 다음 각 호의 사항을 적은 특허권의 존속기간의 연장등록출원서를 특허청장에게 제출하여야 한다. <개정 2013.3.23., 2013.7.30.>
1. 연장등록출원인의 성명 및 주소(법인인 경우에는 그 명칭 및 영업소의 소재지)
2. 연장등록출원인의 대리인이 있는 경우에는 그 대리인의 성명 및 주소나 영업소의 소재지(대리인이 특허법인·특허법인(유한)인 경우에는 그 명칭, 사무소의 소재지 및 지정된 변리사의 성명)
3. 연장 대상 특허권의 특허번호
4. 연장신청의 기간
5. 산업통상자원부령이 정하는 연장이유(이를 증명할 수 있는 자료를 첨부하여야 한다)

② 제1항에 따른 특허권의 존속기간의 연장등록출원은 특허권의 설정등록일부터 3개월 이내에 출원하여야 한다.
③ 특허권이 공유인 경우에는 공유자 전원이 공동으로 특허권의 존속기간의 연장등록출원을 하여야 한다.
④ 연장등록출원인은 심사관이 특허권의 존속기간의 연장등록 여부결정 전까지 연장등록출원서에 기재된 사항 중 제1항제4호 및 제5호의 사항에 대하여 보정할 수 있다. 다만, 제93조에 따라 준용되는 거절이유통지를 받은 후에는 해당 거절이유통지에 따른 의견서 제출기간에만 보정할 수 있다. [본조신설 2011.12.2.]

제92조의4(등록지연에 따른 특허권의 존속기간의 연장등록거절결정) 심사관은 제92조의3에 따른 특허권의 존속기간의 연장등록출원이 다음 각 호의 어느 하나에 해당하는 경우에는 그 출원에 대하여 연장등록거절결정을 하여야 한다.

1. 연장신청의 기간이 제92조의2에 따라 인정되는 연장의 기간을 초과한 경우
2. 연장등록출원인이 해당 특허권자가 아닌 경우
3. 제92조의3제3항을 위반하여 연장등록출원을 한 경우 [본조신설 2011.12.2.]

제92조의5(등록지연에 따른 특허권의 존속기간의 연장등록결정 등) ① 심사관은 제92조의3에 따른 특허권의 존속기간의 연장등록출원에 대하여 제92조의4 각 호의 어느 하나에 해당하는 사유를 발견할 수 없는 경우에는 연장등록결정을 하여야 한다.

② 특허청장은 제1항의 연장등록결정이 있으면 특허권의 존속기간의 연장을 특허원부에 등록하여야 한다.

③ 제2항에 따른 등록이 있으면 다음 각 호의 사항을 특허공보에 게재하여야 한다.

1. 특허권자의 성명 및 주소(법인인 경우에는 그 명칭 및 영업소의 소재지)
2. 특허번호
3. 연장등록 연월일
4. 연장 기간 [본조신설 2011.12.2.]

제93조(준용규정) 특허권의 존속기간의 연장등록출원의 심사에 관하여는 제57조제1항, 제63조, 제67조, 제148조제1호부터 제5호까지 및 같은 조 제7호를 준용한다. [전문개정 2011.12.2.]

제94조(특허권의 효력) 특허권자는 업으로서 특허발명을 실시할 권리를 독점한다. 다만, 그 특허권에 관하여 전용실시권을 설정하였을 때에는 제100조제2항에 따라 전용실시권자가 그 특허발명을 실시할 권리를 독점하는 범위에서는 그러하지 아니하다. [전문개정 2014.6.11.]

제95조(허가등에 따른 존속기간이 연장된 경우의 특허권의 효력) 제90조제4항에 따라 특허권의 존속기간이 연장된 특허권의 효력은 그 연장등록의 이유가 된 허가등의 대상물건(그 허가등에 있어 물건에 대하여 특정의 용도가 정하여져 있는 경우에는 그 용도에 사용되는 물건)에 관한 그 특허발명의 실시 행위에만 미친다. [전문개정 2014.6.11.]

제96조(특허권의 효력이 미치지 아니하는 범위) ① 특허권의 효력은 다음 각 호의 어느 하나에 해당하는 사항에는 미치지 아니한다.

1. 연구 또는 시험(「약사법」에 따른 의약품의 품목허가·품목신고 및 「농약관리법」에 따른 농약의 등록을 위한 연구 또는 시험을 포함한다)을 하기 위한 특허발명의 실시
2. 국내를 통과하는데 불과한 선박·항공기·차량 또는 이에 사용되는 기계·기구·장치, 그 밖의 물건
3. 특허출원을 한 때부터 국내에 있는 물건

② 둘 이상의 의약[사람의 질병의 진단·경감·치료·처치(處置) 또는 예방을 위하여 사용되는 물건을 말한다. 이하 같다]이 혼합되어 제조되는 의약의 발명 또는 둘 이상의 의약을 혼합하여 의약을 제조하는 방법의 발명에 관한 특허권의 효력은 「약사법」에 따른 조제행위와 그 조제에 의한 의약에는 미치지 아니한다. [전문개정 2014.6.11.]

제97조(특허발명의 보호범위) 특허발명의 보호범위는 청구범위에 적혀 있는 사항에 의하여 정하여진다. [전문개정 2014.6.11.]

제98조(타인의 특허발명 등과의 관계) 특허권자·전용실시권자 또는 통상실시권자는 특허발명이 그 특허발명의 특허출원일 전에 출원된 타인의 특허발명·등록실용신안 또는 등록디자인이나 그

디자인과 유사한 디자인을 이용하거나 특허권이 그 특허발명의 특허출원일 전에 출원된 타인의 디자인권 또는 상표권과 저촉되는 경우에는 그 특허권자·실용신안권자·디자인권자 또는 상표권자의 허락을 받지 아니하고는 자기의 특허발명을 업으로서 실시할 수 없다. [전문개정 2014.6.11.]

제99조(특허권의 이전 및 공유 등) ① 특허권은 이전할 수 있다.

② 특허권이 공유인 경우에는 각 공유자는 다른 공유자 모두의 동의를 받아야만 그 지분을 양도하거나 그 지분을 목적으로 하는 질권을 설정할 수 있다.

③ 특허권이 공유인 경우에는 각 공유자는 계약으로 특별히 약정한 경우를 제외하고는 다른 공유자의 동의를 받지 아니하고 그 특허발명을 자신이 실시할 수 있다.

④ 특허권이 공유인 경우에는 각 공유자는 다른 공유자 모두의 동의를 받아야만 그 특허권에 대하여 전용실시권을 설정하거나 통상실시권을 허락할 수 있다. [전문개정 2014.6.11.]

제100조(전용실시권) ① 특허권자는 그 특허권에 대하여 타인에게 전용실시권을 설정할 수 있다.

② 전용실시권을 설정받은 전용실시권자는 그 설정행위로 정한 범위에서 그 특허발명을 업으로서 실시할 권리를 독점한다.

③ 전용실시권자는 다음 각 호의 경우를 제외하고는 특허권자의 동의를 받아야만 전용실시권을 이전할 수 있다.

1. 전용실시권을 실시사업(實施事業)과 함께 이전하는 경우
2. 상속이나 그 밖의 일반승계의 경우

④ 전용실시권자는 특허권자의 동의를 받아야만 그 전용실시권을 목적으로 하는 질권을 설정하거나 통상실시권을 허락할 수 있다.

⑤ 전용실시권에 관하여는 제99조제2항부터 제4항까지의 규정을 준용한다.

[전문개정 2014.6.11.]

제101조(특허권 및 전용실시권의 등록의 효력) ① 다음 각 호의 어느 하나에 해당하는 사항은 등록하여야만 효력이 발생한다.

1. 특허권의 이전(상속이나 그 밖의 일반승계에 의한 경우는 제외한다), 포기에 의한 소멸 또는 처분의 제한
2. 전용실시권의 설정·이전(상속이나 그 밖의 일반승계에 의한 경우는 제외한다)·변경·소멸(혼동에 의한 경우는 제외한다) 또는 처분의 제한
3. 특허권 또는 전용실시권을 목적으로 하는 질권의 설정·이전(상속이나 그 밖의 일반승계에 의한 경우는 제외한다)·변경·소멸(혼동에 의한 경우는 제외한다) 또는 처분의 제한

② 제1항 각 호에 따른 특허권·전용실시권 및 질권의 상속이나 그 밖의 일반승계의 경우에는 지체 없이 그 취지를 특허청장에게 신고하여야 한다. [전문개정 2014.6.11.]

제102조(통상실시권) ① 특허권자는 그 특허권에 대하여 타인에게 통상실시권을 허락할 수 있다.

② 통상실시권자는 이 법에 따라 또는 설정행위로 정한 범위에서 특허발명을 업으로서 실시할 수 있는 권리를 가진다.

③ 제107조에 따른 통상실시권은 실시사업과 함께 이전하는 경우에만 이전할 수 있다.

④ 제138조, 「실용신안법」 제32조 또는 「디자인보호법」 제123조에 따른 통상실시권은 그 통상실시권자의 해당 특허권·실용신안권 또는 디자인권과 함께 이전되고, 해당 특허권·실용신안권 또는 디자인권이 소멸되면 함께 소멸된다.

⑤ 제3항 및 제4항에 따른 통상실시권 외의 통상실시권은 실시사업과 함께 이전하는 경우 또는 상속이나 그 밖의 일반승계의 경우를 제외하고는 특허권자(전용실시권에 관한 통상실시권의 경우에는 특허권자 및 전용실시권자)의 동의를 받아야만 이전할 수 있다.

⑥ 제3항 및 제4항에 따른 통상실시권 외의 통상실시권은 특허권자(전용실시권에 관한 통상실시권의 경우에는 특허권자 및 전용실시권자)의 동의를 받아야만 그 통상실시권을 목적으로 하는 질권을 설정할 수 있다.

⑦ 통상실시권에 관하여는 제99조제2항 및 제3항을 준용한다. [전문개정 2014.6.11.]

제103조(선사용에 의한 통상실시권) 특허출원 시에 그 특허출원된 발명의 내용을 알지 못하고 그 발명을 하거나 그 발명을 한 사람으로부터 알게 되어 국내에서 그 발명의 실시사업을 하거나 이를 준비하고 있는 자는 그 실시하거나 준비하고 있는 발명 및 사업목적의 범위에서 그 특허출원된 발명의 특허권에 대하여 통상실시권을 가진다. [전문개정 2014.6.11.]

제104조(무효심판청구 등록 전의 실시에 의한 통상실시권) ① 다음 각 호의 어느 하나에 해당하는 자가 특허 또는 실용신안등록에 대한 무효심판청구의 등록 전에 자기의 특허발명 또는 등록실용신안이 무효사유에 해당하는 것을 알지 못하고 국내에서 그 발명 또는 고안의 실시사업을 하거나 이를 준비하고 있는 경우에는 그 실시하거나 준비하고 있는 발명 또는 고안 및 사업목적의 범위에서 그 특허권에 대하여 통상실시권을 가지거나 특허나 실용신안등록이 무효로 된 당시에 존재하는 특허권의 전용실시권에 대하여 통상실시권을 가진다.

1. 동일한 발명에 대한 둘 이상의 특허 중 그 하나의 특허를 무효로 한 경우 그 무효로 된 특허의 원(原)특허권자
2. 특허발명과 등록실용신안이 동일하여 그 실용신안등록을 무효로 한 경우 그 무효로 된 실용신안등록의 원(原)실용신안권자
3. 특허를 무효로 하고 동일한 발명에 관하여 정당한 권리자에게 특허를 한 경우 그 무효로 된 특허의 원특허권자
4. 실용신안등록을 무효로 하고 그 고안과 동일한 발명에 관하여 정당한 권리자에게 특허를 한 경우 그 무효로 된 실용신안의 원실용신안권자
5. 제1호부터 제4호까지의 경우에 있어서 그 무효로 된 특허권 또는 실용신안권에 대하여 무효심판청구 등록 당시에 이미 전용실시권이나 통상실시권 또는 그 전용실시권에 대한 통상실시권을 취득하고 등록을 받은 자. 다만, 제118조제2항에 따른 통상실시권을 취득한 자는 등록을 필요로 하지 아니한다.

② 제1항에 따라 통상실시권을 가진 자는 특허권자 또는 전용실시권자에게 상당한 대가를 지급하여야 한다. [전문개정 2014.6.11.]

제105조(디자인권의 존속기간 만료 후의 통상실시권) ① 특허출원일 전 또는 특허출원일과 같은 날에 출원되어 등록된 디자인권이 그 특허권과 저촉되는 경우 그 디자인권의 존속기간이 만료될 때에는 그 디자인권자는 그 디자인권의 범위에서 그 특허권에 대하여 통상실시권을 가지거나 그 디자인권의 존속기간 만료 당시 존재하는 그 특허권의 전용실시권에 대하여 통상실시권을 가진다.

② 특허출원일 전 또는 특허출원일과 같은 날에 출원되어 등록된 디자인권이 그 특허권과 저촉되는 경우 그 디자인권의 존속기간이 만료될 때에는 다음 각 호의 어느 하나에 해당하는 권리를 가진 자는 원(原)권리의 범위에서 그 특허권에 대하여 통상실시권을 가지거나 그 디자인권의 존속기간 만료 당시 존재하는 그 특허권의 전용실시권에 대하여 통상실시권을 가진다.

1. 그 디자인권의 존속기간 만료 당시 존재하는 그 디자인권에 대한 전용실시권
2. 그 디자인권이나 그 디자인권에 대한 전용실시권에 대하여 「디자인보호법」 제104조제1항에 따라 효력이 발생한 통상실시권

③ 제2항에 따라 통상실시권을 가진 자는 특허권자 또는 전용실시권자에게 상당한 대가를 지급하여야 한다. [전문개정 2014.6.11.]

제106조(특허권의 수용) ① 정부는 특허발명이 전시, 사변 또는 이에 준하는 비상시에 국방상 필요한 경우에는 특허권을 수용할 수 있다.
② 특허권이 수용되는 경우에는 그 특허발명에 관한 특허권 외의 권리는 소멸된다.
③ 정부는 제1항에 따라 특허권을 수용하는 경우에는 특허권자, 전용실시권자 또는 통상실시권자에 대하여 정당한 보상금을 지급하여야 한다.
④ 특허권의 수용 및 보상금의 지급에 필요한 사항은 대통령령으로 정한다.
[전문개정 2014.6.11.]

제106조의2(정부 등에 의한 특허발명의 실시) ① 정부는 특허발명이 국가 비상사태, 극도의 긴급상황 또는 공공의 이익을 위하여 비상업적(非商業的)으로 실시할 필요가 있다고 인정하는 경우에는 그 특허발명을 실시하거나 정부 외의 자에게 실시하게 할 수 있다.
② 정부 또는 제1항에 따른 정부 외의 자는 타인의 특허권이 존재한다는 사실을 알았거나 알 수 있을 때에는 제1항에 따른 실시 사실을 특허권자, 전용실시권자 또는 통상실시권자에게 신속하게 알려야 한다.
③ 정부 또는 제1항에 따른 정부 외의 자는 제1항에 따라 특허발명을 실시하는 경우에는 특허권자, 전용실시권자 또는 통상실시권자에게 정당한 보상금을 지급하여야 한다.
④ 특허발명의 실시 및 보상금의 지급에 필요한 사항은 대통령령으로 정한다.
[전문개정 2014.6.11.]

제107조(통상실시권 설정의 재정) ① 특허발명을 실시하려는 자는 특허발명이 다음 각 호의 어느 하나에 해당하고, 그 특허발명의 특허권자 또는 전용실시권자와 합리적인 조건으로 통상실시권 허락에 관한 협의(이하 이 조에서 "협의"라 한다)를 하였으나 합의가 이루어지지 아니하는 경우 또는 협의를 할 수 없는 경우에는 특허청장에게 통상실시권 설정에 관한 재정(裁定)(이하 "재정"이라 한다)을 청구할 수 있다. 다만, 공공의 이익을 위하여 비상업적으로 실시하려는 경우와 제4호에 해당하는 경우에는 협의 없이도 재정을 청구할 수 있다.

1. 특허발명이 천재지변이나 그 밖의 불가항력 또는 대통령령으로 정하는 정당한 이유 없이 계속하여 3년 이상 국내에서 실시되고 있지 아니한 경우
2. 특허발명이 정당한 이유 없이 계속하여 3년 이상 국내에서 상당한 영업적 규모로 실시되고 있지 아니하거나 적당한 정도와 조건으로 국내수요를 충족시키지 못한 경우
3. 특허발명의 실시가 공공의 이익을 위하여 특히 필요한 경우
4. 사법적 절차 또는 행정적 절차에 의하여 불공정거래행위로 판정된 사항을 바로잡기 위하여 특허발명을 실시할 필요가 있는 경우
5. 자국민 다수의 보건을 위협하는 질병을 치료하기 위하여 의약품(의약품 생산에 필요한 유효성분, 의약품 사용에 필요한 진단키트를 포함한다)을 수입하려는 국가(이하 이 조에서 "수입국"이라 한다)에 그 의약품을 수출할 수 있도록 특허발명을 실시할 필요가 있는 경우

② 특허출원일부터 4년이 지나지 아니한 특허발명에 관하여는 제1항제1호 및 제2호를 적용하지 아니한다.
③ 특허청장은 재정을 하는 경우 청구별로 통상실시권 설정의 필요성을 검토하여야 한다.
④ 특허청장은 제1항제1호부터 제3호까지 또는 제5호에 따른 재정을 하는 경우 재정을 받는 자에게 다음 각 호의 조건을 붙여야 한다.

1. 제1항제1호부터 제3호까지의 규정에 따른 재정의 경우에는 통상실시권을 국내수요충족을 위한 공급을 주목적으로 실시할 것
2. 제1항제5호에 따른 재정의 경우에는 생산된 의약품 전량을 수입국에 수출할 것

⑤ 특허청장은 재정을 하는 경우 상당한 대가가 지급될 수 있도록 하여야 한다. 이 경우 제1항제4호 또는 제5호에 따른 재정을 하는 경우에는 다음 각 호의 사항을 대가 결정에 고려할 수 있다.
1. 제1항제4호에 따른 재정의 경우에는 불공정거래행위를 바로잡기 위한 취지
2. 제1항제5호에 따른 재정의 경우에는 그 특허발명을 실시함으로써 발생하는 수입국에서의 경제적 가치

⑥ 반도체 기술에 대해서는 제1항제3호(공공의 이익을 위하여 비상업적으로 실시하는 경우만 해당한다) 또는 제4호의 경우에만 재정을 청구할 수 있다.

⑦ 수입국은 세계무역기구회원국 중 세계무역기구에 다음 각 호의 사항을 통지한 국가 또는 세계무역기구회원국이 아닌 국가 중 대통령령으로 정하는 국가로서 다음 각 호의 사항을 대한민국 정부에 통지한 국가의 경우만 해당한다.
1. 수입국이 필요로 하는 의약품의 명칭과 수량
2. 국제연합총회의 결의에 따른 최빈개발도상국이 아닌 경우 해당 의약품의 생산을 위한 제조능력이 없거나 부족하다는 수입국의 확인
3. 수입국에서 해당 의약품이 특허된 경우 강제적인 실시를 허락하였거나 허락할 의사가 있다는 그 국가의 확인

⑧ 제1항제5호에 따른 의약품은 다음 각 호의 어느 하나에 해당하는 것으로 한다.
1. 특허된 의약품
2. 특허된 제조방법으로 생산된 의약품
3. 의약품 생산에 필요한 특허된 유효성분
4. 의약품 사용에 필요한 특허된 진단키트

⑨ 재정을 청구하는 자가 제출하여야 하는 서류, 그 밖에 재정에 관하여 필요한 사항은 대통령령으로 정한다. [전문개정 2014.6.11.]

제108조(답변서의 제출) 특허청장은 재정의 청구가 있으면 그 청구서의 부본(副本)을 그 청구에 관련된 특허권자·전용실시권자, 그 밖에 그 특허에 관하여 등록을 한 권리를 가지는 자에게 송달하고, 기간을 정하여 답변서를 제출할 수 있는 기회를 주어야 한다. [전문개정 2014.6.11.]

제109조(산업재산권분쟁조정위원회 및 관계 부처의 장의 의견청취) 특허청장은 재정을 할 때 필요하다고 인정하는 경우에는 「발명진흥법」 제41조에 따른 산업재산권분쟁조정위원회 및 관계 부처의 장의 의견을 들을 수 있고, 관계 행정기관이나 관계인에게 협조를 요청할 수 있다. [전문개정 2014.6.11.]

제110조(재정의 방식 등) ① 재정은 서면으로 하고, 그 이유를 구체적으로 적어야 한다.

② 제1항에 따른 재정에는 다음 각 호의 사항을 구체적으로 적어야 한다.
1. 통상실시권의 범위 및 기간
2. 대가와 그 지급방법 및 지급시기
3. 제107조제1항제5호에 따른 재정의 경우에는 그 특허발명의 특허권자·전용실시권자 또는 통상실시권자(재정에 따른 경우는 제외한다)가 공급하는 의약품과 외관상 구분할 수 있는 포장·표시 및 재정에서 정한 사항을 공시할 인터넷 주소
4. 그 밖에 재정을 받은 자가 그 특허발명을 실시할 경우 법령 또는 조약에 따른 내용을 이행하기 위하여 필요한 준수사항

③ 특허청장은 정당한 사유가 있는 경우를 제외하고는 재정청구일부터 6개월 이내에 재정에 관한 결정을 하여야 한다.

④ 제107조제1항제5호에 따른 재정청구가 같은 조 제7항 및 제8항에 해당하고 같은 조 제9항에

따른 서류가 모두 제출된 경우에는 특허청장은 정당한 사유가 있는 경우를 제외하고는 통상실시권 설정의 재정을 하여야 한다. [전문개정 2014.6.11.]

제111조(재정서등본의 송달) ① 특허청장은 재정을 한 경우에는 당사자 및 그 특허에 관하여 등록을 한 권리를 가지는 자에게 재정서등본을 송달하여야 한다.

② 제1항에 따라 당사자에게 재정서등본이 송달되었을 때에는 재정서에 적혀 있는 바에 따라 당사자 사이에 협의가 이루어진 것으로 본다. [전문개정 2014.6.11.]

제111조의2(재정서의 변경) ① 재정을 받은 자는 재정서에 적혀 있는 제110조제2항제3호의 사항에 관하여 변경이 필요하면 그 원인을 증명하는 서류를 첨부하여 특허청장에게 변경청구를 할 수 있다.

② 특허청장은 제1항에 따른 청구가 이유있다고 인정되면 재정서에 적혀 있는 사항을 변경할 수 있다. 이 경우 이해관계인의 의견을 들어야 한다.

③ 제2항의 경우에 관하여는 제111조를 준용한다. [전문개정 2014.6.11.]

제112조(대가의 공탁) 제110조제2항제2호에 따른 대가를 지급하여야 하는 자는 다음 각 호의 어느 하나에 해당하는 경우에는 그 대가를 공탁(供託)하여야 한다.

1. 대가를 받을 자가 수령을 거부하거나 수령할 수 없는 경우
2. 대가에 대하여 제190조제1항에 따른 소송이 제기된 경우
3. 해당 특허권 또는 전용실시권을 목적으로 하는 질권이 설정되어 있는 경우. 다만, 질권자의 동의를 받은 경우에는 그러하지 아니하다. [전문개정 2014.6.11.]

제113조(재정의 실효) 재정을 받은 자가 제110조제2항제2호에 따른 지급시기까지 대가(대가를 정기 또는 분할하여 지급할 경우에는 최초의 지급분)를 지급하지 아니하거나 공탁을 하지 아니한 경우에는 그 재정은 효력을 잃는다. [전문개정 2014.6.11.]

제114조(재정의 취소) ① 특허청장은 재정을 받은 자가 다음 각 호의 어느 하나에 해당하는 경우에는 이해관계인의 신청에 따라 또는 직권으로 그 재정을 취소할 수 있다. 다만, 제2호의 경우에는 재정을 받은 통상실시권자의 정당한 이익이 보호될 수 있는 경우로 한정한다.

1. 재정을 받은 목적에 적합하도록 그 특허발명을 실시하지 아니한 경우
2. 통상실시권을 재정한 사유가 없어지고 그 사유가 다시 발생하지 아니할 것이라고 인정되는 경우
3. 정당한 사유 없이 재정서에 적혀 있는 제110조제2항제3호 또는 제4호의 사항을 위반하였을 경우

② 제1항의 경우에 관하여는 제108조·제109조·제110조제1항 및 제111조제1항을 준용한다.

③ 제1항에 따라 재정이 취소되면 통상실시권은 그때부터 소멸된다. [전문개정 2014.6.11.]

제115조(재정에 대한 불복이유의 제한) 재정에 대하여 「행정심판법」에 따라 행정심판을 제기하거나 「행정소송법」에 따라 취소소송을 제기하는 경우에는 그 재정으로 정한 대가는 불복이유로 할 수 없다. [전문개정 2014.6.11.]

제116조 삭제 <2011.12.2.>

제117조 삭제 <2001.2.3.>

제118조(통상실시권의 등록의 효력) ① 통상실시권을 등록한 경우에는 그 등록 후에 특허권 또는 전용실시권을 취득한 자에 대해서도 그 효력이 발생한다.

② 제81조의3제5항, 제103조부터 제105조까지, 제122조, 제182조, 제183조 및 「발명진흥법」 제

10조제1항에 따른 통상실시권은 등록이 없더라도 제1항에 따른 효력이 발생한다.
③ 통상실시권의 이전·변경·소멸 또는 처분의 제한, 통상실시권을 목적으로 하는 질권의 설정·이전·변경·소멸 또는 처분의 제한은 이를 등록하여야만 제3자에게 대항할 수 있다.
[전문개정 2014.6.11.]

제119조(특허권 등의 포기의 제한) ① 특허권자는 다음 각 호의 모두의 동의를 받아야만 특허권을 포기할 수 있다.
1. 전용실시권자
2. 질권자
3. 제100조제4항에 따른 통상실시권자
4. 제102조제1항에 따른 통상실시권자
5. 「발명진흥법」 제10조제1항에 따른 통상실시권자

② 전용실시권자는 질권자 또는 제100조제4항에 따른 통상실시권자의 동의를 받아야만 전용실시권을 포기할 수 있다.
③ 통상실시권자는 질권자의 동의를 받아야만 통상실시권을 포기할 수 있다. [전문개정 2014.6.11.]

제120조(포기의 효과) 특허권·전용실시권 또는 통상실시권을 포기한 때에는 특허권·전용실시권 또는 통상실시권은 그때부터 소멸된다. [전문개정 2014.6.11.]

제121조(질권) 특허권·전용실시권 또는 통상실시권을 목적으로 하는 질권을 설정하였을 때에는 질권자는 계약으로 특별히 정한 경우를 제외하고는 해당 특허발명을 실시할 수 없다. [전문개정 2014.6.11.]

제122조(질권행사로 인한 특허권의 이전에 따른 통상실시권) 특허권자는 특허권을 목적으로 하는 질권설정 이전에 그 특허발명을 실시하고 있는 경우에는 그 특허권이 경매 등에 의하여 이전되더라도 그 특허발명에 대하여 통상실시권을 가진다. 이 경우 특허권자는 경매 등에 의하여 특허권을 이전받은 자에게 상당한 대가를 지급하여야 한다. [전문개정 2014.6.11.]

제123조(질권의 물상대위) 질권은 이 법에 따른 보상금이나 특허발명의 실시에 대하여 받을 대가나 물건에 대해서도 행사할 수 있다. 다만, 그 보상금 등의 지급 또는 인도 전에 압류하여야 한다. [전문개정 2014.6.11.]

제124조(상속인이 없는 경우의 특허권 소멸) 특허권의 상속이 개시된 때 상속인이 없는 경우에는 그 특허권은 소멸된다. [전문개정 2014.6.11.]

제125조(특허실시보고) 특허청장은 특허권자·전용실시권자 또는 통상실시권자에게 특허발명의 실시 여부 및 그 규모 등에 관하여 보고하게 할 수 있다. [전문개정 2014.6.11.]

제125조의2(대가 및 보상금액에 대한 집행권원) 이 법에 따라 특허청장이 정한 대가와 보상금액에 관하여 확정된 결정은 집행력 있는 집행권원(執行權原)과 같은 효력을 가진다. 이 경우 집행력 있는 정본은 특허청 소속 공무원이 부여한다. [전문개정 2014.6.11.]

제 6 장 특허권자의 보호 〈개정 2014.6.11.〉

제126조(권리침해에 대한 금지청구권 등) ① 특허권자 또는 전용실시권자는 자기의 권리를 침해한 자 또는 침해할 우려가 있는 자에 대하여 그 침해의 금지 또는 예방을 청구할 수 있다.
② 특허권자 또는 전용실시권자가 제1항에 따른 청구를 할 때에는 침해행위를 조성한 물건(물건을 생산하는 방법의 발명인 경우에는 침해행위로 생긴 물건을 포함한다)의 폐기, 침해행위에 제

공된 설비의 제거, 그 밖에 침해의 예방에 필요한 행위를 청구할 수 있다. [전문개정 2014.6.11.]

제127조(침해로 보는 행위) 다음 각 호의 구분에 따른 행위를 업으로서 하는 경우에는 특허권 또는 전용실시권을 침해한 것으로 본다.

1. 특허가 물건의 발명인 경우: 그 물건의 생산에만 사용하는 물건을 생산·양도·대여 또는 수입하거나 그 물건의 양도 또는 대여의 청약을 하는 행위
2. 특허가 방법의 발명인 경우: 그 방법의 실시에만 사용하는 물건을 생산·양도·대여 또는 수입하거나 그 물건의 양도 또는 대여의 청약을 하는 행위 [전문개정 2014.6.11.]

제128조(손해액의 추정 등) ① 특허권자 또는 전용실시권자는 고의나 과실로 자기의 특허권 또는 전용실시권을 침해한 자에 대하여 그 침해에 의하여 자기가 입은 손해의 배상을 청구하는 경우 그 권리를 침해한 자가 그 침해행위를 하게 한 물건을 양도하였을 때에는 그 물건의 양도수량에 특허권자 또는 전용실시권자가 그 침해행위가 없었다면 판매할 수 있었던 물건의 단위수량당 이익액을 곱한 금액을 특허권자 또는 전용실시권자가 입은 손해액으로 할 수 있다.

② 제1항에 따라 손해액을 산정하는 경우 손해액은 특허권자 또는 전용실시권자가 생산할 수 있었던 물건의 수량에서 실제 판매한 물건의 수량을 뺀 수량에 단위수량당 이익액을 곱한 금액을 한도로 한다. 다만, 특허권자 또는 전용실시권자가 침해행위 외의 사유로 판매할 수 없었던 사정이 있으면 그 침해행위 외의 사유로 판매할 수 없었던 수량에 따른 금액을 빼야 한다.

③ 특허권자 또는 전용실시권자가 고의나 과실로 자기의 특허권 또는 전용실시권을 침해한 자에 대하여 그 침해에 의하여 자기가 입은 손해의 배상을 청구하는 경우 권리를 침해한 자가 그 침해행위로 이익을 얻었을 때에는 그 이익액을 특허권자 또는 전용실시권자가 입은 손해액으로 추정한다.

④ 특허권자 또는 전용실시권자가 고의나 과실로 자기의 특허권 또는 전용실시권을 침해한 자에 대하여 그 침해에 의하여 자기가 입은 손해의 배상을 청구하는 경우 그 특허발명의 실시에 대하여 통상적으로 받을 수 있는 금액을 특허권자 또는 전용실시권자가 입은 손해액으로 하여 손해배상을 청구할 수 있다.

⑤ 제4항에도 불구하고 손해액이 같은 항에 따른 금액을 초과하는 경우에는 그 초과액에 대해서도 손해배상을 청구할 수 있다. 이 경우 특허권 또는 전용실시권을 침해한 자에게 고의 또는 중대한 과실이 없을 때에는 법원은 손해배상액을 산정할 때 그 사실을 고려할 수 있다.

⑥ 법원은 특허권 또는 전용실시권의 침해에 관한 소송에서 손해가 발생된 것은 인정되나 그 손해액을 증명하기 위하여 필요한 사실을 증명하는 것이 해당 사실의 성질상 극히 곤란한 경우에는 제1항부터 제5항까지의 규정에도 불구하고 변론 전체의 취지와 증거조사의 결과에 기초하여 상당한 손해액을 인정할 수 있다. [전문개정 2014.6.11.]

제129조(생산방법의 추정) 물건을 생산하는 방법의 발명에 관하여 특허가 된 경우에 그 물건과 동일한 물건은 그 특허된 방법에 의하여 생산된 것으로 추정한다. 다만, 그 물건이 다음 각 호의 어느 하나에 해당하는 경우에는 그러하지 아니하다.

1. 특허출원 전에 국내에서 공지되었거나 공연히 실시된 물건
2. 특허출원 전에 국내 또는 국외에서 반포된 간행물에 게재되었거나 전기통신회선을 통하여 공중이 이용할 수 있는 물건 [전문개정 2014.6.11.]

제130조(과실의 추정) 타인의 특허권 또는 전용실시권을 침해한 자는 그 침해행위에 대하여 과실이 있는 것으로 추정한다. [전문개정 2014.6.11.]

제131조(특허권자 등의 신용회복) 법원은 고의나 과실로 특허권 또는 전용실시권을 침해함으로써 특허권자 또는 전용실시권자의 업무상 신용을 떨어뜨린 자에 대해서는 특허권자 또는 전용실시

권자의 청구에 의하여 손해배상을 갈음하여 또는 손해배상과 함께 특허권자 또는 전용실시권자의 업무상 신용회복을 위하여 필요한 조치를 명할 수 있다. [전문개정 2014.6.11.]

제132조(서류의 제출) 법원은 특허권 또는 전용실시권의 침해에 관한 소송에서 당사자의 신청에 의하여 해당 침해행위로 인한 손해를 계산하는 데 필요한 서류를 제출하도록 다른 당사자에게 명할 수 있다. 다만, 그 서류의 소지자가 그 서류의 제출을 거절할 정당한 이유가 있으면 그러하지 아니한다. [전문개정 2014.6.11.]

제 7 장 심판 〈개정 2014.6.11.〉

제132조의2(특허심판원) ① 특허·실용신안·디자인·상표에 관한 심판과 재심 및 이에 관한 조사·연구 사무를 관장하게 하기 위하여 특허청장 소속으로 특허심판원을 둔다.
② 특허심판원에 원장과 심판관을 둔다.
③ 특허심판원의 조직과 정원 및 운영에 필요한 사항은 대통령령으로 정한다. [전문개정 2014.6.11.]

제132조의3(특허거절결정 등에 대한 심판) 특허거절결정 또는 특허권의 존속기간의 연장등록거절결정을 받은 자가 결정에 불복할 때에는 그 결정등본을 송달받은 날부터 30일 이내에 심판을 청구할 수 있다. [전문개정 2014.6.11.]

제132조의4 삭제 <2001.2.3.>

제133조(특허의 무효심판) ① 이해관계인 또는 심사관은 특허가 다음 각 호의 어느 하나에 해당하는 경우에는 무효심판을 청구할 수 있다. 이 경우 청구범위의 청구항이 둘 이상인 경우에는 청구항마다 청구할 수 있다. 다만, 특허권의 설정등록일부터 등록공고일 후 3개월 이내에는 누구든지 다음 각 호(제2호는 제외한다)의 어느 하나에 해당한다는 이유로 무효심판을 청구할 수 있다.

1. 제25조, 제29조, 제32조, 제36조제1항부터 제3항까지, 제42조제3항제1호 또는 같은 조 제4항을 위반한 경우
2. 제33조제1항 본문에 따른 특허를 받을 수 있는 권리를 가지지 아니하거나 제44조를 위반한 경우
3. 제33조제1항 단서에 따라 특허를 받을 수 없는 경우
4. 특허된 후 그 특허권자가 제25조에 따라 특허권을 누릴 수 없는 자로 되거나 그 특허가 조약을 위반한 경우
5. 조약을 위반하여 특허를 받을 수 없는 경우
6. 제47조제2항 전단에 따른 범위를 벗어난 보정인 경우
7. 제52조제1항에 따른 범위를 벗어난 분할출원인 경우
8. 제53조제1항에 따른 범위를 벗어난 변경출원인 경우

② 제1항에 따른 심판은 특허권이 소멸된 후에도 청구할 수 있다.
③ 특허를 무효로 한다는 심결이 확정된 경우에는 그 특허권은 처음부터 없었던 것으로 본다. 다만, 제1항제4호에 따라 특허를 무효로 한다는 심결이 확정된 경우에는 특허권은 그 특허가 같은 호에 해당하게 된 때부터 없었던 것으로 본다.
④ 심판장은 제1항에 따른 심판이 청구된 경우에는 그 취지를 해당 특허권의 전용실시권자나 그 밖에 특허에 관하여 등록을 한 권리를 가지는 자에게 알려야 한다. [전문개정 2014.6.11.]

제133조의2(특허무효심판절차에서의 특허의 정정) ① 제133조제1항에 따른 심판의 피청구인은 제136조제1항 각 호의 어느 하나에 해당하는 경우에만 제147조제1항 또는 제159조제1항 후단

에 따라 지정된 기간에 특허발명의 명세서 또는 도면에 대하여 정정청구를 할 수 있다. 이 경우 심판장이 제147조제1항에 따라 지정된 기간 후에도 청구인이 증거서류를 제출함으로 인하여 정정청구를 허용할 필요가 있다고 인정하는 경우에는 기간을 정하여 정정청구를 하게 할 수 있다.
② 제1항에 따른 정정청구를 하였을 때에는 해당 무효심판절차에서 그 정정청구 전에 한 정정청구는 취하된 것으로 본다.
③ 심판장은 제1항에 따른 정정청구가 있을 때에는 그 청구서의 부본을 제133조제1항에 따른 심판의 청구인에게 송달하여야 한다.
④ 제1항에 따른 정정청구에 관하여는 제136조제2항부터 제5항까지 및 제7항부터 제11항까지, 제139조제3항 및 제140조제1항·제2항·제5항을 준용한다. 이 경우 제136조제9항 중 "제162조제3항에 따른 심리의 종결이 통지되기 전(같은 조 제4항에 따라 심리가 재개된 경우에는 그 후 다시 같은 조 제3항에 따른 심리의 종결이 통지되기 전)에"는 "제136조제5항에 따른 통지가 있을 때에는 지정된 기간에"로 본다.
⑤ 제4항을 적용할 때 제133조제1항에 따른 특허무효심판이 청구된 청구항을 정정하는 경우에는 제136조제4항을 준용하지 아니한다. [전문개정 2014.6.11.]

제134조(특허권 존속기간의 연장등록의 무효심판) ① 이해관계인 또는 심사관은 제92조에 따른 특허권의 존속기간의 연장등록이 다음 각 호의 어느 하나에 해당하는 경우에는 무효심판을 청구할 수 있다.
1. 특허발명을 실시하기 위하여 제89조에 따른 허가등을 받을 필요가 없는 출원에 대하여 연장등록이 된 경우
2. 특허권자 또는 그 특허권의 전용실시권 또는 등록된 통상실시권을 가진 자가 제89조에 따른 허가등을 받지 아니한 출원에 대하여 연장등록이 된 경우
3. 연장등록에 따라 연장된 기간이 그 특허발명을 실시할 수 없었던 기간을 초과하는 경우
4. 해당 특허권자가 아닌 자의 출원에 대하여 연장등록이 된 경우
5. 제90조제3항을 위반한 출원에 대하여 연장등록이 된 경우

② 이해관계인 또는 심사관은 제92조의5에 따른 특허권의 존속기간의 연장등록이 다음 각 호의 어느 하나에 해당하면 무효심판을 청구할 수 있다.
1. 연장등록에 따라 연장된 기간이 제92조의2에 따라 인정되는 연장의 기간을 초과한 경우
2. 해당 특허권자가 아닌 자의 출원에 대하여 연장등록이 된 경우
3. 제92조의3제3항을 위반한 출원에 대하여 연장등록이 된 경우

③ 제1항 및 제2항에 따른 심판의 청구에 관하여는 제133조제2항 및 제4항을 준용한다.
④ 연장등록을 무효로 한다는 심결이 확정된 경우에는 그 연장등록에 따른 존속기간의 연장은 처음부터 없었던 것으로 본다. 다만, 연장등록이 다음 각 호의 어느 하나에 해당하는 경우에는 해당 기간에 대해서만 연장이 없었던 것으로 본다.
1. 연장등록이 제1항제3호에 해당하여 무효로 된 경우: 그 특허발명을 실시할 수 없었던 기간을 초과하여 연장된 기간
2. 연장등록이 제2항제1호에 해당하여 무효로 된 경우: 제92조의2에 따라 인정되는 연장의 기간을 초과하여 연장된 기간 [전문개정 2014.6.11.]

제135조(권리범위 확인심판) ① 특허권자, 전용실시권자 또는 이해관계인은 특허발명의 보호범위를 확인하기 위하여 특허권의 권리범위 확인심판을 청구할 수 있다.
② 제1항에 따른 특허권의 권리범위 확인심판을 청구하는 경우에 청구범위의 청구항이 둘 이상인 경우에는 청구항마다 청구할 수 있다. [전문개정 2014.6.11.]

제136조(정정심판) ① 특허권자는 다음 각 호의 어느 하나에 해당하는 경우에는 특허발명의 명세서 또는 도면에 대하여 정정심판을 청구할 수 있다. 다만, 특허의 무효심판 또는 정정의 무효심판이 특허심판원에 계속되고 있는 경우에는 그러하지 아니하다.

1. 청구범위를 감축하는 경우
2. 잘못 기재된 사항을 정정하는 경우
3. 분명하지 아니하게 기재된 사항을 명확하게 하는 경우

② 제1항에 따른 명세서 또는 도면의 정정은 특허발명의 명세서 또는 도면에 기재된 사항의 범위에서 할 수 있다. 다만, 제1항제2호에 따라 잘못된 기재를 정정하는 경우에는 출원서에 최초로 첨부된 명세서 또는 도면에 기재된 사항의 범위에서 할 수 있다.

③ 제1항에 따른 명세서 또는 도면의 정정은 청구범위를 실질적으로 확장하거나 변경할 수 없다.

④ 제1항에 따른 정정 중 같은 항 제1호 또는 제2호에 해당하는 정정은 정정 후의 청구범위에 적혀 있는 사항이 특허출원을 하였을 때에 특허를 받을 수 있는 것이어야 한다.

⑤ 심판관은 제1항에 따른 심판청구가 다음 각 호의 어느 하나에 해당한다고 인정하는 경우에는 청구인에게 그 이유를 통지하고, 기간을 정하여 의견서를 제출할 수 있는 기회를 주어야 한다.

1. 제1항 각 호의 어느 하나에 해당하지 아니한 경우
2. 제2항에 따른 범위를 벗어난 경우
3. 제3항 또는 제4항을 위반한 경우

⑥ 제1항에 따른 정정심판은 특허권이 소멸된 후에도 청구할 수 있다. 다만, 특허를 무효(제133조제1항제4호에 의한 무효는 제외한다)로 한다는 심결이 확정된 후에는 그러하지 아니하다.

⑦ 특허권자는 전용실시권자, 질권자와 제100조제4항·제102조제1항 및 「발명진흥법」 제10조제1항에 따른 통상실시권을 갖는 자의 동의를 받아야만 제1항에 따른 정정심판을 청구할 수 있다.

⑧ 특허발명의 명세서 또는 도면에 대하여 정정을 한다는 심결이 확정되었을 때에는 그 정정 후의 명세서 또는 도면에 따라 특허출원, 출원공개, 특허결정 또는 심결 및 특허권의 설정등록이 된 것으로 본다.

⑨ 청구인은 제162조제3항에 따른 심리의 종결이 통지되기 전(같은 조 제4항에 따라 심리가 재개된 경우에는 그 후 다시 같은 조 제3항에 따른 심리의 종결이 통지되기 전)에 제140조제5항에 따른 심판청구서에 첨부된 정정한 명세서 또는 도면에 대하여 보정할 수 있다.

⑩ 특허발명의 명세서 또는 도면에 대한 정정을 한다는 심결이 있는 경우 특허심판원장은 그 내용을 특허청장에게 알려야 한다.

⑪ 특허청장은 제10항에 따른 통보가 있으면 이를 특허공보에 게재하여야 한다.

[전문개정 2014.6.11.]

제137조(정정의 무효심판) ① 이해관계인 또는 심사관은 제133조의2제1항, 제136조제1항 또는 이 조 제3항에 따른 특허발명의 명세서 또는 도면에 대한 정정이 다음 각 호의 어느 하나의 규정을 위반한 경우에는 정정의 무효심판을 청구할 수 있다.

1. 제136조제1항 각 호의 어느 하나의 규정
2. 제136조제2항부터 제4항까지의 규정(제133조의2제4항에 따라 준용되는 경우를 포함한다)

② 제1항에 따른 심판청구에 관하여는 제133조제2항 및 제4항을 준용한다.

③ 제1항에 따른 무효심판의 피청구인은 제136조제1항 각 호의 어느 하나에 해당하는 경우에만 제147조제1항 또는 제159조제1항 후단에 따라 지정된 기간에 특허발명의 명세서 또는 도면의 정정을 청구할 수 있다.

④ 제3항에 따른 정정청구에 관하여는 제133조의2제2항부터 제4항까지의 규정을 준용한다. 이 경우 제133조의2제3항 중 "제133조제1항"은 "제137조제1항"으로 본다.

⑤ 제1항에 따라 정정을 무효로 한다는 심결이 확정되었을 때에는 그 정정은 처음부터 없었던 것으로 본다. [전문개정 2014.6.11.]

제138조(통상실시권 허락의 심판) ① 특허권자, 전용실시권자 또는 통상실시권자는 해당 특허발명이 제98조에 해당하여 실시의 허락을 받으려는 경우에 그 타인이 정당한 이유 없이 허락하지 아니하거나 그 타인의 허락을 받을 수 없을 때에는 자기의 특허발명의 실시에 필요한 범위에서 통상실시권 허락의 심판을 청구할 수 있다.
② 제1항에 따른 청구가 있는 경우에 그 특허발명이 그 특허출원일 전에 출원된 타인의 특허발명 또는 등록실용신안과 비교하여 상당한 경제적 가치가 있는 중요한 기술적 진보를 가져오는 것이 아니면 통상실시권을 허락하여서는 아니 된다.
③ 제1항에 따른 심판에 따라 통상실시권을 허락한 자가 그 통상실시권을 허락받은 자의 특허발명을 실시할 필요가 있는 경우 그 통상실시권을 허락받은 자가 실시를 허락하지 아니하거나 실시의 허락을 받을 수 없을 때에는 통상실시권을 허락받아 실시하려는 특허발명의 범위에서 통상실시권 허락의 심판을 청구할 수 있다.
④ 제1항 및 제3항에 따라 통상실시권을 허락받은 자는 특허권자, 실용신안권자, 디자인권자 또는 그 전용실시권자에게 대가를 지급하여야 한다. 다만, 자기가 책임질 수 없는 사유로 지급할 수 없는 경우에는 그 대가를 공탁하여야 한다.
⑤ 제4항에 따른 통상실시권자는 그 대가를 지급하지 아니하거나 공탁을 하지 아니하면 그 특허발명, 등록실용신안 또는 등록디자인이나 이와 유사한 디자인을 실시할 수 없다.
[전문개정 2014.6.11.]

제139조(공동심판의 청구 등) ① 동일한 특허권에 관하여 제133조제1항, 제134조제1항·제2항 또는 제137조제1항의 무효심판이나 제135조제1항의 권리범위 확인심판을 청구하는 자가 2인 이상이면 모두가 공동으로 심판을 청구할 수 있다.
② 공유인 특허권의 특허권자에 대하여 심판을 청구할 때에는 공유자 모두를 피청구인으로 하여야 한다.
③ 특허권 또는 특허를 받을 수 있는 권리의 공유자가 그 공유인 권리에 관하여 심판을 청구할 때에는 공유자 모두가 공동으로 청구하여야 한다.
④ 제1항 또는 제3항에 따른 청구인이나 제2항에 따른 피청구인 중 1인에게 심판절차의 중단 또는 중지의 원인이 있으면 모두에게 그 효력이 발생한다. [전문개정 2014.6.11.]

제140조(심판청구방식) ① 심판을 청구하려는 자는 다음 각 호의 사항을 적은 심판청구서를 특허심판원장에게 제출하여야 한다.
1. 당사자의 성명 및 주소(법인인 경우에는 그 명칭 및 영업소의 소재지)
2. 대리인이 있는 경우에는 그 대리인의 성명 및 주소나 영업소의 소재지[대리인이 특허법인·특허법인(유한)인 경우에는 그 명칭, 사무소의 소재지 및 지정된 변리사의 성명]
3. 심판사건의 표시
4. 청구의 취지 및 그 이유

② 제1항에 따라 제출된 심판청구서의 보정은 그 요지를 변경할 수 없다. 다만, 다음 각 호의 어느 하나에 해당하는 경우에는 그러하지 아니하다.
1. 제1항제1호에 따른 당사자 중 특허권자의 기재를 바로잡기 위하여 보정(특허권자를 추가하는 것을 포함하되, 청구인이 특허권자인 경우에는 추가되는 특허권자의 동의가 있는 경우로 한정한다)하는 경우
2. 제1항제4호에 따른 청구의 이유를 보정하는 경우

3. 특허권자 또는 전용실시권자가 청구인으로서 청구한 제135조에 따른 권리범위 확인심판에서 심판청구서의 확인대상 발명(청구인이 주장하는 피청구인의 발명을 말한다)의 설명서 또는 도면에 대하여 피청구인이 자신이 실제로 실시하고 있는 발명과 비교하여 다르다고 주장하는 경우에 청구인이 피청구인의 실시 발명과 동일하게 하기 위하여 심판청구서의 확인대상 발명의 설명서 또는 도면을 보정하는 경우

③ 제135조제1항에 따른 권리범위 확인심판을 청구할 때에는 특허발명과 대비할 수 있는 설명서 및 필요한 도면을 첨부하여야 한다.

④ 제138조제1항에 따른 통상실시권 허락의 심판의 심판청구서에는 제1항 각 호의 사항 외에 다음 사항을 추가로 적어야 한다.

1. 실시하려는 자기의 특허의 번호 및 명칭
2. 실시되어야 할 타인의 특허발명·등록실용신안 또는 등록디자인의 번호·명칭 및 특허나 등록 연월일
3. 특허발명·등록실용신안 또는 등록디자인의 통상실시권의 범위·기간 및 대가

⑤ 제136조제1항에 따른 정정심판을 청구할 때에는 심판청구서에 정정한 명세서 또는 도면을 첨부하여야 한다. [전문개정 2014.6.11.]

제140조의2(특허거절결정에 대한 심판청구방식) ① 제132조의3에 따라 특허거절결정에 대한 심판을 청구하려는 자는 제140조제1항에도 불구하고 다음 각 호의 사항을 적은 심판청구서를 특허심판원장에게 제출하여야 한다.

1. 청구인의 성명 및 주소(법인인 경우에는 그 명칭 및 영업소의 소재지)
2. 대리인이 있는 경우에는 그 대리인의 성명 및 주소나 영업소의 소재지[대리인이 특허법인·특허법인(유한)인 경우에는 그 명칭, 사무소의 소재지 및 지정된 변리사의 성명]
3. 출원일 및 출원번호
4. 발명의 명칭
5. 특허거절결정일
6. 심판사건의 표시
7. 청구의 취지 및 그 이유

② 제1항에 따라 제출된 심판청구서를 보정하는 경우에는 그 요지를 변경할 수 없다. 다만, 다음 각 호의 어느 하나에 해당하는 경우에는 그러하지 아니하다.

1. 제1항제1호에 따른 청구인의 기재를 바로잡기 위하여 보정(청구인을 추가하는 것을 포함하되, 그 청구인의 동의가 있는 경우로 한정한다)하는 경우
2. 제1항제7호에 따른 청구의 이유를 보정하는 경우 [전문개정 2014.6.11.]

제141조(심판청구의 각하) ① 심판장은 다음 각 호의 어느 하나에 해당하는 경우에는 기간을 정하여 그 보정을 명하여야 한다.

1. 심판청구서가 제140조제1항 및 제3항부터 제5항까지 또는 제140조의2제1항을 위반한 경우
2. 심판에 관한 절차가 다음 각 목의 어느 하나에 해당하는 경우
   가. 제3조제1항 또는 제6조를 위반한 경우
   나. 제82조에 따라 내야 할 수수료를 내지 아니한 경우
   다. 이 법 또는 이 법에 따른 명령으로 정하는 방식을 위반한 경우

② 심판장은 제1항에 따른 보정명령을 받은 자가 지정된 기간에 보정을 하지 아니하면 결정으로 심판청구를 각하하여야 한다.

③ 제2항에 따른 결정은 서면으로 하여야 하며, 그 이유를 붙여야 한다. [전문개정 2014.6.11.]

제142조(보정할 수 없는 심판청구의 심결각하) 부적법한 심판청구로서 그 흠을 보정할 수 없을 때에는 피청구인에게 답변서 제출의 기회를 주지 아니하고, 심결로써 그 청구를 각하할 수 있다. [전문개정 2014.6.11.]

제143조(심판관) ① 특허심판원장은 심판이 청구되면 심판관에게 심판하게 한다.
② 심판관의 자격은 대통령령으로 정한다.
③ 심판관은 직무상 독립하여 심판한다. [전문개정 2014.6.11.]

제144조(심판관의 지정) ① 특허심판원장은 각 심판사건에 대하여 제146조에 따른 합의체를 구성할 심판관을 지정하여야 한다.
② 특허심판원장은 제1항의 심판관 중 심판에 관여하는 데 지장이 있는 사람이 있으면 다른 심판관에게 심판하게 할 수 있다. [전문개정 2014.6.11.]

제145조(심판장) ① 특허심판원장은 제144조제1항에 따라 지정된 심판관 중에서 1명을 심판장으로 지정하여야 한다.
② 심판장은 그 심판사건에 관한 사무를 총괄한다. [전문개정 2014.6.11.]

제146조(심판의 합의체) ① 심판은 3명 또는 5명의 심판관으로 구성되는 합의체가 한다.
② 제1항의 합의체의 합의는 과반수로 결정한다.
③ 심판의 합의는 공개하지 아니한다. [전문개정 2014.6.11.]

제147조(답변서 제출 등) ① 심판장은 심판이 청구되면 심판청구서 부본을 피청구인에게 송달하고, 기간을 정하여 답변서를 제출할 수 있는 기회를 주어야 한다.
② 심판장은 제1항의 답변서를 받았을 때에는 그 부본을 청구인에게 송달하여야 한다.
③ 심판장은 심판에 관하여 당사자를 심문할 수 있다. [전문개정 2014.6.11.]

제148조(심판관의 제척) 심판관은 다음 각 호의 어느 하나에 해당하는 경우에는 그 심판에서 제척된다.
1. 심판관 또는 그 배우자이거나 배우자이었던 사람이 사건의 당사자 또는 참가인인 경우
2. 심판관이 사건의 당사자 또는 참가인의 친족이거나 친족이었던 경우
3. 심판관이 사건의 당사자 또는 참가인의 법정대리인이거나 법정대리인이었던 경우
4. 심판관이 사건에 대한 증인, 감정인이거나 감정인이었던 경우
5. 심판관이 사건의 당사자 또는 참가인의 대리인이거나 대리인이었던 경우
6. 심판관이 사건에 대하여 심사관 또는 심판관으로서 특허여부결정 또는 심결에 관여한 경우
7. 심판관이 사건에 관하여 직접 이해관계를 가진 경우 [전문개정 2014.6.11.]

제149조(제척신청) 제148조에 따른 제척의 원인이 있으면 당사자 또는 참가인은 제척신청을 할 수 있다. [전문개정 2014.6.11.]

제150조(심판관의 기피) ① 심판관에게 공정한 심판을 기대하기 어려운 사정이 있으면 당사자 또는 참가인은 기피신청을 할 수 있다.
② 당사자 또는 참가인은 사건에 대하여 심판관에게 서면 또는 구두로 진술을 한 후에는 기피신청을 할 수 없다. 다만, 기피의 원인이 있는 것을 알지 못한 경우 또는 기피의 원인이 그 후에 발생한 경우에는 그러하지 아니하다. [전문개정 2014.6.11.]

제151조(제척 또는 기피의 소명) ① 제149조 또는 제150조에 따라 제척 또는 기피 신청을 하려는 자는 그 원인을 적은 서면을 특허심판원장에게 제출하여야 한다. 다만, 구술심리를 할 때에는 구술로 할 수 있다.

② 제척 또는 기피의 원인은 신청한 날부터 3일 이내에 소명하여야 한다. [전문개정 2014.6.11.]

제152조(제척 또는 기피 신청에 관한 결정) ① 제척 또는 기피 신청이 있으면 심판으로 결정하여야 한다.

② 제척 또는 기피 신청의 대상이 된 심판관은 그 제척 또는 기피에 대한 심판에 관여할 수 없다. 다만, 의견을 진술할 수 있다.

③ 제1항에 따른 결정은 서면으로 하여야 하며, 그 이유를 붙여야 한다.

④ 제1항에 따른 결정에 대해서는 불복할 수 없다. [전문개정 2014.6.11.]

제153조(심판절차의 중지) 제척 또는 기피 신청이 있으면 그 신청에 대한 결정이 있을 때까지 심판절차를 중지하여야 한다. 다만, 긴급한 경우에는 그러하지 아니하다. [전문개정 2014.6.11.]

제153조의2(심판관의 회피) 심판관이 제148조 또는 제150조에 해당하는 경우에는 특허심판원장의 허가를 받아 그 사건에 대한 심판을 회피할 수 있다. [전문개정 2014.6.11.]

제154조(심리 등) ① 심판은 구술심리 또는 서면심리로 한다. 다만, 당사자가 구술심리를 신청하였을 때에는 서면심리만으로 결정할 수 있다고 인정되는 경우 외에는 구술심리를 하여야 한다. <개정 2014.6.11.>

② 삭제 <2001.2.3.>

③ 구술심리는 공개하여야 한다. 다만, 공공의 질서 또는 선량한 풍속에 어긋날 우려가 있으면 그러하지 아니하다. <개정 2014.6.11.>

④ 심판장은 제1항에 따라 구술심리로 심판을 할 경우에는 그 기일 및 장소를 정하고, 그 취지를 적은 서면을 당사자 및 참가인에게 송달하여야 한다. 다만, 해당 사건의 이전 심리에 출석한 당사자 및 참가인에게 알렸을 때에는 그러하지 아니하다. <개정 2014.6.11.>

⑤ 심판장은 제1항에 따라 구술심리로 심판을 할 경우에는 특허심판원장이 지정한 직원에게 기일마다 심리의 요지와 그 밖에 필요한 사항을 적은 조서를 작성하게 하여야 한다. <개정 2014.6.11.>

⑥ 제5항의 조서에는 심판의 심판장 및 조서를 작성한 직원이 기명날인하여야 한다. <개정 2014.6.11.>

⑦ 제5항의 조서에 관하여는 「민사소송법」 제153조·제154조 및 제156조부터 제160조까지의 규정을 준용한다. <개정 2014.6.11.>

⑧ 심판에 관하여는 「민사소송법」 제143조·제259조·제299조 및 제367조를 준용한다. <개정 2014.6.11.>

⑨ 심판장은 구술심리 중 심판정 내의 질서를 유지한다. <신설 2014.6.11.> [제목개정 2014.6.11.]

제155조(참가) ① 제139조제1항에 따라 심판을 청구할 수 있는 자는 심리가 종결될 때까지 그 심판에 참가할 수 있다.

② 제1항에 따른 참가인은 피참가인이 그 심판의 청구를 취하한 후에도 심판절차를 속행할 수 있다.

③ 심판의 결과에 대하여 이해관계를 가진 자는 심리가 종결될 때까지 당사자의 어느 한쪽을 보조하기 위하여 그 심판에 참가할 수 있다.

④ 제3항에 따른 참가인은 모든 심판절차를 밟을 수 있다.

⑤ 제1항 또는 제3항에 따른 참가인에게 심판절차의 중단 또는 중지의 원인이 있으면 그 중단 또는 중지는 피참가인에 대해서도 그 효력이 발생한다. [전문개정 2014.6.11.]

제156조(참가의 신청 및 결정) ① 심판에 참가하려는 자는 참가신청서를 심판장에게 제출하여야

한다.

② 심판장은 참가신청이 있는 경우에는 참가신청서 부본을 당사자 및 다른 참가인에게 송달하고, 기간을 정하여 의견서를 제출할 수 있는 기회를 주어야 한다.

③ 참가신청이 있는 경우에는 심판으로 그 참가 여부를 결정하여야 한다.

④ 제3항에 따른 결정은 서면으로 하여야 하며, 그 이유를 붙여야 한다.

⑤ 제3항에 따른 결정에 대해서는 불복할 수 없다. [전문개정 2014.6.11.]

제157조(증거조사 및 증거보전) ① 심판에서는 당사자, 참가인 또는 이해관계인의 신청에 의하여 또는 직권으로 증거조사나 증거보전을 할 수 있다.

② 제1항에 따른 증거조사 및 증거보전에 관하여는 「민사소송법」 중 증거조사 및 증거보전에 관한 규정을 준용한다. 다만, 심판관은 다음 각 호의 행위는 하지 못한다.

1. 과태료의 결정
2. 구인(拘引)을 명하는 행위
3. 보증금을 공탁하게 하는 행위

③ 증거보전신청은 심판청구 전에는 특허심판원장에게 하고, 심판계속 중에는 그 사건의 심판장에게 하여야 한다.

④ 특허심판원장은 심판청구 전에 제1항에 따른 증거보전신청이 있으면 그 신청에 관여할 심판관을 지정한다.

⑤ 심판장은 제1항에 따라 직권으로 증거조사나 증거보전을 하였을 때에는 그 결과를 당사자, 참가인 또는 이해관계인에게 통지하고, 기간을 정하여 의견서를 제출할 수 있는 기회를 주어야 한다. [전문개정 2014.6.11.]

제158조(심판의 진행) 심판장은 당사자 또는 참가인이 법정기간 또는 지정기간에 절차를 밟지 아니하거나 제154조제4항에 따른 기일에 출석하지 아니하여도 심판을 진행할 수 있다.
[전문개정 2014.6.11.]

제159조(직권심리) ① 심판에서는 당사자 또는 참가인이 신청하지 아니한 이유에 대해서도 심리할 수 있다. 이 경우 당사자 및 참가인에게 기간을 정하여 그 이유에 대하여 의견을 진술할 수 있는 기회를 주어야 한다.

② 심판에서는 청구인이 신청하지 아니한 청구의 취지에 대해서는 심리할 수 없다.
[전문개정 2014.6.11.]

제160조(심리·심결의 병합 또는 분리) 심판관은 당사자 양쪽 또는 어느 한쪽이 동일한 둘 이상의 심판에 대하여 심리 또는 심결을 병합하거나 분리할 수 있다. [전문개정 2014.6.11.]

제161조(심판청구의 취하) ① 심판청구는 심결이 확정될 때까지 취하할 수 있다. 다만, 답변서가 제출된 후에는 상대방의 동의를 받아야 한다.

② 둘 이상의 청구항에 관하여 제133조제1항의 무효심판 또는 제135조의 권리범위 확인심판을 청구하였을 때에는 청구항마다 취하할 수 있다.

③ 제1항 또는 제2항에 따른 취하가 있으면 그 심판청구 또는 그 청구항에 대한 심판청구는 처음부터 없었던 것으로 본다. [전문개정 2014.6.11.]

제162조(심결) ① 심판은 특별한 규정이 있는 경우를 제외하고는 심결로써 종결한다.

② 제1항의 심결은 다음 각 호의 사항을 적은 서면으로 하여야 하며, 심결을 한 심판관은 그 서면에 기명날인하여야 한다.

1. 심판의 번호

2. 당사자 및 참가인의 성명 및 주소(법인인 경우에는 그 명칭 및 영업소의 소재지)
3. 대리인이 있는 경우에는 그 대리인의 성명 및 주소나 영업소의 소재지[대리인이 특허법인·특허법인(유한)인 경우에는 그 명칭, 사무소의 소재지 및 지정된 변리사의 성명]
4. 심판사건의 표시
5. 심결의 주문(제138조에 따른 심판의 경우에는 통상실시권의 범위·기간 및 대가를 포함한다)
6. 심결의 이유(청구의 취지 및 그 이유의 요지를 포함한다)
7. 심결연월일

③ 심판장은 사건이 심결을 할 정도로 성숙하였을 때에는 심리의 종결을 당사자 및 참가인에게 통지하여야 한다.

④ 심판장은 필요하다고 인정하면 제3항에 따라 심리종결을 통지한 후에도 당사자 또는 참가인의 신청에 의하여 또는 직권으로 심리를 재개할 수 있다.

⑤ 심결은 제3항에 따른 심리종결통지를 한 날부터 20일 이내에 한다.

⑥ 심판장은 심결 또는 결정이 있으면 그 등본을 당사자, 참가인 및 심판에 참가신청을 하였으나 그 신청이 거부된 자에게 송달하여야 한다. [전문개정 2014.6.11.]

제163조(일사부재리) 이 법에 따른 심판의 심결이 확정되었을 때에는 그 사건에 대해서는 누구든지 동일 사실 및 동일 증거에 의하여 다시 심판을 청구할 수 없다. 다만, 확정된 심결이 각하심결인 경우에는 그러하지 아니하다. [전문개정 2014.6.11.]

제164조(소송과의 관계) ① 심판장은 심판에서 필요하면 그 심판사건과 관련되는 다른 심판의 심결이 확정되거나 소송절차가 완결될 때까지 그 절차를 중지할 수 있다.

② 법원은 소송절차에서 필요하면 특허에 관한 심결이 확정될 때까지 그 소송절차를 중지할 수 있다.

③ 법원은 특허권 또는 전용실시권의 침해에 관한 소가 제기된 경우에는 그 취지를 특허심판원장에게 통보하여야 한다. 그 소송절차가 끝났을 때에도 또한 같다.

④ 특허심판원장은 제3항에 따른 특허권 또는 전용실시권의 침해에 관한 소에 대응하여 그 특허권에 관한 무효심판 등이 청구된 경우에는 그 취지를 제3항에 해당하는 법원에 통보하여야 한다. 그 심판청구서의 각하결정, 심결 또는 청구의 취하가 있는 경우에도 또한 같다.

[전문개정 2014.6.11.]

제165조(심판비용) ① 제133조제1항, 제134조제1항·제2항, 제135조 및 제137조제1항의 심판비용의 부담은 심판이 심결에 의하여 종결될 때에는 그 심결로써 정하고, 심판이 심결에 의하지 아니하고 종결될 때에는 결정으로써 정하여야 한다.

② 제1항의 심판비용에 관하여는「민사소송법」제98조부터 제103조까지, 제107조제1항·제2항, 제108조, 제111조, 제112조 및 제116조를 준용한다.

③ 제132조의3, 제136조 또는 제138조에 따른 심판비용은 청구인이 부담한다.

④ 제3항에 따라 청구인이 부담하는 비용에 관하여는「민사소송법」제102조를 준용한다.

⑤ 심판비용액은 심결 또는 결정이 확정된 후 당사자의 청구에 따라 특허심판원장이 결정한다.

⑥ 심판비용의 범위·금액·납부 및 심판에서 절차상의 행위를 하기 위하여 필요한 비용의 지급에 관하여는 그 성질에 반하지 아니하는 범위에서「민사소송비용법」중 해당 규정의 예에 따른다.

⑦ 심판의 대리를 한 변리사에게 당사자가 지급하였거나 지급할 보수는 특허청장이 정하는 금액의 범위에서 심판비용으로 본다. 이 경우 여러 명의 변리사가 심판의 대리를 한 경우라도 1명의 변리사가 심판대리를 한 것으로 본다. [전문개정 2014.6.11.]

제166조(심판비용액 또는 대가에 대한 집행권원) 이 법에 따라 특허심판원장이 정한 심판비용액

또는 심판관이 정한 대가에 관하여 확정된 결정은 집행력 있는 집행권원과 같은 효력을 가진다. 이 경우 집행력 있는 정본은 특허심판원 소속 공무원이 부여한다. [전문개정 2014.6.11.]

제167조 삭제 <1995.1.5.>

제168조 삭제 <1995.1.5.>

제169조 삭제 <1995.1.5.>

제170조(심사규정의 특허거절결정에 대한 심판에의 준용) ① 특허거절결정에 대한 심판에 관하여는 제47조제1항제1호·제2호, 제51조, 제63조, 제63조의2 및 제66조를 준용한다. 이 경우 제51조제1항 본문 중 "제47조제1항제2호 및 제3호에 따른 보정"은 "제47조제1항제2호에 따른 보정(제132조의3의 특허거절결정에 대한 심판청구 전에 한 것은 제외한다)"으로, 제63조의2 본문 중 "특허청장"은 "특허심판원장"으로 본다.
② 제1항에 따라 준용되는 제63조는 특허거절결정의 이유와 다른 거절이유를 발견한 경우에만 적용한다. [전문개정 2014.6.11.]

제171조(특허거절결정에 대한 심판의 특칙) 특허거절결정 또는 특허권의 존속기간의 연장등록거절결정에 대한 심판에는 제147조제1항·제2항, 제155조 및 제156조를 적용하지 아니한다. [전문개정 2009.1.30.]

제172조(심사의 효력) 심사에서 밟은 특허에 관한 절차는 특허거절결정 또는 특허권의 존속기간의 연장등록거절결정에 대한 심판에서도 그 효력이 있다. [전문개정 2014.6.11.]

제173조 삭제 <2009.1.30.>

제174조 삭제 <2009.1.30.>

제175조 삭제 <2009.1.30.>

제176조(특허거절결정 등의 취소) ① 심판관은 제132조의3에 따른 심판이 청구된 경우에 그 청구가 이유 있다고 인정할 때에는 심결로써 특허거절결정 또는 특허권의 존속기간의 연장등록거절결정을 취소하여야 한다.
② 심판에서 제1항에 따라 특허거절결정 또는 특허권의 존속기간의 연장등록거절결정을 취소할 경우에는 심사에 부칠 것이라는 심결을 할 수 있다.
③ 제1항 및 제2항에 따른 심결에서 취소의 기본이 된 이유는 그 사건에 대하여 심사관을 기속한다. [전문개정 2014.6.11.]

제177조 삭제 <1995.1.5.>

제8장 재 심 〈개정 2014.6.11.〉

제178조(재심의 청구) ① 당사자는 확정된 심결에 대하여 재심을 청구할 수 있다.
② 제1항의 재심청구에 관하여는 「민사소송법」 제451조 및 제453조를 준용한다.
[전문개정 2014.6.11.]

제179조(제3자에 의한 재심청구) ① 심판의 당사자가 공모하여 제3자의 권리나 이익을 사해(詐害)할 목적으로 심결을 하게 하였을 때에는 제3자는 그 확정된 심결에 대하여 재심을 청구할 수 있다.
② 제1항의 재심청구의 경우에는 심판의 당사자를 공동피청구인으로 한다. [전문개정 2014.6.11.]

제180조(재심청구의 기간) ① 당사자는 심결 확정 후 재심사유를 안 날부터 30일 이내에 재심을

청구하여야 한다.
② 대리권의 흠을 이유로 재심을 청구하는 경우에 제1항의 기간은 청구인 또는 법정대리인이 심결등본의 송달에 의하여 심결이 있는 것을 안 날의 다음 날부터 기산한다.
③ 심결 확정 후 3년이 지나면 재심을 청구할 수 없다.
④ 재심사유가 심결 확정 후에 생겼을 때에는 제3항의 기간은 그 사유가 발생한 날의 다음 날부터 기산한다.
⑤ 제1항 및 제3항은 해당 심결 이전의 확정심결에 저촉된다는 이유로 재심을 청구하는 경우에는 적용하지 아니한다. [전문개정 2014.6.11.]

제181조(재심에 의하여 회복된 특허권의 효력 제한) ① 다음 각 호의 어느 하나에 해당하는 경우에 특허권의 효력은 해당 심결이 확정된 후 재심청구 등록 전에 선의로 수입하거나 국내에서 생산 또는 취득한 물건에는 미치지 아니한다.
1. 무효가 된 특허권(존속기간이 연장등록된 특허권을 포함한다)이 재심에 의하여 회복된 경우
2. 특허권의 권리범위에 속하지 아니한다는 심결이 확정된 후 재심에 의하여 그 심결과 상반되는 심결이 확정된 경우
3. 거절한다는 취지의 심결이 있었던 특허출원 또는 특허권의 존속기간의 연장등록출원이 재심에 의하여 특허권의 설정등록 또는 특허권의 존속기간의 연장등록이 된 경우

② 제1항 각 호의 어느 하나에 해당하는 경우의 특허권의 효력은 다음 각 호의 어느 하나의 행위에 미치지 아니한다.
1. 해당 심결이 확정된 후 재심청구 등록 전에 한 해당 발명의 선의의 실시
2. 특허가 물건의 발명인 경우에는 그 물건의 생산에만 사용하는 물건을 해당 심결이 확정된 후 재심청구 등록 전에 선의로 생산·양도·대여 또는 수입하거나 양도 또는 대여의 청약을 하는 행위
3. 특허가 방법의 발명인 경우에는 그 방법의 실시에만 사용하는 물건을 해당 심결이 확정된 후 재심청구 등록 전에 선의로 생산·양도·대여 또는 수입하거나 양도 또는 대여를 청약하는 행위 [전문개정 2014.6.11.]

제182조(재심에 의하여 회복한 특허권에 대한 선사용자의 통상실시권) 제181조제1항 각 호의 어느 하나에 해당하는 경우에 해당 심결이 확정된 후 재심청구 등록 전에 국내에서 선의로 그 발명의 실시사업을 하고 있는 자 또는 그 사업을 준비하고 있는 자는 실시하고 있거나 준비하고 있는 발명 및 사업목적의 범위에서 그 특허권에 관하여 통상실시권을 가진다.
[전문개정 2014.6.11.]

제183조(재심에 의하여 통상실시권을 상실한 원권리자의 통상실시권) ① 제138조제1항 또는 제3항에 따라 통상실시권을 허락한다는 심결이 확정된 후 재심에서 그 심결과 상반되는 심결이 확정된 경우에는 재심청구 등록 전에 선의로 국내에서 그 발명의 실시사업을 하고 있는 자 또는 그 사업을 준비하고 있는 자는 원(原)통상실시권의 사업목적 및 발명의 범위에서 그 특허권 또는 재심의 심결이 확정된 당시에 존재하는 전용실시권에 대하여 통상실시권을 가진다.
② 제1항에 따라 통상실시권을 가진 자는 특허권자 또는 전용실시권자에게 상당한 대가를 지급하여야 한다. [전문개정 2014.6.11.]

제184조(재심에서의 심판규정의 준용) 심판에 대한 재심의 절차에 관하여는 그 성질에 반하지 아니하는 범위에서 심판의 절차에 관한 규정을 준용한다. [전문개정 2014.6.11.]

제185조(「민사소송법」의 준용) 재심청구에 관하여는 「민사소송법」 제459조제1항을 준용한다. [전문개정 2014.6.11.]

제9장 소 송 〈개정 2014.6.11.〉

제186조(심결 등에 대한 소) ① 심결에 대한 소 및 심판청구서나 재심청구서의 각하결정에 대한 소는 특허법원의 전속관할로 한다.

② 제1항에 따른 소는 다음 각 호의 자만 제기할 수 있다.

1. 당사자
2. 참가인
3. 해당 심판이나 재심에 참가신청을 하였으나 신청이 거부된 자

③ 제1항에 따른 소는 심결 또는 결정의 등본을 송달받은 날부터 30일 이내에 제기하여야 한다.

④ 제3항의 기간은 불변기간으로 한다.

⑤ 심판장은 주소 또는 거소가 멀리 떨어진 곳에 있거나 교통이 불편한 지역에 있는 자를 위하여 직권으로 제4항의 불변기간에 대하여 부가기간을 정할 수 있다.

⑥ 심판을 청구할 수 있는 사항에 관한 소는 심결에 대한 것이 아니면 제기할 수 없다.

⑦ 제162조제2항제5호에 따른 대가의 심결 및 제165조제1항에 따른 심판비용의 심결 또는 결정에 대해서는 독립하여 제1항에 따른 소를 제기할 수 없다.

⑧ 제1항에 따른 특허법원의 판결에 대해서는 대법원에 상고할 수 있다. [전문개정 2014.6.11.]

제187조(피고적격) 제186조제1항에 따라 소를 제기하는 경우에는 특허청장을 피고로 하여야 한다. 다만, 제133조제1항, 제134조제1항·제2항, 제135조제1항, 제137조제1항 또는 제138조제1항·제3항에 따른 심판 또는 그 재심의 심결에 대한 소를 제기하는 경우에는 그 청구인 또는 피청구인을 피고로 하여야 한다. [전문개정 2014.6.11.]

제188조(소 제기 통지 및 재판서 정본 송부) ① 법원은 제186조제1항에 따른 소 또는 같은 조 제8항에 따른 상고가 제기되었을 때에는 지체 없이 그 취지를 특허심판원장에게 통지하여야 한다.

② 법원은 제187조 단서에 따른 소에 관하여 소송절차가 완결되었을 때에는 지체 없이 그 사건에 대한 각 심급(審級)의 재판서 정본을 특허심판원장에게 보내야 한다. [전문개정 2014.6.11.]

제188조의2(기술심리관의 제척·기피·회피) ①「법원조직법」 제54조의2에 따른 기술심리관의 제척·기피에 관하여는 제148조,「민사소송법」 제42조부터 제45조까지, 제47조 및 제48조를 준용한다.

② 제1항에 따른 기술심리관에 대한 제척·기피의 재판은 그 소속 법원이 결정으로 하여야 한다.

③ 기술심리관은 제척 또는 기피의 사유가 있다고 인정하면 특허법원장의 허가를 받아 회피할 수 있다. [전문개정 2014.6.11.]

제189조(심결 또는 결정의 취소) ① 법원은 제186조제1항에 따라 소가 제기된 경우에 그 청구가 이유 있다고 인정할 때에는 판결로써 해당 심결 또는 결정을 취소하여야 한다.

② 심판관은 제1항에 따라 심결 또는 결정의 취소판결이 확정되었을 때에는 다시 심리를 하여 심결 또는 결정을 하여야 한다.

③ 제1항에 따른 판결에서 취소의 기본이 된 이유는 그 사건에 대하여 특허심판원을 기속한다. [전문개정 2014.6.11.]

제190조(보상금 또는 대가에 관한 불복의 소) ① 제41조제3항·제4항, 제106조제3항, 제106조의2 제3항, 제110조제2항제2호 및 제138조제4항에 따른 보상금 및 대가에 대하여 심결·결정 또는 재정을 받은 자가 그 보상금 또는 대가에 불복할 때에는 법원에 소송을 제기할 수 있다.

② 제1항에 따른 소송은 심결·결정 또는 재정의 등본을 송달받은 날부터 30일 이내에 제기하여야 한다.

③ 제2항에 따른 기간은 불변기간으로 한다. [전문개정 2014.6.11.]

第191조(보상금 또는 대가에 관한 소송에서의 피고) 제190조에 따른 소송에서는 다음 각 호의 어느 하나에 해당하는 자를 피고로 하여야 한다.

1. 제41조제3항 및 제4항에 따른 보상금에 대해서는 보상금을 지급하여야 하는 중앙행정기관의 장 또는 출원인
2. 제106조제3항 및 제106조의2제3항에 따른 보상금에 대해서는 보상금을 지급하여야 하는 중앙행정기관의 장, 특허권자, 전용실시권자 또는 통상실시권자
3. 제110조제2항제2호 및 제138조제4항에 따른 대가에 대해서는 통상실시권자·전용실시권자·특허권자·실용신안권자 또는 디자인권자 [전문개정 2014.6.11.]

第191조의2(변리사의 보수와 소송비용) 소송을 대리한 변리사의 보수에 관하여는 「민사소송법」 제109조를 준용한다. 이 경우 "변호사"는 "변리사"로 본다. [전문개정 2014.6.11.]

제10장 「특허협력조약」에 따른 국제출원 〈개정 2014.6.11.〉

제 1 절 국제출원절차 〈개정 2014.6.11.〉

第192조(국제출원을 할 수 있는 자) 특허청장에게 국제출원을 할 수 있는 자는 다음 각 호의 어느 하나에 해당하는 자로 한다.

1. 대한민국 국민
2. 국내에 주소 또는 영업소를 가진 외국인
3. 제1호 또는 제2호에 해당하는 자가 아닌 자로서 제1호 또는 제2호에 해당하는 자를 대표자로 하여 국제출원을 하는 자
4. 산업통상자원부령으로 정하는 요건에 해당하는 자 [전문개정 2014.6.11.]

第193조(국제출원) ① 국제출원을 하려는 자는 산업통상자원부령으로 정하는 언어로 작성한 출원서와 발명의 설명·청구범위·필요한 도면 및 요약서를 특허청장에게 제출하여야 한다.

② 제1항의 출원서에는 다음 각 호의 사항을 적어야 한다.

1. 해당 출원이 「특허협력조약」에 따른 국제출원이라는 표시
2. 해당 출원된 발명의 보호가 필요한 「특허협력조약」 체약국(締約國)의 지정
3. 제2호에 따라 지정된 체약국(이하 "지정국"이라 한다) 중 「특허협력조약」 제 2 조(iv)의 지역특허를 받으려는 경우에는 그 취지
4. 출원인의 성명이나 명칭·주소나 영업소 및 국적
5. 대리인이 있으면 그 대리인의 성명 및 주소나 영업소
6. 발명의 명칭
7. 발명자의 성명 및 주소(지정국의 법령에서 발명자에 관한 사항을 적도록 규정되어 있는 경우만 해당한다)

③ 제1항의 발명의 설명은 그 발명이 속하는 기술분야에서 통상의 지식을 가진 사람이 쉽게 실시할 수 있도록 명확하고 상세하게 적어야 한다.

④ 제1항의 청구범위는 보호를 받으려는 사항을 명확하고 간결하게 적어야 하며, 발명의 설명에 의하여 충분히 뒷받침되어야 한다.

⑤ 제1항부터 제4항까지에서 규정한 사항 외에 국제출원에 관하여 필요한 사항은 산업통상자원부령으로 정한다. [전문개정 2014.6.11.]

제194조(국제출원일의 인정 등) ① 특허청장은 국제출원이 특허청에 도달한 날을 「특허협력조약」 제11조의 국제출원일(이하 "국제출원일"이라 한다)로 인정하여야 한다. 다만, 다음 각 호의 어느 하나에 해당하는 경우에는 그러하지 아니하다.

1. 출원인이 제192조 각 호의 어느 하나에 해당하지 아니하는 경우
2. 제193조제1항에 따른 언어로 작성되지 아니한 경우
3. 제193조제1항에 따른 발명의 설명 또는 청구범위가 제출되지 아니한 경우
4. 제193조제2항제1호·제2호에 따른 사항 및 출원인의 성명이나 명칭을 적지 아니한 경우

② 특허청장은 국제출원이 제1항 각 호의 어느 하나에 해당하는 경우에는 기간을 정하여 서면으로 절차를 보완할 것을 명하여야 한다.

③ 특허청장은 국제출원이 도면에 관하여 적고 있으나 그 출원에 도면이 포함되어 있지 아니하면 그 취지를 출원인에게 통지하여야 한다.

④ 특허청장은 제2항에 따른 절차의 보완명령을 받은 자가 지정된 기간에 보완을 한 경우에는 그 보완에 관계되는 서면의 도달일을, 제3항에 따른 통지를 받은 자가 산업통상자원부령으로 정하는 기간에 도면을 제출한 경우에는 그 도면의 도달일을 국제출원일로 인정하여야 한다. 다만, 제3항에 따른 통지를 받은 자가 산업통상자원부령으로 정하는 기간에 도면을 제출하지 아니한 경우에는 그 도면에 관한 기재는 없는 것으로 본다.

[전문개정 2014.6.11.]

제195조(보정명령) 특허청장은 국제출원이 다음 각 호의 어느 하나에 해당하는 경우에는 기간을 정하여 보정을 명하여야 한다.

1. 발명의 명칭이 적혀 있지 아니한 경우
2. 요약서가 제출되지 아니한 경우
3. 제3조 또는 제197조제3항을 위반한 경우
4. 산업통상자원부령으로 정하는 방식을 위반한 경우 [전문개정 2014.6.11.]

제196조(취하된 것으로 보는 국제출원 등) ① 다음 각 호의 어느 하나에 해당하는 국제출원은 취하된 것으로 본다.

1. 제195조에 따른 보정명령을 받은 자가 지정된 기간에 보정을 하지 아니한 경우
2. 국제출원에 관한 수수료를 산업통상자원부령으로 정하는 기간에 내지 아니하여 「특허협력조약」 제14조(3)(a)에 해당하게 된 경우
3. 제194조에 따라 국제출원일이 인정된 국제출원에 관하여 산업통상자원부령으로 정하는 기간에 그 국제출원이 제194조제1항 각 호의 어느 하나에 해당하는 것이 발견된 경우

② 국제출원에 관하여 내야 할 수수료의 일부를 산업통상자원부령으로 정하는 기간에 내지 아니하여 「특허협력조약」 제14조(3)(b)에 해당하게 된 경우에는 수수료를 내지 아니한 지정국의 지정은 취하된 것으로 본다.

③ 특허청장은 제1항 및 제2항에 따라 국제출원 또는 지정국의 일부가 취하된 것으로 보는 경우에는 그 사실을 출원인에게 알려야 한다. [전문개정 2014.6.11.]

제197조(대표자 등) ① 2인 이상이 공동으로 국제출원을 하는 경우에 제192조부터 제196조까지 및 제198조에 따른 절차는 출원인의 대표자가 밟을 수 있다.

② 2인 이상이 공동으로 국제출원을 하는 경우에 출원인이 대표자를 정하지 아니한 경우에는 산업통상자원부령으로 정하는 방법에 따라 대표자를 정할 수 있다.

③ 제1항의 절차를 대리인에 의하여 밟으려는 자는 제3조에 따른 법정대리인을 제외하고는 변리사를 대리인으로 하여야 한다. [전문개정 2014.6.11.]

제198조(수수료) ① 국제출원을 하려는 자는 수수료를 내야 한다.
② 제1항에 따른 수수료, 그 납부방법 및 납부기간 등에 관하여 필요한 사항은 산업통상자원부령으로 정한다. [전문개정 2014.6.11.]

제198조의2(국제조사 및 국제예비심사) ① 특허청은 「특허협력조약」 제2조(xix)의 국제사무국(이하 "국제사무국"이라 한다)과 체결하는 협정에 따라 국제출원에 대한 국제조사기관 및 국제예비심사기관으로서의 업무를 수행한다.
② 제1항에 따른 업무수행에 필요한 사항은 산업통상자원부령으로 정한다. [전문개정 2014.6.11.]

제2절 국제특허출원에 관한 특례 〈개정 2014.6.11.〉

제199조(국제출원에 의한 특허출원) ① 「특허협력조약」에 따라 국제출원일이 인정된 국제출원으로서 특허를 받기 위하여 대한민국을 지정국으로 지정한 국제출원은 그 국제출원일에 출원된 특허출원으로 본다.
② 제1항에 따라 특허출원으로 보는 국제출원(이하 "국제특허출원"이라 한다)에 관하여는 제42조의2, 제42조의3 및 제54조를 적용하지 아니한다. [전문개정 2014.6.11.]

제200조(공지 등이 되지 아니한 발명으로 보는 경우의 특례) 국제특허출원된 발명에 관하여 제30조제1항제1호를 적용받으려는 자는 그 취지를 적은 서면 및 이를 증명할 수 있는 서류를 같은 조 제2항에도 불구하고 산업통상자원부령으로 정하는 기간에 특허청장에게 제출할 수 있다. [전문개정 2014.6.11.]

제200조의2(국제특허출원의 출원서 등) ① 국제특허출원의 국제출원일까지 제출된 출원서는 제42조제1항에 따라 제출된 특허출원서로 본다.
② 국제특허출원의 국제출원일까지 제출된 발명의 설명, 청구범위 및 도면은 제42조제2항에 따른 특허출원서에 최초로 첨부된 명세서 및 도면으로 본다.
③ 국제특허출원에 대해서는 다음 각 호의 구분에 따른 요약서 또는 국어번역문을 제42조제2항에 따른 요약서로 본다.

1. 국제특허출원의 요약서를 국어로 적은 경우: 국제특허출원의 요약서
2. 국제특허출원의 요약서를 외국어로 적은 경우: 제201조제1항에 따라 제출된 국제특허출원의 요약서의 국어번역문(제201조제3항 본문에 따라 새로운 국어번역문을 제출한 경우에는 마지막에 제출한 국제특허출원의 요약서의 국어번역문을 말한다)
[본조신설 2014.6.11.]

제201조(국제특허출원의 국어번역문) ① 국제특허출원을 외국어로 출원한 출원인은 「특허협력조약」 제2조(xi)의 우선일(이하 "우선일"이라 한다)부터 2년 7개월(이하 "국내서면제출기간"이라 한다) 이내에 다음 각 호의 국어번역문을 특허청장에게 제출하여야 한다. 다만, 국어번역문의 제출기간을 연장하여 달라는 취지를 제203조제1항에 따른 서면에 적어 국내서면제출기간 만료일 전 1개월부터 그 만료일까지 제출한 경우(그 서면을 제출하기 전에 국어번역문을 제출한 경우는 제외한다)에는 국내서면제출기간 만료일부터 1개월이 되는 날까지 국어번역문을 제출할 수 있다.

1. 국제출원일까지 제출한 발명의 설명, 청구범위 및 도면(도면 중 설명부분에 한정한다)의 국어번역문
2. 국제특허출원의 요약서의 국어번역문

② 제1항에도 불구하고 국제특허출원을 외국어로 출원한 출원인이 「특허협력조약」 제19조(1)에 따라 청구범위에 관한 보정을 한 경우에는 국제출원일까지 제출한 청구범위에 대한 국어번역문

을 보정 후의 청구범위에 대한 국어번역문으로 대체하여 제출할 수 있다.

③ 제1항에 따라 국어번역문을 제출한 출원인은 국내서면제출기간(제1항 단서에 따라 취지를 적은 서면이 제출된 경우에는 연장된 국어번역문 제출 기간을 말한다. 이하 이 조에서 같다)에 그 국어번역문을 갈음하여 새로운 국어번역문을 제출할 수 있다. 다만, 출원인이 출원심사의 청구를 한 후에는 그러하지 아니하다.

④ 제1항에 따른 출원인이 국내서면제출기간에 제1항에 따른 발명의 설명 및 청구범위의 국어번역문을 제출하지 아니하면 그 국제특허출원을 취하한 것으로 본다.

⑤ 특허출원인이 국내서면제출기간의 만료일(국내서면제출기간에 출원인이 출원심사의 청구를 한 경우에는 그 청구일을 말하며, 이하 "기준일"이라 한다)까지 제1항에 따라 발명의 설명, 청구범위 및 도면(도면 중 설명부분에 한정한다)의 국어번역문(제3항 본문에 따라 새로운 국어번역문을 제출한 경우에는 마지막에 제출한 국어번역문을 말한다. 이하 이 조에서 "최종 국어번역문"이라 한다)을 제출한 경우에는 국제출원일까지 제출한 발명의 설명, 청구범위 및 도면(도면 중 설명부분에 한정한다)을 최종 국어번역문에 따라 국제출원일에 제47조제1항에 따른 보정을 한 것으로 본다.

⑥ 특허출원인은 제47조제1항 및 제208조제1항에 따라 보정을 할 수 있는 기간에 최종 국어번역문의 잘못된 번역을 산업통상자원부령으로 정하는 방법에 따라 정정할 수 있다. 이 경우 정정된 국어번역문에 관하여는 제5항을 적용하지 아니한다.

⑦ 제2항에 따라 보정 후의 청구범위에 대한 국어번역문을 제출하는 경우에는 제204조제1항 및 제2항을 적용하지 아니한다. [전문개정 2014.6.11.]

제202조(특허출원 등에 의한 우선권 주장의 특례) ① 국제특허출원에 관하여는 제55조제2항 및 제56조제2항을 적용하지 아니한다.

② 제55조제4항을 적용할 때 우선권 주장을 수반하는 특허출원이 국제특허출원인 경우에는 같은 항 중 "특허출원의 출원서에 최초로 첨부된 명세서 또는 도면"은 "국제출원일까지 제출된 발명의 설명, 청구범위 또는 도면"으로, "출원공개되거나"는 "출원공개 또는 「특허협력조약」 제21조에 따라 국제공개되거나"로 본다. 다만, 그 국제특허출원이 제201조제4항에 따라 취하한 것으로 보는 경우에는 제55조제4항을 적용하지 아니한다.

③ 제55조제1항, 같은 조 제3항부터 제5항까지 및 제56조제1항을 적용할 때 선출원이 국제특허출원 또는 「실용신안법」 제34조제2항에 따른 국제실용신안등록출원인 경우에는 다음 각 호에 따른다.

1. 제55조제1항 각 호 외의 부분 본문, 같은 조 제3항 및 제5항 각 호 외의 부분 중 "출원서에 최초로 첨부된 명세서 또는 도면"은 다음 각 목의 구분에 따른 것으로 본다.
   가. 선출원이 국제특허출원인 경우: "국제출원일까지 제출된 국제출원의 발명의 설명, 청구범위 또는 도면"
   나. 선출원이 「실용신안법」 제34조제2항에 따른 국제실용신안등록출원인 경우: "국제출원일까지 제출된 국제출원의 고안의 설명, 청구범위 또는 도면"
2. 제55조제4항 중 "선출원의 출원서에 최초로 첨부된 명세서 또는 도면"은 다음 각 목의 구분에 따른 것으로 보고, "선출원에 관하여 출원공개"는 "선출원에 관하여 출원공개 또는 「특허협력조약」 제21조에 따른 국제공개"로 본다.
   가. 선출원이 국제특허출원인 경우: "선출원의 국제출원일까지 제출된 국제출원의 발명의 설명, 청구범위 또는 도면"
   나. 선출원이 「실용신안법」 제34조제2항에 따른 국제실용신안등록출원인 경우: "선출원의 국제출원일까지 제출된 국제출원의 고안의 설명, 청구범위 또는 도면"

3. 제56조제1항 각 호 외의 부분 본문 중 "그 출원일부터 1년 3개월이 지난 때"는 "국제출원일부터 1년 3개월이 지난 때 또는 제201조제5항이나 「실용신안법」 제35조제5항에 따른 기준일 중 늦은 때"로 본다.

④ 제55조제1항, 같은 조 제3항부터 제5항까지 및 제56조제1항을 적용할 때 제55조제1항에 따른 선출원이 제214조제4항 또는 「실용신안법」 제40조제4항에 따라 특허출원 또는 실용신안등록출원으로 되는 국제출원인 경우에는 다음 각 호에 따른다.

1. 제55조제1항 각 호 외의 부분 본문, 같은 조 제3항 및 제5항 각 호 외의 부분 중 "출원서에 최초로 첨부된 명세서 또는 도면"은 다음 각 목의 구분에 따른 것으로 본다.
   가. 선출원이 제214조제4항에 따라 특허출원으로 되는 국제출원인 경우: "제214조제4항에 따라 국제출원일로 인정할 수 있었던 날의 국제출원의 발명의 설명, 청구범위 또는 도면"
   나. 선출원이 「실용신안법」 제40조제4항에 따라 실용신안등록출원으로 되는 국제출원인 경우: "「실용신안법」 제40조제4항에 따라 국제출원일로 인정할 수 있었던 날의 국제출원의 고안의 설명, 청구범위 또는 도면"
2. 제55조제4항 중 "선출원의 출원서에 최초로 첨부된 명세서 또는 도면"은 다음 각 목의 구분에 따른 것으로 본다.
   가. 선출원이 제214조제4항에 따라 특허출원으로 되는 국제출원인 경우: "제214조제4항에 따라 국제출원일로 인정할 수 있었던 날의 선출원의 국제출원의 발명의 설명, 청구범위 또는 도면"
   나. 선출원이 「실용신안법」 제40조제4항에 따라 실용신안등록출원으로 되는 국제출원인 경우: "「실용신안법」 제40조제4항에 따라 국제출원일로 인정할 수 있었던 날의 선출원의 국제출원의 고안의 설명, 청구범위 또는 도면"
3. 제56조제1항 각 호 외의 부분 본문 중 "그 출원일부터 1년 3개월이 지난 때"는 "제214조제4항 또는 「실용신안법」 제40조제4항에 따라 국제출원일로 인정할 수 있었던 날부터 1년 3개월이 지난 때 또는 제214조제4항이나 「실용신안법」 제40조제4항에 따른 결정을 한 때 중 늦은 때"로 본다. [전문개정 2014.6.11.]

제203조(서면의 제출) ① 국제특허출원의 출원인은 국내서면제출기간에 다음 각 호의 사항을 적은 서면을 특허청장에게 제출하여야 한다. 이 경우 국제특허출원을 외국어로 출원한 출원인은 제201조제1항에 따른 국어번역문을 함께 제출하여야 한다.

1. 출원인의 성명 및 주소(법인인 경우에는 그 명칭 및 영업소의 소재지)
2. 출원인의 대리인이 있는 경우에는 그 대리인의 성명 및 주소나 영업소의 소재지[대리인이 특허법인·특허법인(유한)인 경우에는 그 명칭, 사무소의 소재지 및 지정된 변리사의 성명]
3. 발명의 명칭
4. 발명자의 성명 및 주소
5. 국제출원일 및 국제출원번호

② 제1항 후단에도 불구하고 제201조제1항 단서에 따라 국어번역문의 제출기간을 연장하여 달라는 취지를 적어 제1항 전단에 따른 서면을 제출하는 경우에는 국어번역문을 함께 제출하지 아니할 수 있다.

③ 특허청장은 다음 각 호의 어느 하나에 해당하는 경우에는 보정기간을 정하여 보정을 명하여야 한다.

1. 제1항 전단에 따른 서면을 국내서면제출기간에 제출하지 아니한 경우
2. 제1항 전단에 따라 제출된 서면이 이 법 또는 이 법에 따른 명령으로 정하는 방식에 위반되는 경우

④ 제3항에 따른 보정명령을 받은 자가 지정된 기간에 보정을 하지 아니하면 특허청장은 해당 국제특허출원을 무효로 할 수 있다. [전문개정 2014.6.11.]

제204조(국제조사보고서를 받은 후의 보정) ① 국제특허출원의 출원인은 「특허협력조약」 제19조(1)에 따라 국제조사보고서를 받은 후에 국제특허출원의 청구범위에 관하여 보정을 한 경우 기준일까지(기준일이 출원심사의 청구일인 경우 출원심사의 청구를 한 때까지를 말한다. 이하 이 조 및 제205조에서 같다) 다음 각 호의 구분에 따른 서류를 특허청장에게 제출하여야 한다.
1. 외국어로 출원한 국제특허출원인 경우: 그 보정서의 국어번역문
2. 국어로 출원한 국제특허출원인 경우: 그 보정서의 사본

② 제1항에 따라 보정서의 국어번역문 또는 사본이 제출되었을 때에는 그 보정서의 국어번역문 또는 사본에 따라 제47조제1항에 따른 청구범위가 보정된 것으로 본다. 다만, 「특허협력조약」 제20조에 따라 기준일까지 그 보정서(국어로 출원한 국제특허출원인 경우에 한정한다)가 특허청에 송달된 경우에는 그 보정서에 따라 보정된 것으로 본다.

③ 국제특허출원의 출원인은 「특허협력조약」 제19조(1)에 따른 설명서를 국제사무국에 제출한 경우 다음 각 호의 구분에 따른 서류를 기준일까지 특허청장에게 제출하여야 한다.
1. 외국어로 출원한 국제특허출원인 경우: 그 설명서의 국어번역문
2. 국어로 출원한 국제특허출원인 경우: 그 설명서의 사본

④ 국제특허출원의 출원인이 기준일까지 제1항 또는 제3항에 따른 절차를 밟지 아니하면 「특허협력조약」 제19조(1)에 따른 보정서 또는 설명서는 제출되지 아니한 것으로 본다. 다만, 국어로 출원한 국제특허출원인 경우에 「특허협력조약」 제20조에 따라 기준일까지 그 보정서 또는 그 설명서가 특허청에 송달된 경우에는 그러하지 아니하다. [전문개정 2014.6.11.]

제205조(국제예비심사보고서 작성 전의 보정) ① 국제특허출원의 출원인은 「특허협력조약」 제34조(2)(b)에 따라 국제특허출원의 발명의 설명, 청구범위 및 도면에 대하여 보정을 한 경우 기준일까지 다음 각 호의 구분에 따른 서류를 특허청장에게 제출하여야 한다.
1. 외국어로 작성된 보정서인 경우: 그 보정서의 국어번역문
2. 국어로 작성된 보정서인 경우: 그 보정서의 사본

② 제1항에 따라 보정서의 국어번역문 또는 사본이 제출되었을 때에는 그 보정서의 국어번역문 또는 사본에 따라 제47조제1항에 따른 명세서 및 도면이 보정된 것으로 본다. 다만, 「특허협력조약」 제36조(3)(a)에 따라 기준일까지 그 보정서(국어로 작성된 보정서의 경우만 해당한다)가 특허청에 송달된 경우에는 그 보정서에 따라 보정된 것으로 본다.

③ 국제특허출원의 출원인이 기준일까지 제1항에 따른 절차를 밟지 아니하면 「특허협력조약」 제34조(2)(b)에 따른 보정서는 제출되지 아니한 것으로 본다. 다만, 「특허협력조약」 제36조(3)(a)에 따라 기준일까지 그 보정서(국어로 작성된 보정서의 경우만 해당한다)가 특허청에 송달된 경우에는 그러하지 아니하다. [전문개정 2014.6.11.]

제206조(재외자의 특허관리인의 특례) ① 재외자인 국제특허출원의 출원인은 기준일까지는 제5조제1항에도 불구하고 특허관리인에 의하지 아니하고 특허에 관한 절차를 밟을 수 있다.

② 제201조제1항에 따라 국어번역문을 제출한 재외자는 산업통상자원부령으로 정하는 기간에 특허관리인을 선임하여 특허청장에게 신고하여야 한다.

③ 제2항에 따른 선임신고가 없으면 그 국제특허출원은 취하된 것으로 본다. [전문개정 2014.6.11.]

제207조(출원공개시기 및 효과의 특례) ① 국제특허출원의 출원공개에 관하여 제64조제1항을 적용하는 경우에는 "다음 각 호의 구분에 따른 날부터 1년 6개월이 지난 후"는 "국내서면제출기간(제201조제1항 각 호 외의 부분 단서에 따라 국어번역문의 제출기간을 연장해 달라는 취지를 적

은 서면이 제출된 경우에는 연장된 국어번역문 제출 기간을 말한다. 이하 이 항에서 같다)이 지난 후(국내서면제출기간에 출원인이 출원심사의 청구를 한 국제특허출원으로서 「특허협력조약」 제21조에 따라 국제공개된 경우에는 우선일부터 1년 6개월이 되는 날 또는 출원심사의 청구일 중 늦은 날이 지난 후)"로 본다.

② 제1항에도 불구하고 국어로 출원한 국제특허출원에 관하여 제1항에 따른 출원공개 전에 이미 「특허협력조약」 제21조에 따라 국제공개가 된 경우에는 그 국제공개가 된 때에 출원공개가 된 것으로 본다.

③ 국제특허출원의 출원인은 국제특허출원에 관하여 출원공개(국어로 출원한 국제특허출원인 경우 「특허협력조약」 제21조에 따른 국제공개를 말한다. 이하 이 조에서 같다)가 있은 후 국제특허출원된 발명을 업으로 실시한 자에게 국제특허출원된 발명인 것을 서면으로 경고할 수 있다.

④ 국제특허출원의 출원인은 제3항에 따른 경고를 받거나 출원공개된 발명임을 알고도 그 국제특허출원된 발명을 업으로서 실시한 자에게 그 경고를 받거나 출원공개된 발명임을 안 때부터 특허권의 설정등록 시까지의 기간 동안 그 특허발명의 실시에 대하여 통상적으로 받을 수 있는 금액에 상당하는 보상금의 지급을 청구할 수 있다. 다만, 그 청구권은 해당 특허출원이 특허권의 설정등록된 후에만 행사할 수 있다. [전문개정 2014.6.11.]

제208조(보정의 특례 등) ① 국제특허출원에 관하여는 다음 각 호의 요건을 모두 갖추지 아니하면 제47조제1항에도 불구하고 보정(제204조제2항 및 제205조제2항에 따른 보정은 제외한다)을 할 수 없다. <개정 2014.6.11.>

1. 제82조제1항에 따른 수수료를 낼 것
2. 제201조제1항에 따른 국어번역문을 제출할 것. 다만, 국어로 출원된 국제특허출원인 경우는 그러하지 아니하다.
3. 기준일(기준일이 출원심사의 청구일인 경우 출원심사를 청구한 때를 말한다)이 지날 것

② 삭제 <2001.2.3.>

③ 외국어로 출원된 국제특허출원의 보정할 수 있는 범위에 관하여 제47조제2항 전단을 적용할 때에는 "특허출원서에 최초로 첨부한 명세서 또는 도면"은 "국제출원일까지 제출한 발명의 설명, 청구범위 또는 도면"으로 본다. <개정 2014.6.11.>

④ 외국어로 출원된 국제특허출원의 보정할 수 있는 범위에 관하여 제47조제2항 후단을 적용할 때에는 "외국어특허출원"은 "외국어로 출원된 국제특허출원"으로, "최종 국어번역문(제42조의3제6항 전단에 따른 정정이 있는 경우에는 정정된 국어번역문을 말한다) 또는 특허출원서에 최초로 첨부한 도면(도면 중 설명부분은 제외한다)"은 "제201조제5항에 따른 최종 국어번역문(제201조제6항 전단에 따른 정정이 있는 경우에는 정정된 국어번역문을 말한다) 또는 국제출원일까지 제출한 도면(도면 중 설명부분은 제외한다)"으로 본다. <신설 2014.6.11.>

⑤ 삭제 <2001.2.3.> [제목개정 2014.6.11.]

제209조(변경출원시기의 제한) 「실용신안법」 제34조제1항에 따라 국제출원일에 출원된 실용신안등록출원으로 보는 국제출원을 기초로 하여 특허출원으로 변경출원을 하는 경우에는 이 법 제53조제1항에도 불구하고 「실용신안법」 제17조제1항에 따른 수수료를 내고 같은 법 제35조제1항에 따른 국어번역문(국어로 출원된 국제실용신안등록출원의 경우는 제외한다)을 제출한 후(「실용신안법」 제40조제4항에 따라 국제출원일로 인정할 수 있었던 날에 출원된 것으로 보는 국제출원을 기초로 하는 경우에는 같은 항에 따른 결정이 있은 후)에만 변경출원을 할 수 있다. [전문개정 2014.6.11.]

제210조(출원심사청구시기의 제한) 국제특허출원에 관하여는 제59조제2항에도 불구하고 다음 각

호의 어느 하나에 해당하는 때에만 출원심사의 청구를 할 수 있다.

1. 국제특허출원의 출원인은 제201조제1항에 따라 국어번역문을 제출하고(국어로 출원된 국제특허출원의 경우는 제외한다) 제82조제1항에 따른 수수료를 낸 후
2. 국제특허출원의 출원인이 아닌 자는 국내서면제출기간(제201조제1항 각 호 외의 부분 단서에 따라 국어번역문의 제출기간을 연장하여 달라는 취지를 적은 서면이 제출된 경우에는 연장된 국어번역문 제출 기간을 말한다)이 지난 후 [전문개정 2014.6.11.]

제211조(국제조사보고서 등에 기재된 문헌의 제출명령) 특허청장은 국제특허출원의 출원인에 대하여 기간을 정하여 「특허협력조약」 제18조의 국제조사보고서 또는 같은 조약 제35조의 국제예비심사보고서에 적혀 있는 문헌의 사본을 제출하게 할 수 있다. [전문개정 2014.6.11.]

제212조 삭제 <2006.3.3.>

제213조 삭제 <2014.6.11.>

제214조(결정에 의하여 특허출원으로 되는 국제출원) ① 국제출원의 출원인은 「특허협력조약」 제4조(1)(ii)의 지정국에 대한민국을 포함하는 국제출원(특허출원만 해당한다)이 다음 각 호의 어느 하나에 해당하는 경우 산업통상자원부령으로 정하는 기간에 산업통상자원부령으로 정하는 바에 따라 특허청장에게 같은 조약 제25조(2)(a)에 따른 결정을 하여줄 것을 신청할 수 있다.

1. 「특허협력조약」 제2조(xv)의 수리관청이 그 국제출원에 대하여 같은 조약 제25조(1)(a)에 따른 거부를 한 경우
2. 「특허협력조약」 제2조(xv)의 수리관청이 그 국제출원에 대하여 같은 조약 제25조(1)(a) 또는 (b)에 따른 선언을 한 경우
3. 국제사무국이 그 국제출원에 대하여 같은 조약 제25조(1)(a)에 따른 인정을 한 경우

② 제1항의 신청을 하려는 자는 그 신청 시 발명의 설명, 청구범위 또는 도면(도면 중 설명부분에 한정한다), 그 밖에 산업통상자원부령으로 정하는 국제출원에 관한 서류의 국어번역문을 특허청장에게 제출하여야 한다.

③ 특허청장은 제1항의 신청이 있으면 그 신청에 관한 거부·선언 또는 인정이 「특허협력조약」 및 같은 조약규칙에 따라 정당하게 된 것인지에 관하여 결정을 하여야 한다.

④ 특허청장은 제3항에 따라 그 거부·선언 또는 인정이 「특허협력조약」 및 같은 조약규칙에 따라 정당하게 된 것이 아니라고 결정을 한 경우에는 그 결정에 관한 국제출원은 그 국제출원에 대하여 거부·선언 또는 인정이 없었다면 국제출원일로 인정할 수 있었던 날에 출원된 특허출원으로 본다.

⑤ 특허청장은 제3항에 따른 정당성 여부의 결정을 하는 경우에는 그 결정의 등본을 국제출원의 출원인에게 송달하여야 한다.

⑥ 제4항에 따라 특허출원으로 보는 국제출원에 관하여는 제199조제2항, 제200조, 제200조의2, 제201조제5항부터 제7항까지, 제202조제1항·제2항, 제208조 및 제210조를 준용한다.

⑦ 제4항에 따라 특허출원으로 보는 국제출원에 관한 출원공개에 관하여는 제64조제1항 중 "다음 각 호의 구분에 따른 날"을 "제201조제1항의 우선일"로 본다. [전문개정 2014.6.11.]

제11장 보 칙 〈개정 2014.6.11.〉

제215조(둘 이상의 청구항이 있는 특허 또는 특허권에 관한 특칙) 둘 이상의 청구항이 있는 특허 또는 특허권에 관하여 제65조제6항, 제84조제1항제2호, 제85조제1항제1호(소멸의 경우만 해당한다), 제101조제1항제1호, 제104조제1항제1호·제3호·제5호, 제119조제1항, 제133조제2항·제3

항, 제136조제6항, 제139조제1항, 제181조, 제182조 또는 「실용신안법」 제26조제1항제2호·제4호·제5호를 적용할 때에는 청구항마다 특허가 되거나 특허권이 있는 것으로 본다. [전문개정 2014.6.11.]

제215조의2(둘 이상의 청구항이 있는 특허출원의 등록에 관한 특칙) ① 둘 이상의 청구항이 있는 특허출원에 대한 특허결정을 받은 자가 특허료를 낼 때에는 청구항별로 이를 포기할 수 있다.
② 제1항에 따른 청구항의 포기에 관하여 필요한 사항은 산업통상자원부령으로 정한다.
[전문개정 2014.6.11.]

제216조(서류의 열람 등) ① 특허 또는 심판에 관한 증명, 서류의 등본 또는 초본의 발급, 특허원부 및 서류의 열람 또는 복사가 필요한 자는 특허청장 또는 특허심판원장에게 신청할 수 있다.
② 특허청장 또는 특허심판원장은 제1항의 신청이 있더라도 설정등록 또는 출원공개되지 아니한 특허출원에 관한 서류, 그 특허출원의 제132조의3에 따른 특허거절결정에 대한 심판에 관한 서류와 공공의 질서 또는 선량한 풍속에 어긋나거나 공중의 위생을 해칠 우려가 있는 것은 허가하지 아니할 수 있다. [전문개정 2014.6.11.]

제217조(특허출원 등에 관한 서류 등의 반출 및 감정 등의 금지) ① 특허출원·심사·심판·재심에 관한 서류 또는 특허원부는 다음 각 호의 어느 하나에 해당하는 경우에만 외부로 반출할 수 있다.

1. 제58조제1항 또는 제2항에 따른 선행기술의 조사 등을 위하여 특허출원 또는 심사에 관한 서류를 반출하는 경우
2. 제217조의2제1항에 따른 특허문서 전자화업무의 위탁을 위하여 특허출원·심사·심판·재심에 관한 서류 또는 특허원부를 반출하는 경우
3. 「전자정부법」 제32조제2항에 따른 온라인 원격근무를 위하여 특허출원·심사·심판·재심에 관한 서류 또는 특허원부를 반출하는 경우

② 특허출원·심사·심판 또는 재심으로 계속 중인 사건의 내용이나 특허여부결정·심결 또는 결정의 내용에 관하여는 감정·증언하거나 질의에 응답할 수 없다. [전문개정 2014.6.11.]

제217조의2(특허문서 전자화업무의 대행) ① 특허청장은 특허에 관한 절차를 효율적으로 처리하기 위하여 필요하다고 인정하면 특허출원·심사·심판·재심에 관한 서류 또는 특허원부를 전산정보처리조직과 전산정보처리조직의 이용기술을 활용하여 전자화하는 업무 또는 이와 유사한 업무(이하 "특허문서 전자화업무"라 한다)를 산업통상자원부령으로 정하는 시설 및 인력을 갖춘 법인에게 위탁하여 수행하게 할 수 있다. <개정 2014.6.11.>
② 삭제 <2006.3.3.>
③ 제1항에 따라 특허문서 전자화업무를 위탁받은 자(이하 "특허문서 전자화기관"이라 한다)의 임직원이거나 임직원이었던 사람은 직무상 알게 된 특허출원 중의 발명에 관하여 비밀을 누설하거나 도용하여서는 아니 된다. <개정 2014.6.11.>
④ 특허청장은 제28조의3제1항에 따른 전자문서로 제출되지 아니한 특허출원서나 그 밖에 산업통상자원부령으로 정하는 서류를 제1항에 따라 전자화하고, 특허청 또는 특허심판원에서 사용하는 전산정보처리조직의 파일에 수록할 수 있다. <개정 2014.6.11.>
⑤ 제4항에 따라 파일에 수록된 내용은 해당 서류에 적혀 있는 내용과 같은 것으로 본다.
<개정 2014.6.11.>
⑥ 특허문서 전자화업무의 수행방법, 그 밖에 특허문서 전자화업무 수행에 필요한 사항은 산업통상자원부령으로 정한다. <개정 2014.6.11.>
⑦ 특허청장은 특허문서 전자화기관이 제1항에 따른 산업통상자원부령으로 정하는 시설 및 인력기준을 충족하지 못하는 경우에는 시정조치를 요구할 수 있으며, 특허문서 전자화기관이 시정조

치 요구에 따르지 아니하는 경우에는 특허문서 전자화업무의 위탁을 취소할 수 있다. 이 경우 미리 의견을 진술할 기회를 주어야 한다. <개정 2014.6.11.>
[본조신설 1997.4.10.] [제목개정 2014.6.11.]

제218조(서류의 송달) 이 법에 규정된 서류의 송달절차 등에 관하여 필요한 사항은 대통령령으로 정한다. [전문개정 2014.6.11.]

제219조(공시송달) ① 서류를 송달받을 자의 주소나 영업소가 분명하지 아니하여 송달할 수 없는 경우에는 공시송달(公示送達)을 하여야 한다.
② 공시송달은 서류를 송달받을 자에게 어느 때라도 발급한다는 뜻을 특허공보에 게재하는 것으로 한다.
③ 최초의 공시송달은 특허공보에 게재한 날부터 2주일이 지나면 그 효력이 발생한다. 다만, 같은 당사자에 대한 이후의 공시송달은 특허공보에 게재한 날의 다음 날부터 효력이 발생한다. [전문개정 2014.6.11.]

제220조(재외자에 대한 송달) ① 재외자로서 특허관리인이 있으면 그 재외자에게 송달할 서류는 특허관리인에게 송달하여야 한다.
② 재외자로서 특허관리인이 없으면 그 재외자에게 송달할 서류는 항공등기우편으로 발송할 수 있다.
③ 제2항에 따라 서류를 항공등기우편으로 발송한 경우에는 그 발송일에 송달된 것으로 본다.
[전문개정 2014.6.11.]

제221조(특허공보) ① 특허청장은 대통령령으로 정하는 바에 따라 특허공보를 발행하여야 한다.
② 특허공보는 산업통상자원부령으로 정하는 바에 따라 전자적 매체로 발행할 수 있다.
③ 특허청장은 전자적 매체로 특허공보를 발행하는 경우에는 정보통신망을 활용하여 특허공보의 발행사실·주요목록 및 공시송달에 관한 사항을 알려야 한다. [전문개정 2014.6.11.]

제222조(서류의 제출 등) 특허청장 또는 심사관은 당사자에게 심판 또는 재심에 관한 절차 외의 절차를 처리하기 위하여 필요한 서류나 그 밖의 물건의 제출을 명할 수 있다.
[전문개정 2014.6.11.]

제223조(특허표시) 특허권자, 전용실시권자 또는 통상실시권자는 다음 각 호의 구분에 따른 방법으로 특허표시를 할 수 있다.
1. 물건의 특허발명의 경우: 그 물건에 특허표시
2. 물건을 생산하는 방법의 특허발명의 경우: 그 방법에 따라 생산된 물건에 특허표시
3. 물건에 특허표시를 할 수 없는 경우: 그 물건의 용기 또는 포장에 특허표시
[전문개정 2014.6.11.]

제224조(허위표시의 금지) 누구든지 다음 각 호의 어느 하나에 해당하는 행위를 하여서는 아니 된다.
1. 특허된 것이 아닌 물건, 특허출원 중이 아닌 물건, 특허된 것이 아닌 방법이나 특허출원 중이 아닌 방법에 의하여 생산한 물건 또는 그 물건의 용기나 포장에 특허표시 또는 특허출원표시를 하거나 이와 혼동하기 쉬운 표시를 하는 행위
2. 제1호의 표시를 한 것을 양도·대여 또는 전시하는 행위
3. 제1호의 물건을 생산·사용·양도 또는 대여하기 위하여 광고·간판 또는 표찰에 그 물건이 특허나 특허출원된 것 또는 특허된 방법이나 특허출원 중인 방법에 따라 생산한 것으로 표시하거나 이와 혼동하기 쉬운 표시를 하는 행위

4. 특허된 것이 아닌 방법이나 특허출원 중이 아닌 방법을 사용·양도 또는 대여하기 위하여 광고·간판 또는 표찰에 그 방법이 특허 또는 특허출원된 것으로 표시하거나 이와 혼동하기 쉬운 표시를 하는 행위 [전문개정 2014.6.11.]

제224조의2(불복의 제한) ① 보정각하결정, 특허여부결정, 심결, 심판청구서나 재심청구서의 각하결정에 대해서는 다른 법률에 따른 불복을 할 수 없으며, 이 법에 따라 불복할 수 없도록 규정되어 있는 처분에 대해서는 다른 법률에 따라 불복을 할 수 없다.
② 제1항에 따른 처분 외의 처분의 불복에 대해서는 「행정심판법」 또는 「행정소송법」에 따른다.
[전문개정 2014.6.11.]

제224조의3(비밀유지명령) ① 법원은 특허권 또는 전용실시권의 침해에 관한 소송에서 그 당사자가 보유한 영업비밀(「부정경쟁방지 및 영업비밀보호에 관한 법률」 제2조제2호에 따른 영업비밀을 말한다. 이하 같다)에 대하여 다음 각 호의 사유를 모두 소명한 경우에는 그 당사자의 신청에 따라 결정으로 다른 당사자(법인인 경우에는 그 대표자), 당사자를 위하여 소송을 대리하는 자, 그 밖에 그 소송으로 인하여 영업비밀을 알게 된 자에게 그 영업비밀을 그 소송의 계속적인 수행 외의 목적으로 사용하거나 그 영업비밀에 관계된 이 항에 따른 명령을 받은 자 외의 자에게 공개하지 아니할 것을 명할 수 있다. 다만, 그 신청 시점까지 다른 당사자(법인인 경우에는 그 대표자), 당사자를 위하여 소송을 대리하는 자, 그 밖에 그 소송으로 인하여 영업비밀을 알게 된 자가 제1호에 규정된 준비서면의 열람이나 증거조사 외의 방법으로 그 영업비밀을 이미 취득하고 있는 경우에는 그러하지 아니하다.
1. 이미 제출하였거나 제출하여야 할 준비서면 또는 이미 조사하였거나 조사하여야 할 증거에 영업비밀이 포함되어 있다는 것
2. 제1호의 영업비밀이 해당 소송 수행 외의 목적으로 사용되거나 공개되면 당사자의 영업에 지장을 줄 우려가 있어 이를 방지하기 위하여 영업비밀의 사용 또는 공개를 제한할 필요가 있다는 것

② 제1항에 따른 명령(이하 "비밀유지명령"이라 한다)의 신청은 다음 각 호의 사항을 적은 서면으로 하여야 한다.
1. 비밀유지명령을 받을 자
2. 비밀유지명령의 대상이 될 영업비밀을 특정하기에 충분한 사실
3. 제1항 각 호의 사유에 해당하는 사실

③ 법원은 비밀유지명령이 결정된 경우에는 그 결정서를 비밀유지명령을 받은 자에게 송달하여야 한다.
④ 비밀유지명령은 제3항의 결정서가 비밀유지명령을 받은 자에게 송달된 때부터 효력이 발생한다.
⑤ 비밀유지명령의 신청을 기각하거나 각하한 재판에 대해서는 즉시항고를 할 수 있다.
[전문개정 2014.6.11.]

제224조의4(비밀유지명령의 취소) ① 비밀유지명령을 신청한 자 또는 비밀유지명령을 받은 자는 제224조의3제1항에 따른 요건을 갖추지 못하였거나 갖추지 못하게 된 경우 소송기록을 보관하고 있는 법원(소송기록을 보관하고 있는 법원이 없는 경우에는 비밀유지명령을 내린 법원)에 비밀유지명령의 취소를 신청할 수 있다.
② 법원은 비밀유지명령의 취소신청에 대한 재판이 있는 경우에는 그 결정서를 그 신청을 한 자 및 상대방에게 송달하여야 한다.
③ 비밀유지명령의 취소신청에 대한 재판에 대해서는 즉시항고를 할 수 있다.
④ 비밀유지명령을 취소하는 재판은 확정되어야 효력이 발생한다.

⑤ 비밀유지명령을 취소하는 재판을 한 법원은 비밀유지명령의 취소신청을 한 자 또는 상대방 외에 해당 영업비밀에 관한 비밀유지명령을 받은 자가 있는 경우에는 그 자에게 즉시 비밀유지명령의 취소 재판을 한 사실을 알려야 한다. [전문개정 2014.6.11.]

제224조의5(소송기록 열람 등의 청구 통지 등) ① 비밀유지명령이 내려진 소송(모든 비밀유지명령이 취소된 소송은 제외한다)에 관한 소송기록에 대하여 「민사소송법」 제163조제1항의 결정이 있었던 경우, 당사자가 같은 항에서 규정하는 비밀 기재부분의 열람 등의 청구를 하였으나 그 청구 절차를 해당 소송에서 비밀유지명령을 받지 아니한 자가 밟은 경우에는 법원서기관, 법원사무관, 법원주사 또는 법원주사보(이하 이 조에서 "법원사무관등"이라 한다)는 「민사소송법」 제163조제1항의 신청을 한 당사자(그 열람 등의 청구를 한 자는 제외한다. 이하 제3항에서 같다)에게 그 청구 직후에 그 열람 등의 청구가 있었다는 사실을 알려야 한다.
② 제1항의 경우에 법원사무관등은 제1항의 청구가 있었던 날부터 2주일이 지날 때까지(그 청구 절차를 밟은 자에 대한 비밀유지명령 신청이 그 기간 내에 이루어진 경우에는 그 신청에 대한 재판이 확정되는 시점까지) 그 청구 절차를 밟은 자에게 제1항의 비밀 기재부분의 열람 등을 하게 하여서는 아니 된다.
③ 제2항은 제1항의 열람 등의 청구를 한 자에게 제1항의 비밀 기재부분의 열람 등을 하게 하는 것에 대하여 「민사소송법」 제163조제1항의 신청을 한 당사자 모두가 동의하는 경우에는 적용되지 아니한다. [전문개정 2014.6.11.]

제12장 벌 칙 〈개정 2014.6.11.〉

제225조(침해죄) ① 특허권 또는 전용실시권을 침해한 자는 7년 이하의 징역 또는 1억원 이하의 벌금에 처한다.
② 제1항의 죄는 고소가 없으면 공소(公訴)를 제기할 수 없다. [전문개정 2014.6.11.]

제226조(비밀누설죄 등) 특허청 또는 특허심판원 소속 직원이거나 직원이었던 사람이 특허출원 중인 발명(국제출원 중인 발명을 포함한다)에 관하여 직무상 알게 된 비밀을 누설하거나 도용한 경우에는 5년 이하의 징역 또는 5천만원 이하의 벌금에 처한다.
[전문개정 2014.6.11.]

제226조의2(전문기관 등의 임직원에 대한 공무원 의제) 제58조제1항에 따른 전문기관 또는 특허문서 전자화기관의 임직원이거나 임직원이었던 사람은 제226조를 적용하는 경우에는 특허청 소속 직원 또는 직원이었던 사람으로 본다. [전문개정 2014.6.11.]

제227조(위증죄) ① 이 법에 따라 선서한 증인, 감정인 또는 통역인이 특허심판원에 대하여 거짓으로 진술·감정 또는 통역을 한 경우에는 5년 이하의 징역 또는 1천만원 이하의 벌금에 처한다.
② 제1항에 따른 죄를 범한 자가 그 사건의 심결이 확정되기 전에 자수한 경우에는 그 형을 감경 또는 면제할 수 있다. [전문개정 2014.6.11.]

제228조(허위표시의 죄) 제224조를 위반한 자는 3년 이하의 징역 또는 2천만원 이하의 벌금에 처한다. [전문개정 2014.6.11.]

제229조(거짓행위의 죄) 거짓이나 그 밖의 부정한 행위로 특허, 특허권의 존속기간의 연장등록 또는 심결을 받은 자는 3년 이하의 징역 또는 2천만원 이하의 벌금에 처한다.
[전문개정 2014.6.11.]

제229조의2(비밀유지명령 위반죄) ① 국내외에서 정당한 사유 없이 제224조의3제1항에 따른 비

밀유지명령을 위반한 자는 5년 이하의 징역 또는 5천만원 이하의 벌금에 처한다.
② 제1항의 죄는 비밀유지명령을 신청한 자의 고소가 없으면 공소를 제기할 수 없다.
[본조신설 2011.12.2.]

제230조(양벌규정) 법인의 대표자나 법인 또는 개인의 대리인, 사용인, 그 밖의 종업원이 그 법인 또는 개인의 업무에 관하여 제225조제1항, 제228조 또는 제229조의 어느 하나에 해당하는 위반행위를 하면 그 행위자를 벌하는 외에 그 법인에는 다음 각 호의 구분에 따른 벌금형을, 그 개인에게는 해당 조문의 벌금형을 과(科)한다. 다만, 법인 또는 개인이 그 위반행위를 방지하기 위하여 해당 업무에 관하여 상당한 주의와 감독을 게을리하지 아니한 경우에는 그러하지 아니하다.
1. 제225조제1항의 경우: 3억원 이하의 벌금
2. 제228조 또는 제229조의 경우: 6천만원 이하의 벌금 [전문개정 2014.6.11.]

제231조(몰수 등) ① 제225조제1항에 해당하는 침해행위를 조성한 물건 또는 그 침해행위로부터 생긴 물건은 몰수하거나 피해자의 청구에 따라 그 물건을 피해자에게 교부할 것을 선고하여야 한다.
② 피해자는 제1항에 따른 물건을 받은 경우에는 그 물건의 가액을 초과하는 손해액에 대해서만 배상을 청구할 수 있다. [전문개정 2014.6.11.]

제232조(과태료) ① 다음 각 호의 어느 하나에 해당하는 자에게는 50만원 이하의 과태료를 부과한다.
1. 「민사소송법」 제299조제2항 및 같은 법 제367조에 따라 선서를 한 자로서 특허심판원에 대하여 거짓 진술을 한 자
2. 특허심판원으로부터 증거조사 또는 증거보전에 관하여 서류나 그 밖의 물건 제출 또는 제시의 명령을 받은 자로서 정당한 이유 없이 그 명령에 따르지 아니한 자
3. 특허심판원으로부터 증인·감정인 또는 통역인으로 소환된 자로서 정당한 이유 없이 소환에 따르지 아니하거나 선서·진술·증언·감정 또는 통역을 거부한 자

② 제1항에 따른 과태료는 대통령령으로 정하는 바에 따라 특허청장이 부과·징수한다.
[전문개정 2014.6.11.]

부칙 〈제13317호, 2015.5.18.〉

제1조(시행일) 이 법은 공포한 날부터 시행한다.

제2조(심사청구료의 반환에 관한 적용례) 제84조제1항제4호 및 제5호의 개정규정은 이 법 시행 후 최초로 특허출원을 취하(제53조제4항 또는 제56조제1항 본문에 따라 취하된 것으로 보는 경우를 포함한다)하거나 포기하는 것부터 적용한다.

2. 중소기업창업 지원법

[시행 2015.7.29.] [법률 제13089호, 2015.1.28., 타법개정]
중소기업청(창업진흥과) 042-481-4409

제1장 총 칙

제1조(목적) 이 법은 중소기업의 설립을 촉진하고 성장 기반을 조성하여 중소기업의 건전한 발전을 통한 건실한 산업구조의 구축에 기여함을 목적으로 한다.

제2조(정의) 이 법에서 사용하는 용어의 뜻은 다음과 같다.

1. "창업"이란 중소기업을 새로 설립하는 것을 말한다. 이 경우 창업의 범위는 대통령령으로 정한다.
2. "창업자"란 중소기업을 창업하는 자와 중소기업을 창업하여 사업을 개시한 날부터 7년이 지나지 아니한 자를 말한다. 이 경우 사업 개시에 관한 세부 사항은 대통령령으로 정한다.
3. "중소기업"이란 「중소기업기본법」 제2조에 따른 중소기업을 말한다.
4. "중소기업창업투자회사"란 창업자에게 투자하는 것을 주된 업무로 하는 회사로서 제10조에 따라 등록한 회사를 말한다.
5. "중소기업창업투자조합"이란 창업자에게 투자하고 그 성과를 배분하는 것을 주된 목적으로 하는 조합으로서 제20조에 따라 등록한 조합을 말한다.
6. "중소기업상담회사"란 중소기업의 사업성 평가 등의 업무를 하는 회사로서 제31조에 따라 등록한 회사를 말한다.
7. "창업보육센터"란 창업의 성공 가능성을 높이기 위하여 창업자에게 시설·장소를 제공하고 경영·기술 분야에 대하여 지원하는 것을 주된 목적으로 하는 사업장을 말한다.

제3조(적용 범위) 이 법은 창업에 관하여 적용한다. 다만, 금융 및 보험업과 부동산업 등 대통령령으로 정하는 업종의 중소기업에 대하여는 적용하지 아니한다. <개정 2011.4.4.>

제4조(창업지원계획의 수립 등) ① 중소기업청장은 창업을 촉진하고, 창업자의 성장·발전을 위한 중소기업 창업지원계획을 세워 고시하여야 한다.

② 정부는 창업자 및 대통령령으로 정하는 창업지원에 관한 사업을 하는 자에 대하여 필요한 자금을 투자·출연·보조·융자하거나 그 밖에 필요한 지원을 할 수 있다.

③ 중소기업청장은 제1항의 창업지원계획을 수립하기 위하여 관계 중앙행정기관의 장 및 지방자치단체의 장에게 관련 자료의 제공을 요청할 수 있다. <신설 2010.6.8.>

제4조의2(창업촉진사업의 추진 등) ① 중소기업청장은 중소기업의 창업을 촉진하고 창업자의 창업 성공률을 향상시키기 위하여 다음 각 호의 사업을 추진하거나 필요한 시책을 수립·시행할 수 있다. <개정 2013.8.6., 2015.2.3.>

1. 유망한 예비창업자(중소기업을 창업하려는 자를 말한다. 이하 같다)의 발굴·육성 및 그에

대한 지원
2. 창업자의 우수한 아이디어 사업화에 대한 지원
3. 기업, 창업 관련 단체 등을 통한 예비창업자 또는 창업자의 발굴·육성
4. 예비창업자 또는 창업자의 해외 진출 지원
5. 그 밖에 창업교육 및 창업 기반시설 확충 등 대통령령으로 정하는 사업

② 중소기업청장은 제1항에 따른 사업을 추진하는 경우에는 대통령령으로 정하는 예비청년창업자 또는 청년창업자를 우대할 수 있다. <신설 2015.2.3.>

③ 중소기업청장은 제1항에 따른 사업을 추진하기 위하여 필요하다고 인정하는 경우에는 예산의 범위에서 대학, 연구기관, 공공기관, 창업 관련 단체, 중소기업 및 예비창업자에게 해당 사업을 수행하는 데에 드는 비용의 전부 또는 일부를 출연하거나 보조할 수 있다. <개정 2015.2.3.>

④ 제3항에 따른 출연 및 보조의 절차 및 방법 등에 관한 사항은 대통령령으로 정한다. <개정 2015.2.3.> [본조신설 2010.6.8.] [제목개정 2013.8.6.]

제4조의3(재창업지원) 중소기업청장은 창업 후 폐업 또는 파산 등으로 재창업을 하려는 자에 대하여 재창업지원에 필요한 다음 각 호의 사업을 추진할 수 있다.
1. 우수한 기술과 경험을 보유한 재창업희망 중소기업인의 발굴 및 재창업 교육
2. 재창업에 장애가 되는 각종 부담 및 규제 등의 제도개선
3. 조세·법률 상담 등 재창업을 위한 상담 지원
4. 교육센터의 지정·운영 등 재창업지원 시설의 확충
5. 그 밖에 재창업지원과 관련하여 중소기업청장이 필요하다고 인정하는 사업 [본조신설 2013.3.22.]

제4조의4(지역특화산업 창업의 지원) ① 중소기업청장은 지역의 고용창출 및 지역경제 활성화를 위하여 지역특화산업에 속하는 업종의 창업을 촉진하는 계획을 수립할 수 있다.

② 지방자치단체의 장은 제1항에 따른 계획에 따라 해당 지방자치단체의 지역특화산업의 기술과 경험을 보유한 예비창업자 또는 창업자의 발굴·육성 및 그에 대한 지원 등의 사업을 추진할 수 있다.

③ 중소기업청장은 제1항에 따른 계획의 수립을 위하여 필요한 경우에는 지방자치단체의 장에게 관련 자료의 제출을 요청할 수 있다. [본조신설 2015.2.3.]

제5조(창업 정보의 제공) 정부는 창업자에 대하여 창업 및 중소기업의 성장과 발전에 필요한 자금, 인력, 기술, 판로, 입지 등에 관한 정보를 제공하기 위하여 필요한 시책을 강구하여야 한다.

제6조(창업보육센터사업자의 지정 등) ① 창업보육센터를 설립·운영하는 자(설립·운영하려는 자를 포함한다. 이하 "창업보육센터사업자"라 한다)로서 이 법에 따른 지원을 받으려는 자는 다음 각 호의 요건을 갖추어 중소기업청장의 지정을 받아야 한다. <개정 2008.2.29., 2013.3.23.>
1. 다음 각 목의 시설을 갖출 것
   가. 창업자가 이용할 수 있는 시험기기나 계측기기 등의 장비
   나. 10인 이상의 창업자가 사용할 수 있는 500제곱미터 이상의 시설
2. 경영학 분야의 박사학위 소지자, 「변호사법」에 따른 변호사, 그 밖에 대통령령으로 정하는 전문인력 중 2명 이상을 확보할 것
3. 창업보육센터사업을 수행하기 위한 사업계획 등이 산업통상자원부령으로 정하는 기준에 맞을 것

② 국가는 「국유재산법」 및 그 밖의 다른 법령에도 불구하고 창업의 성공가능성을 높이기 위하여 필요한 경우 창업보육센터에 입주한 자(이하 "입주자"라 한다)에 대하여 국유재산의 사용료를 감면할 수 있다. <개정 2013.8.6.>

③ 국가가 제2항에 따라 국유재산의 사용료를 감면하는 경우 입주자에 대한 국유재산의 연간 사용료는 해당 재산가액에 100분의 1 이상을 곱한 금액의 범위에서 대통령령으로 정하는 금액으로 한다. <신설 2013.8.6.>

④ 국유재산을 사용허가하는 경우 그 기간은 「국유재산법」 제35조에서 정하는 바에 따른다. <신설 2013.8.6.>

⑤ 지방자치단체는 「공유재산 및 물품 관리법」 및 그 밖의 다른 법령에도 불구하고 입주자에게 공유재산의 사용료를 대통령령으로 정하는 바에 따라 감면할 수 있다. <신설 2013.8.6.>

[법률 제12009호(2013.8.6.) 부칙 제2조의 규정에 의하여 이 조 제2항, 제3항, 제4항은 2022년 12월 31일까지 유효함]

제7조(창업 교육) 중소기업청장은 창업 저변을 확충하기 위하여 청소년, 대학생 및 창업자 등에게 창업 교육을 할 수 있다.

제7조의2(대학 내 창업지원 전담조직의 설립·운영 등) ① 대학은 대학 내 창업촉진사업을 수행하기 위하여 학교규칙으로 정하는 바에 따라 창업지원업무를 전담하는 조직(이하 "창업지원 전담조직"이라 한다)을 둘 수 있다.

② 중소기업청장은 창업지원 전담조직의 운영에 필요한 경비를 출연하거나 그 밖에 필요한 지원을 할 수 있다.

③ 창업지원 전담조직이 이 법에 따른 지원을 받으려면 그 회계를 수입과 지출 내역이 명백하도록 대학 내 다른 회계와 구분하여 처리하여야 한다.

④ 창업지원 전담조직의 업무 및 제3항에 따른 회계 운영에 필요한 사항은 대통령령으로 정한다. [본조신설 2013.8.6.]

제8조(창업대학원의 지정 등) ① 중소기업청장은 「고등교육법」 제29조제1항에 따른 대학원 중에서 창업 분야 전문인력 양성을 목적으로 하는 대학원(이하 "창업대학원"이라 한다)을 지정하여 예산의 범위에서 그 운영 등에 필요한 경비를 출연하거나 그 밖에 필요한 지원을 할 수 있다.

② 중소기업청장은 창업대학원의 지정·지원 등에 관하여 필요한 사항을 고시하여야 한다.

제9조(기금의 우선 지원) 「중소기업진흥에 관한 법률」 제63조에 따른 중소기업창업 및 진흥기금(이하 "중소기업창업 및 진흥기금"이라 한다)을 관리하는 자는 중소기업창업투자회사 또는 중소기업창업투자조합에 대하여 중소기업창업 및 진흥기금을 지원할 때 투자 실적 등이 대통령령으로 정하는 기준에 해당하는 자에게 먼저 지원할 수 있다. <개정 2008.12.19., 2009.5.21.>

제2장 중소기업창업투자회사

제10조(등록) ① 다음 각 호의 어느 하나에 해당하는 사업을 영위하는 회사로서 이 법에 따른 지원을 받으려는 자는 산업통상자원부령으로 정하는 바에 따라 중소기업청장에게 중소기업창업투자회사로 등록하여야 한다. 중소기업창업투자회사가 등록한 사항 중 회사명과 소재지 등 산업통상자원부령으로 정하는 중요 사항을 변경하려는 경우에도 또한 같다.
<개정 2008.2.29., 2009.12.30., 2013.3.23., 2013.8.6., 2015.1.28.>

1. 창업자에 대한 투자
2. 「벤처기업육성에 관한 특별조치법」에 따른 벤처기업에 대한 투자

2의2. 「중소기업 기술혁신 촉진법」 제15조 및 제15조의3에 따른 기술혁신형·경영혁신형 중소기업에 대한 투자

3. 중소기업창업투자조합 및 「벤처기업육성에 관한 특별조치법」 제4조의3에 따른 한국벤처

투자조합의 결성과 업무의 집행

4. 해외 기업의 주식 또는 지분 인수 등 중소기업청장이 정하는 방법에 따른 해외투자
5. 중소기업이 개발 또는 제작하며, 다른 사업과 회계의 독립성을 유지하는 방식으로 운영되는 사업에 대한 투자
6. 제1호, 제2호, 제2호의2, 제3호부터 제5호까지의 사업에 딸린 사업으로서 중소기업청장이 정하는 사업

② 중소기업창업투자회사는 다음 각 호의 요건을 모두 갖추어야 한다. <개정 2007.8.3., 2009.12.30., 2013.8.6., 2014.1.21.>

1. 「상법」에 따른 주식회사로서 납입자본금이 대통령령으로 정하는 금액 이상일 것
2. 임원이 다음 각 목의 어느 하나에 해당하지 아니하는 자일 것. 이 경우 사목과 아목은 대표이사에게만 적용한다.
   가. 미성년자·피성년후견인 또는 피한정후견인
   나. 파산 선고를 받고 복권되지 아니한 자
   다. 금고 이상의 실형을 선고받고 그 집행이 끝나거나(집행이 끝난 것으로 보는 경우를 포함한다) 집행이 면제된 날부터 5년이 지나지 아니한 자
   라. 금고 이상의 형의 집행유예를 선고받고 그 유예기간 중에 있는 자
   마. 「유사수신행위의 규제에 관한 법률」이나 그 밖에 대통령령으로 정하는 금융 관련 법령을 위반하여 벌금 이상의 형을 선고받고 그 집행이 끝나거나(집행이 끝난 것으로 보는 경우를 포함한다) 집행이 면제된 날부터 5년이 지나지 아니한 자
   바. 이 법에 따라 등록이 취소된 중소기업창업투자회사의 취소 당시의 임원이었던 자(그 등록취소 사유의 발생에 관하여 직접 책임이 있거나 이에 상응하는 책임이 있는 자 또는 창업 투자 업무에 적합하지 아니하다고 판단되는 자로서 각각 대통령령으로 정하는 자만 해당한다)로서 등록이 취소된 날부터 5년이 지나지 아니한 자
   사. 금융거래 등 상거래에서 약정한 날짜 이내에 채무를 갚지 아니한 자로서 대통령령으로 정하는 자
   아. 다른 중소기업창업투자회사의 대주주(대통령령으로 정하는 출자자를 말한다. 이하 이 조에서 같다) 또는 임직원
   자. 제12조에 따라 말소하기 전에 제43조에 따른 취소 사유가 있었던 경우에는 그 말소 당시의 임원(제43조에 따른 등록취소 사유에 직접 책임이 있거나 이에 상응하는 책임이 있는 자로서 대통령령으로 정하는 자만 해당한다)에게 그 사유를 통보한 후 그 통보를 받은 날부터 5년(등록 말소일부터 7년을 초과하는 경우에는 등록 말소일부터 7년으로 한다)이 지나지 아니한 자
   차. 제42조제1항제1호에 따라 면직 또는 해임된 날부터 5년이 지나지 아니한 자

2의2. 대주주가 대통령령으로 정하는 사회적 신용을 갖출 것

3. 대통령령으로 정하는 기준에 따른 상근하는 전문인력과 시설을 보유할 것
4. 창업투자회사와 투자자 간, 특정 투자자와 다른 투자자 간의 이해상충을 방지하기 위한 체계를 갖출 것

③ 제2항제2호의2에서 정한 요건을 갖추지 못한 자가 새로 주식을 취득하여 대주주가 된 경우에는 해당 취득 주식에 대하여 의결권을 행사할 수 없다. <신설 2013.8.6.>

④ 중소기업청장은 제2항제2호의2에서 정한 요건을 갖추지 못한 자가 새로 주식을 취득하여 대주주가 된 경우에는 6개월 이내의 기간을 정하여 해당 취득 주식의 처분을 명할 수 있다. <신설 2013.8.6.>

제11조(권리·의무의 승계) ① 중소기업창업투자회사가 그 영업을 양도하거나 합병을 하면 그 영업을 양수한 자 또는 합병한 후 존속하는 법인이나 합병으로 설립되는 법인은 이 법에 따른 중소기업창업투자회사로서의 지위를 승계한다. 다만, 그 영업을 양수한 자 또는 합병한 후 존속하는 법인이나 합병으로 설립되는 법인이 제10조제2항 각 호의 요건을 모두 갖추지 아니한 경우에는 그러하지 아니하다.

② 제1항에 따라 중소기업창업투자회사로서의 지위를 승계한 자는 승계한 날부터 30일 이내에 산업통상자원부령으로 정하는 바에 따라 중소기업청장에게 이를 신고하여야 한다.
<개정 2008.2.29., 2013.3.23.>

제12조(신청에 따른 등록의 말소) ① 중소기업창업투자회사는 제10조제1항 각 호의 사업을 영위하기가 불가능하거나 어려운 경우에는 산업통상자원부령으로 정하는 바에 따라 그 등록의 말소를 신청할 수 있다. <개정 2008.2.29., 2013.3.23.>

② 중소기업청장은 중소기업창업투자회사가 제1항에 따른 등록 말소신청을 하면 지체 없이 그 등록을 말소하여야 한다.

제13조(등록 등의 공고) 중소기업청장은 중소기업창업투자회사가 다음 각 호의 어느 하나에 해당하면 지체 없이 그 내용을 관보에 공고하고 컴퓨터 통신 등을 이용하여 일반인에게 알려야 한다.

1. 제10조제1항에 따라 등록을 한 경우
2. 제12조제2항에 따라 등록을 말소한 경우
3. 제43조제1항에 따라 등록을 취소한 경우

제14조(중소기업창업투자회사의 공시) ① 중소기업창업투자회사는 다음 각 호의 사항을 공시(公示)하여야 한다. <개정 2013.8.6.>

1. 조직과 인력에 관한 사항
2. 재무와 손익에 관한 사항
3. 중소기업창업투자조합의 결성 및 운영 성과에 관한 사항
4. 제42조의2제3항에 따른 경영개선 조치를 요구받은 경우와 제43조제5항에 따른 업무정지, 시정명령 또는 경고를 받은 경우 그 조치에 관한 사항

② 제1항에 따른 공시의 시기 및 방법 등에 필요한 사항은 중소기업청장이 정한다.

제15조(중소기업창업투자회사의 행위 제한) ① 중소기업창업투자회사는 다음 각 호의 어느 하나에 해당하는 행위를 하여서는 아니 된다. 다만, 중소기업창업투자회사의 자산 운용의 건전성을 해칠 우려가 없는 경우로서 대통령령으로 정하는 경우에는 그러하지 아니하다.

1. 제 3 조 단서에 따른 업종을 영위하는 기업에 투자하는 행위
2. 「독점규제 및 공정거래에 관한 법률」 제 9 조에 따른 상호출자제한기업집단에 속하는 회사에 투자하는 행위
3. 대통령령으로 정하는 금융기관의 주식을 취득하거나 소유하는 행위
4. 창업보육센터 등 대통령령으로 정하는 범위의 업무용 부동산을 제외한 부동산(이하 "비업무용부동산"이라 한다)을 취득하거나 소유하는 행위. 다만, 담보권의 실행으로 비업무용부동산을 취득하는 경우에는 그러하지 아니하다.
5. 그 밖에 설립 목적을 해치는 것으로서 대통령령으로 정하는 행위

② 중소기업창업투자회사는 제1항제4호 단서에 따라 담보권의 실행으로 비업무용부동산을 취득한 경우에는 1년의 범위에서 산업통상자원부령으로 정하는 기간에 이를 처분하여야 한다.
<개정 2008.2.29., 2013.3.23.>

제15조의2(대주주의 행위제한) ① 중소기업창업투자회사의 대주주(대통령령으로 정하는 그의 특수관계인을 포함한다. 이하 같다)는 중소기업창업투자회사의 이익에 반하여 대주주 자신의 이익을 얻을 목적으로 다음 각 호의 어느 하나에 해당하는 행위를 하여서는 아니 된다.

1. 중소기업창업투자회사에 부당한 영향력을 행사하기 위하여 외부에 공개되지 아니한 자료 또는 정보의 제공을 요구하는 행위. 다만, 「상법」 제466조에 따른 권리의 행사에 해당하는 경우에는 그러하지 아니하다.
2. 경제적 이익 등 반대급부의 제공을 조건으로 다른 주주와 담합하여 중소기업창업투자회사의 투자활동 등 경영에 부당한 영향력을 행사하는 행위
3. 중소기업창업투자회사로 하여금 위법행위를 하도록 요구하는 행위
4. 금리, 수수료, 담보 등에 있어서 통상적인 거래조건과 비교하여 해당 중소기업창업투자회사에 현저하게 불리한 조건으로 대주주 자신이나 제3자와의 거래를 요구하는 행위
5. 그 밖에 제1호부터 제4호까지에 준하는 행위로서 대통령령으로 정하는 행위

② 중소기업청장은 중소기업창업투자회사의 대주주가 제1항을 위반한 행위가 있다고 인정되는 경우에는 중소기업창업투자회사 또는 대주주에게 필요한 자료의 제출을 요구할 수 있다.

[본조신설 2013.8.6.]

제16조(중소기업창업투자회사의 투자 의무) ① 중소기업창업투자회사는 등록 후 3년이 지난 날까지 납입자본금의 100분의 50의 범위에서 대통령령으로 정하는 비율의 금액 이상을 제10조제1항제1호, 제2호, 제2호의2, 제3호 및 제5호의 사업에 사용하여야 한다. 이 경우 같은 항 제1호, 제2호, 제2호의2 및 제5호의 사업에 사용한 금액을 산정할 때 신규로 발행되는 주식 또는 무담보전환사채의 인수 등 산업통상자원부령으로 정하는 용도로 사용한 금액에 한하여 이를 포함하여 산정한다. 다만, 중소기업창업투자회사가 대통령령으로 정하는 일정 규모 이상의 중소기업창업투자조합을 결성하여 운영하는 경우에는 그러하지 아니하다.

<개정 2008.2.29., 2009.12.30., 2013.3.23., 2013.8.6.>

② 중소기업창업투자회사는 등록 후 3년이 지난 날 이후에도 제1항에 따른 투자의무비율을 유지하여야 하며, 중소기업창업투자회사가 투자회수·경영정상화 등 중소기업청장이 인정하는 사유로 제1항에 따른 투자의무비율을 유지하지 못하면 중소기업청장은 1년 이내의 범위에서 투자의무 이행 유예기간을 줄 수 있다. <개정 2013.8.6.>

③ 제1항에도 불구하고 중소기업창업투자회사가 개인 또는 「벤처기업육성에 관한 특별조치법」 제13조에 따른 개인투자조합이 3년 이상 보유한 창업자의 주식(신규로 발행하는 주식을 인수한 경우에 한정한다)을 인수한 경우에는 해당 인수 금액을 제1항에 따른 투자의무비율 금액에 포함하여 산정한다. <신설 2013.8.6.>

제17조(중소기업창업투자회사의 해외투자 요건) ① 중소기업창업투자회사는 납입자본금의 100분의 10 이상의 금액을 제16조제1항에 따라 산업통상자원부령으로 정하는 용도로 제10조제1항제1호, 제2호 및 제2호의2에 따른 사업에 사용한 경우에는 그 사업에 사용한 금액의 범위에서 같은 항 제4호에 따른 해외투자를 할 수 있다. 다만, 등록한 지 3년이 지난 중소기업창업투자회사는 제16조제1항에 따른 중소기업창업투자회사의 투자의무비율을 달성한 경우에 해외투자를 할 수 있다. <개정 2008.2.29., 2009.12.30., 2013.3.23.>

② 제1항에 따른 해외투자 한도는 납입자본금의 100분의 40의 범위에서 대통령령으로 정하는 비율로 한다.

제18조(자금의 차입 등) ① 중소기업창업투자회사는 그 사업 수행을 위하여 필요하면 정부, 정부가 설치한 기금, 국내외 금융기관, 외국정부 또는 국제기구로부터 자금을 차입할 수 있다.

② 중소기업창업투자회사는 그 사업 수행에 필요한 재원을 충당하기 위하여 자본금과 적립금 총액의 10배의 범위에서 사채를 발행할 수 있다.

제19조(결산 보고) 중소기업창업투자회사는 대통령령으로 정하는 바에 따라 회계연도마다 결산서를 중소기업청장에게 제출하여야 한다.

제 3 장 중소기업창업투자조합

제20조(조합의 결성 등) ① 중소기업창업투자회사와 중소기업창업투자회사 외의 자가 출자하여 중소기업창업투자조합을 결성하는 경우에는 대통령령으로 정하는 바에 따라 중소기업청장에게 등록하여야 한다. 등록 사항을 변경하는 경우에도 또한 같다.

② 중소기업창업투자조합은 조합의 채무에 대하여 무한책임을 지는 1인 이상의 조합원(이하 "업무집행조합원"이라 한다)과 출자액을 한도로 하여 유한책임을 지는 유한책임조합원으로 구성한다. 이 경우 업무집행조합원은 다음 각 호의 어느 하나에 해당하는 자로 하되, 그중 1인은 중소기업창업투자회사이어야 한다. <개정 2009.12.30.>

1. 「벤처기업육성에 관한 특별조치법」 제 4 조의3제1항 각 호의 어느 하나에 해당하는 자
2. 「국가재정법」 제 8 조제1항에 따른 기금관리주체로서 같은 법 별표 2에 따른 기금을 관리·운용하는 자
3. 법률에 따라 공제 사업을 경영하는 법인
4. 그 밖에 대통령령으로 정하는 자

③ 제2항 전단에도 불구하고 제47조의2제1항에 따른 공모창업투자조합을 결성하는 경우 업무집행조합원은 1인으로 한다. <신설 2009.12.30.>

④ 조합원은 조합 규약에서 정하는 바에 따라 출자금액의 전액을 한꺼번에 출자하거나 나누어 출자할 수 있다. <개정 2009.12.30.>

⑤ 중소기업창업투자조합의 출자금액, 조합원 수 및 존속 기간 등 등록 요건과 그 운영 등에 필요한 사항은 대통령령으로 정한다. <개정 2009.12.30.>

제21조(업무의 집행 등) ① 중소기업창업투자조합의 업무는 업무집행조합원이 집행한다.

② 업무집행조합원은 선량한 관리자의 주의로 제1항에 따른 업무를 집행하여야 한다. 이 경우 자기 또는 제삼자의 이익을 위하여 중소기업창업투자조합의 재산을 사용하여서는 아니 된다.

③ 중소기업창업투자조합은 등록 후 3년이 지난 날까지 출자금의 100분의 50의 범위에서 대통령령으로 정하는 비율의 금액 이상을 제16조제1항 및 제3항에 따라 산업통상자원부령으로 정하는 용도로 제10조제1항제1호, 제2호, 제2호의2 및 제5호에 따른 사업에 사용하여야 한다. 다만, 중소기업창업투자조합이 투자회수 등 중소기업청장이 인정하는 사유로 등록 후 3년이 지난 날까지 대통령령으로 정하는 비율의 금액을 달성하지 못하면 중소기업청장은 1년 이내의 범위에서 투자의무 이행 유예기간을 줄 수 있다. <개정 2008.2.29., 2009.1.30., 2009.12.30., 2013.3.23., 2013.8.6.>

④ 업무집행조합원은 중소기업창업투자조합의 업무를 집행할 때 자금차입, 지급보증 또는 담보제공을 하여서는 아니 된다.

⑤ 업무집행조합원의 중소기업창업투자조합 업무의 집행에 관하여는 제15조를 준용한다. 이 경우 "중소기업창업투자회사"는 "중소기업창업투자조합"으로 본다.

⑥ 중소기업창업투자조합의 해외투자에 관하여는 제17조를 준용한다. 이 경우 "중소기업창업투자회사"는 "중소기업창업투자조합"으로, "납입자본금"은 "출자금"으로 본다.

제22조(중소기업창업투자조합 재산의 관리와 운용) ① 업무집행조합원은 중소기업창업투자조합 재산을 다음 각 호에서 정하는 바에 따라 관리하여야 한다. <개정 2007.8.3.>

1. 중소기업창업투자조합 재산의 보관을 「자본시장과 금융투자업에 관한 법률」에 따른 신탁업자에 위탁할 것
2. 신탁업자를 변경하는 경우에는 조합원 총회의 승인을 받을 것

② 제1항에 따른 수탁회사는 다음 각 호의 업무를 한다.

1. 중소기업창업투자조합 재산의 보관 및 관리
2. 업무집행조합원의 중소기업창업투자조합 재산 운용 지시에 따른 자산의 취득 및 처분의 이행

③ 업무집행조합원은 중소기업창업투자조합 재산으로 「자본시장과 금융투자업에 관한 법률」 제8조의2제4항제1호에 따른 증권시장으로서 중소기업청장이 정하는 시장에 상장된 법인의 주식을 취득하는 경우에 출자금 총액의 100분의 20을 초과하여 투자할 수 없다.
<개정 2007.8.3., 2009.1.30., 2013.5.28., 2014.1.21.>

제23조(결산 보고) 제21조제1항에 따른 업무집행조합원은 대통령령으로 정하는 바에 따라 해마다 중소기업창업투자조합의 사업연도가 끝난 뒤 3개월 이내에 그 결산서를 중소기업청장에게 제출하여야 한다.

제24조(업무집행조합원의 탈퇴) 업무집행조합원은 다음 각 호의 어느 하나에 해당하는 경우가 아니면 중소기업창업투자조합에서 탈퇴할 수 없다.

1. 중소기업창업투자회사의 등록이 취소된 경우
2. 중소기업창업투자회사가 파산한 경우
3. 중소기업창업투자조합 조합원 전원의 동의가 있는 경우

제25조(해산) ① 중소기업창업투자조합은 다음 각 호의 어느 하나에 해당하는 사유가 있는 때에는 해산한다. <개정 2009.12.30.>

1. 존속기간의 만료
2. 유한책임조합원 전원의 탈퇴
3. 중소기업창업투자회사인 업무집행조합원 전원의 탈퇴
4. 중소기업창업투자회사인 업무집행조합원 전원의 등록의 말소
5. 그 밖에 대통령령으로 정하는 사유

② 중소기업창업투자조합에 제1항제3호 및 제4호에 해당하는 사유가 발생하면 유한책임조합원 전원의 동의로 대통령령으로 정하는 바에 따라 그 사유가 발생한 날부터 3개월 이내에 중소기업창업투자회사인 업무집행조합원을 가입하게 하여 중소기업창업투자조합을 계속할 수 있다. <개정 2009.12.30.>

③ 중소기업창업투자조합이 해산하는 경우에는 그 업무집행조합원이 청산인이 된다. 다만, 해당 조합의 규약에서 정하는 바에 따라 업무집행조합원 외의 자를 청산인으로 선임할 수 있다.

④ 중소기업창업투자조합의 해산 당시에 출자금액을 초과하는 채무가 있으면 업무집행조합원이 그 채무를 변제하여야 한다.

제26조(청산결과 보고와 등록의 말소) ① 제25조제3항에 따른 청산인이 청산사무를 끝마친 경우에는 산업통상자원부령으로 정하는 바에 따라 지체 없이 그 결과를 중소기업청장에게 보고하여야 한다. <개정 2008.2.29., 2013.3.23.>

② 중소기업청장은 제1항에 따른 보고를 받으면 지체 없이 그 중소기업창업투자조합의 등록을 말소하여야 한다.

제27조(조합 재산의 보호) 중소기업창업투자조합 조합원의 채권자가 조합원에 대하여 채권을 행사할 때에는 「민법」 제704조와 제712조에도 불구하고 그 조합원이 중소기업창업투자조합에 출자한 금액의 범위에서 이를 행사할 수 있다.

제28조(수익처분) 중소기업창업투자조합은 업무집행조합원인 중소기업창업투자회사에 조합 규약에서 정하는 바에 따라 투자수익에 따른 성과보수를 지급할 수 있으며, 성과보수 지급을 위한 투자수익의 산정 방식 등에 필요한 사항은 대통령령으로 정한다.

제29조(조합의 공시) 업무집행조합원은 다음 각 호의 서류를 사무소에 갖추어 두고 누구든지 열람할 수 있도록 하여야 한다.
1. 해당 중소기업창업투자조합의 규약
2. 매 회계연도의 결산서
3. 그 밖에 조합의 운영에 관한 서류로서 중소기업청장이 고시하는 것

제30조(「민법」의 준용) 중소기업창업투자조합에 관하여 이 법에 규정한 것 외에는 「민법」 중 조합에 관한 규정을 준용한다.

제 4 장 중소기업상담회사

제31조(중소기업상담회사의 등록) ① 다음 각 호의 사업을 영위하는 회사로서 이 법에 따른 지원을 받으려는 자는 산업통상자원부령으로 정하는 바에 따라 중소기업청장에게 중소기업상담회사로 등록하여야 한다. 중소기업상담회사가 등록한 사항 중 회사명과 소재지 등 산업통상자원부령으로 정하는 중요 사항을 변경하려는 경우에도 또한 같다. <개정 2008.2.29., 2010.6.8., 2013.3.23.>
1. 중소기업의 사업성 평가
2. 중소기업의 경영 및 기술 향상을 위한 용역
3. 중소기업에 대한 사업의 알선
4. 중소기업의 자금 조달·운용에 대한 자문 및 대행
5. 창업 절차의 대행
6. 창업보육센터의 설립·운영에 대한 자문
7. 제1호부터 제6호까지의 사업에 딸린 사업으로서 중소기업청장이 정하는 사업

② 제1항에 따른 중소기업상담회사는 다음 각 호의 요건을 모두 갖추어야 한다. <개정 2014.1.21.>
1. 「상법」에 따른 회사로서 납입자본금이 대통령령으로 정하는 금액 이상일 것
2. 임원이 다음 각 목의 어느 하나에 해당하지 아니하는 자일 것
   가. 미성년자·피성년후견인 또는 피한정후견인
   나. 파산선고를 받고 복권되지 아니한 자
   다. 금고 이상의 실형을 선고받고 그 집행이 끝나거나(집행이 끝난 것으로 보는 경우를 포함한다) 집행이 면제된 날부터 3년이 지나지 아니한 자
   라. 금고 이상의 형의 집행유예를 선고받고 그 유예기간 중에 있는 자
   마. 금융거래 등 상거래에서 약정한 날짜 이내에 채무를 갚지 아니한 자로서 대통령령으로 정하는 자
3. 대통령령으로 정하는 기준에 따른 전문인력 및 시설을 보유할 것

제32조(용역비의 지원) 중소기업청장은 중소기업상담회사가 창업자에게 용역을 제공하면 대통령령으로 정하는 바에 따라 그 용역 대금의 일부를 지원할 수 있다.

제 5 장 창업 절차 등

제33조(사업계획의 승인) ① 창업자는 대통령령으로 정하는 바에 따라 사업계획을 작성하고, 이에 대한 시장·군수 또는 구청장(자치구의 구청장만을 말한다. 이하 같다)의 승인을 받아 사업을 할 수 있다. 사업자 또는 공장용지의 면적 등 대통령령으로 정하는 중요 사항을 변경하려는 경우에도 또한 같다. <개정 2013.8.6.>

② 시장·군수 또는 구청장은 제1항에 따른 사업계획의 승인을 할 때에는 그 공장의 건축면적이 「산업집적활성화 및 공장설립에 관한 법률」 제 8 조에 따른 기준공장면적률에 적합하도록 하여야 한다.

③ 시장·군수 또는 구청장은 제1항에 따른 사업계획의 승인 신청을 받은 날부터 20일 이내에 승인 여부를 알려야 한다. 이 경우 20일 이내에 승인 여부를 알리지 아니한 때에는 20일이 지난 날의 다음 날에 승인한 것으로 본다.

④ 중소기업청장은 창업에 따른 절차를 간소화하기 위하여 제1항에 따른 사업계획 승인에 관한 업무를 처리할 때 필요한 지침을 작성하여 고시할 수 있다.

제34조(사전 협의) ① 창업자는 제33조제1항에 따른 사업계획의 승인을 신청하기 전에 시장·군수 또는 구청장에게 사업계획의 승인 가능성 등에 관하여 사전 협의를 요청할 수 있다.

② 제1항에 따른 사전 협의 절차 등에 필요한 사항은 대통령령으로 정한다.

제35조(다른 법률과의 관계) ① 제33조제1항에 따라 사업계획을 승인할 때 다음 각 호의 허가, 인가, 면허, 승인, 지정, 결정, 신고, 해제 또는 용도폐지(이하 이 조에서 "허가등"이라 한다)에 관하여 시장·군수 또는 구청장이 제4항에 따라 다른 행정기관의 장과 협의를 한 사항에 대하여는 그 허가등을 받은 것으로 본다. <개정 2007.12.27., 2008.3.21., 2009.1.30., 2009.6.9., 2010.4.15., 2010.5.31., 2010.6.8., 2011.4.14., 2011.7.21., 2014.1.14.>

1. 「산업집적활성화 및 공장설립에 관한 법률」 제13조제1항에 따른 공장설립 등의 승인
2. 「사방사업법」 제14조에 따른 벌채 등의 허가와 같은 법 제20조에 따른 사방지(砂防地) 지정의 해제
3. 「공유수면 관리 및 매립에 관한 법률」 제 8 조에 따른 공유수면의 점용·사용허가, 같은 법 제17조에 따른 점용·사용 실시계획의 승인 또는 신고 및 같은 법 제28조에 따른 공유수면의 매립면허
4. 삭제 <2010.4.15.>
5. 「하천법」 제30조에 따른 하천공사의 허가와 같은 법 제33조에 따른 하천의 점용허가
6. 「산지관리법」 제14조 및 제15조에 따른 산지전용허가, 산지전용신고, 같은 법 제15조의2에 따른 산지일시사용허가·신고 및 같은 법 제21조에 따라 산지전용된 토지의 용도변경 승인과 「산림자원의 조성 및 관리에 관한 법률」 제36조제1항 및 제4항에 따른 입목벌채 등의 허가와 신고
7. 「사도법」 제 4 조에 따른 사도(私道)의 개설허가
8. 「국토의 계획 및 이용에 관한 법률」 제56조제1항에 따른 개발행위의 허가, 같은 법 제86조에 따른 도시·군계획시설사업의 시행자 지정, 같은 법 제88조에 따른 실시계획의 작성·인가 및 같은 법 제118조에 따른 토지거래계약의 허가
9. 「농지법」 제34조제1항에 따른 농지의 전용허가, 같은 법 제35조제1항에 따른 농지의 전용신고 및 같은 법 제40조제1항에 따른 용도변경의 승인
10. 「초지법」 제23조에 따른 초지의 전용허가 또는 전용 신고
11. 「국유재산법」 제30조에 따른 국유재산의 사용허가 및 같은 법 제40조에 따른 도로, 하천,

도랑 및 제방의 용도폐지

12. 「도로법」 제61조제1항에 따른 도로의 점용허가
13. 「환경영향평가법」에 따른 소규모 환경영향평가 협의
14. 「농어촌정비법」 제23조제1항 본문에 따른 농업생산기반시설의 목적 외 사용의 승인
15. 「장사 등에 관한 법률」 제27조제1항에 따른 타인의 토지 등에 설치된 분묘 개장(改葬)의 허가
16. 「공유재산 및 물품 관리법」 제20조제1항에 따른 행정재산의 사용허가·수익허가 및 같은 법 제11조에 따른 행정재산의 용도폐지

② 제33조제1항에 따라 사업계획의 승인을 받은 공장에 대해 「건축법」 제11조에 따른 건축허가를 할 때 해당 시장·군수 또는 구청장이 다음 각 호의 허가, 인가, 승인, 동의, 심사 또는 신고(이하 이 조에서 "승인등"이라 한다)에 관하여 제4항에 따라 다른 행정기관의 장과 협의를 한 사항에 대하여는 그 승인등을 받은 것으로 본다. <개정 2007.5.17., 2008.3.21., 2009.6.9., 2010.6.8., 2011.8.4., 2012.8.13., 2014.1.14., 2015.1.28.>

1. 「도로법」 제61조제1항에 따른 도로의 점용허가
2. 「하수도법」 제24조에 따른 점용허가와 같은 법 제27조제3항 및 제4항에 따른 배수설비의 설치신고
3. 「하수도법」 제34조제2항에 따른 개인하수처리시설설치의 신고
4. 「소방시설 설치·유지 및 안전관리에 관한 법률」 제7조제1항에 따른 건축허가등의 동의, 「소방시설공사업법」 제13조제1항에 따른 소방시설공사의 신고와 「위험물안전관리법」 제6조제1항에 따른 제조소등의 설치허가
5. 「대기환경보전법」 제23조, 「수질 및 수생태계 보전에 관한 법률」 제33조, 「소음·진동관리법」 제8조 및 「가축분뇨의 관리 및 이용에 관한 법률」 제11조에 따른 배출시설의 설치허가 또는 설치신고
6. 「폐기물관리법」 제29조제2항에 따른 폐기물처리시설의 설치승인 또는 설치신고
7. 「수도법」 제52조와 제54조에 따른 전용수도설치의 인가
8. 「전기사업법」 제62조에 따른 자가용전기설비의 공사계획 인가 또는 신고
9. 「총포·도검·화약류 등 단속법」 제25조제1항에 따른 화약류 간이저장소 설치의 허가
10. 「건축법」 제11조제1항에 따른 건축허가, 같은 법 제14조제1항에 따른 건축신고, 같은 법 제20조제1항과 제3항에 따른 가설건축물의 건축허가 또는 건축신고 및 같은 법 제83조제1항에 따른 공작물 축조의 신고
11. 「토양환경보전법」 제12조에 따른 특정토양오염관리대상시설 설치의 신고
12. 「액화석유가스의 안전관리 및 사업법」 제5조에 따른 가스용품 제조사업의 허가와 같은 법 제8조에 따른 액화석유가스 저장시설의 설치허가
13. 「고압가스 안전관리법」 제4조에 따른 고압가스의 제조허가와 고압가스저장소 설치의 허가, 같은 법 제5조제1항에 따른 용기, 냉동기 및 특정설비의 제조등록, 같은 법 제20조제1항에 따른 특정고압가스 사용신고
14. 「산업안전보건법」 제48조제4항에 따른 유해·위험방지계획서의 심사 및 같은 법 제49조의2제3항에 따른 공정안전보고서의 심사

③ 제33조제1항에 따라 사업계획의 승인을 받은 공장에 대하여 「건축법」 제22조에 따라 건축물의 사용승인을 할 때 해당 시장·군수 또는 구청장이 다음 각 호의 검사, 신고, 동의 또는 신청(이하 이 조에서 "검사등"이라 한다)에 관하여 제4항에 따라 다른 행정기관의 장과 협의를 한 사항에 대하여는 그 검사등을 받은 것으로 본다. <개정 2007.5.17., 2008.3.21., 2009.6.9., 2010.6.8.,

2011.8.4., 2014.6.3., 2015.1.28.>

1. 「하수도법」 제37조에 따른 준공검사
2. 「소방시설 설치·유지 및 안전관리에 관한 법률」 제 7 조제1항에 따른 사용승인의 동의, 「소방시설공사업법」 제14조에 따른 소방시설공사의 완공검사와 「위험물안전관리법」 제 9 조에 따른 제조소등의 완공검사
3. 「폐기물관리법」 제29조제4항에 따른 폐기물처리시설 사용개시의 신고
4. 「대기환경보전법」 제30조제1항 및 「수질 및 수생태계 보전에 관한 법률」 제37조에 따른 배출시설 등의 가동개시 신고
5. 「총포·도검·화약류 등 단속법」 제43조에 따른 완성검사
6. 「먹는 물 관리법」 제23조제1항에 따른 먹는샘물제조업의 조건부 영업허가
7. 「전기사업법」 제63조에 따른 자가용전기설비의 사용 전 검사
8. 「액화석유가스의 안전관리 및 사업법」 제36조제2항에 따른 저장시설 설치와 가스용품 제조시설의 완성검사
9. 「고압가스 안전관리법」 제16조제3항에 따른 고압가스의 제조, 저장소 설치, 용기 등의 제조시설 설치공사의 완성검사 및 같은 법 제20조에 따른 특정고압가스시설의 완성검사
10. 「국토의 계획 및 이용에 관한 법률」 제62조제1항과 같은 법 제98조제2항에 따른 준공검사
11. 「공간정보의 구축 및 관리 등에 관한 법률」 제64조제2항에 따른 토지 이동 등의 등록 신청

④ 시장·군수 또는 구청장이 제33조에 따른 사업계획의 승인 또는 「건축법」 제11조제1항 및 같은 법 제22조제1항에 따른 건축허가와 사용승인을 할 때 그 내용 중 제1항부터 제3항까지에 해당하는 사항이 다른 행정기관의 권한에 속하는 경우에는 그 행정기관의 장과 협의하여야 하며, 협의를 요청받은 행정기관의 장은 대통령령으로 정하는 기간에 의견을 제출하여야 한다. 이 경우 다른 행정기관의 장이 그 기간에 의견을 제출하지 아니하면 의견이 없는 것으로 본다. <개정 2008.3.21.>

제35조(다른 법률과의 관계) ① 제33조제1항에 따라 사업계획을 승인할 때 다음 각 호의 허가, 인가, 면허, 승인, 지정, 결정, 신고, 해제 또는 용도폐지(이하 이 조에서 "허가등"이라 한다)에 관하여 시장·군수 또는 구청장이 제4항에 따라 다른 행정기관의 장과 협의를 한 사항에 대하여는 그 허가등을 받은 것으로 본다. <개정 2007.12.27., 2008.3.21., 2009.1.30., 2009.6.9., 2010.4.15., 2010.5.31., 2010.6.8., 2011.4.14., 2011.7.21., 2014.1.14.>

1. 「산업집적활성화 및 공장설립에 관한 법률」 제13조제1항에 따른 공장설립 등의 승인
2. 「사방사업법」 제14조에 따른 벌채 등의 허가와 같은 법 제20조에 따른 사방지(砂防地) 지정의 해제
3. 「공유수면 관리 및 매립에 관한 법률」 제 8 조에 따른 공유수면의 점용·사용허가, 같은 법 제17조에 따른 점용·사용 실시계획의 승인 또는 신고 및 같은 법 제28조에 따른 공유수면의 매립면허
4. 삭제 <2010.4.15.>
5. 「하천법」 제30조에 따른 하천공사의 허가와 같은 법 제33조에 따른 하천의 점용허가
6. 「산지관리법」 제14조 및 제15조에 따른 산지전용허가, 산지전용신고, 같은 법 제15조의2에 따른 산지일시사용허가·신고 및 같은 법 제21조에 따라 산지전용된 토지의 용도변경 승인과 「산림자원의 조성 및 관리에 관한 법률」 제36조제1항 및 제4항에 따른 입목벌채 등의 허가와 신고
7. 「사도법」 제 4 조에 따른 사도(私道)의 개설허가
8. 「국토의 계획 및 이용에 관한 법률」 제56조제1항에 따른 개발행위의 허가, 같은 법 제86조

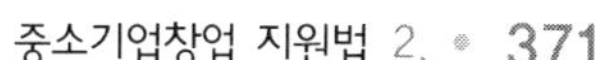

에 따른 도시·군계획시설사업의 시행자 지정, 같은 법 제88조에 따른 실시계획의 작성·인가 및 같은 법 제118조에 따른 토지거래계약의 허가
9. 「농지법」 제34조제1항에 따른 농지의 전용허가, 같은 법 제35조제1항에 따른 농지의 전용신고 및 같은 법 제40조제1항에 따른 용도변경의 승인
10. 「초지법」 제23조에 따른 초지의 전용허가 또는 전용 신고
11. 「국유재산법」 제30조에 따른 국유재산의 사용허가 및 같은 법 제40조에 따른 도로, 하천, 도랑 및 제방의 용도폐지
12. 「도로법」 제61조제1항에 따른 도로의 점용허가
13. 「환경영향평가법」에 따른 소규모 환경영향평가 협의
14. 「농어촌정비법」 제23조제1항 본문에 따른 농업생산기반시설의 목적 외 사용의 승인
15. 「장사 등에 관한 법률」 제27조제1항에 따른 타인의 토지 등에 설치된 분묘 개장(改葬)의 허가
16. 「공유재산 및 물품 관리법」 제20조제1항에 따른 행정재산의 사용허가·수익허가 및 같은 법 제11조에 따른 행정재산의 용도폐지

② 제33조제1항에 따라 사업계획의 승인을 받은 공장에 대해 「건축법」 제11조에 따른 건축허가를 할 때 해당 시장·군수 또는 구청장이 다음 각 호의 허가, 인가, 승인, 동의, 심사 또는 신고(이하 이 조에서 "승인등"이라 한다)에 관하여 제4항에 따라 다른 행정기관의 장과 협의를 한 사항에 대하여는 그 승인등을 받은 것으로 본다. <개정 2007.5.17., 2008.3.21., 2009.6.9., 2010.6.8., 2011.8.4., 2012.8.13., 2014.1.14., 2015.1.6., 2015.1.28.>

1. 「도로법」 제61조제1항에 따른 도로의 점용허가
2. 「하수도법」 제24조에 따른 점용허가와 같은 법 제27조제3항 및 제4항에 따른 배수설비의 설치신고
3. 「하수도법」 제34조제2항에 따른 개인하수처리시설설치의 신고
4. 「소방시설 설치·유지 및 안전관리에 관한 법률」 제7조제1항에 따른 건축허가등의 동의, 「소방시설공사업법」 제13조제1항에 따른 소방시설공사의 신고와 「위험물안전관리법」 제6조제1항에 따른 제조소등의 설치허가
5. 「대기환경보전법」 제23조, 「수질 및 수생태계 보전에 관한 법률」 제33조, 「소음·진동관리법」 제8조 및 「가축분뇨의 관리 및 이용에 관한 법률」 제11조에 따른 배출시설의 설치허가 또는 설치신고
6. 「폐기물관리법」 제29조제2항에 따른 폐기물처리시설의 설치승인 또는 설치신고
7. 「수도법」 제52조와 제54조에 따른 전용수도설치의 인가
8. 「전기사업법」 제62조에 따른 자가용전기설비의 공사계획 인가 또는 신고
9. 「총포·도검·화약류 등의 안전관리에 관한 법률」 제25조제1항에 따른 화약류 간이저장소 설치의 허가
10. 「건축법」 제11조제1항에 따른 건축허가, 같은 법 제14조제1항에 따른 건축신고, 같은 법 제20조제1항과 제3항에 따른 가설건축물의 건축허가 또는 건축신고 및 같은 법 제83조제1항에 따른 공작물 축조의 신고
11. 「토양환경보전법」 제12조에 따른 특정토양오염관리대상시설 설치의 신고
12. 「액화석유가스의 안전관리 및 사업법」 제5조에 따른 가스용품 제조사업의 허가와 같은 법 제8조에 따른 액화석유가스 저장시설의 설치허가
13. 「고압가스 안전관리법」 제4조에 따른 고압가스의 제조허가와 고압가스저장소 설치의 허가, 같은 법 제5조제1항에 따른 용기, 냉동기 및 특정설비의 제조등록, 같은 법 제20조제

1항에 따른 특정고압가스 사용신고

14. 「산업안전보건법」 제48조제4항에 따른 유해·위험방지계획서의 심사 및 같은 법 제49조의 2제3항에 따른 공정안전보고서의 심사

③ 제33조제1항에 따라 사업계획의 승인을 받은 공장에 대하여 「건축법」 제22조에 따라 건축물의 사용승인을 할 때 해당 시장·군수 또는 구청장이 다음 각 호의 검사, 신고, 동의 또는 신청(이하 이 조에서 "검사등"이라 한다)에 관하여 제4항에 따라 다른 행정기관의 장과 협의를 한 사항에 대하여는 그 검사등을 받은 것으로 본다. <개정 2007.5.17., 2008.3.21., 2009.6.9., 2010.6.8., 2011.8.4., 2014.6.3., 2015.1.6., 2015.1.28.>

1. 「하수도법」 제37조에 따른 준공검사
2. 「소방시설 설치·유지 및 안전관리에 관한 법률」 제7조제1항에 따른 사용승인의 동의, 「소방시설공사업법」 제14조에 따른 소방시설공사의 완공검사와 「위험물안전관리법」 제9조에 따른 제조소등의 완공검사
3. 「폐기물관리법」 제29조제4항에 따른 폐기물처리시설 사용개시의 신고
4. 「대기환경보전법」 제30조제1항 및 「수질 및 수생태계 보전에 관한 법률」 제37조에 따른 배출시설 등의 가동개시 신고
5. 「총포·도검·화약류 등의 안전관리에 관한 법률」 제43조에 따른 완성검사
6. 「먹는 물 관리법」 제23조제1항에 따른 먹는샘물제조업의 조건부 영업허가
7. 「전기사업법」 제63조에 따른 자가용전기설비의 사용 전 검사
8. 「액화석유가스의 안전관리 및 사업법」 제36조제2항에 따른 저장시설 설치와 가스용품 제조시설의 완성검사
9. 「고압가스 안전관리법」 제16조제3항에 따른 고압가스의 제조, 저장소 설치, 용기 등의 제조시설 설치공사의 완성검사 및 같은 법 제20조에 따른 특정고압가스시설의 완성검사
10. 「국토의 계획 및 이용에 관한 법률」 제62조제1항과 같은 법 제98조제2항에 따른 준공검사
11. 「공간정보의 구축 및 관리 등에 관한 법률」 제64조제2항에 따른 토지 이동 등의 등록 신청

④ 시장·군수 또는 구청장이 제33조에 따른 사업계획의 승인 또는 「건축법」 제11조제1항 및 같은 법 제22조제1항에 따른 건축허가와 사용승인을 할 때 그 내용 중 제1항부터 제3항까지에 해당하는 사항이 다른 행정기관의 권한에 속하는 경우에는 그 행정기관의 장과 협의하여야 하며, 협의를 요청받은 행정기관의 장은 대통령령으로 정하는 기간에 의견을 제출하여야 한다. 이 경우 다른 행정기관의 장이 그 기간에 의견을 제출하지 아니하면 의견이 없는 것으로 본다. <개정 2008.3.21.> [시행일 : 2016.1.7.] 제35조

제36조(법령 제정·개정 시의 협의) 관계 행정기관의 장은 제33조에 따른 사업계획의 승인, 창업자의 공장에 대한 「건축법」 제11조제1항의 건축허가나 같은 법 제22조제1항의 사용승인과 관련되는 사항을 법령으로 제정하거나 개정하려면 미리 중소기업청장과 협의하여야 한다. <개정 2008.3.21.>

제37조(사업계획 승인의 취소 등) ① 시장·군수 또는 구청장은 사업계획의 승인을 받은 자가 다음 각 호의 어느 하나에 해당하면 사업계획의 승인과 공장 건축허가를 취소하거나 해당 토지의 원상회복을 명령할 수 있다. <개정 2013.8.6.>

1. 사업계획의 승인을 받은 날부터 대통령령으로 정하는 기간이 지난 날까지 공장의 착공을 하지 아니하거나 공장착공 후 대통령령으로 정하는 기간 이상 공사를 중단한 경우
2. 사업계획의 승인을 받은 공장용지를 「산업집적활성화 및 공장설립에 관한 법률」 제15조에 따른 공장설립등의 완료신고를 하기 전에 다른 사람에게 양도한 경우. 다만, 창업자에 양도한 경우에는 그러하지 아니하다.

3. 사업계획의 승인을 받은 공장용지를 다른 사람에게 임대하거나 공장이 아닌 용도로 활용하는 경우
4. 사업계획의 승인을 받은 후 대통령령으로 정하는 기간이 지난 날까지 공장 건축을 끝내지 아니한 경우

② 시장·군수 또는 구청장은 제1항에 따른 원상회복명령을 위반하여 원상회복을 하지 아니하면 대집행(代執行)에 따라 원상회복을 할 수 있다.

③ 제2항에 따른 대집행의 절차에 관하여는 「행정대집행법」을 적용한다.

④ 시장·군수 또는 구청장은 제1항에 따라 사업계획의 승인을 취소하려면 청문을 하여야 한다.

제38조(창업민원처리기구의 설치) ① 정부는 민원인의 편의를 위하여 특별시·광역시·특별자치시·도·특별자치도 또는 시·군·구의 창업에 관련된 민원을 종합적으로 접수하여 처리할 수 있는 기구(이하 이 조에서 "중소기업창업민원실"이라 한다)를 설치할 수 있다. <개정 2013.8.6.>

② 중소기업창업민원실의 설치 및 운영에 필요한 사항은 대통령령으로 정한다.

제39조(창업진흥전담조직의 설치) ① 중소기업청장은 창업을 촉진하기 위한 업무를 전담하는 조직(이하 이 조에서 "전담조직"이라 한다)을 설치할 수 있다.

② 제1항에 따른 전담조직의 설치 및 운영 등에 필요한 사항은 대통령령으로 정한다.

제39조의2(청년기업가정신 재단법인에 대한 출연 등) 중소기업청장은 「민법」 제32조에 따라 중소기업청장의 설립허가를 받은 비영리법인으로서 청년 및 예비창업자 등을 대상으로 도전정신, 창의력, 혁신역량 등(이하 이 조에서 "기업가정신"이라 한다)을 함양하기 위하여 다음 각 호의 사업을 주요 목적으로 하는 재단법인에 대하여 예산의 범위에서 출연 또는 보조할 수 있다.

1. 기업가정신 활성화 사업의 기획, 개발 및 연구
2. 기업가정신의 실태조사 및 통계 구축·운영
3. 청년 및 예비창업자 등을 대상으로 하는 기업가정신 교육과정과 교재의 개발·보급, 교육사업의 관리·운영 지원
4. 기업가정신 모범사례의 발굴·전파 등 기업가정신을 확산하기 위한 분위기 조성사업
5. 기업가정신 저해요인의 발굴·해소 및 재창업 여건 확충
6. 그 밖에 기업가정신의 함양 및 확산을 위하여 중소기업청장이 지정·위탁하는 사업

[본조신설 2011.4.4.] [종전 제39조의2는 제39조의3으로 이동 <2011.4.4.>]

제39조의3(부담금의 면제) ① 제33조에 따라 사업계획의 승인을 받은 창업자에 대하여는 사업을 개시한 날부터 5년 동안 다음 각 호의 부담금을 면제한다. <신설 2015.2.3.>

1. 「농지법」 제38조제1항에 따른 농지보전부담금
2. 「초지법」 제23조제6항에 따른 대체초지조성비

② 「통계법」 제22조제1항에 따라 통계청장이 작성·고시하는 한국표준산업분류상의 제조업을 영위하기 위하여 중소기업을 창업하는 자에 대하여 사업을 개시한 날부터 3년 동안 다음 각 호의 부담금을 면제한다. <개정 2010.6.8., 2015.2.3.>

1. 「지방자치법」 제138조에 따른 분담금
2. 「농지법」 제38조제1항에 따른 농지보전부담금
3. 「초지법」 제23조제6항에 따른 대체초지조성비
4. 「전기사업법」 제51조제1항에 따른 부담금
5. 「대기환경보전법」 제35조제2항제1호의 기본부과금(대기오염물질배출량의 합계가 연간 10톤 미만인 사업장만 해당한다)
6. 「수질 및 수생태계 보전에 관한 법률」 제41조제1항제1호의 기본배출부과금(1일 폐수배출량

이 200㎡ 미만인 사업장에 한한다)

7. 「자원의 절약과 재활용촉진에 관한 법률」 제12조제1항에 따른 폐기물부담금(연간 매출액이 20억원 미만인 제조업자만 해당한다)
8. 「한강수계 상수원수질개선 및 주민지원 등에 관한 법률」 제19조제1항에 따른 물이용부담금
9. 「금강수계 물관리 및 주민지원 등에 관한 법률」 제30조제1항에 따른 물이용부담금
10. 「낙동강수계 물관리 및 주민지원 등에 관한 법률」 제32조제1항에 따른 물이용부담금
11. 「영산강·섬진강수계 물관리 및 주민지원 등에 관한 법률」 제30조제1항에 따른 물이용부담금
12. 「산지관리법」 제19조제1항에 따른 대체산림자원조성비

③ 제1항 및 제2항에 따른 부담금 면제의 절차 및 방법 등에 관하여 필요한 사항은 대통령령으로 정한다. <신설 2010.6.8., 2015.2.3.> [본조신설 2007.8.3.]

[제39조의2에서 이동, 종전 제39조의3은 제39조의4로 이동 <2011.4.4.>]

[법률 제8606호(2007.8.3.) 부칙 제2항의 규정에 의하여 이 조 제2항은 2017년 8월 2일까지 유효함]

제39조의4(사업분리에 의한 창업 시 공장등록 특례) 「법인세법」 제 1 조제1호에 따른 내국법인(이하 이 조에서 "내국법인"이라 한다)이 하는 사업의 일부를 분리하여 사업을 개시하는 중소기업이 다음 각 호의 요건을 모두 갖춘 경우에는 「부가가치세법」 제 5 조에 따라 발급받은 사업자등록증은 사업을 개시한 날부터 2년 동안 「산업집적활성화 및 공장설립에 관한 법률」 제16조에 따라 공장등록을 하였음을 증명하는 서류로 본다.

1. 내국법인의 임직원이었던 자가 대표자, 최대주주 또는 최대출자자일 것
2. 내국법인과 사업의 분리에 관한 계약 및 그 내국법인의 공장 전부 또는 일부의 공동사용에 관한 계약을 서면으로 체결할 것 [본조신설 2010.6.8.]

[제39조의3에서 이동, 종전 제39조의4는 제39조의5로 이동 <2011.4.4.>]

제39조의5(재택창업지원시스템 설치·운영) ① 중소기업청장은 「전자정부법」 제 2 조제10호에 따른 정보통신망을 통하여 회사를 설립할 수 있는 시스템(이하 이 조에서 "재택창업지원시스템"이라 한다)을 설치·운영할 수 있다.

② 관계 중앙행정기관 및 관련 기관은 재택창업지원시스템을 통한 창업 절차가 원활하게 진행될 수 있도록 해당 기관의 소관 업무를 신속하게 처리하는 등 협조하여야 한다.

③ 중소기업청장은 예산의 범위에서 관계 중앙행정기관 및 관련 기관이 재택창업지원시스템에 연계되는 개별 시스템을 운영하는 데에 드는 비용의 전부 또는 일부를 지원할 수 있다.

④ 제2항 및 제3항에서 규정한 사항 외에 재택창업지원시스템의 설치·운영에 필요한 절차 및 방법 등에 관한 사항은 대통령령으로 정한다. [본조신설 2010.6.8.] [제39조의4에서 이동 <2011.4.4.>]

제 6 장 보 칙

제40조(보고와 검사) ① 중소기업청장은 필요하다고 인정하면 대통령령으로 정하는 바에 따라 중소기업창업투자회사, 중소기업창업투자조합의 업무집행조합원, 중소기업상담회사 또는 창업보육센터사업자에게 업무운용 상황 등에 관한 보고를 하게 할 수 있으며, 다음 각 호의 어느 하나에 해당하는 경우에는 소속 공무원에게 사무소와 사업장에 출입하여 중소기업창업투자회사 및 중소기업창업투자조합의 감사보고서 등 대통령령으로 정하는 장부·서류 등을 검사하게 할 수 있다.

1. 제10조제2항에 따른 중소기업창업투자회사의 등록요건 유지 여부의 확인이 필요한 경우
2. 제15조에 따른 중소기업창업투자회사의 행위제한 위반 여부의 확인이 필요한 경우
3. 제16조에 따른 중소기업창업투자회사의 투자의무 준수 여부의 확인이 필요한 경우

4. 제17조에 따른 중소기업창업투자회사의 해외투자 요건 준수 여부의 확인이 필요한 경우
5. 제21조에 따른 업무집행조합원의 행위 등에 대한 위반 여부 및 투자의무 준수 여부의 확인이 필요한 경우
6. 삭제 <2009.4.1.>
7. 그 밖에 제1호부터 제6호까지의 사항에 준하는 경우로서 대통령령으로 정하는 경우

② 제1항에 따라 검사를 하는 경우에는 검사 7일 전에 검사 일시, 검사 목적 및 검사 내용 등에 관한 검사계획을 검사받을 자에게 알려야 한다. 다만, 긴급하거나 증거인멸 등으로 검사 목적을 달성할 수 없다고 인정하는 경우에는 그러하지 아니하다.

③ 제1항에 따라 출입· 검사하는 공무원은 그 권한을 표시하는 증표를 지니고 이를 관계인에게 내보여야 하며, 출입할 때 성명·출입시간·출입목적 등이 표시된 문서를 관계인에게 내주어야 한다.

제41조 삭제 <2009.4.1.>

제42조(임직원에 대한 제재 등) ① 중소기업청장은 중소기업창업투자회사 또는 업무집행조합원이 제43조제1항 또는 제2항 각 호의 어느 하나(제1호는 제외한다)에 해당하여 중소기업창업투자회사 또는 중소기업창업투자조합의 건전한 운영을 해칠 우려가 있다고 인정되는 경우에는 중소기업창업투자회사 임직원에 대하여 다음 각 호의 어느 하나에 해당하는 문책의 요구를 할 수 있다. <개정 2013.8.6.>

1. 면직 또는 해임
2. 6개월 이내의 직무정지
3. 감봉
4. 경고

② 제1항의 조치는 제43조제5항의 조치와 병과(倂科)할 수 있다. <개정 2013.8.6.>

③ 중소기업청장은 제1항 각 호의 조치의 기준과 절차 등에 필요한 사항을 정하여 고시할 수 있다. <신설 2013.8.6.>

제42조의2(경영 건전성 기준 등) ① 중소기업창업투자회사는 대통령령으로 정하는 경영 건전성 기준을 갖추어야 한다.

② 중소기업청장은 중소기업창업투자회사의 경영 건전성을 확보하기 위하여 경영실태에 대한 평가를 실시할 수 있다.

③ 중소기업청장은 중소기업창업투자회사가 제1항에 따른 기준을 갖추지 못하거나 제2항에 따른 경영실태 평가결과 경영 건전성 유지가 곤란하다고 인정되면 해당 중소기업창업투자회사에 대하여 자본금의 증액, 이익 배당의 제한 등 경영개선을 위하여 필요한 조치를 요구할 수 있다. [본조신설 2013.8.6.]

제43조(등록의 취소 등) ① 중소기업청장은 중소기업창업투자회사가 다음 각 호의 어느 하나에 해당하면 그 등록을 취소하거나 3년의 범위에서 대통령령으로 정하는 바에 따라 이 법에 따른 지원을 중단할 수 있다. 다만, 제1호에 해당하면 그 등록을 취소하여야 한다. <개정 2007.8.3., 2013.8.6., 2015.2.3.>

1. 거짓이나 그 밖에 부정한 방법으로 등록을 한 때
2. 제10조제2항에 따른 등록요건에 맞지 아니하게 된 때. 다만, 임원이 같은 항 제2호 각 목(같은 호 사목과 아목은 대표이사에게만 해당한다)의 어느 하나에 해당하는 경우 3개월 이내에 그 임원을 바꾸어 임명한 경우에는 그러하지 아니하다.
3. 정당한 사유 없이 1년 이상 계속하여 제16조제1항에 따라 산업통상자원부령으로 정하는 용도로 제10조제1항제1호, 제2호, 제2호의2 및 제5호에 따른 투자를 하지 아니한 때. 다만,

제16조제1항에 따른 투자 의무 등 대통령령으로 정하는 사항을 모두 이행한 경우에는 그러하지 아니하다.
4. 회사의 책임 있는 사유로 제10조제1항에 따른 사업수행이 어렵게 된 때
5. 제15조제1항에 따른 행위제한 의무를 위반하거나 같은 조 제2항에 따른 비업무용부동산 처분의무를 위반한 때
6. 투자비율이 제16조에 따른 비율에 미치지 못할 때
7. 제17조를 위반하여 해외투자를 한 때
8. 중소기업창업투자조합의 업무집행조합원으로서 제21조제2항을 위반하여 자기 또는 제삼자의 이익을 위하여 중소기업창업투자조합의 재산을 사용한 때
9. 「유사수신행위의 규제에 관한 법률」 제 3 조를 위반한 때
10. 제42조제1항에 따른 문책의 요구, 제42조의2제3항에 따른 조치의 요구 및 제5항에 따른 조치를 이행하지 아니한 때
11. 중소기업창업투자조합의 업무집행조합원으로서 제21조제4항 또는 같은 조 제5항에 따라 준용되는 제15조를 위반하거나 「벤처기업육성에 관한 특별조치법」 제 4 조의3제2항에 따른 한국벤처투자조합의 업무집행조합원으로서 같은 법 제 4 조의4제2항을 위반한 때(제47조의2제1항에 따른 공모창업투자조합의 업무집행조합원의 경우 「자본시장과 금융투자업에 관한 법률」 또는 같은 법에 따른 명령이나 처분을 위반한 때를 포함한다)

② 중소기업청장은 중소기업창업투자조합이 다음 각 호의 어느 하나에 해당하면 그 등록을 취소하거나 3년의 범위에서 대통령령으로 정하는 바에 따라 이 법에 따른 지원을 중단할 수 있다. 다만, 제1호에 해당하면 그 등록을 취소하여야 한다. <개정 2009.12.30., 2015.2.3.>
1. 거짓이나 그 밖에 부정한 방법으로 등록을 한 때
2. 제20조제5항에 따른 등록요건에 맞지 아니하게 된 때
3. 제21조제3항부터 제6항까지의 규정을 위반한 때
4. 업무집행조합원인 중소기업창업투자회사의 등록이 취소되거나 말소된 때
5. 제22조제1항 및 제3항을 위반한 때
6. 삭제 <2007.8.3.>

③ 중소기업청장은 중소기업상담회사가 다음 각 호의 어느 하나에 해당하면 그 등록을 취소하거나 3년의 범위에서 대통령령으로 정하는 바에 따라 이 법에 따른 지원을 중단할 수 있다. 다만, 제1호에 해당하면 그 등록을 취소하여야 한다. <개정 2015.2.3.>
1. 거짓이나 그 밖에 부정한 방법으로 등록을 한 때
2. 제31조제2항에 따른 등록요건에 맞지 아니하게 된 때. 다만, 임원 중 같은 항 제2호 각 목의 어느 하나에 해당하는 자가 있는 경우 6개월 이내에 그 임원을 바꾸어 임명한 경우에는 그러하지 아니하다.
3. 회사의 책임 있는 사유로 제31조제1항에 따른 사업수행이 어렵게 된 때
4. 정당한 사유 없이 1년 이상 계속하여 사업을 하지 아니한 때
5. 삭제 <2007.8.3.>

④ 중소기업청장은 창업보육센터사업자가 다음 각 호의 어느 하나에 해당하면 사업자의 지정을 취소하거나 3년의 범위에서 대통령령으로 정하는 바에 따라 이 법에 따른 지원을 중단할 수 있다. 다만, 제1호에 해당하면 그 지정을 취소하여야 한다. <개정 2008.2.29., 2012.8.13., 2013.3.23., 2013.8.6., 2015.2.3.>
1. 거짓이나 그 밖에 부정한 방법으로 지정을 받은 때
2. 지원받은 자금을 다른 목적으로 사용한 때

3. 창업보육센터 시설 및 장소를 중소기업 창업지원 외의 목적으로 사용한 때
4. 창업보육센터의 운영 실적이 산업통상자원부령으로 정하는 기준에 미치지 못할 때
5. 제 6 조제1항에 따른 지정 요건에 맞지 아니하게 된 때

⑤ 중소기업청장은 중소기업창업투자회사 또는 업무집행조합원이 제1항 또는 제2항 각 호의 어느 하나(제1항제1호 및 제2항제1호는 제외한다)에 해당하는 경우에는 다음 각 호의 어느 하나에 해당하는 조치를 할 수 있다. <신설 2013.8.6.>

1. 6개월 이내의 업무의 전부 또는 일부의 정지
2. 위법행위의 시정명령
3. 경고

제43조(등록의 취소 등) ① 중소기업청장은 중소기업창업투자회사가 다음 각 호의 어느 하나에 해당하면 그 등록을 취소하거나 3년의 범위에서 대통령령으로 정하는 바에 따라 이 법에 따른 지원을 중단할 수 있다. 다만, 제1호에 해당하면 그 등록을 취소하여야 한다.
<개정 2007.8.3., 2013.8.6., 2015.2.3., 2015.7.31.>

1. 거짓이나 그 밖에 부정한 방법으로 등록을 한 때
2. 제10조제2항에 따른 등록요건에 맞지 아니하게 된 때. 다만, 임원이 같은 항 제2호 각 목(같은 호 사목과 아목은 대표이사에게만 해당한다)의 어느 하나에 해당하는 경우 3개월 이내에 그 임원을 바꾸어 임명한 경우에는 그러하지 아니하다.
3. 정당한 사유 없이 1년 이상 계속하여 제16조제1항에 따라 산업통상자원부령으로 정하는 용도로 제10조제1항제1호, 제2호, 제2호의2 및 제5호에 따른 투자를 하지 아니한 때. 다만, 제16조제1항에 따른 투자 의무 등 대통령령으로 정하는 사항을 모두 이행한 경우에는 그러하지 아니하다.
4. 회사의 책임 있는 사유로 제10조제1항에 따른 사업수행이 어렵게 된 때
5. 제15조제1항에 따른 행위제한 의무를 위반하거나 같은 조 제2항에 따른 비업무용부동산 처분의무를 위반한 때
6. 투자비율이 제16조에 따른 비율에 미치지 못할 때
7. 제17조를 위반하여 해외투자를 한 때
8. 중소기업창업투자조합의 업무집행조합원으로서 제21조제2항을 위반하여 자기 또는 제삼자의 이익을 위하여 중소기업창업투자조합의 재산을 사용한 때
9. 「유사수신행위의 규제에 관한 법률」 제 3 조를 위반한 때
10. 제42조제1항에 따른 문책의 요구, 제42조의2제3항에 따른 조치의 요구 및 제5항에 따른 조치를 이행하지 아니한 때
11. 중소기업창업투자조합의 업무집행조합원으로서 제21조제4항 또는 같은 조 제5항에 따라 준용되는 제15조를 위반하거나 「벤처기업육성에 관한 특별조치법」 제 4 조의3제2항에 따른 한국벤처투자조합의 업무집행조합원으로서 같은 법 제 4 조의4제2항을 위반한 때(제47조의2제1항에 따른 공모창업투자조합의 업무집행조합원의 경우 「자본시장과 금융투자업에 관한 법률」 또는 같은 법에 따른 명령이나 처분을 위반한 때를 포함한다) 또는 「금융회사의 지배구조에 관한 법률」(제24조부터 제26조까지의 규정으로 한정한다)을 위반한 때

② 중소기업청장은 중소기업창업투자조합이 다음 각 호의 어느 하나에 해당하면 그 등록을 취소하거나 3년의 범위에서 대통령령으로 정하는 바에 따라 이 법에 따른 지원을 중단할 수 있다. 다만, 제1호에 해당하면 그 등록을 취소하여야 한다. <개정 2009.12.30., 2015.2.3.>

1. 거짓이나 그 밖에 부정한 방법으로 등록을 한 때
2. 제20조제5항에 따른 등록요건에 맞지 아니하게 된 때

3. 제21조제3항부터 제6항까지의 규정을 위반한 때
4. 업무집행조합원인 중소기업창업투자회사의 등록이 취소되거나 말소된 때
5. 제22조제1항 및 제3항을 위반한 때
6. 삭제 <2007.8.3.>

③ 중소기업청장은 중소기업상담회사가 다음 각 호의 어느 하나에 해당하면 그 등록을 취소하거나 3년의 범위에서 대통령령으로 정하는 바에 따라 이 법에 따른 지원을 중단할 수 있다. 다만, 제1호에 해당하면 그 등록을 취소하여야 한다. <개정 2015.2.3.>

1. 거짓이나 그 밖에 부정한 방법으로 등록을 한 때
2. 제31조제2항에 따른 등록요건에 맞지 아니하게 된 때. 다만, 임원 중 같은 항 제2호 각 목의 어느 하나에 해당하는 자가 있는 경우 6개월 이내에 그 임원을 바꾸어 임명한 경우에는 그러하지 아니하다.
3. 회사의 책임 있는 사유로 제31조제1항에 따른 사업수행이 어렵게 된 때
4. 정당한 사유 없이 1년 이상 계속하여 사업을 하지 아니한 때
5. 삭제 <2007.8.3.>

④ 중소기업청장은 창업보육센터사업자가 다음 각 호의 어느 하나에 해당하면 사업자의 지정을 취소하거나 3년의 범위에서 대통령령으로 정하는 바에 따라 이 법에 따른 지원을 중단할 수 있다. 다만, 제1호에 해당하면 그 지정을 취소하여야 한다. <개정 2008.2.29., 2012.8.13., 2013.3.23., 2013.8.6., 2015.2.3.>

1. 거짓이나 그 밖에 부정한 방법으로 지정을 받은 때
2. 지원받은 자금을 다른 목적으로 사용한 때
3. 창업보육센터 시설 및 장소를 중소기업 창업지원 외의 목적으로 사용한 때
4. 창업보육센터의 운영 실적이 산업통상자원부령으로 정하는 기준에 미치지 못할 때
5. 제 6 조제1항에 따른 지정 요건에 맞지 아니하게 된 때

⑤ 중소기업청장은 중소기업창업투자회사 또는 업무집행조합원이 제1항 또는 제2항 각 호의 어느 하나(제1항제1호 및 제2항제1호는 제외한다)에 해당하는 경우에는 다음 각 호의 어느 하나에 해당하는 조치를 할 수 있다. <신설 2013.8.6.>

1. 6개월 이내의 업무의 전부 또는 일부의 정지
2. 위법행위의 시정명령
3. 경고 [시행일 : 2016.8.1.] 제43조

제44조(청문) 중소기업청장은 제43조에 따라 중소기업창업투자회사, 중소기업창업투자조합 또는 중소기업상담회사의 등록을 취소하거나 창업보육센터사업자의 지정을 취소하려면 청문을 하여야 한다.

제45조(권한의 위임·위탁) ① 이 법에 따른 중소기업청장의 권한은 대통령령으로 정하는 바에 따라 그 일부를 소속 기관의 장이나 특별시장·광역시장·특별자치시장·도지사 또는 특별자치도지사에게 위임할 수 있다. <개정 2013.8.6.>

② 중소기업청장은 이 법에 따른 업무의 일부를 대통령령으로 정하는 바에 따라 다른 행정기관의 장, 「중소기업진흥에 관한 법률」 제68조에 따른 중소기업진흥공단, 중소기업창업투자회사, 중소기업상담회사, 그 밖의 중소기업 관련 기관에 위탁할 수 있다. <개정 2009.5.21.>

제46조(비슷한 명칭의 사용 금지) 중소기업창업투자회사나 중소기업창업투자조합이 아닌 자는 중소기업창업투자회사와 중소기업창업투자조합의 명칭 또는 이와 비슷한 명칭을 사용하지 못한다.

제47조(업무기준의 고시) 중소기업청장은 중소기업창업투자회사, 중소기업창업투자조합, 중소기

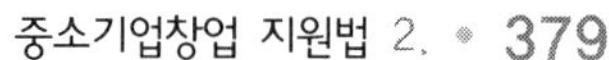

업상담회사 또는 창업보육센터사업자가 창업자에 대하여 효율적으로 지원할 수 있도록 창업지원 업무에 관한 기준을 정하여 고시할 수 있다.

제47조의2(공모창업투자조합에 관한 특례) ① 「자본시장과 금융투자업에 관한 법률」 제11조부터 제16조까지, 제22조부터 제27조까지, 제29조부터 제32조까지, 제34조부터 제43조까지, 제48조, 제50조부터 제53조까지, 제56조, 제58조, 제60조부터 제65조까지, 제80조부터 제83조까지, 제85조제2호·제3호 및 제6호부터 제8호까지, 제86조부터 제95조까지, 제181조부터 제183조까지, 제184조제1항·제2항·제5항부터 제7항까지, 제185조부터 제187조까지, 제218조부터 제223조까지, 제229조부터 제253조까지 및 제415조부터 제425조까지는 공모창업투자조합(「자본시장과 금융투자업에 관한 법률」 제 9 조제19항에 따른 사모집합투자기구에 해당하지 아니하는 창업투자조합을 말한다. 이하 같다) 및 창업투자회사(공모창업투자조합이 아닌 창업투자조합만을 결성하여 그 업무를 집행하는 창업투자회사를 제외한다)에 대하여는 적용하지 아니한다.

② 중소기업청장은 공모창업투자조합 또는 창업투자회사(공모창업투자조합이 아닌 창업투자조합만을 결성하여 그 업무를 집행하는 창업투자회사를 제외한다)를 등록하는 경우에는 미리 금융위원회와 협의하여야 한다. <개정 2008.2.29.>

③ 금융위원회는 공익 또는 공모창업투자조합의 조합원을 보호하기 위하여 필요한 경우에는 공모창업투자조합 및 창업투자회사(공모창업투자조합이 아닌 창업투자조합만을 결성하여 그 업무를 집행하는 창업투자회사를 제외한다)에 대하여 업무에 관한 자료의 제출이나 보고를 명할 수 있으며, 금융감독원의 원장으로 하여금 그 업무에 관하여 검사하게 할 수 있다. <개정 2008.2.29.>

④ 금융위원회는 공모창업투자조합 및 창업투자회사(공모창업투자조합이 아닌 창업투자조합만을 결성하여 그 업무를 집행하는 창업투자회사를 제외한다)가 이 법 또는 이 법에 따른 명령이나 처분을 위반하거나, 「자본시장과 금융투자업에 관한 법률」 또는 「자본시장과 금융투자업에 관한 법률」에 따른 명령이나 처분을 위반한 경우에는 제42조제1항, 제43조제1항·제2항·제5항의 어느 하나에 해당하는 조치를 취하도록 중소기업청장에게 요구할 수 있고, 중소기업청장은 특별한 사유가 없는 한 이에 응하여야 한다. 이 경우 중소기업청장은 그 조치내역을 금융위원회에 통보하여야 한다. <개정 2008.2.29., 2013.8.6.> [본조신설 2007.8.3.]

제47조의2(공모창업투자조합에 관한 특례) ① 「자본시장과 금융투자업에 관한 법률」 제11조부터 제16조까지, 제22조부터 제27조까지, 제29조부터 제32조까지, 제34조부터 제43조까지, 제48조, 제50조부터 제53조까지, 제56조, 제58조, 제60조부터 제65조까지, 제80조부터 제83조까지, 제85조제2호·제3호 및 제6호부터 제8호까지, 제86조부터 제95조까지, 제181조부터 제183조까지, 제184조제1항·제2항·제5항부터 제7항까지, 제185조부터 제187조까지, 제218조부터 제223조까지, 제229조부터 제249조까지, 제249조의2부터 제249조의22까지, 제250조부터 제253조까지 및 제415조부터 제425조까지는 공모창업투자조합(「자본시장과 금융투자업에 관한 법률」 제 9 조제19항에 따른 사모집합투자기구에 해당하지 아니하는 창업투자조합을 말한다. 이하 같다) 및 창업투자회사(공모창업투자조합이 아닌 창업투자조합만을 결성하여 그 업무를 집행하는 창업투자회사를 제외한다)에 대하여는 적용하지 아니한다. <개정 2015.7.24.>

② 중소기업청장은 공모창업투자조합 또는 창업투자회사(공모창업투자조합이 아닌 창업투자조합만을 결성하여 그 업무를 집행하는 창업투자회사를 제외한다)를 등록하는 경우에는 미리 금융위원회와 협의하여야 한다. <개정 2008.2.29.>

③ 금융위원회는 공익 또는 공모창업투자조합의 조합원을 보호하기 위하여 필요한 경우에는 공모창업투자조합 및 창업투자회사(공모창업투자조합이 아닌 창업투자조합만을 결성하여 그 업무를 집행하는 창업투자회사를 제외한다)에 대하여 업무에 관한 자료의 제출이나 보고를 명할 수 있으며, 금융감독원의 원장으로 하여금 그 업무에 관하여 검사하게 할 수 있다. <개정 2008.2.29.>

④ 금융위원회는 공모창업투자조합 및 창업투자회사(공모창업투자조합이 아닌 창업투자조합만을 결성하여 그 업무를 집행하는 창업투자회사를 제외한다)가 이 법 또는 이 법에 따른 명령이나 처분을 위반하거나, 「자본시장과 금융투자업에 관한 법률」 또는 「자본시장과 금융투자업에 관한 법률」에 따른 명령이나 처분을 위반한 경우에는 제42조제1항, 제43조제1항·제2항·제5항의 어느 하나에 해당하는 조치를 취하도록 중소기업청장에게 요구할 수 있고, 중소기업청장은 특별한 사유가 없는 한 이에 응하여야 한다. 이 경우 중소기업청장은 그 조치내역을 금융위원회에 통보하여야 한다. <개정 2008.2.29., 2013.8.6.> [본조신설 2007.8.3.] [시행일 : 2015.10.25.] 제47조의2

제48조(벌칙) ① 제15조의2제1항을 위반하여 대주주 자신의 이익을 얻을 목적으로 같은 항 각 호의 어느 하나에 해당하는 행위를 한 자는 5년 이하의 징역 또는 5천만원 이하의 벌금에 처한다.
② 제10조제4항에 따른 처분명령을 위반하여 주식을 처분하지 아니한 자는 1년 이하의 징역 또는 1천만원 이하의 벌금에 처한다. [본조신설 2013.8.6.] [종전 제48조는 제50조로 이동 <2013.8.6.>]

제49조(양벌규정) 법인의 대표자나 법인 또는 개인의 대리인, 사용인, 그 밖의 종업원이 그 법인 또는 개인의 업무에 관하여 제48조의 위반행위를 하면 그 행위자를 벌하는 외에 그 법인 또는 개인에게도 해당 조문의 벌금형을 과(科)한다. 다만, 법인 또는 개인이 그 위반행위를 방지하기 위하여 해당 업무에 관하여 상당한 주의와 감독을 게을리하지 아니한 경우에는 그러하지 아니하다. [본조신설 2013.8.6.]

제 7 장 벌 칙

제50조(과태료) ① 다음 각 호의 어느 하나에 해당하는 자에게는 500만원 이하의 과태료를 부과한다.

1. 제10조제1항 후단 또는 제20조제1항 후단에 따른 변경 등록을 하지 아니하거나 거짓으로 변경 등록을 한 자
2. 제11조제2항에 따른 영업의 양수 등의 신고를 하지 아니하거나 거짓으로 신고한 자
3. 제14조에 따른 중소기업창업투자회사의 공시를 하지 아니하거나 거짓으로 공시한 자
4. 제19조 또는 제23조에 따른 결산서를 제출하지 아니하거나 거짓된 결산서를 제출한 자
5. 제40조제1항에 따른 보고를 하지 아니하거나 거짓된 보고를 한 자 또는 같은 항에 따른 검사를 거부·방해 또는 기피한 자
6. 삭제 <2009.4.1.>
7. 제46조를 위반하여 비슷한 명칭을 사용한 자

② 제1항에 따른 과태료는 대통령령으로 정하는 바에 따라 중소기업청장이 부과·징수한다.
③ 삭제 <2009.1.30.>
④ 삭제 <2009.1.30.>
⑤ 삭제 <2009.1.30.>
[제48조에서 이동 <2013.8.6.>]

부칙 〈제13158호, 2015.2.3.〉

제1조(시행일) 이 법은 공포한 날부터 시행한다. 다만, 제4조의2제2항 및 제4조의4의 개정규정은 공포 후 3개월이 경과한 날부터 시행한다.

제2조(부담금의 면제에 관한 적용례) ① 제39조의3제1항의 개정규정은 이 법 시행 전에 사업을 개시하여 5년이 지나지 아니한 경우에 대하여도 적용한다. 다만, 이 법 시행 전에 납부하였거나 납부 의무가 발생한 분에 대하여는 적용하지 아니한다.

② 제39조의3제2항제12호의 개정규정은 이 법 시행 전에 사업을 개시하여 3년이 지나지 아니한 경우에 대하여도 적용한다. 다만, 이 법 시행 전에 납부하였거나 납부 의무가 발생한 분에 대하여는 적용하지 아니한다.

3. 벤처기업육성에 관한 특별조치법

[시행 2015.5.18.] [법률 제13310호, 2015.5.18., 일부개정]
중소기업청(벤처정책과) 042-481-4425

제1장 총 칙 〈개정 2007.8.3.〉

제1조(목적) 이 법은 기존 기업의 벤처기업으로의 전환과 벤처기업의 창업을 촉진하여 우리 산업의 구조조정을 원활히 하고 경쟁력을 높이는 데에 기여하는 것을 목적으로 한다.
[전문개정 2007.8.3.]

제2조(정의) ① "벤처기업"이란 제2조의2의 요건을 갖춘 기업을 말한다. <개정 2007.8.3.>
② "투자"란 주식회사가 발행한 주식, 무담보전환사채 또는 무담보신주인수권부사채를 인수하거나, 유한회사의 출자를 인수하는 것을 말한다. <개정 2007.8.3.>
③ 삭제 <2006.3.3.>
④ "벤처기업집적시설"이란 벤처기업 및 대통령령으로 정하는 지원시설을 집중적으로 입주하게 함으로써 벤처기업의 영업활동을 활성화하기 위하여 제18조에 따라 지정된 건축물을 말한다. <개정 2007.8.3.>
⑤ "실험실공장"이란 벤처기업의 창업을 촉진하기 위하여 대학이나 연구기관이 보유하고 있는 연구시설에 「산업집적활성화 및 공장설립에 관한 법률」 제28조에 따른 도시형공장에 해당하는 업종의 생산시설을 갖춘 사업장을 말한다. <개정 2007.8.3.>
⑥ "벤처기업육성촉진지구"란 벤처기업의 밀집도가 다른 지역보다 높은 지역으로 집단화·협업화(協業化)를 통한 벤처기업의 영업활동을 활성화하기 위하여 제18조의4에 따라 지정된 지역을 말한다. <개정 2007.8.3.>
⑦ "전략적제휴"란 벤처기업이 생산성 향상과 경쟁력 강화 등을 목적으로 기술·시설·정보·인력 또는 자본 등의 분야에서 다른 기업의 주주 또는 다른 벤처기업과 협력관계를 형성하는 것을 말한다. <개정 2007.8.3.>
⑧ "신기술창업전문회사"란 대학이나 연구기관이 보유하고 있는 기술의 사업화와 이를 통한 창업 촉진을 주된 업무로 하는 회사로서 제11조의2에 따라 등록된 회사를 말한다.
<개정 2007.8.3.>
⑨ "신기술창업집적지역"이란 대학이나 연구기관이 보유하고 있는 교지나 부지로서 「중소기업창업 지원법」 제2조제2호에 따른 창업자(이하 "창업자"라 한다)와 벤처기업 등에 사업화 공간을 제공하기 위하여 제17조의2에 따라 지정된 지역을 말한다. <개정 2007.8.3.>
[제목개정 2007.8.3.]

제2조의2(벤처기업의 요건) ① 벤처기업은 다음 각 호의 요건을 갖추어야 한다.
<개정 2007.8.3., 2009.5.21., 2010.1.27., 2011.3.9., 2014.1.14.>

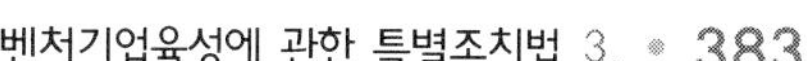

1. 「중소기업기본법」 제 2 조에 따른 중소기업(이하 "중소기업"이라 한다)일 것
2. 다음 각 목의 어느 하나에 해당할 것
가. 다음 각각의 어느 하나에 해당하는 자의 투자금액의 합계(이하 이 목에서 "투자금액의 합계"라 한다) 및 기업의 자본금 중 투자금액의 합계가 차지하는 비율이 각각 대통령령으로 정하는 기준 이상인 기업
(1) 「중소기업창업 지원법」 제 2 조제4호에 따른 중소기업창업투자회사(이하 "중소기업창업투자회사"라 한다)
(2) 「중소기업창업 지원법」 제 2 조제5호에 따른 중소기업창업투자조합(이하 "중소기업창업투자조합"이라 한다)
(3) 「여신전문금융업법」 제 2 조제14호에 따른 신기술사업금융업을 영위하는 자(이하 "신기술사업금융업자"라 한다)
(4) 「여신전문금융업법」 제41조제3항에 따른 신기술사업투자조합(이하 "신기술사업투자조합"이라 한다)
(5) 제 4 조의3에 따른 한국벤처투자조합
(6) 제 4 조의8에 따른 전담회사
(7) 중소기업에 대한 기술평가 및 투자를 하는 금융기관으로서 대통령령으로 정하는 기관
(8) 투자실적, 경력, 자격요건 등 대통령령으로 정하는 기준을 충족하는 개인
나. 기업(「기초연구진흥 및 기술개발지원에 관한 법률」 제14조제1항제2호에 따른 기업부설연구소를 보유한 기업만을 말한다)의 연간 연구개발비와 연간 총매출액에 대한 연구개발비의 합계가 차지하는 비율이 각각 대통령령으로 정하는 기준 이상이고, 대통령령으로 정하는 기관으로부터 사업성이 우수한 것으로 평가받은 기업
다. 다음 각각의 요건을 모두 갖춘 기업[창업하는 기업에 대하여는 (3)의 요건만 적용한다]
(1) 「기술신용보증기금법」에 따른 기술신용보증기금(이하 "기술신용보증기금"이라 한다)이 보증(보증가능금액의 결정을 포함한다)을 하거나, 「중소기업진흥에 관한 법률」 제68조에 따른 중소기업진흥공단(이하 "중소기업진흥공단"이라 한다) 등 대통령령으로 정하는 기관이 개발기술의 사업화나 창업을 촉진하기 위하여 무담보로 자금을 대출(대출가능금액의 결정을 포함한다)할 것
(2) (1)의 보증 또는 대출금액과 그 보증 또는 대출금액이 기업의 총자산에서 차지하는 비율이 각각 대통령령으로 정하는 기준 이상일 것
(3) (1)의 보증 또는 대출기관으로부터 기술성이 우수한 것으로 평가를 받을 것

② 제1항제2호나목 및 다목(3)에 따른 평가기준과 평가방법 등에 관하여 필요한 사항은 대통령령으로 정한다. [전문개정 2007.8.3.]

제 3 조(벤처기업에 포함되지 아니하는 업종의 결정) 제 2 조제1항에도 불구하고 우리 산업의 구조조정을 원활히 하고 경쟁력을 높이기 위하여 중소기업청장이 정하는 업종을 영위하는 기업은 벤처기업에 포함하지 아니한다. [전문개정 2007.8.3.]

제 3 조(벤처기업에 포함되지 아니하는 업종의 결정) 제 2 조제1항에도 불구하고 우리 산업의 구조조정을 원활히 하고 경쟁력을 높이기 위하여 대통령령으로 정하는 업종을 영위하는 기업은 벤처기업에 포함하지 아니한다. <개정 2015.5.18.> [전문개정 2007.8.3.]
[시행일 : 2015.11.19.] 제 3 조

제 2 장 벤처기업 육성기반의 구축 〈개정 2007.8.3.〉

제1절 자금공급의 원활화

제 4 조(벤처기업에 대한 기금의 투자 등) ①「국가재정법」에 따른 기금으로서 대통령령으로 정하는 기금을 관리하는 자(이하 "기금관리주체"라 한다)는 대통령령으로 정하는 비율 이내의 자금을 그 기금운용계획에 따라 벤처기업에 투자하거나 중소기업창업투자조합·신기술사업투자조합 또는 한국벤처투자조합에 출자할 수 있다. <개정 2007.8.3.>

② 기금관리주체가 기금운용계획의 범위에서 행하는 벤처기업에 대한 투자나 중소기업창업투자조합·신기술사업투자조합 또는 한국벤처투자조합에 대한 출자에 관하여는 관계 법령에 따른 인가·허가·승인 등을 받은 것으로 본다. <개정 2007.8.3.>

③ 삭제 <1998.12.30.>

④「보험업법」 제 2 조제5호에 따른 보험회사는 같은 법 제106조, 제108조 및 제109조에도 불구하고 금융위원회가 정하는 범위에서 벤처기업에 투자하거나 중소기업창업투자조합 또는 신기술사업투자조합에 출자할 수 있다. <개정 2007.8.3., 2008.2.29.>

⑤「지역균형개발 및 지방중소기업 육성에 관한 법률」 제43조제1호에 따라 지방자치단체의 장이 설치한 지방중소기업육성관련기금을 관리하는 자는 지방 중소기업·벤처기업을 육성하기 위하여 다음 각 호의 조합에 출자할 수 있다. <신설 2010.1.27.>

1. 중소기업창업투자조합
2. 신기술사업투자조합
3. 제 4 조의2에 따른 중소기업투자모태조합
4. 제 4 조의3에 따른 한국벤처투자조합 [제목개정 2007.8.3.]

제 4 조의2(중소기업투자모태조합의 결성 등) ① 중소기업청장이 중소기업진흥공단 등 대통령령으로 정하는 투자관리기관 중에서 지정하는 기관(이하 "투자관리전문기관"이라 한다)은「중소기업진흥에 관한 법률」 제63조에 따른 중소기업창업 및 진흥기금(이하 "중소기업창업 및 진흥기금"이라 한다)을 관리하는 자 등으로부터 출자를 받아 중소기업과 벤처기업에 대한 투자를 목적으로 설립된 조합 또는 회사에 출자하는 중소기업투자모태조합(이하 "모태조합"이라 한다)을 결성할 수 있다. <개정 2009.1.30., 2009.5.21., 2015.5.18.>

② 중소기업창업 및 진흥기금을 관리하는 자는「중소기업진흥에 관한 법률」 제67조에도 불구하고 모태조합에 출자할 수 있다. <개정 2009.1.30., 2009.5.21., 2015.5.18.>

③ 투자관리전문기관은 모태조합의 자산을 다음 각 호의 조합이나 회사에 출자하여야 한다. <개정 2007.8.3., 2009.4.1., 2015.5.18.>

1. 중소기업창업투자조합
2. 제 4 조의3에 따른 한국벤처투자조합
3. 「산업발전법」(법률 제9584호 산업발전법 전부개정법률로 개정되기 전의 것을 말한다) 제15조에 따라 등록된 기업구조조정조합 및 「산업발전법」 제20조에 따른 기업구조개선 사모투자전문회사
4. 「자본시장과 금융투자업에 관한 법률」 제 9 조제18항제7호에 따른 사모투자전문회사
5. 신기술사업투자조합
6. 제13조에 따른 개인투자조합

④ 투자관리전문기관은 모태조합의 자산을 관리·운용하여야 하며, 그 밖에 투자관리전문기관의 지정·관리 등에 필요한 사항은 대통령령으로 정한다. <개정 2009.1.30.>

⑤ 삭제 <2009.1.30.>
⑥ 삭제 <2009.1.30.>
⑦ 삭제 <2009.1.30.>
⑧ 삭제 <2009.1.30.>
⑨ 모태조합의 존속기간은 30년 이내의 범위에서 대통령령으로 정하는 기간으로 하며, 그 밖에 모태조합의 관리·운용 등에 필요한 사항은 대통령령으로 정한다. <개정 2009.1.30.> [전문개정 2007.8.3.]

제 4 조의2(중소기업투자모태조합의 결성 등) ① 중소기업청장이 중소기업진흥공단 등 대통령령으로 정하는 투자관리기관 중에서 지정하는 기관(이하 "투자관리전문기관"이라 한다)은 「중소기업진흥에 관한 법률」 제63조에 따른 중소기업창업 및 진흥기금(이하 "중소기업창업 및 진흥기금"이라 한다)을 관리하는 자 등으로부터 출자를 받아 중소기업과 벤처기업에 대한 투자를 목적으로 설립된 조합 또는 회사에 출자하는 중소기업투자모태조합(이하 "모태조합"이라 한다)을 결성할 수 있다. <개정 2009.1.30., 2009.5.21., 2015.5.18.>
② 중소기업창업 및 진흥기금을 관리하는 자는 「중소기업진흥에 관한 법률」 제67조에도 불구하고 모태조합에 출자할 수 있다. <개정 2009.1.30., 2009.5.21., 2015.5.18.>
③ 투자관리전문기관은 모태조합의 자산을 다음 각 호의 조합이나 회사에 출자하여야 한다. <개정 2007.8.3., 2009.4.1., 2015.5.18., 2015.7.24.>
1. 중소기업창업투자조합
2. 제 4 조의3에 따른 한국벤처투자조합
3. 「산업발전법」(법률 제9584호 산업발전법 전부개정법률로 개정되기 전의 것을 말한다) 제15조에 따라 등록된 기업구조조정조합 및 「산업발전법」 제20조에 따른 기업구조개선 경영참여형 사모집합투자기구
4. 「자본시장과 금융투자업에 관한 법률」 제 9 조제19항제1호에 따른 경영참여형 사모집합투자기구
5. 신기술사업투자조합
6. 제13조에 따른 개인투자조합

④ 투자관리전문기관은 모태조합의 자산을 관리·운용하여야 하며, 그 밖에 투자관리전문기관의 지정·관리 등에 필요한 사항은 대통령령으로 정한다. <개정 2009.1.30.>
⑤ 삭제 <2009.1.30.>
⑥ 삭제 <2009.1.30.>
⑦ 삭제 <2009.1.30.>
⑧ 삭제 <2009.1.30.>
⑨ 모태조합의 존속기간은 30년 이내의 범위에서 대통령령으로 정하는 기간으로 하며, 그 밖에 모태조합의 관리·운용 등에 필요한 사항은 대통령령으로 정한다. <개정 2009.1.30.>
[전문개정 2007.8.3.] [시행일 : 2015.10.25.] 제 4 조의2

제 4 조의3(한국벤처투자조합의 결성 등) ① 다음 각 호의 어느 하나에 해당하는 자는 모태조합으로부터 출자를 받아 중소기업과 벤처기업에 대한 투자와 제5항제3호에 따른 투자조합에 대한 출자 등을 목적으로 조합(이하 "한국벤처투자조합"이라 한다)을 결성할 수 있다. 이 경우 대통령령으로 정하는 바에 따라 중소기업청장에게 신고하여야 하고, 신고 사항을 변경하는 경우에도 같다. <개정 2015.5.18.>
1. 중소기업창업투자회사
2. 신기술사업금융업자

3. 다음 각 목의 요건을 갖추고 있는 「상법」상 유한회사
   가. 출자금 총액이 조합 결성금액의 1퍼센트 이상일 것
   나. 대통령령으로 정하는 기준에 맞는 전문인력을 보유할 것
4. 다음 각 목의 요건을 갖추고 있다고 중소기업청장이 인정하는 외국투자회사
   가. 국내지점과 전문인력 등 중소기업창업투자회사에 준하는 물적·인적 요건을 갖추고 있을 것
   나. 국제적 신인도가 높고 사업계획이 타당할 것

② 한국벤처투자조합은 조합의 채무에 대하여 무한책임을 지는 1인 이상의 조합원(이하 "업무집행조합원"이라 한다)과 출자액을 한도로 하여 유한책임을 지는 조합원(이하 "유한책임조합원"이라 한다)으로 구성한다. 이 경우 업무집행조합원은 다음 각 호의 어느 하나에 해당하는 자로 하되, 그 중 1인은 제1호에 해당하는 자이어야 한다. <개정 2010.1.27.>

1. 제1항 각 호의 어느 하나에 해당하는 자
2. 「국가재정법」 제8조제1항에 따른 기금관리주체로서 같은 법 별표 2에 따른 기금을 관리·운용하는 자
3. 법률에 따라 공제 사업을 경영하는 법인
4. 그 밖에 대통령령으로 정하는 자

③ 제2항 전단에도 불구하고 제4조의7에 따른 공모한국벤처투자조합을 결성하는 경우 업무집행조합원은 1인으로 한다. <신설 2010.1.27.>

④ 한국벤처투자조합의 출자금액, 조합원 수 및 존속기간을 포함한 결성 요건과 신고 사항, 그 밖에 운영 등에 필요한 사항은 대통령령으로 정한다. <개정 2010.1.27.>

⑤ 업무집행조합원은 한국벤처투자조합의 자금을 다음 각 호의 사업을 위하여 사용하여야 한다. 다만, 제3호의 사업에 대하여는 그 사업을 주된 목적으로 결성된 조합에만 자금을 사용할 수 있다. <개정 2010.1.27., 2015.5.18.>

1. 중소기업과 벤처기업에 대한 투자
2. 「중소기업창업 지원법」 제10조제1항제4호에 따른 해외투자
3. 중소기업창업투자조합·신기술사업투자조합 또는 제13조에 따른 개인투자조합에 대한 출자
4. 그 밖에 중소기업과 벤처기업의 경쟁력을 강화하기 위하여 중소기업청장이 인정하는 사업

⑥ 업무집행조합원은 선량한 관리자로서 출자자의 이익을 위하여 한국벤처투자조합의 자산을 관리하여야 한다. <개정 2010.1.27.>

⑦ 한국벤처투자조합은 업무집행조합원에게 조합 규약으로 정하는 바에 따라 투자수익에 따른 성과보수를 지급할 수 있으며, 성과보수 지급을 위한 투자수익의 산정 방식 등에 관하여 필요한 사항은 대통령령으로 정한다. <개정 2010.1.27.> [전문개정 2007.8.3.]

제4조의4(한국벤처투자조합의 업무의 집행 등) ① 한국벤처투자조합의 업무는 업무집행조합원이 집행한다.

② 업무집행조합원은 한국벤처투자조합의 업무를 집행할 때 다음 각 호의 어느 하나에 해당하는 행위를 하여서는 아니 된다.

1. 자기나 제삼자의 이익을 위하여 한국벤처투자조합의 재산을 사용하는 행위
2. 자금차입·지급보증 또는 담보를 제공하는 행위
3. 「독점규제 및 공정거래에 관한 법률」 제9조에 따른 상호출자제한기업집단에 속하는 회사에 투자하는 행위
4. 대통령령으로 정하는 금융기관의 주식을 취득하거나 소유하는 행위
5. 「중소기업창업 지원법」 제6조제1항에 따른 창업보육센터 등 대통령령으로 정하는 범위의

업무용 부동산 외의 부동산(이하 "비업무용부동산"이라 한다)을 취득하거나 소유하는 행위. 다만, 담보권의 실행으로 비업무용부동산을 취득하는 경우에는 그러하지 아니하다.

6. 그 밖에 설립목적을 해치는 것으로서 대통령령으로 정하는 행위

③ 업무집행조합원이 제2항제5호 단서에 따라 담보권의 실행으로 비업무용부동산을 취득한 경우에는 1년의 범위에서 산업통상자원부령으로 정하는 기간 내에 이를 처분하여야 한다. <개정 2008.2.29., 2013.3.23.> [전문개정 2007.8.3.]

제 4 조의5(한국벤처투자조합의 업무집행조합원의 탈퇴) 업무집행조합원은 다음 각 호의 어느 하나에 해당하는 경우가 아니면 한국벤처투자조합을 탈퇴할 수 없다.

1. 중소기업창업투자회사나 신기술사업금융업자의 등록이 취소되거나 말소된 경우
2. 업무집행조합원이 파산한 경우
3. 조합원 전원의 동의가 있는 경우 [전문개정 2007.8.3.]

제 4 조의6(한국벤처투자조합의 해산) ① 한국벤처투자조합은 다음 각 호의 어느 하나에 해당하는 사유가 있을 때에는 해산한다. <개정 2010.1.27.>

1. 존속기간의 만료
2. 유한책임조합원 전원의 탈퇴
3. 제 4 조의3제1항 각 호의 어느 하나에 해당하는 업무집행조합원 전원의 탈퇴
4. 그 밖에 대통령령으로 정하는 경우

② 한국벤처투자조합에 제1항제3호에 해당하는 사유가 발생한 경우에는 유한책임조합원 전원의 동의로 대통령령으로 정하는 바에 따라 그 사유가 발생한 날부터 3개월 이내에 제 4 조의3제1항 각 호의 어느 하나에 해당하는 업무집행조합원을 가입하게 하여 한국벤처투자조합을 계속할 수 있다. <개정 2010.1.27.>

③ 한국벤처투자조합이 해산하면 업무집행조합원이 청산인이 된다. 다만, 조합의 규약으로 정하는 바에 따라 업무집행조합원 외의 자를 청산인으로 선임할 수 있다.

④ 한국벤처투자조합의 해산 당시의 출자금액을 초과하는 채무가 있으면 업무집행조합원이 그 채무를 변제하여야 한다. [전문개정 2007.8.3.]

제 4 조의7(공모한국벤처투자조합에 관한 특례) ①「자본시장과 금융투자업에 관한 법률」 제22조부터 제27조까지, 제29조부터 제32조까지, 제34조부터 제43조까지, 제48조, 제50조부터 제53조까지, 제56조, 제58조, 제60조부터 제65조까지, 제80조부터 제83조까지, 제85조제2호·제3호 및 제6호부터 제8호까지, 제86조부터 제95조까지, 제181조부터 제183조까지, 제184조제1항·제2항·제5항부터 제7항까지, 제185조부터 제187조까지, 제218조부터 제223조까지 및 제229조부터 제253조까지는 공모한국벤처투자조합(「자본시장과 금융투자업에 관한 법률」 제 9 조제19항에 따른 사모집합투자기구에 해당하지 아니하는 한국벤처투자조합을 말한다. 이하 같다) 및 그 업무집행조합원에 대하여는 적용하지 아니한다.

② 중소기업청장은 공모한국벤처투자조합을 등록하는 경우에는 미리 금융위원회와 협의하여야 한다. <개정 2008.2.29.>

③ 금융위원회는 공익 또는 공모한국벤처투자조합의 조합원을 보호하기 위하여 필요한 경우에는 공모한국벤처투자조합에 대하여 업무에 관한 자료의 제출이나 보고를 명할 수 있고, 금융감독원의 원장으로 하여금 그 업무에 관하여 검사하게 할 수 있다. <개정 2008.2.29.>

④ 금융위원회는 공모한국벤처투자조합이 이 법 또는 이 법에 따른 명령이나 처분을 위반하거나, 「자본시장과 금융투자업에 관한 법률」 또는 같은 법에 따른 명령이나 처분을 위반한 경우에는 제28조 각 호의 어느 하나에 해당하는 조치를 취하도록 중소기업청장에게 요구할 수 있고,

중소기업청장은 특별한 사유가 없는 한 이에 응하여야 한다. 이 경우 중소기업청장은 그 조치내역을 금융위원회에 통보하여야 한다. <개정 2008.2.29.> [본조신설 2007.8.3.]
[종전 제 4 조의7은 제 4 조의8로 이동 <2007.8.3.>]

제 4 조의7(공모한국벤처투자조합에 관한 특례) ①「자본시장과 금융투자업에 관한 법률」 제22조부터 제27조까지, 제29조부터 제32조까지, 제34조부터 제43조까지, 제48조, 제50조부터 제53조까지, 제56조, 제58조, 제60조부터 제65조까지, 제80조부터 제83조까지, 제85조제2호·제3호 및 제6호부터 제8호까지, 제86조부터 제95조까지, 제181조부터 제183조까지, 제184조제1항·제2항·제5항부터 제7항까지, 제185조부터 제187조까지, 제218조부터 제223조까지 및 제229조부터 제249조까지, 제249조의2부터 제249조의9까지, 제250조부터 제253조까지는 공모한국벤처투자조합(「자본시장과 금융투자업에 관한 법률」 제 9 조제19항에 따른 사모집합투자기구에 해당하지 아니하는 한국벤처투자조합을 말한다. 이하 같다) 및 그 업무집행조합원에 대하여는 적용하지 아니한다. <개정 2015.7.24.>
② 중소기업청장은 공모한국벤처투자조합을 등록하는 경우에는 미리 금융위원회와 협의하여야 한다. <개정 2008.2.29.>
③ 금융위원회는 공익 또는 공모한국벤처투자조합의 조합원을 보호하기 위하여 필요한 경우에는 공모한국벤처투자조합에 대하여 업무에 관한 자료의 제출이나 보고를 명할 수 있고, 금융감독원의 원장으로 하여금 그 업무에 관하여 검사하게 할 수 있다. <개정 2008.2.29.>
④ 금융위원회는 공모한국벤처투자조합이 이 법 또는 이 법에 따른 명령이나 처분을 위반하거나,「자본시장과 금융투자업에 관한 법률」 또는 같은 법에 따른 명령이나 처분을 위반한 경우에는 제28조 각 호의 어느 하나에 해당하는 조치를 취하도록 중소기업청장에게 요구할 수 있고, 중소기업청장은 특별한 사유가 없는 한 이에 응하여야 한다. 이 경우 중소기업청장은 그 조치내역을 금융위원회에 통보하여야 한다. <개정 2008.2.29.> [본조신설 2007.8.3.]
[종전 제 4 조의7은 제 4 조의8로 이동 <2007.8.3.>] [시행일 : 2015.10.25.] 제 4 조의7

제 4 조의8(전담회사의 설립 등) ① 정부는 중소기업과 벤처기업의 성장·발전을 위한 투자 촉진 등을 목적으로 하는 전담회사(이하 "전담회사"라 한다)를 설립할 수 있다.
② 중소기업창업 및 진흥기금을 관리하는 자는「중소기업진흥에 관한 법률」 제67조에도 불구하고 전담회사에 출자할 수 있다. <개정 2009.1.30., 2009.5.21.>
③ 국가나 지방자치단체는 전담회사에 대하여 조세 관련 법령으로 정하는 바에 따라 세제상의 지원을 할 수 있다. [전문개정 2007.8.3.]
[제 4 조의7에서 이동, 종전 제 4 조의8은 제 4 조의9로 이동 <2007.8.3.>]

제 4 조의9(전담회사의 업무 등) ① 전담회사는 다음 각 호의 업무를 영위한다.
<개정 2013.3.22.>
1. 중소기업과 벤처기업에 대한 투자를 목적으로 설립된 조합 등에 대한 출자
2. 중소기업과 벤처기업에 대한 투자
3. 해외벤처투자자금의 유치 지원
4. 중소기업창업투자회사의 육성
5. 정부가 관련 산업의 육성을 목적으로 출연·출자 등을 통하여 조성한 투자재원의 운용
6. 제1호부터 제5호까지의 규정에 부수(附隨)되는 사업으로서 정부에서 위탁하는 사업

② 전담회사는 사업수행을 위하여 필요하면 정부, 정부가 설치한 기금 또는 국내외 금융기관으로부터 자금을 차입할 수 있다.
③ 전담회사는 자본금과 적립금총액의 10배의 범위에서 사채를 발행할 수 있다.

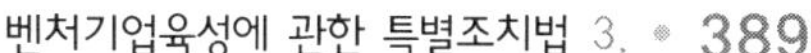

④ 전담회사의 정관을 변경할 때는 중소기업청장의 인가를 받아야 한다.

⑤ 전담회사에 관하여 이 법에 규정한 것 외에는 「상법」 중 주식회사에 관한 규정을 준용한다.

⑥ 전담회사가 제1항제2호의 업무를 위하여 중소기업창업투자회사로 등록하는 경우에는 「중소기업창업 지원법」 제15조제1항제4호와 같은 법 제16조를 적용하지 아니한다. [전문개정 2007.8.3.] [제4조의8에서 이동 <2007.8.3.>]

제5조(우선적 신용보증의 실시) 기술신용보증기금은 벤처기업과 신기술창업전문회사에 우선적으로 신용보증을 하여야 한다. [전문개정 2007.8.3.]

제6조(산업재산권등의 출자 특례) ① 벤처기업에 대한 현물출자 대상에는 특허권·실용신안권·디자인권, 그 밖에 이에 준하는 기술과 그 사용에 관한 권리(이하 "산업재산권등"이라 한다)를 포함한다.

② 대통령령으로 정하는 기술평가기관이 산업재산권등의 가격을 평가한 경우 그 평가 내용은 「상법」 제299조의2와 제422조에 따라 공인된 감정인이 감정한 것으로 본다. [전문개정 2007.8.3.]

제7조 삭제 <1998.12.30.>

제8조(외국인의 출자에 대한 특례) 「외국인투자촉진법」 제2조제1항제1호의 외국인이 행하는 중소기업창업투자조합이나 한국벤처투자조합에 대한 출자는 같은 항 제4호에 따른 외국인투자로 본다. [전문개정 2007.8.3.]

제9조(외국인의 주식취득 제한에 대한 특례) ① 외국인(대한민국에 6개월 이상 주소나 거소를 두지 아니한 개인을 말한다) 또는 「자본시장과 금융투자업에 관한 법률」 제9조제16항의 외국법인등에 의한 벤처기업의 주식 취득에 관하여는 같은 법 제168조제1항부터 제3항까지의 규정을 적용하지 아니한다. <개정 2007.8.3., 2009.1.30.>

② 제1항에 따른 외국인 또는 외국법인등에 의한 벤처기업의 주식 취득에 관하여는 그 벤처기업의 정관으로 정하는 바에 따라 제한할 수 있다. [전문개정 2007.8.3.]

제10조 삭제 <1998.12.28.>

제10조의2 삭제 <2010.1.27.>

제11조 삭제 <2001.2.3.>

제11조의2(신기술창업전문회사의 설립 등) ① 다음 각 호의 어느 하나에 해당하는 대학이나 연구기관은 신기술창업전문회사(이하 "전문회사"라 한다)를 설립할 수 있다.
<개정 2009.1.30., 2011.7.25.>

1. 대학(「산업교육진흥 및 산학연협력촉진에 관한 법률」 제25조에 따른 산학협력단을 포함한다)
2. 국공립연구기관
3. 정부출연연구기관
4. 그 밖에 과학이나 산업기술 분야의 연구기관으로서 대통령령으로 정하는 기관

② 제1항에 따라 전문회사를 설립하는 경우 대학이나 연구기관은 대통령령으로 정하는 바에 따라 중소기업청장에게 등록하여야 한다. 이를 변경하는 경우에도 또한 같다.

③ 중소기업청장은 제2항에 따른 등록 신청이 있을 때에는 그 신청 내용이 다음 각 호의 어느 하나에 해당하는 경우를 제외하고는 등록을 해 주어야 한다. <개정 2009.1.30., 2013.3.22.>

1. 「상법」에 따른 주식회사가 아닌 경우
2. 임원이 다음 각 목의 어느 하나에 해당하는 경우
   가. 피성년후견인 또는 피한정후견인

나. 파산선고를 받고 복권되지 아니한 사람
다. 금고 이상의 실형을 선고받고 그 집행이 끝나거나(끝난 것으로 보는 경우를 포함한다) 집행을 받지 아니하기로 확정된 후 5년이 지나지 아니한 사람
라. 금고 이상의 형의 집행유예를 선고받고 그 유예기간이 끝난 날부터 2년이 지나지 아니한 사람
마. 금고 이상의 형의 선고유예를 받고 그 유예기간 중에 있는 사람
바. 법원의 판결 또는 다른 법률에 따라 자격이 상실되거나 정지된 사람
3. 보유인력과 보유시설이 대통령령으로 정하는 기준에 미치지 못하는 경우
④ 전문회사는 다음 각 호의 업무를 영위한다. <개정 2010.1.27., 2015.5.18.>
1. 대학·연구기관 또는 전문회사가 보유한 기술의 사업화
2. 제1호에 따른 기술의 사업화를 위한 자회사의 설립. 다만, 제1항제1호의 대학은 자회사를 설립할 수 없다.
3. 「중소기업창업 지원법」 제6조제1항에 따른 창업보육센터의 설립·운영
4. 중소기업창업투자조합·신기술사업투자조합·한국벤처투자조합 또는 제13조에 따른 개인투자조합에 대한 출자
4의2. 제13조에 따른 개인투자조합 재산의 운용
5. 전문회사가 보유한 기술의 산업체 등으로의 이전
6. 대학·연구기관이 보유한 기술의 산업체 등으로의 이전 알선
7. 대학·연구기관의 교원·연구원 등이 설립한 회사에 대한 경영·기술 지원
8. 제1호부터 제7호까지의 규정에 부수되는 사업으로 중소기업청장이 정하는 사업 [전문개정 2007.8.3.]

제11조의3(전문회사의 운영 등) ① 대학이나 연구기관은 해당 기관이 설립한 전문회사의 발행주식 총수의 100분의 10 이상을 보유하여야 한다. <개정 2009.1.30., 2015.5.18.>
② 대학이나 연구기관은 전문회사를 설립할 때나 그 전문회사가 신주(新株)를 발행할 때에 산업재산권등의 현물이나 현금을 출자할 수 있다. 다만, 제11조의2제1항제1호의 대학이 현금만을 출자하여 전문회사를 설립할 경우에는 전문회사에 보유기술을 이전하여야 한다. <개정 2009.1.30.>
③ 전문회사는 그 사업을 수행하기 위하여 필요하면 정부, 정부가 설치하는 기금, 국내외 금융기관, 외국정부 또는 국제기구로부터 자금을 차입할 수 있다. [전문개정 2007.8.3.]

제11조의4(기금의 우선지원) 중소기업창업 및 진흥기금을 관리하는 자는 전문회사에 우선적으로 지원할 수 있다. <개정 2009.1.30.> [전문개정 2007.8.3.]

제11조의5(전문회사 등에 대한 특례) ① 대학이나 연구기관의 교원·연구원 또는 직원이 전문회사의 대표나 임직원으로 근무하기 위하여 휴직·겸직 또는 겸임하는 경우에는 제16조 및 제16조의2를 준용한다.
② 대학이나 연구기관이 제11조의3제2항에 따라 현물을 전문회사에 출자할 경우 산업재산권등에 대한 가격의 평가와 감정은 제6조제2항을 준용한다.
③ 「공익법인의 설립·운영에 관한 법률」에 따른 공익법인인 연구기관이 제11조의2제2항에 따라 전문회사를 등록한 경우에는 30일 이내에 주무관청에 신고하여야 한다. 신고를 한 경우에는 같은 법 제4조제3항에 따른 주무관청의 승인을 받은 것으로 본다.
④ 대학이나 연구기관은 전문회사에 대하여 산업재산권등의 이용을 허락할 때 「기술의 이전 및 사업화 촉진에 관한 법률」 제24조제4항 및 제5항에도 불구하고 전용실시권을 부여할 수 있다. <신설 2010.1.27.> [전문개정 2007.8.3.]

제11조의6(전문회사의 행위제한 등) ① 전문회사는 다음 각 호의 어느 하나에 해당하는 행위를 하여서는 아니 된다.

1. 「유사수신행위의 규제에 관한 법률」 제3조를 위반하여 출자자나 투자자를 모집하는 행위
2. 해당 전문회사가 설립한 자회사와의 채무 보증 등 대통령령으로 정하는 거래행위
3. 그 밖에 설립목적을 해치는 것으로서 대통령령으로 정하는 행위

② 전문회사는 주주총회의 특별결의에 의하여만 제11조의2제4항제2호에 따른 자회사를 설립할 수 있다.

③ 대학이나 연구기관은 전문회사에 대한 투자나 출자로 발생한 배당금·수익금과 잉여금을 대학이나 연구기관의 고유목적사업이나 연구개발 및 산학협력 활동 등 대통령령으로 정하는 용도로 사용하여야 한다. [전문개정 2007.8.3.]

제11조의7(전문회사 등록의 취소) 중소기업청장은 전문회사가 다음 각 호의 어느 하나에 해당하면 그 등록을 취소할 수 있다. 다만, 제1호에 해당하는 경우에는 그 등록을 취소하여야 한다. <개정 2013.3.22.>

1. 거짓이나 그 밖의 부정한 방법으로 등록한 경우
2. 제11조의6제1항 각 호의 행위를 한 경우
3. 제11조의2제3항 각 호의 어느 하나에 해당하게 된 경우 [전문개정 2007.8.3.]

제12조(중소기업창업투자조합의 운영에 관한 특례) 「중소기업창업 지원법」 제21조부터 제29조까지의 규정에 따라 중소기업창업투자조합의 업무를 집행하는 업무집행조합원은 중소기업창업투자조합과의 계약에 따라 그 업무의 전부 또는 일부를 그 중소기업창업투자조합의 유한책임조합원에게 위탁할 수 있다. [전문개정 2007.8.3.]

제13조(개인투자조합의 결성 등) ① 벤처기업과 창업자에 투자할 목적으로 개인들이 출자하여 결성하는 조합으로서 이 법에 따른 지원을 받으려는 조합은 대통령령으로 정하는 바에 따라 중소기업청장에게 등록하여야 한다. 등록한 사항을 변경하려는 경우에도 또한 같다.

② 제1항에 따라 등록한 조합(이하 "개인투자조합"이라 한다)은 개인투자조합의 업무를 집행하는 업무집행조합원 1명과 그 외의 조합원으로 구성한다. 다만, 업무집행조합원은 금융거래 등 상거래를 할 때 정당한 사유 없이 약정기일을 3개월 이상 지난 채무가 1천만원을 초과하여서는 아니 된다.

③ 업무집행조합원은 개인투자조합의 자금을 벤처기업과 창업자에 대한 투자에 사용하여야 한다. <신설 2013.3.22.>

④ 업무집행조합원은 개인투자조합의 업무를 집행할 때 자금차입·지급보증 또는 담보를 제공하는 행위를 하여서는 아니 되며, 개인투자조합의 규약에서 달리 정하는 경우 외에는 탈퇴하거나 그 지위를 양도하여서는 아니 된다. <개정 2013.3.22.>

⑤ 개인투자조합은 다음 각 호의 어느 하나에 해당하는 사유가 있을 때에는 해산한다. <개정 2013.3.22.>

1. 존속기간의 만료
2. 조합원 전원의 탈퇴
3. 그 밖에 대통령령으로 정하는 사유

⑥ 개인투자조합이 해산하는 경우에는 업무집행조합원이 청산인이 된다. 다만, 조합의 규약으로 정하는 바에 따라 업무집행조합원 외의 자를 청산인으로 선임할 수 있다. <개정 2013.3.22.>

⑦ 개인투자조합에 관하여 이 법에 규정한 것 외에는 「민법」 중 조합에 관한 규정을 준용한다. <개정 2013.3.22.>

⑧ 개인투자조합의 출자금액, 조합원 수 및 존속기간을 포함한 등록 요건과 그 운영 등에 필요한 사항은 대통령령으로 정한다. <개정 2013.3.22.>

⑨ 개인이 제1항에 따라 조합을 결성하고자 하는 경우에는 「자본시장과 금융투자업에 관한 법률」 제9조제8항에 따른 사모의 방법으로만 조합가입을 권유하여야 한다.

<신설 2007.8.3., 2013.3.22.> [전문개정 2007.8.3.]

제13조(개인투자조합의 결성 등) ① 벤처기업과 창업자에 투자할 목적으로 다음 각 호의 어느 하나에 해당하는 자가 출자하여 결성하는 조합으로서 이 법에 따른 지원을 받으려는 조합은 대통령령으로 정하는 바에 따라 중소기업청장에게 등록하여야 한다. 등록한 사항을 변경하려는 경우에도 또한 같다. <개정 2015.5.18.>

1. 개인
2. 다음 각 목의 어느 하나에 해당하는 자로서 투자 목적과 출자 규모 등 대통령령으로 정하는 기준을 갖춘 자
   가. 전문회사
   나. 모태조합 또는 한국벤처투자조합
   다. 중소기업에 대한 창업지원 및 투자를 하는 기관으로서 중소기업청장이 정하여 고시하는 기관

② 제1항에 따라 등록한 조합(이하 "개인투자조합"이라 한다)은 개인투자조합의 업무를 집행하는 업무집행조합원 1명과 그 외의 조합원으로 구성한다. 다만, 업무집행조합원은 금융거래 등 상거래를 할 때 정당한 사유 없이 약정기일을 3개월 이상 지난 채무가 1천만원을 초과하여서는 아니 된다.

③ 업무집행조합원은 개인투자조합의 자금을 벤처기업과 창업자에 대한 투자에 사용하여야 한다. <신설 2013.3.22.>

④ 업무집행조합원은 개인투자조합의 업무를 집행할 때 자금차입·지급보증 또는 담보를 제공하는 행위를 하여서는 아니 되며, 개인투자조합의 규약에서 달리 정하는 경우 외에는 탈퇴하거나 그 지위를 양도하여서는 아니 된다. <개정 2013.3.22.>

⑤ 개인투자조합은 다음 각 호의 어느 하나에 해당하는 사유가 있을 때에는 해산한다.
<개정 2013.3.22.>

1. 존속기간의 만료
2. 조합원 전원의 탈퇴
3. 그 밖에 대통령령으로 정하는 사유

⑥ 개인투자조합이 해산하는 경우에는 업무집행조합원이 청산인이 된다. 다만, 조합의 규약으로 정하는 바에 따라 업무집행조합원 외의 자를 청산인으로 선임할 수 있다.
<개정 2013.3.22.>

⑦ 개인투자조합에 관하여 이 법에 규정한 것 외에는 「민법」 중 조합에 관한 규정을 준용한다.
<개정 2013.3.22.>

⑧ 개인투자조합의 출자금액, 조합원 수 및 존속기간을 포함한 등록 요건과 그 운영 등에 필요한 사항은 대통령령으로 정한다. <개정 2013.3.22.>

⑨ 제1항 각 호의 자가 제1항에 따라 조합을 결성하려는 경우에는 「자본시장과 금융투자업에 관한 법률」 제9조제8항에 따른 사모의 방법으로만 조합가입을 권유하여야 한다.

<신설 2007.8.3., 2013.3.22., 2015.5.18.> [전문개정 2007.8.3.]

[시행일 : 2015.11.19.] 제13조제1항, 제13조제9항

제13조의2(개인투자조합의 운영 등) ① 출자금 총액이 중소기업청장이 정하는 규모 이상인 조합

의 업무집행조합원은 개인투자조합 재산을 다음 각 호에서 정하는 바에 따라 관리하여야 한다. <신설 2013.3.22.>

1. 개인투자조합 재산의 보관을 「자본시장과 금융투자업에 관한 법률」에 따른 신탁업자(이하 "신탁업자"라 한다)에 위탁할 것
2. 신탁업자를 변경하는 경우에는 조합원 총회의 승인을 받을 것

② 제1항에 따라 개인투자조합 재산을 위탁받은 신탁업자는 다음 각 호의 업무를 수행한다. <신설 2013.3.22.>

1. 개인투자조합 재산의 보관 및 관리
2. 업무집행조합원의 개인투자조합 재산 운용 지시에 따른 자산의 취득 및 처분의 이행

③ 중소기업청장은 개인투자조합의 업무집행조합원이 조합자산을 운용할 때 벤처기업이나 창업자에 투자되지 아니한 조합자산에 대하여 「은행법」에 따른 은행에 예치하거나 국공채를 매입하는 방법으로 운용하도록 유도할 수 있다. <개정 2010.5.17., 2013.3.22.>

④ 개인투자조합의 업무집행조합원은 매 사업연도가 지난 후 3개월 이내에 결산서에 공인회계사의 감사의견서를 첨부하여 중소기업청장에게 제출하여야 한다. 다만, 전년도 투자실적의 변동이 없는 조합인 경우에는 중소기업청장이 고시로 정하는 자료로 이를 갈음할 수 있다. <개정 2013.3.22.> [전문개정 2007.8.3.]

제13조의3(등록의 취소 등) ① 중소기업청장은 개인투자조합이 다음 각 호의 어느 하나에 해당하면 그 등록을 취소할 수 있다. 다만, 제1호에 해당하는 경우에는 그 등록을 취소하여야 한다. <개정 2013.3.22.>

1. 거짓이나 그 밖의 부정한 방법으로 등록한 경우
2. 「유사수신행위의 규제에 관한 법률」 제3조를 위반하여 조합원을 모집한 경우
3. 제13조제2항 단서를 위반한 경우
4. 제13조제4항에 따른 자금차입·지급보증 또는 담보제공 금지의무를 위반한 경우
5. 제13조제8항에 따른 등록 요건에 맞지 아니하게 된 경우
6. 제13조제9항을 위반하여 조합가입을 권유한 경우
7. 제13조의2제1항을 위반하여 재산을 관리한 경우
8. 제13조의2제4항을 위반하여 결산서를 제출하지 아니한 경우
9. 제26조제3항에 따른 확인 및 검사를 거부·방해하거나 기피한 경우 또는 보고를 하지 아니하거나 거짓으로 보고한 경우
10. 제2항제1호에 따른 중소기업청장의 시정명령을 이행하지 아니한 경우

② 중소기업청장은 개인투자조합이 제1항 각 호(같은 항 제1호 및 제10호는 제외한다)의 어느 하나에 해당하는 경우에는 다음 각 호의 어느 하나에 해당하는 조치를 할 수 있다. <신설 2015.5.18.>

1. 시정명령
2. 경고
3. 주의

③ 중소기업청장은 개인투자조합이 제1항 각 호(같은 항 제1호 및 제10호는 제외한다)의 어느 하나에 해당하는 경우에는 그 업무집행조합원에 대하여 다음 각 호의 어느 하나에 해당하는 조치를 할 수 있다. <신설 2015.5.18.>

1. 경고
2. 주의

④ 중소기업청장은 제3항의 조치를 하는 경우 업무집행조합원이 제13조제1항제2호에 따른 자인

때에는 해당 업무집행조합원의 임직원에 대해서도 다음 각 호의 어느 하나에 해당하는 조치를 할 수 있다. <신설 2015.5.18.>

1. 해임요구
2. 경고
3. 주의 [전문개정 2007.8.3.] [제목개정 2015.5.18.]

제14조(조세에 대한 특례) ① 국가나 지방자치단체는 벤처기업을 육성하기 위하여 「조세특례제한법」, 「지방세특례제한법」, 그 밖의 관계 법률로 정하는 바에 따라 소득세·법인세·취득세·재산세 및 등록면허세 등을 감면할 수 있다. <개정 2010.3.31.>

② 개인이나 개인투자조합이 벤처기업에 투자할 경우에는 조세에 관한 법률로 정하는 바에 따라 소득세 등을 감면할 수 있다. 이 경우 구체적인 투자대상 및 감면 절차 등은 대통령령으로 정한다.

③ 다음 각 호의 경우에는 조세에 관한 법률로 정하는 바에 따라 세제지원을 할 수 있다. 이 경우 세제지원 대상의 확인 등에 필요한 사항은 대통령령으로 정한다.

1. 주식회사인 벤처기업과 다른 주식회사의 주주 또는 주식회사인 다른 벤처기업이 주식교환을 하는 경우
2. 주식회사인 벤처기업과 다른 주식회사가 합병을 하는 경우 [전문개정 2007.8.3.]

제2절 기업활동과 인력 공급의 원활화 〈개정 2007.8.3.〉

제15조(벤처기업의 주식교환) ① 주식회사인 벤처기업(「자본시장과 금융투자업에 관한 법률」 제8조의2제4항제1호에 따른 증권시장에 상장된 법인은 제외한다. 이하 이 조, 제15조의2부터 제15조의11까지 및 제16조의3에서 같다)은 전략적제휴를 위하여 정관으로 정하는 바에 따라 자기주식을 다른 주식회사의 주요주주(해당 법인의 의결권 있는 발행주식 총수의 100분의 10 이상을 보유한 주주를 말한다. 이하 같다) 또는 주식회사인 다른 벤처기업의 주식과 교환할 수 있다. <개정 2007.8.3., 2009.1.30., 2013.5.28.>

② 제1항에 따라 주식교환을 하려는 벤처기업은 「상법」 제341조에도 불구하고 제1항에 따른 주식교환에 필요한 주식에 대하여는 자기의 계산으로 자기주식을 취득하여야 한다. 이 경우 그 취득금액은 같은 법 제462조제1항에 따른 이익배당이 가능한 한도 이내이어야 한다.

③ 제1항에 따라 주식교환을 하려는 벤처기업은 다음 각 호의 사항이 포함된 주식교환계약서를 작성하여 주주총회의 승인을 받아야 한다. 이 경우 주주총회의 승인 결의에 관하여는 「상법」 제434조를 준용한다.

1. 전략적제휴의 내용
2. 자기주식의 취득 방법, 취득 가격 및 취득 시기에 관한 사항
3. 교환할 주식의 가액총액·평가·종류 및 수량에 관한 사항
4. 주식교환을 할 날
5. 다른 주식회사의 주요주주와 주식을 교환할 경우 주주의 성명, 주민등록번호, 교환할 주식의 종류 및 수량

④ 제1항에 따라 주식교환을 하려는 벤처기업은 그에 관한 이사회의 결의가 있을 때에는 즉시 결의내용을 주주에게 통보하고, 제3항에 따른 주식교환계약서를 갖추어 놓아 열람할 수 있도록 하여야 한다.

⑤ 벤처기업이 제1항에 따른 주식교환에 따라 다른 주식회사의 주요주주의 주식이나 다른 벤처기업의 주식을 취득한 경우에는 취득일부터 1년 이상 이를 보유하여야 한다. 제1항에 따른 주식교환에 따라 벤처기업의 주식을 취득한 다른 주식회사의 주요주주의 경우에도 또한 같다.

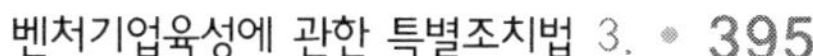

⑥ 제2항에 따른 자기주식의 취득 기간은 제3항의 주주총회 승인 결의일부터 6개월 이내이어야 한다. [전문개정 2007.8.3.]

제15조의2(반대주주의 주식매수청구권) ① 제15조제3항에 따른 주주총회 승인 결의 전에 그 벤처기업에 서면으로 주식교환을 반대하는 의사를 알린 주주는 주주총회 승인 결의일부터 10일 이내에 자기가 보유한 주식의 매수를 서면으로 청구할 수 있다.

② 제1항에 따라 매수청구를 받은 벤처기업은 청구를 받은 날부터 2개월 이내에 그 주식을 매수하여야 한다. 이 경우 그 주식은 6개월 이내에 처분하여야 한다.

③ 제2항에 따른 주식의 매수가격의 결정에 관하여는 「상법」 제374조의2제3항부터 제5항까지의 규정을 준용한다. [전문개정 2007.8.3.]

제15조의3(합병 절차의 간소화 등) ① 주식회사인 벤처기업이 다른 주식회사와 합병결의(제15조의9에 따른 소규모합병 및 제15조의10에 따른 간이합병의 경우에는 이사회의 승인결의를 말한다)를 한 경우에는 채권자에게 「상법」 제527조의5제1항에도 불구하고 그 합병결의를 한 날부터 1주 내에 합병에 이의가 있으면 10일 이상의 기간 내에 이를 제출할 것을 공고하고, 알고 있는 채권자에게는 공고사항을 최고(催告)하여야 한다.

② 주식회사인 벤처기업이 합병 결의를 위한 주주총회 소집을 알릴 때는 「상법」 제363조제1항에도 불구하고 그 통지일을 주주총회일 7일 전으로 할 수 있다.

③ 주식회사인 벤처기업이 다른 주식회사와 합병하기 위하여 합병계약서 등을 공시할 때는 「상법」 제522조의2제1항에도 불구하고 그 공시 기간을 합병승인을 위한 주주총회일 7일 전부터 합병한 날 이후 1개월이 지나는 날까지로 할 수 있다.

④ 주식회사인 벤처기업의 합병에 관하여 이사회가 결의한 때에 그 결의에 반대하는 벤처기업의 주주는 「상법」 제522조의3제1항에도 불구하고 주주총회 전에 벤처기업에 대하여 서면으로 합병에 반대하는 의사를 알리고 자기가 소유하고 있는 주식의 종류와 수를 적어 주식의 매수를 청구하여야 한다.

⑤ 벤처기업이 제4항에 따른 청구를 받은 경우에는 「상법」 제374조의2제2항 및 제530조제2항에도 불구하고 합병에 관한 주주총회의 결의일부터 2개월 이내에 그 주식을 매수하여야 한다.

⑥ 제5항에 따른 주식의 매수가액의 결정에 관하여는 「상법」 제374조의2제3항부터 제5항까지의 규정을 준용한다. 이 경우 같은 법 제374조의2제4항 중 "제1항의 청구를 받은 날"은 "합병에 관한 주주총회의 결의일"로 본다. [전문개정 2007.8.3.]

제15조의4(신주발행에 의한 주식 교환 등) ① 주식회사인 벤처기업은 전략적제휴를 위하여 정관으로 정하는 바에 따라 신주를 발행하여 다른 주식회사의 주요주주의 주식이나 주식회사인 다른 벤처기업의 주식과 교환할 수 있다. 이 경우 다른 주식회사의 주요주주나 주식회사인 다른 벤처기업은 벤처기업이 주식교환을 위하여 발행하는 신주를 배정받음으로써 그 벤처기업의 주주가 된다.

② 제1항에 따른 주식교환을 하려는 벤처기업은 다음 각 호의 사항이 포함된 주식교환계약서를 작성하여 주주총회의 승인을 받아야 한다. 이 경우 주주총회의 승인 결의에 관하여는 「상법」 제434조를 준용한다.

1. 전략적제휴의 내용
2. 교환할 신주의 가액·총액·평가·종류·수량 및 배정에 관한 사항
3. 주식교환을 할 날
4. 다른 주식회사의 주요주주와 주식을 교환할 경우 주주의 성명, 주민등록번호, 교환할 주식의 종류 및 수량

③ 제1항에 따른 주식교환을 통하여 다른 주식회사의 주요주주가 보유한 주식이나 주식회사인 다른 벤처기업이 보유한 주식을 벤처기업에 현물로 출자하는 경우 대통령령으로 정하는 공인평가기관이 그 주식의 가격을 평가한 때에는 「상법」 제422조제1항에 따라 검사인이 조사를 한 것으로 보거나 공인된 감정인이 감정한 것으로 본다. 이 경우 「상법」 제422조제2항 및 제3항은 적용하지 아니한다.

④ 제1항에 따라 주식교환을 하는 경우에는 제15조제4항 및 제5항을 준용한다. [전문개정 2007.8.3.]

제15조의5(신주발행 주식교환 시 주식매수청구권) 제15조의4에 따른 주식교환에 반대하는 주주의 주식매수청구권에 관하여는 제15조의2제1항부터 제3항까지의 규정을 준용한다.
[전문개정 2007.8.3.]

제15조의6(주식교환의 특례) ① 벤처기업이 제15조나 제15조의4에 따라 주식교환을 하는 경우 그 교환하는 주식의 수가 발행주식 총수의 100분의 50을 초과하지 아니하면 주주총회의 승인은 정관으로 정하는 바에 따라 이사회의 승인으로 갈음할 수 있다.

② 제1항에 따라 주식교환을 하려는 벤처기업은 주식교환계약서에 제15조제3항이나 제15조의4제2항에 따른 주주총회의 승인을 받지 아니하고 주식교환을 할 수 있다는 뜻을 적어야 한다.

③ 벤처기업은 주식교환계약서를 작성한 날부터 2주 이내에 다음 각 호의 사항을 공고하거나 주주에게 알려야 한다.

1. 주식교환계약서의 주요 내용
2. 주주총회의 승인을 받지 아니하고 주식교환을 한다는 뜻

④ 벤처기업의 발행주식 총수의 100분의 20 이상에 해당하는 주식을 소유한 주주가 제3항에 따른 공고나 통지가 있었던 날부터 2주 이내에 서면으로 제1항에 따른 주식교환에 반대하는 의사를 알린 경우에는 이 조에 따른 주식교환을 할 수 없다.

⑤ 제1항에 따른 주식교환의 경우에는 제15조의2나 제15조의5를 적용하지 아니한다.
[전문개정 2007.8.3.]

제15조의7(주식교환무효의 소) 제15조나 제15조의4에 따른 주식교환무효의 소(訴)에 관하여는 「상법」 제360조의14를 준용한다. 이 경우 「상법」 제360조의14제2항 중 "완전모회사가 되는 회사"는 "벤처기업"으로 보고, 같은 조 제3항 중 "완전모회사가 된 회사"는 "벤처기업"으로, "완전자회사가 된 회사"는 "주식회사인 다른 벤처기업"으로 본다. [전문개정 2007.8.3.]

제15조의8(다른 주식회사의 영업양수의 특례) ① 주식회사인 벤처기업이 영업의 전부 또는 일부를 다른 주식회사(「자본시장과 금융투자업에 관한 법률」 제 8 조의2제4항제1호에 따른 증권시장에 상장된 법인은 제외한다. 이하 이 조, 제15조의9부터 제15조의11까지의 규정에서 같다)에 양도하는 경우 그 양도가액이 다른 주식회사의 최종 대차대조표상으로 현존하는 순자산액의 100분의 10을 초과하지 아니하면 다른 주식회사의 주주총회의 승인은 정관으로 정하는 바에 따라 이사회의 승인으로 갈음할 수 있다. <개정 2007.8.3., 2009.1.30., 2013.5.28.>

② 제1항에 따른 경우에는 영업양도·양수계약서에 다른 주식회사에 관하여는 주주총회의 승인을 받지 아니하고 벤처기업의 영업의 전부 또는 일부를 양수할 수 있다는 뜻을 적어야 한다.

③ 제1항에 따라 벤처기업의 영업의 전부 또는 일부를 양수하려는 다른 주식회사는 영업양도·양수계약서를 작성한 날부터 2주 이내에 다음 각 호의 사항을 공고하거나 주주에게 알려야 한다.

1. 영업양도·양수계약서의 주요 내용
2. 주주총회의 승인을 받지 아니하고 영업을 양수한다는 뜻

④ 다른 주식회사의 발행주식 총수의 100분의 20 이상에 해당하는 주식을 소유한 주주가 제3항에 따른 공고나 통지가 있었던 날부터 2주 이내에 서면으로 제1항에 따른 영업양수를 반대하는

의사를 알린 경우에는 이 조에 따른 영업양수를 할 수 없다.
⑤ 제1항에 따른 영업양수의 경우에는 「상법」 제374조의2를 적용하지 아니한다.
[전문개정 2007.8.3.]

제15조의9(벤처기업 소규모합병의 특례) ① 주식회사인 벤처기업이 다른 주식회사와 합병을 하는 경우 「상법」 제527조의3제1항에도 불구하고 합병 후 존속하는 회사가 합병으로 인하여 발행하는 신주의 총수가 그 주식회사의 발행주식총수의 100분의 20 이하인 때에는 그 존속하는 회사의 주주총회의 승인은 이사회의 승인으로 갈음할 수 있다. 다만, 합병으로 인하여 소멸하는 회사의 주주에게 지급할 금액을 정한 경우에 그 금액이 존속하는 회사의 최종 대차대조표상으로 현존하는 순자산액의 100분의 5를 초과하는 때에는 그러하지 아니하다. <개정 2013.8.6.>
② 제1항에 따른 합병에 반대하는 주주의 주식매수청구권은 인정하지 아니한다. [본조신설 2007.8.3.]

제15조의10(벤처기업 간이합병의 특례) ① 주식회사인 벤처기업이 다른 주식회사와 합병을 하는 경우 「상법」 제527조의2제1항에도 불구하고 합병 후 존속하는 회사가 소멸회사의 발행주식총수 중 의결권 있는 주식의 100분의 80 이상을 보유하는 경우에는 그 소멸하는 회사의 주주총회의 승인은 이사회의 승인으로 갈음할 수 있다. <개정 2013.8.6.>
② 제1항에 따른 합병에 반대하는 주주의 주식매수청구권에 관하여는 「상법」 제522조의3제2항에 따른다. [본조신설 2007.8.3.]

제15조의11(간이영업양도) ① 주식회사인 벤처기업이 영업의 전부 또는 일부를 다른 주식회사에 양도하는 경우 「상법」 제374조에도 불구하고 영업을 양도하는 회사의 총주주의 동의가 있거나 영업을 양도하는 회사의 발행주식총수 중 의결권 있는 주식의 100분의 90 이상을 다른 주식회사가 보유하는 경우에는 영업을 양도하는 회사의 주주총회의 승인은 이사회의 승인으로 갈음할 수 있다.
② 제1항의 경우에는 영업양도·양수계약서에 영업을 양도하는 회사에 관하여는 주주총회의 승인을 받지 아니하고 벤처기업의 영업의 전부 또는 일부를 양도할 수 있다는 뜻을 적어야 한다.
③ 제1항에 따라 벤처기업의 영업의 전부 또는 일부를 양도하려는 회사는 영업양도·양수계약서를 작성한 날부터 2주 이내에 다음 각 호의 사항을 공고하거나 주주에게 알려야 한다.
1. 영업양도·양수계약서의 주요 내용
2. 주주총회의 승인을 받지 아니하고 영업을 양도한다는 뜻

④ 제3항의 공고 또는 통지를 한 날부터 2주 이내에 회사에 대하여 서면으로 영업양도에 반대하는 의사를 통지한 주주는 그 2주의 기간이 지난 날부터 20일 이내에 주식의 종류와 수를 기재한 서면으로 회사에 대하여 자기가 소유하고 있는 주식의 매수를 청구할 수 있다.
⑤ 제4항의 매수청구에 관하여는 「상법」 제374조의2제2항부터 제5항까지의 규정을 준용한다.
[본조신설 2009.1.30.] [종전 제15조의11은 제15조의12로 이동 <2009.1.30.>]

제15조의12(준용규정) 제15조, 제15조의2부터 제15조의11까지, 제24조제1항제4호는 창업자에 관하여 준용한다. 이 경우 "벤처기업"은 "창업자"로 본다. <개정 2009.1.30.>
[본조신설 2007.8.3.] [제15조의11에서 이동 <2009.1.30.>]

제15조의13(중소벤처기업 인수합병 지원센터의 지정) ① 중소기업청장은 중소벤처기업의 인수합병을 효율적으로 지원하기 위하여 중소기업지원 관련 기관 또는 단체를 중소벤처기업 인수합병 지원센터(이하 "지원센터"라 한다)로 지정할 수 있다.
② 지원센터의 업무는 다음 각 호와 같다.
1. 중소벤처기업의 인수합병계획의 수립 지원에 관한 사항
2. 중소벤처기업의 인수합병을 위한 기업정보의 수집·제공 및 컨설팅 지원에 관한 사항

3. 중소벤처기업의 기업가치평가모델의 개발 및 보급에 관한 사항
4. 중소벤처기업의 인수합병에 필요한 자금의 연계지원에 관한 사항
5. 중소벤처기업의 인수합병 전문가 양성 및 교육에 관한 사항
6. 그 밖에 중소벤처기업의 인수합병 촉진을 위하여 중소기업청장이 정하는 사항

③ 중소기업청장은 지원센터의 운영에 드는 경비의 전부 또는 일부를 지원할 수 있다.

④ 제1항부터 제3항까지에서 규정한 사항 외에 지원센터의 지정기준, 지정절차 및 운영 등에 필요한 사항은 대통령령으로 정한다. [본조신설 2009.1.30.]

제15조의14(지원센터의 지정취소) 중소기업청장은 지원센터가 다음 각호의 어느 하나에 해당하는 경우에는 그 지정을 취소할 수 있다. 다만, 제1호에 해당하는 경우에는 그 지정을 취소하여야 한다.

1. 거짓이나 그 밖의 부정한 방법으로 지정을 받은 경우
2. 제15조의13제4항에 따른 지정기준에 미달하게 되는 경우
3. 지정받은 업무를 정당한 사유 없이 1개월 이상 수행하지 아니한 경우 [본조신설 2009.1.30.]

제16조(교육공무원등의 휴직 허용) ① 다음 각 호의 어느 하나에 해당하는 자(이하 "교육공무원등"이라 한다)는 「교육공무원법」 제44조제1항, 「국가공무원법」 제71조제2항, 「지방공무원법」 제63조제2항 및 「사립학교법」 제59조제1항에도 불구하고 벤처기업 또는 창업자의 대표자나 임원으로 근무하기 위하여 휴직할 수 있다. <개정 2013.3.22., 2015.5.18.>

1. 「고등교육법」에 따른 대학(산업대학과 전문대학을 포함한다. 이하 같다)의 교원(대학부설연구소의 연구원을 포함한다. 이하 같다)
2. 국공립연구기관의 연구원(「한국과학기술원법」 제15조, 「광주과학기술원법」 제14조 및 「대구경북과학기술원법」 제12조의3에 따른 교원 및 연구원을 포함한다. 이하 같다)
3. 「과학기술분야 정부출연연구기관 등의 설립·운영 및 육성에 관한 법률」 제8조제1항에 따른 연구기관의 연구원(부설연구소의 연구원을 포함한다. 이하 같다)
4. 「산업기술혁신 촉진법」 제42조에 따른 전문생산기술연구소의 연구원

② 「공공기관의 운영에 관한 법률」 제4조제1항에 따른 공공기관(이 조 제1항제3호의 연구기관은 제외한다)의 연구원은 그 소속 기관의 장의 허가를 받아 벤처기업 또는 창업자의 대표자나 임원으로 근무하기 위하여 휴직할 수 있다. <신설 2015.5.18.>

③ 제1항 또는 제2항에 따른 휴직 기간은 5년(창업 준비기간 6개월을 포함한다) 이내로 한다. 다만, 소속 기관의 장이 필요하다고 인정하면 1년 이내에서 휴직 기간을 연장할 수 있다. 이 경우 대학교원의 휴직 기간은 「교육공무원법」 제45조제2항에도 불구하고 임용기간 중의 잔여기간을 초과할 수 있다. <개정 2009.1.30., 2014.12.30., 2015.5.18.>

④ 제1항 또는 제2항에 따라 대학의 교원이나 공공연구기관·공공기관의 연구원이 6개월 이상 휴직하는 경우에는 휴직일부터 그 대학이나 공공연구기관·공공기관에 그 휴직자의 수에 해당하는 교원이나 연구원의 정원이 따로 있는 것으로 본다. <개정 2013.3.22., 2015.5.18.>

⑤ 제1항 또는 제2항에 따라 교원이나 공공연구기관·공공기관의 연구원 등이 휴직한 후 복직하는 경우 해당 소속 기관의 장은 그 휴직으로 인하여 신분 및 급여상의 불이익을 주어서는 아니 된다. <신설 2013.3.22., 2015.5.18.> [전문개정 2007.8.3.] [제목개정 2013.3.22.]

제16조의2(교육공무원등의 겸임이나 겸직에 관한 특례) ① 교육공무원등 또는 대통령령으로 정하는 정부출연연구기관(국방분야의 연구기관은 제외한다)의 연구원은 다음 각 호의 어느 하나에 해당하지 아니하는 경우 그 소속 기관의 장의 허가를 받아 벤처기업 또는 「중소기업창업 지원법」 제2조제2호에 따른 창업자의 대표자나 임직원을 겸임하거나 겸직할 수 있다. <개정 2013.3.22.>

1. 전공, 보유기술 및 직무경험 등과 무관한 분야에 겸임·겸직하고자 하는 경우

2. 공무원으로서 직무상의 능률을 저해할 우려가 있는 경우

② 제1항에 따른 소속 기관의 장의 허가를 받은 경우에는 「교육공무원법」 제18조제1항과 「협동연구개발 촉진법」 제6조제4항에 따른 겸임 및 겸직허가를 받은 것으로 본다.

[전문개정 2007.8.3.]

제16조의3(벤처기업의 주식매수선택권) ① 주식회사인 벤처기업은 「상법」 제340조의2부터 제340조의5까지의 규정에도 불구하고 정관으로 정하는 바에 따라 주주총회의 결의가 있으면 다음 각 호의 어느 하나에 해당하는 자 중 해당 기업의 설립 또는 기술·경영의 혁신 등에 기여하였거나 기여할 능력을 갖춘 자에게 특별히 유리한 가격으로 신주를 매수할 수 있는 권리나 그 밖에 대통령령으로 정하는 바에 따라 해당 기업의 주식을 매수할 수 있는 권리(이하 이 조에서 "주식매수선택권"이라 한다)를 부여할 수 있다. 이 경우 주주총회의 결의는 「상법」 제434조를 준용한다. <개정 2013.8.6.>

1. 벤처기업의 임직원(대통령령으로 정하는 자는 제외한다)
2. 기술이나 경영능력을 갖춘 자로서 대통령령으로 정하는 자
3. 대학 또는 대통령령으로 정하는 연구기관
4. 벤처기업이 인수한 기업(발행주식 총수의 100분의 30 이상을 인수한 경우만 해당한다)의 임직원

② 제1항의 주식매수선택권에 관한 정관의 규정에는 다음 각 호의 사항을 포함하여야 한다.

1. 일정한 경우 주식매수선택권을 부여할 수 있다는 뜻
2. 주식매수선택권의 행사로 내줄 주식의 종류와 수
3. 주식매수선택권을 부여받을 자의 자격 요건
4. 주식매수선택권의 행사 기간
5. 일정한 경우 주식매수선택권의 부여를 이사회의 결의에 의하여 취소할 수 있다는 뜻

③ 제1항에 따른 주주총회의 특별결의에서는 다음 각 호의 사항을 정하여야 한다.

1. 주식매수선택권을 부여받을 자의 성명이나 명칭
2. 주식매수선택권의 부여 방법
3. 주식매수선택권의 행사 가격과 행사 기간
4. 주식매수선택권을 부여받을 자 각각에 대하여 주식매수선택권의 행사로 내줄 주식의 종류와 수

④ 제3항에도 불구하고 제2항제2호에 따른 주식 총수의 100분의 20 이내에 해당하는 주식을 해당 벤처기업의 임직원 외의 자에게 주식매수선택권으로 부여하는 경우에는 주주총회의 특별결의로 제3항제1호 및 제4호의 사항을 그 벤처기업의 이사회에서 정하게 할 수 있다. 이 경우 주식매수선택권을 부여한 후 처음으로 소집되는 주주총회의 승인을 받아야 한다. <개정 2014.12.30.>

⑤ 주식매수선택권을 부여하려는 벤처기업은 제3항과 제4항에 따른 결의를 한 경우 대통령령으로 정하는 바에 따라 중소기업청장에게 그 내용을 신고하여야 한다.

⑥ 제1항 또는 제4항에 따라 주식매수선택권을 부여받은 자는 산업통상자원부령으로 정하는 경우를 제외하고는 제1항에 따른 결의가 있는 날 또는 제4항에 따라 이사회에서 정한 날부터 2년 이상 재임하거나 재직하여야 이를 행사할 수 있다. <개정 2014.12.30.>

⑦ 주식매수선택권은 타인에게 양도할 수 없다. 다만, 주식매수선택권을 부여받은 자가 사망한 때에는 그 상속인이 이를 부여받은 것으로 본다. <신설 2014.12.30.>

⑧ 주식매수선택권의 행사로 신주를 발행하는 경우에는 「상법」 제350조제2항, 제350조제3항 후단, 제351조, 제516조의9제1항·제3항·제4항 및 제516조의10 전단을 준용한다. <신설 2014.12.30.>

⑨ 주식매수선택권을 부여한 벤처기업이 주식매수선택권을 부여받은 자에게 내줄 목적으로 자기

주식을 취득하는 경우에는 「상법」 제341조의2제1항 본문에도 불구하고 발행주식 총수의 100분의 10을 초과할 수 있다. <개정 2014.12.30.>
⑩ 주식매수선택권의 부여 한도 등에 관하여 필요한 사항은 대통령령으로 정한다. <개정 2014.12.30.> [전문개정 2007.8.3.]

제16조의4(벤처기업에 대한 정보 제공) ① 정부는 벤처기업의 창업 및 영업활동과 관련된 투자·자금·인력·기술·판로 및 입지 등에 관한 정보를 제공하거나 그 밖에 벤처기업의 정보화를 촉진하기 위한 지원을 할 수 있다.
② 중소기업청장은 중앙행정기관의 장, 지방자치단체의 장 또는 「공공기관의 운영에 관한 법률」의 적용을 받는 공공기관의 장에게 제1항에 따른 정보 제공에 필요한 자료를 요청할 수 있다.
③ 중소기업청장은 벤처기업에 대한 개인이나 개인투자조합(이하 이 항에서 “개인등”이라 한다)의 투자를 촉진하기 위하여 산업통상자원부령으로 정하는 바에 따라 벤처기업의 투자가치에 관한 정보 등 필요한 정보를 개인등에게 제공할 수 있다. <개정 2008.2.29., 2013.3.23.> [전문개정 2007.8.3.]

제16조의5(벤처기업인 유한회사에 대한 특례) ① 삭제 <2015.5.18.>
② 삭제 <2015.5.18.>
③ 유한회사인 벤처기업은 정관에서 정하는 바에 따라 「상법」 제580조에도 불구하고 사원총회의 결의로 이익배당에 관한 기준을 따로 정할 수 있다. [전문개정 2007.8.3.]

제16조의6 삭제 <2015.5.18.>

제16조의7(산업재산권 사용에 관한 특례) ① 대학이나 연구기관은 제16조 또는 제16조의2에 따라 휴직하거나 겸직을 승인받은 교육공무원 또는 연구원에게 직무발명에 따른 산업재산권등의 이용을 허락할 때 「기술의 이전 및 사업화 촉진에 관한 법률」 제24조제4항 및 제5항에도 불구하고 전용실시권을 부여할 수 있다. 다만, 휴직·겸직 이후 완성한 직무발명에 대하여는 해당 교육공무원 또는 연구원이 희망할 경우 정당한 대가에 대한 상호 합의를 거쳐 우선적으로 전용실시권을 부여하여야 한다. <개정 2010.1.27., 2013.3.22.>
② 제1항은 국가, 지방자치단체 또는 공공기관이 연구개발 경비를 지원하여 획득한 성과로 얻어지는 발명에는 적용되지 아니한다. <신설 2013.3.22.> [전문개정 2007.8.3.]

제3절 입지 공급의 원활화 〈개정 2007.8.3.〉

제17조 삭제 <2006.3.3.>

제17조의2(신기술창업집적지역의 지정) ① 대학이나 연구기관의 장은 해당 기관이 소유한 교지나 부지의 일정 지역에 대하여 창업자·벤처기업 등의 생산시설 및 그 지원시설을 집단적으로 설치하는 신기술창업집적지역(이하 “집적지역”이라 한다)의 지정을 중소기업청장에게 요청할 수 있다.
② 대학이나 연구기관의 장은 제1항에 따라 집적지역의 지정을 요청할 때 집적지역의 명칭, 집적지역 지정 면적 등 대통령령으로 정하는 사항을 포함하는 집적지역개발계획을 제출하여야 한다.
③ 중소기업청장은 집적지역의 지정을 요청받으면 제17조의3 각 호의 요건에 맞는지를 검토하여 집적지역으로 지정할 수 있다. 이 경우 대통령령으로 정하는 바에 따라 그 내용을 고시하여야 한다.
④ 중소기업청장은 제3항에 따라 집적지역을 지정할 때 그 면적이 대통령령으로 정하는 면적 이상이면 집적지역이 속하는 특별시장·광역시장·도지사·제주특별자치도지사(이하 “시·도지사”라 한다)와 협의하여야 한다. [전문개정 2007.8.3.]

제17조의3(집적지역의 지정 요건) 집적지역은 다음 각 호의 요건을 갖추어야 한다.

1. 해당 기관이 보유한 교지나 부지의 연면적에 대한 지정 면적의 비율이 대통령령으로 정하는 비율을 초과하지 아니할 것
2. 지정 면적이 3천 제곱미터 이상일 것
3. 집적지역개발계획이 실현 가능할 것 [전문개정 2007.8.3.]

제17조의4(집적지역에 대한 특례 등) ① 집적지역은 「국토의 계획 및 이용에 관한 법률」 제76조에도 불구하고 같은 법 제36조에 따른 지역 중 보전녹지지역 등 대통령령으로 정하는 지역 외의 지역에 지정할 수 있다.

② 집적지역에서 창업자나 벤처기업은 「건축법」 제19조제1항과 「국토의 계획 및 이용에 관한 법률」 제76조제1항에도 불구하고 구조안전에 지장이 없는 범위에서 「산업집적활성화 및 공장설립에 관한 법률」 제28조에 따른 도시형공장(대통령령으로 정하는 도시형공장만을 말한다)과 이와 관련된 업무시설을 해당 대학이나 연구기관의 장의 승인을 받아 설치할 수 있다. 이 경우 「산업집적활성화 및 공장설립에 관한 법률」 제13조에 따른 공장설립등의 승인이나 같은 법 제14조의3에 따른 제조시설설치승인을 받은 것으로 본다. <개정 2008.3.21., 2010.1.27.>

③ 집적지역 중 지정 면적이 제17조의2제4항에서 대통령령으로 정한 면적 이상이고 도시지역에 지정된 경우에는 「산업입지 및 개발에 관한 법률」 제7조의2에 따른 도시첨단산업단지로 본다.

④ 중소기업청장은 제3항에 따른 집적지역의 관리권자(「산업집적활성화 및 공장설립에 관한 법률」 제30조제1항에 따른 관리권자를 말한다)가 된다.

⑤ 대학이나 연구기관은 제3항에 따른 집적지역의 관리기관(「산업집적활성화 및 공장설립에 관한 법률」 제30조제2항에 따른 관리기관을 말한다)이 된다.

⑥ 대학이나 연구기관의 장은 「국유재산법」 제18조와 제27조, 「공유재산 및 물품 관리법」 제13조와 제20조, 「고등교육법」 및 「사립학교법」에도 불구하고 창업자·벤처기업 또는 지원시설을 설치·운영하려는 자가 집적지역에 건물(공장용 건축물을 포함한다)이나 그 밖의 영구시설물을 축조하려는 경우에는 집적지역의 일부를 임대할 수 있다. 이 경우 임대계약(갱신되는 경우를 포함한다) 기간이 끝나면 그 시설물의 종류·용도 등을 고려하여 해당 시설물을 대학이나 연구기관에 기부하거나 교지나 부지를 원상으로 회복하여 되돌려 주어야 한다. <개정 2009.1.30.>

⑦ 제6항에 따른 임대료와 임대 기간 등에 관하여 필요한 사항은 대통령령으로 정한다.

⑧ 집적지역에 대하여는 제22조제1항 및 제3항을 준용한다.

⑨ 시장·군수 또는 구청장은 집적지역의 창업자나 벤처기업으로부터 제2항에 따른 공장등록신청을 받으면 「산업집적활성화 및 공장설립에 관한 법률」 제16조에 따른 공장의 등록을 하여야 한다. <신설 2010.1.27.> [전문개정 2007.8.3.]

제17조의5(집적지역의 운영 지침) 중소기업청장은 집적지역의 지정·운영에 관한 지침을 수립하여 고시하여야 한다. [전문개정 2007.8.3.]

제17조의6(집적지역의 지정취소) 중소기업청장은 제17조의2제3항에 따라 지정된 집적지역이 다음 각 호의 어느 하나에 해당하면 그 지정을 취소할 수 있다.

1. 사업 지연, 관리 부실 등의 사유로 지정목적을 달성할 수 없는 경우
2. 제17조의3에 따른 지정 요건을 충족하지 못한 경우 [전문개정 2007.8.3.]

제18조(벤처기업집적시설의 지정 등) ① 벤처기업집적시설을 설치하거나 기존의 건축물을 벤처기업집적시설로 사용하려는 자는 대통령령으로 정하는 연면적 이상인 경우 시·도지사로부터 그 지정을 받을 수 있다. 지정받은 사항을 변경하는 경우에도 또한 같다.

② 제1항에 따라 지정을 받은 벤처기업집적시설은 지정받은 날(건축 중인 건축물은 「건축법」 제

22조에 따른 건축물의 사용승인을 받은 날을 말한다)부터 1년 이내에 다음 각 호의 요건을 갖추어야 한다. <개정 2008.3.21., 2009.1.30.>

1. 벤처기업 등 대통령령으로 정하는 기업이 입주하게 하되, 입주한 기업 중에서 벤처기업이 4개 이상(「수도권정비계획법」 제2 조제1호에 따른 수도권 외의 지역은 3개 이상)일 것
2. 연면적의 100분의 70(「수도권정비계획법」 제2 조제1호에 따른 수도권 외의 지역은 100분의 50) 이상을 벤처기업 등 대통령령으로 정하는 기업이 사용하게 할 것
3. 제2호에 해당하지 아니하는 지정 면적은 벤처기업집적시설 등 대통령령으로 정하는 시설이 사용하게 할 것

③ 시·도지사는 벤처기업을 지원하기 위하여 필요하다고 인정하면 벤처기업집적시설을 설치하거나 기존의 건축물을 벤처기업집적시설로 지정하여 벤처기업과 그 지원시설을 입주하게 할 수 있다.

④ 시·도지사는 벤처기업집적시설이 다음 각 호의 어느 하나에 해당하면 그 지정을 취소할 수 있다. 다만, 제1호에 해당하는 경우에는 그 지정을 취소하여야 한다.

1. 거짓이나 그 밖의 부정한 방법으로 지정받은 경우
2. 제1항이나 제2항에 따른 지정 요건에 맞지 아니하게 된 경우

⑤ 시·도지사는 제4항에 따라 벤처기업집적시설의 지정을 취소하려면 청문을 하여야 한다.

⑥ 제1항에 따른 지정신청과 그 밖에 지정에 관하여 필요한 사항은 대통령령으로 정한다.

[전문개정 2007.8.3.]

제18조의2(실험실공장에 대한 특례) ① 다음 각 호의 어느 하나에 해당하는 자는 「건축법」 제19조제1항, 「국토의 계획 및 이용에 관한 법률」 제76조제1항, 「연구개발특구의 육성에 관한 특별법」 제36조제1항에도 불구하고 그 소속 기관의 장(제4호의 경우에는 실험실공장을 설치하게 되는 기관의 장을 말한다)의 승인을 받아 실험실공장을 설치할 수 있다. 승인받은 사항을 변경하는 경우에도 또한 같다. <개정 2008.3.21., 2010.1.27., 2012.1.26., 2015.5.18.>

1. 「고등교육법」에 따른 대학의 교원 및 학생
2. 국공립연구기관이나 정부출연연구기관의 연구원
3. 과학이나 산업기술 분야의 연구기관으로서 대통령령으로 정하는 기관의 연구원
4. 벤처기업의 창업자

② 제1항에 따라 실험실공장의 승인(변경승인을 포함하며, 이하 이 항에서 같다)을 받으면 「산업집적활성화 및 공장설립에 관한 법률」 제13조에 따른 공장설립등의 승인 또는 같은 법 제14조의3에 따른 제조시설설치승인을 받은 것으로 본다. <신설 2015.5.18.>

③ 실험실공장은 생산시설용으로 쓰이는 바닥면적의 합계가 3천 제곱미터를 초과할 수 없다. 다만, 「국토의 계획 및 이용에 관한 법률」 제76조제1항에 따른 용도지역별 건축물 등의 건축 기준을 갖춘 경우에는 그러하지 아니하다. <개정 2015.5.18.>

④ 실험실공장의 총면적(실험실공장이 둘 이상인 경우에는 그 면적을 합한 것을 말한다)은 해당 대학이나 연구기관의 건축물 연면적의 2분의 1을 초과할 수 없다. 다만, 「국토의 계획 및 이용에 관한 법률」 제76조제1항에 따른 용도지역별 건축물 등의 건축 기준을 갖춘 경우에는 그러하지 아니하다. <개정 2015.5.18.>

⑤ 시장·군수 또는 구청장(자치구의 구청장을 말한다. 이하 같다)은 실험실공장에 대한 공장등록 신청을 받으면 「산업집적활성화 및 공장설립에 관한 법률」 제16조에 따른 공장의 등록을 하여야 한다. <개정 2015.5.18.>

⑥ 대학이나 연구기관의 장은 제1항에 따른 실험실공장을 설치한 자가 퇴직(졸업)하더라도 퇴직(졸업)일부터 2년을 초과하지 아니하는 범위에서 실험실공장을 사용하게 할 수 있다. <개정

2010.1.27., 2015.5.18.>

⑦ 실험실공장의 설치·운영 등에 관하여 그 밖에 필요한 사항은 대통령령으로 정한다. <개정 2015.5.18.> [전문개정 2007.8.3.]

제18조의3(창업보육센터에 입주한 벤처기업과 창업자에 대한 특례) ① 대학이나 연구기관 안에 설치·운영 중인 창업보육센터로서 다음 각 호의 어느 하나에 해당하는 창업보육센터에 입주한 벤처기업이나 창업자는 「건축법」 제19조제1항, 「국토의 계획 및 이용에 관한 법률」 제76조제1항 및 「연구개발특구의 육성에 관한 특별법」 제36조제1항에도 불구하고 「산업집적활성화 및 공장설립에 관한 법률」 제28조에 따른 도시형공장을 창업보육센터 운영기관의 장의 승인을 받아 설치할 수 있다. 이 경우 「산업집적활성화 및 공장설립에 관한 법률」 제13조에 따른 공장설립등의 승인이나 같은 법 제14조의3에 따른 제조시설설치승인을 받은 것으로 본다. <개정 2008.3.21., 2010.1.27., 2012.1.26.>

1. 「중소기업창업 지원법」 제6조제1항에 따라 중소기업청장이 지정하는 창업보육센터
2. 중앙행정기관의 장이나 지방자치단체의 장이 인정하는 창업보육센터

② 시장·군수 또는 구청장은 제1항에 따른 창업보육센터에 입주한 벤처기업이나 창업자로부터 공장등록신청을 받으면 「산업집적활성화 및 공장설립에 관한 법률」 제16조에 따른 공장의 등록을 하여야 한다.

③ 대학이나 연구기관 안에 설치·운영 중인 창업보육센터는 「건축법」 제19조제4항제2호에 따른 시설군으로 본다. <개정 2008.3.21.> [전문개정 2007.8.3.]

제18조의4(벤처기업육성촉진지구의 지정 등) ① 시·도지사는 벤처기업을 육성하기 위하여 필요하면 관할 구역의 일정지역에 대하여 벤처기업육성촉진지구(이하 "촉진지구"라 한다)의 지정을 중소기업청장에게 요청할 수 있다.

② 중소기업청장은 제1항에 따라 촉진지구를 지정한 경우에는 대통령령으로 정하는 바에 따라 그 내용을 고시하여야 한다.

③ 중소기업청장은 제1항에 따라 지정된 촉진지구가 다음 각 호의 어느 하나에 해당하면 그 지정을 해제할 수 있다.

1. 촉진지구육성계획이 실현될 가능성이 없는 경우
2. 사업 지연, 관리 부실 등의 사유로 지정목적을 달성할 수 없는 경우

④ 제1항에 따른 지정의 요건 및 절차와 촉진지구의 지원 등에 필요한 사항은 대통령령으로 정한다. [전문개정 2007.8.3.]

제18조의5(촉진지구에 대한 지원) ① 중소기업청장은 촉진지구의 활성화를 위하여 「지역균형개발 및 지방중소기업 육성에 관한 법률」 제44조제1항에 따라 지방중소기업육성관련기금의 조성을 지원할 때 촉진지구를 지정받은 지방자치단체를 우대하여 지원할 수 있다.

② 국가나 지방자치단체는 촉진지구에 있거나 촉진지구로 이전하는 벤처기업에 자금이나 그 밖에 필요한 사항을 우선하여 지원할 수 있다.

③ 국가나 지방자치단체는 촉진지구에 설치되는 벤처기업집적시설의 설치·운영자 및 창업보육센터사업자에게 그 소요자금의 전부 또는 일부를 지원하거나 우대하여 지원할 수 있다.

④ 촉진지구의 벤처기업과 그 지원시설에 대하여는 제22조를 준용한다. [전문개정 2007.8.3.]

제19조(국공유 재산의 매각 등) ① 국가나 지방자치단체는 벤처기업집적시설의 개발 또는 설치와 그 운영을 위하여 필요하다고 인정하면 「국유재산법」 또는 「공유재산 및 물품 관리법」에도 불구하고 수의계약에 의하여 국유재산이나 공유재산을 벤처기업집적시설의 설치·운영자에게 매각하거나 임대할 수 있다.

② 제1항에 따른 국유재산의 가격, 임대료, 임대 기간 등에 관하여 필요한 사항은 대통령령으로 정한다.

③ 국가나 지방자치단체는 국유인 일반재산 또는 공유인 잡종재산인 부동산을 벤처기업에 임대하는 조건으로 신탁업자에 신탁할 수 있다. 이 경우 공유부동산의 신탁에 관하여는 「국유재산법」 제58조의 규정을 준용한다. <개정 2007.8.3., 2009.1.30., 2013.3.22.>

④ 국가·지방자치단체 또는 사립학교의 학교법인은 「국유재산법」 제18조, 「공유재산 및 물품 관리법」 제13조 및 제20조, 「고등교육법」 및 「사립학교법」에도 불구하고 벤처기업집적시설의 설치·운영자에게 국공유 토지나 대학 교지의 일부를 임대하여 건물이나 그 밖의 영구시설물을 축조하게 할 수 있다. 이 경우 임대계약 기간이 끝나면 해당 시설물의 종류·용도 등을 고려하여 그 시설물을 국가·지방자치단체 또는 사립학교의 학교법인에 기부하거나 토지 또는 교지를 원상으로 회복하여 되돌려 주는 것을 임대조건으로 하여야 한다. <개정 2009.1.30.>

⑤ 벤처기업집적시설의 설치·운영자는 「국유재산법」 제30조제2항, 「공유재산 및 물품 관리법」 제35조, 「고등교육법」 및 「사립학교법」에도 불구하고 제4항에 따라 축조한 시설물을 임대목적과 동일한 용도로 사용하려는 다른 자에게 사용·수익(收益)하게 할 수 있다. <개정 2009.1.30.>
[전문개정 2007.8.3.]

제20조(시설비용의 지원) 국가나 지방자치단체는 집적지역의 조성 및 벤처기업집적시설의 설치에 필요한 시설비의 전부 또는 일부를 지원할 수 있다. [전문개정 2007.8.3.]

제21조(건축금지 등에 대한 특례) ① 삭제 <2006.3.3.>

② 벤처기업집적시설은 「국토의 계획 및 이용에 관한 법률」 제76조제1항에도 불구하고 「국토의 계획 및 이용에 관한 법률」 제36조에 따른 지역(녹지지역 등 대통령령으로 정하는 지역은 제외한다)에 건축할 수 있다. <개정 2007.8.3.>

③ 벤처기업집적시설에 입주한 자는 「건축법」 제19조제1항, 「국토의 계획 및 이용에 관한 법률」 제76조제1항 및 「연구개발특구의 육성에 관한 특별법」 제36조제1항에도 불구하고 구조안전에 지장이 없는 범위에서 대통령령으로 정하는 공장을 설치할 수 있다. 이 경우 「산업집적활성화 및 공장설립에 관한 법률」 제13조에 따른 공장설립등의 승인이나 같은 법 제14조의3에 따른 제조시설설치승인을 받은 것으로 본다. <개정 2007.8.3., 2008.3.21., 2012.1.26.>

④ 시장·군수 또는 구청장은 벤처기업집적시설에 입주한 자로부터 제3항에 따른 공장등록신청을 받으면 「산업집적활성화 및 공장설립에 관한 법률」 제16조에 따른 공장의 등록을 하여야 한다. <개정 2007.8.3.> [제목개정 2007.8.3.]

제22조(각종 부담금의 면제 등) ① 벤처기업집적시설에 대하여는 다음 각 호의 부담금을 면제한다. <개정 1998.9.23., 1999.2.5., 2002.1.26., 2002.12.30., 2005.7.21., 2006.3.3., 2007.4.11., 2007.8.3., 2008.3.28.>

1. 「개발이익환수에 관한 법률」 제 5 조에 따른 개발부담금
2. 삭제 <2007.8.3.>
3. 「산지관리법」 제19조에 따른 대체산림자원조성비
4. 「농지법」 제38조에 따른 농지보전부담금
5. 「초지법」 제23조에 따른 대체초지조성비
6. 「도시교통정비 촉진법」 제36조에 따른 교통유발부담금

② 삭제 <2006.3.3.>

③ 벤처기업집적시설을 건축하려는 자는 「문화예술진흥법」 제 9 조에도 불구하고 미술장식을 설치하지 아니할 수 있다. <개정 2007.8.3.> [제목개정 2007.8.3.]

제 3 장 삭제 〈2007.8.3.〉

제23조 삭제 <2007.8.3.>

제 4 장 보 칙 〈개정 2007.8.3.〉

제24조(벤처기업이었던 기업에 대한 주식발행 등의 특례) ① 벤처기업이었던 기업이 벤처기업에 해당하지 아니하게 되는 경우 벤처기업이었던 당시 이루어진 다음 각 호의 행위는 계속 유효한 것으로 본다. <개정 2009.1.30.>

1. 제 6 조에 따른 산업재산권등의 출자 행위
2. 제 9 조에 따라 외국인 또는 외국법인등이 해당 기업의 주식을 취득한 행위
3. 삭제 <2010.1.27.>
4. 제15조 및 제15조의2부터 제15조의11까지의 규정에 따른 주식교환 등의 행위
5. 제16조의3에 따라 주식매수선택권을 부여한 행위
6. 제16조의5에 따라 사원을 50명 이상 300명 이하로 하여 설립한 행위

② 벤처기업집적시설에 입주하였던 벤처기업이 벤처기업에 해당하지 아니하게 된 경우에도 계속하여 벤처기업집적시설에 입주할 수 있다. [전문개정 2007.8.3.]

제25조(벤처기업의 해당 여부에 대한 확인) ① 벤처기업으로서 이 법에 따른 지원을 받으려는 기업은 벤처기업 해당 여부에 관하여 기술신용보증기금 등 대통령령으로 정하는 기관이나 단체(이하 "벤처기업확인기관"이라 한다)의 장에게 확인을 요청할 수 있다.

② 벤처기업확인기관의 장은 제1항에 따라 확인 요청을 받으면 산업통상자원부령으로 정하는 기간 내에 확인하여 그 결과를 요청인에게 알려야 한다. 이 경우 그 기업이 벤처기업에 해당될 때에는 대통령령으로 정하는 바에 따라 유효기간을 정하여 벤처기업확인서를 발급하여야 한다. <개정 2008.2.29., 2013.3.23.>

③ 벤처기업확인기관의 장은 벤처기업 확인의 투명성을 확보하기 위하여 대통령령으로 정하는 바에 따라 확인된 벤처기업에 관한 정보를 공개할 수 있다. 다만, 다음 각 호의 정보는 공개하여서는 아니 된다.

1. 「부정경쟁방지 및 영업비밀보호에 관한 법률」 제 2 조제2호에 따른 영업비밀
2. 대표자의 주민등록번호 등 개인에 관한 사항

④ 제1항과 제2항에 따른 확인 절차 등에 관하여 필요한 사항은 산업통상자원부령으로 정한다. <개정 2008.2.29., 2013.3.23.> [전문개정 2007.8.3.]

제25조의2(벤처기업 확인의 취소) ① 벤처기업확인기관의 장은 벤처기업이 다음 각 호의 어느 하나에 해당하면 제25조제2항에 따른 확인을 취소할 수 있다. 다만, 제1호에 해당하는 경우에는 확인을 취소하여야 한다. <개정 2010.1.27.>

1. 거짓이나 그 밖의 부정한 방법으로 벤처기업임을 확인받은 경우
2. 제 2 조의2의 벤처기업의 요건을 갖추지 아니하게 된 경우
3. 휴업·폐업 또는 파산 등으로 대통령령으로 정하는 기간 동안 기업활동을 하지 아니하는 경우
4. 대표자·최대주주 또는 최대출자사원 등이 기업재산을 유용(流用)하거나 은닉(隱匿)하는 등 기업경영과 관련하여 주주·사원 또는 이해관계인에게 피해를 입힌 경우 등 대통령령으로 정하는 경우

② 벤처기업확인기관의 장은 제1항에 따라 벤처기업의 확인을 취소하려면 청문을 실시하여야 한다. [전문개정 2007.8.3.]

제26조(보고 등) ① 중소기업청장은 이 법을 시행하기 위하여 필요하다고 인정하면 중소기업창업투자회사·중소기업창업투자조합·한국벤처투자조합 또는 제2조의2제1항제2호가목(8)에 따른 개인에 대하여 업무 운영상황에 대한 확인 및 검사[제2조의2제1항제2호가목(8)에 따른 개인에 대한 확인 및 검사는 제외한다]를 실시하거나 투자실적을 보고하게 할 수 있다.
<개정 2014.1.14., 2015.5.18.>

② 중소기업청장은 분기마다 신기술사업금융업자, 신기술사업투자조합, 「한국산업은행법」에 따른 한국산업은행 또는 「중소기업은행법」에 따른 중소기업은행에 대하여 중소기업과 벤처기업에 대한 투자실적에 관한 자료를 제출하게 할 수 있다.

③ 중소기업청장은 이 법을 시행하기 위하여 필요하다고 인정하면 제14조제2항에 따른 개인이나 개인투자조합에 대하여 업무 운영상황에 대한 확인 및 검사(제14조제2항에 따른 개인에 대한 확인 및 검사는 제외한다)를 실시하거나 투자실적 등을 보고하게 할 수 있다. <개정 2015.5.18.>

④ 중소기업청장은 이 법을 시행하기 위하여 필요하다고 인정하면 벤처기업확인기관으로 하여금 제25조와 제25조의2에 따른 벤처기업의 확인 및 확인의 취소 실적 등을 보고하게 하거나, 소속 공무원으로 하여금 해당 기관에 출입하여 장부나 그 밖의 서류를 검사하게 할 수 있다. 이 경우 검사를 하는 공무원은 그 권한을 표시하는 증표를 지니고 이를 관계인에게 내보여야 한다.

⑤ 시·도지사는 제18조에 따라 지정된 벤처기업집적시설에 대하여 그 지정을 받은 자로 하여금 입주 현황과 운영 상황에 관한 자료를 제출하게 할 수 있다.

⑥ 벤처기업확인기관의 장은 제25조와 제25조의2에 따른 벤처기업의 확인 및 확인의 취소 등을 위하여 필요하다고 인정하면 벤처기업으로 하여금 경영실태 등에 관하여 필요한 자료를 제출하게 할 수 있다.

⑦ 중소기업청장은 대학, 연구기관 또는 공공기관에 대하여 제16조, 제16조의2 및 제18조의2에 따른 교원이나 연구원의 휴직·겸임 및 겸직허가 실적, 실험실공장 설치승인 실적에 관한 자료를 제출하게 할 수 있다. <개정 2015.5.18.>

⑧ 중소기업청장은 전문회사에 대하여 제11조의2제4항 각 호에 관한 자료나 전문회사의 매 회계연도의 결산서를 제출하게 할 수 있다. [전문개정 2007.8.3.]

제27조(권한의 위임·위탁) 이 법에 따른 중소기업청장의 권한은 그 일부를 대통령령으로 정하는 바에 따라 소속기관의 장 또는 시·도지사에게 위임하거나 다른 행정기관의 장 또는 대통령령으로 정하는 중소기업 관련 기관과 단체에 위탁할 수 있다. [전문개정 2007.8.3.]

제28조(한국벤처투자조합에 대한 행정처분) ① 중소기업청장은 한국벤처투자조합이 다음 각 호의 어느 하나에 해당하면 시정을 명하거나 이 법에 따른 지원을 중단할 수 있다. <개정 2010.1.27., 2015.5.18.>

1. 제4조의3제1항에 따른 신고 또는 변경신고를 하지 아니하거나 거짓으로 한 자
2. 제4조의3제4항에 따른 결성 요건에 맞지 아니하게 된 경우
3. 중소기업창업투자회사 및 신기술사업금융업자의 등록이 취소되거나 말소된 경우
4. 제4조의3제5항을 위반하여 자금을 사용한 경우
5. 제4조의4제2항을 위반한 경우
6. 제26조제1항에 따른 확인 및 검사를 거부·방해하거나 기피한 경우 또는 보고를 하지 아니하거나 거짓으로 보고한 경우

② 중소기업청장은 한국벤처투자조합이 제1항제2호·제4호·제5호 또는 제6호에 해당하는 경우 그 업무집행조합원에 대하여 다음 각 호의 어느 하나에 해당하는 조치를 할 수 있다.
<신설 2015.5.18.>

1. 경고
2. 주의

③ 중소기업청장은 제2항의 조치를 하는 경우 업무집행조합원의 임직원에 대해서는 다음 각 호의 어느 하나에 해당하는 조치를 할 수 있다. <신설 2015.5.18.>

1. 해임요구
2. 경고
3. 주의 [전문개정 2007.8.3.] [제목개정 2015.5.18.]

제29조(청문) 중소기업청장은 다음 각 호의 어느 하나에 해당하는 처분을 하려면 청문을 실시하여야 한다. <개정 2009.1.30.>

1. 제13조의3에 따른 개인투자조합의 등록취소
2. 제18조의4에 따른 촉진지구의 지정해제
3. 제11조의7에 따른 전문회사의 등록취소
4. 제17조의6에 따른 집적지역의 지정취소
5. 제15조의14에 따른 지원센터의 지정취소 [전문개정 2007.8.3.]

제30조(유사명칭의 사용 금지) 한국벤처투자조합이 아닌 자는 한국벤처투자조합의 명칭이나 이와 유사한 명칭을 사용하지 못한다. [전문개정 2007.8.3.]

제30조의2(벌칙 적용 시의 공무원 의제) 제25조와 제25조의2에 따른 벤처기업의 확인 및 확인의 취소 업무에 종사하는 벤처기업확인기관의 임직원은 「형법」 제129조부터 제132조까지의 규정을 적용할 때에는 공무원으로 본다. [전문개정 2007.8.3.]

제30조의3(불복 절차) 제25조 및 제25조의2에 따른 벤처기업의 확인이나 확인의 취소에 대하여는 「행정심판법」에 따른 행정심판을 청구할 수 있다. 이 경우 벤처기업의 확인·확인취소에 대한 감독행정기관은 중소기업청장으로 한다. <개정 2008.2.29.> [전문개정 2007.8.3.]

제31조(다른 법률의 준용) 한국벤처투자조합 업무의 집행에 관하여는 「중소기업창업 지원법」 제23조, 제26조, 제27조 및 제29조를 준용한다. 이 경우 “창업투자조합”을 “한국벤처투자조합”으로 본다. [전문개정 2007.8.3.]

제31조의2(규제의 재검토) 중소기업청장은 다음 각 호의 사항에 대하여 다음 각 호의 기준일을 기준으로 3년마다(매 3년이 되는 해의 기준일과 같은 날 전까지를 말한다) 폐지, 완화 또는 유지 등의 타당성을 검토하여야 한다.

1. 제13조의3에 따른 개인투자조합의 등록취소 사유: 2015년 1월 1일
2. 제17조의6에 따른 집적지역의 지정취소 사유: 2015년 1월 1일
3. 제28조에 따른 한국벤처투자조합에 대한 행정처분 사유: 2015년 1월 1일
4. 제32조에 따른 과태료 부과 사유: 2015년 1월 1일 [본조신설 2015.5.18.]

제 5 장 벌 칙 〈신설 2004.12.31.〉

제32조(과태료) ① 다음 각 호의 어느 하나에 해당하는 자에게는 500만원 이하의 과태료를 부과한다. <개정 2015.5.18.>

1. 제 4 조의4제2항·제3항을 위반한 자
2. 제13조의3제2항제1호 또는 제28조제1항에 따른 시정명령을 위반한 자
3. 제30조를 위반하여 유사명칭을 사용한 자

4. 제31조에 따른 결산서를 제출하지 아니하거나 거짓의 결산서를 제출한 자

② 제1항에 따른 과태료는 대통령령으로 정하는 바에 따라 중소기업청장이 부과·징수한다.

③ 삭제 <2009.1.30.>

④ 삭제 <2009.1.30.>

⑤ 삭제 <2009.1.30.> [전문개정 2007.8.3.]

부칙 〈제13310호, 2015.5.18.〉

제1조(시행일) 이 법은 공포한 날부터 시행한다. 다만, 제3조 및 제13조제1항·제9항의 개정규정은 공포 후 6개월이 경과한 날부터 시행한다.

제2조(개인투자조합에 대한 행정처분에 관한 적용례) 제13조의3의 개정규정은 이 법 시행 후 해당 위반행위를 한 경우부터 적용한다. 다만, 제13조의3제2항의 개정규정은 이 법 시행 전에 같은 조 제1항제2호부터 제5호까지의 규정에 해당하는 위반행위를 한 경우에 대해서도 적용한다.

제3조(한국벤처투자조합에 대한 행정처분에 관한 적용례) 제28조의 개정규정은 이 법 시행 후 해당 위반행위를 한 경우부터 적용한다.

References 참고문헌

강기찬, 창업학원론, 도서출판 두남, 2012
강기찬, 벤처창업PROCESS, 한방벤처창업실무강좌, 대전대학교 창업보육센터, 2002
강기찬, 창업보육센터 운영사례 발표자료, 대전·충남지방중소기업청, 2005
강기찬·김정호, 기업가정신과 창업, 도서출판 두남, 2014
강기찬·이형·전병옥, 벤처기술을 기반으로 하는 창업PROCESS, 한국정보기술응용학회, 2001
강기찬·구자형·이상기·최병준, 창업 비즈니스 알파와 오메가, 예문사, 2015
김문정·조용기, 창업과 경영정책, 두남, 2009
김영문, 한권으로 끝내는 창업길라잡이 창업학, 법문사, 2009
김철교·곽선호, 벤처기업 창업과 경영, 삼영사, 2009
김진영, 중소기업관련법 개론, 한국창업경영컨설팅협회, 2007
김진영·김하영·이창호·최상렬·최석재·하재은·한우수, 창업컨설턴트가 제시하는 창업실무, 한국차업경영컨설팅협회, 2009
대덕연구개발특구지원본부, 예비창업자를 위한 기술창업 길라잡이, 2008
댄세노르·사울싱어, 윤종록 역, START-UP NATION 창업국가, 다할미디어, 2011
박정기·박봉규, 소상공인 창업과 경영실무, 두남, 2005
백형기, 벤처기업 창업과 경영전략, 미래와 경영, 2000
서상혁·박현우, 기술마케팅 핸드북, 산업자료센터, 2005
서종상, 벤처·중소기업 창업실무, 세학사, 2009
성태경, 우리나라 특허제도 및 정책의 개선방안에 관한 연구, 특허청, 2005
성태경·장동식·김형기, 기술마케팅과 사업화, 경문사, 2011
윤석철, 성공적인 창업을 위한 기업가정신, 대경, 2008
윤주석·조준희, 창업과 사업계획서, 두남, 2008
이규금·조준희, 중소·벤처기업의 창업과 경영, 대경, 2009
이규현, 첨단기술제품 마케팅, 경문사, 2008
이내풍, 소자본 창업과 경영, 두남, 2009
이상기, 창업 실무 전략과 사업계획서 작성 사례, 경기대학교 창업지원단, 2014
임근영·윤권순, 특허기술이전 활성화 방안에 관한 연구, 한국발명진흥회
장문철, 창업경영학원론, 두남, 2011
전타식, 쉽게배우는 창업경영론, 두남, 2009
정기대·박상문, "국내 대기업의 기술판매 활성화 방안 연구,"기술혁신학회지, 2005
제5회 국제혁신클러스터 컨퍼런스 자료, 지식경제부, 연구개발특구본부, 2011

중소기업청, 벤처&창업, 2006
중소기업청·창업진흥원, 열정으로 승부하는 기술창업, 2010
최병준, 기술시장조사분석, 전남과학기술진흥센터, 2015
최병준, 비즈니스 모델링, 한국능률협회, 2014
최병준, 오픈 이노베이션, 기술이전 및 사업화, 기술 마케팅, 연세대학교, 2014
최병준, 1인 창조기업 창업 및 기술경영, 오피스 허브, 2010
최연구, 문화콘텐츠란 무엇인가, 살림, 2006
최창선·박현식, 창업경영, 두남, 2005
한국벤처창업학회 2010 통합학술대회 자료집, 2010
한국마케팅과학회 학술발표대회논문집, 2006.
한정화, 벤처창업과 경영전략, 홍문사, 2006
Florida, Richard. The Rise of the Creative Class. Basic Books. 2002
Hawkins, John. Creative Economy. Penguin. 2001
Primal Leadership, D. Goleman, R. Boyatizis & A. McKee, Harvard Business School Press, 2002

〈온라인사이트〉
국가기술은행 www.ntb.
문화융성위원회 www.pcce.go.kr.
(사)벤처기업협회, www.venture.or.kr
산업통상자원부
이노비즈협회
중소기업청 www.smba.go.kr
중소기업중앙회, www.kbiz.or.kr
창업넷
창업진흥원
창조경제타운 www.creativekorea.or.kr
특허청
한국발명진흥회

저자 약력

■ 강 기 찬 (Kang Gi-Chan, 康基燦)

gckang2002@hanmail.net kckang@dju.kr 전화 010-4488-0334

- 충남 부여 출생
- 강경상업고등학교
- 대전대학교 (법학사, 법학석사, 법학박사)
- 침례신학대학교 신학대학원(M.div) 목회대학원(D.Min)
- Southwestern Baptist Theological Seminary(D.Min)
- NewZealand Christchurch Polytechnic Institute of Technology 연수
- (주)진주햄소세지 영업부 근무
- 공군 만기제대(병장)
- 대전대학교 산학협력단 창업보육센터(전문매니저, 지식재산)
- 기술거래사(지식경제부) 서울형사회적기업(이사)
  국제ISO9000:2000심사원(IATCA)
- 현) 엑스포침례교회 목사, 스마트작은도서관 대표
  CMCEM(Christian Mission Company Establish Movement) 대표
  전국 대학 연구원 기업체 등 창업 지식재산권(특허) 기업가정신
  특강 강사 및 창업 중소기업 관련 각종 평가위원

〈저서〉
- 창업학원론(도서출판 두남 2012)
- 기업가정신과 창업(공저, 도서출판 두남 2014)
- 창업비즈니스 알파와 오메가(공저, 예문사 2015)
- 벤처기술을 기반으로 하는 창업Process 구축방안 연구
- 창업동기에서 지식재산권이 미치는 영향 연구 외 다수

지식재산권과 창업

초 판 1쇄 발행 —— 2015년 8월 30일
초 판 2쇄 발행 —— 2017년 8월 25일
지은이 —— 강 기 찬
펴낸이 —— 전 두 표
펴낸곳 —— 도서출판 **두남**
서울시 강동구 성내로6길 34-16 두남빌딩
신 고 : 제25100-1988-9호
TEL : 02) 478-2065~7, 2311
FAX : 02) 478-2068
E-mail : dunam1@unitel.co.kr
http://www.dunam.co.kr

정가 27,000원

ISBN 978-89-6414-620-0 93320